رسالة مؤسسة محمد بن راشد آل مكتوم

عزيزي القارئ،

في عصر يتسم بالمعرفة والمعلوماتية والانفتاح على الآخر، تنظر مؤسسة محمد بن راشد آل مكتوم إلى الترجمة على أنها الوسيلة المثلى لاستيعاب المعارف العالمية، فهي من أهم أدوات النهضة المنشودة، وتؤمن المؤسسة بأن إحياء حركة الترجمة، وجعلها محركاً فاعلاً من محركات التنمية واقتصاد المعرفة في الوطن العربي، مشروع بالغ الأهمية ولا ينبغي الإمعان في تأخيره.

فمتوسط ما تترجمه المؤسسات الثقافية ودور النشر العربية مجتمعة، في العام الواحد، لا يتعدى كتاباً واحداً لكل مليون شخص، بينما تترجم دول منفردة في العالم أضعاف ما تترجمه الدول العربية جميعها.

أطلقت المؤسسة برنامج «ترجم»، بهدف إثراء المكتبة العربية بأفضل ما قدّمه الفكر العالمي من معارف وعلوم، عبر نقلها إلى العربية، والعمل على إظهار الوجه الحضاري للأمة عن طريق ترجمة الإبداعات العربية إلى لغات العالم.

ومن التباشير الأولى لهذا البرنامج إطلاق خطة لترجمة ألف كتاب من اللغات العالمية إلى اللغة العربية خلال ثلاث سنوات، أي بمعدل كتاب في اليوم الواحد.

وتأمل مؤسسة محمد بن راشد آل مكتوم في أن يكون هذا البرنامج الاستراتيجي تجسيداً عملياً لرسالة المؤسسة المتمثلة في تمكين الأجيال القادمة من ابتكار وتطوير حلول مستدامة لمواجهة التحديات، عن طريق نشر المعرفة، ورعاية الأفكار الخلاقة التي تقود إلى إبداعات حقيقية، إضافة إلى بناء جسور الحوار بين الشعوب والحضارات.

للمزيد من المعلومات عن برنامج «ترجم» والبرامج الأخرى المنضوية تحت قطاع الثقافة، يمكن زيارة موقع المؤسسة www.mbrfoundation.ae

عن المؤسسة

انطلقت مؤسسة محمد بن راشد آل مكتوم بمبادرة كريمة من صاحب السمو الشيخ محمد بن راشد آل مكتوم نائب رئيس دولة الإمارات العربية المتحدة رئيس مجلس الوزراء حاكم دبي، وقد أعلن صاحب السمو عن تأسيسها، لأول مرة، في كلمته أمام المنتدى الاقتصادي العالمي في البحر الميت ـ الأردن في أيار/مايو 2007. وتحظى هذه المؤسسة باهتمام ودعم كبيرين من سموه، وقد قام بتخصيص وقفٍ لها قدره 37 مليار درهم (10 مليارات دولار).

وتسعى مؤسسة محمد بن راشد آل مكتوم، كما أراد لها مؤسسها، إلى تمكين الأجيال الشابة في الوطن العربي، من امتلاك المعرفة وتوظيفها بأفضل وجه ممكن لمواجهة تحديات التنمية، وابتكار حلول مستدامة مستمدة من الواقع، للتعامل مع التحديات التي تواجه مجتمعاتهم.

مارسيل لوبران

تكنولوجيات للتعليم والتعلّم
رؤى في التربية والإعداد

ترجمة: سامي عامر

مراجعة وتدقيق: ديانا حرب

مؤسسة محمد بن راشد آل مكتوم
MOHAMMED BIN RASHID
AL MAKTOUM FOUNDATION

يتضمن هذا الكتاب ترجمة الأصل الفرنسي

Des technologies pour enseigner et apprendre

© De Boek & Larcier s.a., 2007

حقوق الترجمة العربية مرخّص بها قانونياً من الناشر

بمقتضى الاتفاق الخطي الموقّع بينه وبين دار الفارابي

Arabic Copyright©2009 by Dar AL-FARABI

الطبعة الأولى

1430 هـ ـ 2009 م

ردمك 978-9953-71-376-2

tarjem@mbrfoundation.ae

www.mbrfoundation.ae

 دار الفارابي

وطى المصيطبة ـ شارع جبل العرب، مبنى تلفزيون الجديد

هاتف: 301461 ـ 307775 (1-961+)

ص.ب: 3181/ 11 بيروت 2130 1107 ـ لبنان

فاكس: 307775 (1-961+) ـ البريد الالكتروني: info@dar-alfarabi.com

الموقع على شبكة الانترنت: www.dar-alfarabi.com

إن مؤسسة محمد بن راشد آل مكتوم ودار الفارابي غير مسؤولتين عن آراء وأفكار المؤلف. وتعبّر الآراء الواردة في هذا الكتاب عن آراء المؤلف وليس بالضرورة أن تعبّر عن آراء المؤسسة والدار.

تباع النسخة الكترونياً على موقع:

www.arabicebook.com

4

تمهيـــد

كتبت مارغريت يورسنار (Marguerite Yourcenar) إلى دومينيك دو مينيل (Dominique de Ménil) في "رسائل لأصدقائها وآخرين"، الأسطر التالية: "لقد تلقيت الوثائق الخاصة بمشروعك، الذي نفَّذه فريق عملٍ، وكرَّستَه لإيقونوغرافية في الفن الأوروبي، وأنا جد متأثرة برغبتك أن أقدِّمَ لكتابك. إلا أني مضطرةٌ لردِّ طلبك لسببٍ يكفي بحد ذاته، وهو أني مثقلةٌ جداً بالعمل في هذه الآونة، فأنا أقوم بتحضير كتابين للطباعة للعام المقبل، ومن غير الممكن، بالتالي، أن أقبل مهماتٍ أخرى. ثم أن قبولي التقديم لكتابٍ لم أحرره ولم أتيقن من صحة توثيقه لهو أمرٌ مخالفٌ لمنهجيتي في العمل." (ص332ـ333).

وحيث أني أشارك مارغريت يورسينار موقفها وحججها، فإنه من المنطقي أن أرد دعوة مارسيل لوبرون لتقديم كتابه، خصوصاً وأن الموضوع المطروح ليس من اختصاصي (مما يجعلني أقل قدرة على التحكم ببعض المعطيات)، وهو يتطور بسرعة كبيرة بحيث يمكن الاعتقاد بتقادم سريع لكل عمل يدور حوله.

لكن ما الذي دفعني لقبول العمل على الرغم من الأسباب المشار إليها؟

السبب الأول، وهو وجيهٌ بحدِّ ذاته، يكمن في أن مؤلَّف

مارسيل لوبرون، وبخلاف ما اعتقدت بداية، مؤهلٌ للاستمرار، على الرغم من التطور التقني الفائق السرعة والذي لا يسمح بتوقُّع نتائجه العملية. إنها نقاط قوةٍ فيه، تبرز أكثر مع عدم توقف المؤلف عند اعتباراتٍ عامةٍ بل في ترصيع الكتاب بأمثلةٍ حسيةٍ عديدةٍ، دون تجاهل النواحي التقنية. إن سر الكاتب يكمن في هذا الاختيار بحيث لا يؤدي التطور التقني إلى التقادم، طالما أن وجود هذه التقنيات يسمو على المتغيرات الطارئة ويصبو دوماً إلى غاياتٍ تربويةٍ عالميةٍ، لايحدُّها زمن.

أما السبب الثاني فيعود لنوعية الطرح التربوي. وهنا أجدني في صلب مجال اختصاصي الذي يضمن لي ما يكفي من الاهتمام والراحة والتمكُّن لتجاوز تحفُّظي. وعلى خلاف مؤلِّفين كثر ممن قيدتهم حماستهم التي أثارها اكتشاف الإمكانات المتوافرة لتقنيات المعلومات والتواصل الجديدة، المعروفة بالـ(NTIC)، أو الشعور بالقوة الذي يمنحه لهم التحكّم بالأدوات التقنية الذي يفوق قدرة التحكّم لدى زملائهم، فإن مارسيل لوبرون لم ينس أبداً أن التقنيات لا تعدو كونها تقنيات، وأن حُسن أو سوء استخدامها يحدد استناداً إلى الغايات والإطار التربوي والاجتماعي.

ويرتبط السبب الثالث بالأهمية المتزايدة للـ(NTIC) في تطوير مجتمعنا، والذي وصفه جاك ديلور (Jacques Delors) بـ"مجتمع المعرفة"، وذلك في تقرير بعنوان "كيف نتعلم العيش معاً". لقد بدا له أنَّ هاتين المبارلين يجب أنْ تعتمدا معاً إذا ما أردنا تحقيق إنماءٍ بشري دائم. وقد قصد بذلك إنماءً لا يُبنى ويقيّم من منظار الفعالية والكفاءة فقط بل أيضاً وقبل كل شيء من منظار العدالة والمشاركة في التجارب، والغنى، وفي التعلم، والعيش سوية. ربما اعتقد البعض خطأً أننا بعدنا عن موضوع الكتاب، غير أن الحقيقة

عكس ذلك، وهنا تبرز إحدى أهم مزايا الإشكالية المطروحة من قبل مارسيل لوبرون بأنّه جعل استخدام تكنولوجيا التربية ضمن رؤيته لمجتمع متحول. ولو أنّ الكاتب كان قد ترك لمسؤولي برنامج الأمم المتحدة للتنمية الـ Programmes des Nations (PNUD) Unies pour le Développement، مسألة اختيار عنوانٍ لمؤلّفه، لما وجد هؤلاء صعوبةً في إيجاد عنوانٍ كالتالي: "حول حسن استخدام تكنولوجيا التربية لبناء إنماءٍ بشريٍ مستديم".

لقد تجاوز الرهان على تكنولوجيا التربية حدود غرفة الصف. وقد برز ذلك جلياً في "المؤتمر العالمي حول التعليم العالي: رؤية وعمل" الذي جمع، حديثاً، أكثر من أربعة آلاف مشاركٍ من القارات الخمس، ضم مئةً وعشرين وزيراً وذلك بين الخامس والتاسع من تشرين الأول 1998. نحن نعيش مواقف غريبةً في هذه المرحلة الانتقاليّة، بين الألفيتين. فمن ناحية، وبفضل بحثٍ علميٍّ يتجه نحو مزيد من التطور، فإن التقنيات الجديدة توفر إمكانياتٍ تقنيةً متزايدة، وذلك لمواجهة التحديات المفروضة، ليس فقط بسبب التوسع الهائل في المعارف، بل أيضاً بسبب إرادة خلق إنماءٍ دائمٍ للمجتمع كله. ومن ناحية أخرى فإن الدول التي هي بأمسّ الحاجة للتربية والتكنولوجيا هي تلك التي تعاني من صعوبة في توفيرها، لدرجة أن الهوّة تتسع أكثر فأكثر ما بين الدول الغنيّة وتلك التي في طور النمو. ويوفّر الـ(NTIC) لعالم التربية إمكاناتٍ مذهلةً، كالوصول إلى قاعدة البيانات والبريد الإلكتروني، والتعليم عن بعد، والجامعات النظريّة، وشبكات التبادل والعمل التعاوني، وتكوين سريع للمعرفة عن طريق الصوريّة... هذا من ناحية. ومن ناحية أخرى فإننا نشهد اليوم فروقاتٍ في بيئة المدرسة بين أولئك الذين يريدون ويستطيعون ويعرفون كيفية استخدام هذه المصادر، وأولئك

الذين لا يريدون ذلك أو أنهم لا يستطيعون أو لا يعلمون. أي بين المدارس التي تخدم جمهور المقتدرين مادّياً وتلك التي هي في خدمة الجمهور الأقلّ اقتداراً. وعليه فإن إفساح المجال لكل المدارس وخصوصاً لتلك العاملة في خدمة جمهور أقلّ اقتداراً، كي تستفيد من سياسة واعية لاستخدام تكنولوجيّات التربية الحديثة، أصبح أولويةً في حال أردنا بناء مجتمعٍ مستقبليٍّ أكثر عدلاً وتماسكاً.

لكن ما هي إذن هذه السياسة الواعية؟ لقد قام مارسيل لوبرون بإبراز بعض ركائزها.

ترتبط الركيزة الأولى بالدور الذي يجب على المدرّس، مستخدم تكنولوجيّات التربية الحديثة، أن يلعبه. فعليه أن يحّول دوره شيئاً فشيئاً من ناقل للمعارف إلى موجّهٍ وموردٍ غنيٍّ لها. وهكذا نجد دوره قد تعزز مع قدوم الـ(NTIC)، على خلاف ما أوحى به بعضهم، كون مهمته أكثر إبداعاً وأكثر علائقيةً؛ فالمطلوب منه خلق بيئاتٍ مؤاتيةٍ لتعلّمٍ ذاتيٍّ حقيقيٍّ أو تعلّمٍ بالمشاركة. ويعني ذلك توجيه التلاميذ لتكوين معرفتهم، بصورةٍ أسهل وبالتدريج، من خلال التفاعل (وهذه كلمةٌ رئيسيةٌ في هذا العمل)؛ لقد أصبح أكثر من أي وقت مضى مديراً للعلاقات، ليس فقط بين مختلف العناصر الفاعلة داخل الصف المجموعة، بل أيضاً مع البيئة التي أوجدها، من أجل تعلّمٍ وتثقّفٍ أفضل.

وتكمن الركيزة الثانية في استخدام التكنولوجيا لمساعدة المتعلّم، في الانتقال من المعارف "التلقائية" (أو "المدركة حسّياً" بحسب التعبير الأنجلوسكسوني)، إلى المعارف "المعالجة يدويّاً" (أو تعاليم)، وفي انتقاله مجدداً من المعارف "المدركة حسّياً" إلى المعارف "المتكاملة"، وهي عبارةٌ عزيزةٌ على قلبي. فإن أحسن

استخدام أداة المعلوماتية فبإمكان هذه تقديم تسهيلاتٍ تنشئ حالات محاكاةٍ، يمكن أن تبدّل ثوابت المواقف، كما يمكن أن تضع مجدّداً قوانين ونماذج ونظريات. وهي تسمح بأن يلعب المتعلّم "دور الرافض" للإجراء العلمي، وبالانتقال الدائم بين المحسوس والمجرّد. كما تسمح للمتعلّم بأن يربط بسرعةٍ أكبر العناصر الجديدة بالأفكار السابقة الموجودة في بنيته المعرفيّة الخاصّة وهذا بدوره يحدد ماهية التعلّم بحسب علماء التربية الحاليين.

أمّا الركيزة الثالثة فنجدها في مفهوم تبادل النشاط، الذي اعتبر "كحالةٍ كامنةٍ تحرّكها المواقف التربوية والتعليمية حيث تدخل المعارف وخصوصاً المتعلّمين والمدرّسين في وضعيةٍ تفاعليّةٍ". يقتضي الأمر إذاً "تجاوز تبادل النشاط الوظائفي البسيط الذي تقدّمه لوحة المفاتيح والشاشة للوصول الى تبادل نشاطٍ علائقيٍّ يسمح ببلوغ معارف جديدةٍ من خلال الأشخاص الذين يبنونها ويَحيَونها". وهو تجاوزٌ "لتبادل النشاط الارتكاسي" البسيط المبني على ردات الفعل حيث "ينتظر الحاسوب إستجابةً محددةً لمحفزٍّ يطلقه" (وكأننا في برنامجٍ تدريبيٍّ)، إلى "تبادل نشاطٍ سابق التأثير" حيث "يبادر المتعلّم إلى إقامة بنيانٍ شخصيٍّ بحسب سياقٍ يحدده له الحاسوب" (كما في برنامج محاكاةٍ)، وحتى إلى تجاوز هذا النمط من تبادل النشاط إلى "تبادل نشاطٍ علائقيٍّ" حيث "يدعو الحاسوب المتعلّمين إلى أعمالٍ تعاونيةٍ ويضع تحت تصرّفهم موارد لهذا الغرض".

وتستند الركيزة الرابعة إلى ما أسماه المؤلّف "نموذجاً تركيبياً ذا مركباتٍ خمسٍ" يقضي ببناء آليّة تبادل النشاط التعليمي والتعلّمي، بمساعدة التقنيّات، على المركّبات الخمس التالية، وهي: التحفيز، من خلال الإطار العام، نمط المهمة المقترحة

والبيئة التعليميّة المنتجة؛ الإعلام، وهو ما يمكن للـ(NTIC) توفيره بسهولة؛ ألتحليل، وهو ما يفترض ممارسة مهاراتٍ ذات مستوىً عالٍ؛ التفاعل، ليس فقط مع الأدوات التكنولوجية لكن مع العناصر الفاعلة الأخرى أيضاً؛ والإنتاج وهو ما يتعلق مباشرةً بالبناء الشخصي. يهدف هذا النموذج إلى نقل التكنولوجيا من صيغة تكنولوجيا التعليم إلى صيغة تكنولوجيا الإعداد وتتعدى ذلك أيضاً إلى صيغة تكنولوجيا التربية، ما يعتبر ضرورياً إذا ما أخذنا الإنماء الدائم لكل البشرية كهدفٍ على المدى الطويل.

لقد أظهرت هذه الركائز بأن الكتاب، مع عدم إهماله للنواحي التقنية (وهي عديدةٌ وهامةٌ)، يتجاوز الأمور العرضية والطارئة كي يطرح "المسائل الحقيقية" ويرسم الطريق نحو إجاباتٍ ملائمة.

إذاً فإن الكتاب لا يتوجه إلى تقنيّ يدرس وسائل الإعلام المتعددة بقصد زيادة معارفه التقنية؛ إلا أنّه يمكن أن يثير اهتمامه فيما إذا حاول أن يعطي معنى لمعارفه في هذا المجال. ثم إنَّ هذا الكتاب لا يتوجه أيضاً إلى المدرّس الذي يستند مفهومه عن التعلم إلى فكرة نقل وجمع المعلومات ليس أكثر؛ بل على العكس، فهو سوف يُثير اهتمامه إذا كان توّاقاً لأن يعرف كيف يمكن لتكنولوجيا التربية الحقيقية أن تسهّل عمل المتعلّم في البناء التّدريجي لمعرفته أي مهاراته ومعرفته المكتسبة، بل أيضاً معرفته المرتقبة، وكيف يمكنها أن تكون أداة مميّزة في خدمة الإعداد، وحتى في التربية.

وبشكل أوسع فإن الكتاب سوف يثير اهتمام المعدّين الذين سوف يجدون فيه، ليس فقط أمثلةً عديدةً على الاستخدام الهادف والمؤطّر لوسائل الإعلام المتعدّدة التربوية، بل سوف يعطونه إطاراً مرجعيّاً لتحديد استخداماتهم المتنوعة والمحتملة. أمّا في ما خصّ أصحاب القرار من ذوي التّجارب السابقة والخائبة في مواضيع

المرئي والمسموع، والمعلوماتية وغيرها فإنهم سوف يجدون فيه مرشداً يوجّههم لتحديد سياساتٍ ملائمةٍ على الأمد المتوسط والبعيد وذلك بعيداً عن نزوات الموضة وتطور التقنيات والصعوبات المختلفة...

لا بدّ أن يكون القارىء قد فهم عند اطّلاعه على هذه الأسطر، كم تبدو أسباب تمنّعي في البدء عن تقديم هذا المؤلّف، ضعيفةً أمام نوعية ما حمله عمل مارسيل لوبرون. وأرجو أن تجد كل هذه الأسباب عذرها في عيون القرّاء أيّاً كان دورهم في النّظام التربوي وفي الإنماء الاجتماعي.

جان ماري دو كيتيل

مقدّمة الطبعة الثالثة

توقّع جان ماري دو كيتيل في تمهيده للطبعة الأولى (1999)، "أن يكون مؤلَّف مارسيل لوبران مؤهّلا للاستمرار على الرّغم من التغييرات التقنيَّة". هذا ما كنّا قد أردناه: فلقد وضع هذا العملُ استخدامَ الأدوات \التكنولوجية في حينه، في خدمة التربية بالتأكيد: "**يظهر الأثر الرئيسيُّ للتكنولوجيا، في مترادفة التعليم والتعلّم، من خلال أجواء تربويةٍ جديدةٍ تكون أقرب إلى الطريقة التي يتعلّم بها المرء**".

وبصياغة حديثة يمكننا أن نقول: إذا ما أردتم أن يعمل أبناؤكم على طريقة التعلّم التشاركي وعلى الشّبكة، فإنّ مروراً سريعاً من خلال الكتابة على أسلوب التعلّم التشاركي و"دون زيادة" لن يكون في غير محلّه. هو اختبارٌ للعمل ضمن مجموعة و"حول الطاولة" ليس إلّا. وكلّما أعدنا القول بأنّ كلّ شيءٍ سوف يكون مختلفاً من الآن فصاعداً نكون قد نسينا أنّ التعلّم عن طريق وسائل الإعلام المتعددة هو تعلّمٌ، قبل كلّ شيء... ونقطة على السطر.

هذه الطبعة هي منقّحة ومزيدة: فلقد أضيف إليها عددٌ كبيرٌ من الحجج لاستكمال العمل، كما أنه حصل تطوّرٌ في الأدوات التكنولوجية: ففي الطبعة الأولى كنّا بالكاد قد رأينا الظهور الساحر للشبكات وخصوصاً الإنترنت! أمّا نموذجنا التعلّمي فقد حافظ على

كامل أهميّته... إذ أن التعلّم على الشبكة هو تعلّمٌ، قبل كلّ شيء...
ونقطة على السطر.

إن تطوير أدواتٍ جديدةٍ واستخدامها دون أن نعير أهمّيةً خاصةً
للتعلّم والمتعلّم، ودون أن نؤطّرها في عدّةٍ تربويةٍ جديدةٍ قابلةٍ لأن
نستخلص منها القيمة الحقيقية المضافة... أو باختصار، إن إعادة
إنتاج الممارسات القديمة مع الأدوات الجديدة سوف لن تسمح
ببلوغ الأهداف التي ينتظرها مجتمع المعرفة وتعليمه كيف يتعلّم.

مقدّمة الطبعة الأولى

يمكن مقاربة هذا الكتاب من خلال وجهات نظرٍ مختلفةٍ جداً.

فهو بدايةً، لجهة بنيانه، نهاية رحلةٍ أو مغامرةٍ قام بها المؤلّف الى بلاد تكنولوجيا التربية: هي قصّةٌ تعيدنا إلى ما قبل عشرين عاماً حيث كان الإعداد يتمثّل بمعارف، وحيث كان ينظر إلى الحاسوب ككتابٍ ضخم، يحمل تلك المعارف الواجب اكتسابها؛ هي قصة تذكّرنا بنهاية القرن العشرين حيث الإعداد استحال تربيةً للفرد لناحية معارفه بالتأكيد، لكن خصوصاً لناحية تصرّفاته ومواقفه وأسلوب حياته وجهوزيّته للعمل. إنّه التمييز بين الرأس المفكّر وذاك المملوء بالمعلومات، كما تقول الحكمة المعروفة.

كما أن نظرتنا إلى الحاسوب قد أصابها التغيير أيضاً: فبعد أن اعتبرناه ككتابٍ ضخمٍ أو كمدرّبٍ كبيرٍ أو كأستاذٍ فوق العادة في وقت مضى، (غالباً ما تجعلنا مخيّلتنا الصغيرة نماثل بين التكنولوجيات الحديثة والقديمة)، فقد صرنا نراه كوسيطٍ مساعدٍ في عمليّات التحديث التربوي، وقد حَرّر المدرّسَ في ذات الوقت، ليسمح له بالأخذ بمهامٍ جديدةٍ ضمن المثلّث التعليمي. وهكذا نرى الحاسوب وقد أخذ لنفسه مواقع استخدامٍ جديدةٍ في مختلف القطاعات الاجتماعية بصورةٍ عامّة، وفي قطاع التربية على وجه الخصوص.

في هذا الكتاب دعوةٌ لظاهرةٍ ثلاثيّةٍ من "التماهي والتكيّف". فعلى المستوى الكبير بدايةً، وبحسب الأسلوب الذي تتسلل عبره التكنولوجيا إلى عاداتنا اليومية والتربوية يبدأ الأمر باستخدام التقنية الجديدة كبديلٍ من القديمة، كما في اعتماد المكنسة الكهربائية لتنظيف السجّاد بدلاً من ضربه، ثمّ تبدأ بعد ذلك استخداماتٌ جديدةٌ بالظهور تدريجياً: هذا هوالتطوّر الّذي يدعونا إليه الكتاب.

أمّا على المستوى المتوسّط كما في غرفة الصّف، فيبادر الأستاذ إلى استعمال الحاسوب لعرض المعلومات (كما في أيّ كتاب)، ثمّ يقلّبه كي يدعه بعدها بتصرّف الطلّاب، ممّا يسمح لهم أخيراً بتكوين معرفتهم.

أخيراً وعلى المستوى المُصغّر، كما في حال التعلّم الفردي، فسوف نظهر دور الحاسوب في دعم نموّ المتعلّم، بأن نعرض أمامه أوّلاً مواقف معروفةً، مأخوذةً من سياقٍ أليفٍ لديه، ثمّ نقوده شيئاً فشيئاً إلى بناء معارفه الذاتية وإلى اختبارها في سياق آخر.

كما نصادف في الكتاب محوراً آخر؛ وهو يدور حول إظهار قيمة التجهيزات التربوية (التي أبرزتها خصوصاً الأدوار الجديدة للتلاميذ والمدرّسين والعلاقات الجديدة بينهم) المرافقة للحاسوب والتي لا تقلّ أهميّةً عن المضمون والشكل الذي يتخذه. ولسوف نثبت ذلك تدريجياً، إنطلاقاً من اختباراتنا التعليميّة الأولى بمساعدة الحاسوب، وصولاً إلى تحليل الحاجات المستشعرة من قبل العناصر الفاعلة في المجتمع والأبحاث في تكنولوجيا التربية، مروراً بتأمّلاتٍ عدّةٍ حول دور الأدوات في المجتمع وفي التربية.

ثمّ إنّ هذا الكتاب قد بني على موجاتٍ متنوّعةٍ تأخذ بيدنا من تجاربنا الفعليّة حول أدوات المعلوماتيّة، إلى تأمّلاتنا حول الدّور المحتمل للتكنولوجيّات المستخدمة في التربية؛ وهي تستمرّ في

جولةٍ على الأدوات الموضوعة في خدمة التربية، محاولةً تصنيفها في فئاتٍ على أساس التجهيزات التربويّة المتوافرة، مقترحةً بعد ذلك توافقاً ملموساً بين حاجات المجتمع الحالي، والعوامل المؤسسة لتعلّم نوعيٍّ، وما يمكن أن تقدمّه التكنولوجيّات الحديثة الراهنة لأهدافنا التربويّة، لتعود أخيراً نحو توصيفٍ أكثر تقنيّةً للأدوات الحاليّة. وهكذا فإننا ندعو القارىء الى رحلةٍ لن تخلو من المفاجآت، تمتد من جزر النظريّات إلى بحر التطبيق.

ولا يكتفي الكتاب بوصف الأدوات التي تضعها التكنولوجيا على أبواب المدارس، بل يتجاوز ذلك إلى وصف الجهاز التربوي الذي يرافقها: وهو يشمل ما يقوم به المدرّسون والطلّاب، والأهداف التي يرغبون تطبيقها، والموارد التي يتقاسمونها، والبيئة التي يتفاعلون فيها، والمناخ العام الذي يجمعهم. إنّه بحثٌ في تأثير التكنولوجيّات في التعلّم: فمن العبث أن نحمل إلى الحاسوب كل غنى الموقف التربوي وأن نختصر تفاعل العناصر الفاعلة بتبادل النشاط في الآلة. من هنا تبدو أهميّة أن ندرس في كلِّ مرّةٍ، دور الآلة والدّور الذي يجب أن يعطى للجهاز التربوي. وبالمناسبة، فليس لدينا ما نعتبره "الطريقة" المثاليّة لاستخدام أداة المعلوماتيّة؛ لقد تركنا للقارىء مهمّة ملاحظة المؤشّرات واستنتاج "طريقته" الخاصّة، من خلال النماذج والأمثلة، وأن يقرر بنفسه الموقع والدّور الذي يجب أن يلعبه الحاسوب، والأدوار الجديدة التي عليه أن يلعبها بنفسه، وتلك التي سوف يعهد بها إلى تلاميذه.

في هذا التسلسل المنطقي نحاول نحن أن نظهر أن التفاعل الحقيقي يتم ضمن العلاقة التربويّة التي تربط الأستاذ بتلامذته، من خلال موقفٍ تربويٍّ، يتشاركون معه معارفهم، كما يبنونها، ويتحكّمون فيها بواسطة أدواتٍ يمكن أن تتصف بتبادل النشاط

(فهناك قوّةٌ في الأداة، على مستخدمها أن يحدّثها بالممارسة). والرّغبة قويّةٌ في أن نقيّد أو أن نصطنع التفاعل الحقيقي بواسطة الخصائص التقنيّة للأدوات ذات النشاط التبادلي: لقد أُوجدت، منذ الآن، "شخصيّاتٌ متناضرةٌ" على شكل صورةٍ **افتراضيةٍ** في أقراصٍ مدمجةٍ عديدة س د-روم CD-ROM. إن نقل هذا التفاعل إلى ما بين المتعلّم والآلة، على غرار هذه المحاكاة للتفاعل الاجتماعي الذي تدعمه الآلة، لن يغني عن إيجاد أجهزةٍ تربويّةٍ جديدة، يقوم فيها المتعلّمون والأساتذة بأدوارٍ اجتماعيّةٍ جديدة.

موضوعٌ آخرٌ يشغل الكتاب: فحيث أننا مختصّون بالفيزياء منذ الإعداد، فإن توجُّهَنا على مستوى التطبيق، غالباً ما كان نحو منهجيات تدريس العلوم. ونحن نأمل أن يستطيع زملاؤنا في المواد الأخرى أن يقيموا علاقاتٍ ذات نفع، لأن ما كان يشغلنا لم يكن المضمون بقدر ما كان أسلوب عرضه، وتفعيله، وجعله محبباً لدى أبنائنا الطلاب. ولسوف نوجّه القارىء، بعدما انطلقنا من نقدٍ لاذعٍ لتدريس العلوم في الصفحات الأولى، إلى طرائق تربويّةٍ تبعث الأمل بتعليمٍ وتعلّمٍ جديدين. ولأجل نتيجةٍ أفضل فلقد حصرنا قدر الإمكان الاعتبارات النّوعية الخاصة بكل مادة كي يمكننا التركيز حيث نعتقد الحاجة إليه أكثر، أي على قاعدة المثلث التعليمي القائمة على العلاقات بين المعلم والمتعّلم في أسفل هرم المعرفة. ونأمل بناءً عليه أن يكون عملنا المبسّط مفهوماً لدى زملائنا المختصين والأساتذة.

وأخيراً فهذا الكتاب يتوجّه أيضاً إلى جمهورٍ واسعٍ جداً: كلّ فريقٍ سوف يخيب ظنّه من العرض المقتضب لمجال عمله (كما مع التقنيين المختصّين في وسائل الإعلام المتعددة، الذين سوف يجدون القسم التقني في الكتاب مختصراً جدّاً). هنا تبرز، دفعةً

واحدةً، ملاحظتان بديهيّتان: فعند كلّ جزءٍ، أطلع القارىء على المراجع النّافعة التي تمكّنه من أن يذهب بعيداً، إلى حيث تقوده طرق وسائل الإعلام المتعددة؛ ومن ناحية أخرى، فإنّي أتوجّه إلى القارىء بالتّشجيع كي يطّلع على الأجزاء التي لم يألفها كثيراً. ولا شكّ أن وسائل الإعلام المتعددة تشكل كذلك عائلةً كبرى: ففيها عناصر متفاعلةٌ بالتأكيد (مثل النصوص والصّور والأصوات...) كما يوجد فيها اختصاصيون ذوو اتجاهاتٍ مختلفة: فنجد المختصّين بالمواد التّعليميّة المختلفة والتّربويين والمختصّين بالتواصل وتقنيّي المعلوماتيّة والمختصّين بالرسم على الحاسوب... فلهؤلاء كلّهم يتوجه هذا الكتاب.

إذاً لنتصفّحه الآن سريعاً، كاشفين بنيته المترابطة بشكل أجزاءٍ ثلاثة (وهي طرائق تدريس العلوم، والتّربية والتكنولوجيا، وتقنية وسائل الإعلام المتعددة) وستّة فصول.

1. ألأجزاء الثلاثة

يضع الجزء الأوّل القارىء مباشرة في قاعة الدّروس أو في مختبر العلوم. وهو موجّه نحو "ما يمكن صنعه" بأدوات المعلوماتيّة في المواد التّعليميّة (كالرياضيّات والفيزياء بصورة خاصّة). ونحن لانعتقد أنّ هذا الجزء مخصّصٌ لأساتذة العلوم حصراً؛ بل إنّه يدعو القارىء إلى النّظر نحو التّعليم والتّعلّم بأسلوب جديد. وهكذا فإنّ إبراز الأدوات يعدّ مدخلاً غريباً إلى أجواء المادّة. أليس من الأفضل أن نفكّر في الأهداف والطرائق قبل التفكير بالأداة؟ نعم، فهذا أمرٌ بديهي، لكن يجب أن نأخذ بالاعتبار أنّ الأساتذة ليسوا بالضّرورة مخترعي أدواتٍ في المعلوماتية وأنّه يجب عليهم أن يستخدموا الأدوات "جاهزة". وغالباً ما يقرّر المدرّس إعادة النّظر

بأهدافه وطرائقه التّربوية بعد استخدامه للأداة. ألا يقال أيضاً إنَّ الاستخدام المنطقي وبالصّورة الملائمة للأدوات، جديرٌ بأن يؤدّي إلى تجديد الممارسات التّربوية، مما يعطيه دور الوسيط في هذا التّجديد؟

أمّا الجزء الثّاني فسوف يأخذ القارىء إلى اعتباراتٍ تربويّةٍ أكثر، بإبرازه الدّور الذي يمكن للأدوات التكنولوجيّة أن تلعبه في التّربية التي، بدل أن تقيّد الفرد المتعلّم، سوف تؤمّن انفتاحه على العالم (كما في اللّاتينيّة *e-ducere*). أيّ نوعٍ من الحاجات تغطّي هذه الأدوات؟ ما هي أهداف هذه التّربية الجديدة؟ ما هي العوامل التي تؤثّر إيجاباً في التّعلّم؟ وما هو دور هذه التكنولوجيّات بالنّسبة لهذا التطوّر؟ ما هي خصائص طرائق التّدريس التّربوية التي تحسن استثمار التكنولوجيّات الجديدة؟ عرضنا هنا بعض الأسئلة التي سوف نحاول الإجابة عليها في هذا الجزء، بحيث يتسنّى للقارىء أن يطّلع على أمثلة تطبيقيّة عديدة، بدءاً من برامج المعلوماتيّة التّربوية وصولاً إلى محطّات الإنترنت للتّعليم والتّعلّم.

أمّا الجزء الثّالث، فهو يتميّز بكونه أكثر تقنيّةً، وهو يهدف إلى إعطاء معرفةٍ جيّدةٍ بالعناصر والتّراكيب التي تشكّل التكنولوجيّات الجديدة، وذلك بأسلوب بسيط. ونأمل أيضاً أن تُقرأ صفحات هذا الجزء من غير تقنيّي وسائل الإعلام المتعدّدة، لأن هؤلاء لن يجدوا فيها سوى معلوماتٍ يتقنونها جيّداً بالتأكيد.

أمّا وسائل الإعلام المتعددة، خصوصاً عندما تكون ذات رؤى تربوية، في تشكّل مجموعة من العناصر الفاعلة، من ذوي الاتّجاهات المتعدّدة مثل الأساتذة المتمرّسين وخبراء طرائق التعليم ومختصّين بعلوم التّربية وتقنيّين تطبيقيّين ومندوبي مبيعات... وربما سوف يسمح الكتاب لهؤلاء بأن يقوموا بخطوةٍ صغيرةٍ نحو بعضهم بعضاً.

2. الفصول الستّة

1.2 الجزء الأوّل

يقوم الفصل الأوّل الذي يشهد على المقاربة الاستقرائيّة للكتاب بسبب وجوده في المقدّمة، بوضعنا مباشرة في الموضوع وفي جوّ قاعة التمارين. فالطلّاب يتحرّكون ويتنقّلون بين مقاعدهم والحاسوب، ويقومون بتقليب صفحاته بأيديهم. قد تعتبرونه صفّاً صاخباً. لكن بالتأكيد لا: إنّه جيلٌ من الطلّاب، يعود إلى ما قبل عشر سنوات، يشارك في جلسة تطبيقاتٍ أو في اختبار، ضمن جهازٍ بني حول التّعلّم والتعليم بواسطة الحاسوب. ماذا يفعلون؟ وأيّة صورة للعلم يواجهون؟ وماذا يفعل المدرّس؟ كلّها أسئلةٌ سوف نحاول الإجابة عليها من خلال الاختبار. إنّ الصورة الفوريّة للمثلّث التعليمي (حيث يتشارك المدرّسون والطلّاب المعرفة) ترتبط بما يتمثّله المدرّس في موضوع علمه ومهمّته. والتركيز على المادّة التعليميّة التي تبدو لنا ما بين السطور، يشكّل مرحلةً أولى، على المدرّس المتمرّس المرور فيها. وعليه فيما بعد أن يفكّر في شكل الرسائل التي يرغب في إيصالها، وباختيار أدواته، وبدوره المميّز داخل المثلّث التعليمي، وأخيراً بعلاقته بالمعرفة وبالمتعلّم: هكذا بني الكتاب.

2.2 الجزء الثاني

سوف نتوجّه في الفصل الثاني إلى دور الأدوات في عمليّة التعليم والتّعلّم. وسوف ننتقل بالتدريج من الاهتمام بوظيفة الأدوات

("التكنولوجيا التربويّة *Educational Technology*") إلى التكنولوجيا من أجل التربية، التي ستكون في خدمة المتعلّم، وسوف تشكّل النّواة المركزيّة بالنسبة لجهود المدرّسين. كما سوف نثبت أنّ تعليم المرء كيفية التعلّم، وتربيته على تربية ذاته، تعتبر المهمّة الأساس لكلّ مؤسسةٍ تعنى بالتربية، في الوقت الذي أصبح فيه المجتمع أكثر تعقيداً، سواء على مستوى المعارف أو العلاقات. إن الحاجة إلى المعلومات ("معرفة المزيد") التي يؤمّنها الحاسوب والشبكات لم تعد تكفي، بل إن الجميع بحاجةٍ أساسيةٍ إلى التربية التي لا تستطيع تقنيّات المعلومات أن توفّرها لوحدها. عندما يصبح بالإمكان إدخال ناقلات المعرفة هذه في العلاقة التربويّة بحيث تؤدّي إلى تحفيز التعلّم الشخصي والنّاشط، عندئذ نستطيع اعتبارها ركيزةً لتنمية المهارات الأخرى لدى المتعلّم، وذلك من زاوية التكنولوجيا في خدمة التربية. وعليه، يصبح تبادل النّشاط الوظائفي للأداة ذا معنى، من ضمن عمليّة تبادل النّشاط في الموقف التعليمي.

أمّا الفصل الثالث فيحمل الدّعم للطروحات التي عرضت في الفصل السابق عن طريق عرض بعض الأمثلة التطبيقية لتكنولوجيّات المعلومات في عدّة مواقف تعليميّة. وعندما نحدد موقع الأداة ضمن العلاقة بين المتعلّمين والمعرفة وبين المتعلّمين أنفسهم من ناحية ومع المدرّسين من ناحية ثانية، وفي النشاطات التي تجمعهم، وفي الأهداف التي توجّه مسارهم، عندها يمكن الإدّعاء بإمكانيّة تطوير تقنيّاتٍ في خدمة التربية. ويمكن لهذه الموارد التي تتمتّع بخصائص تبادل النشاط المتكامل بصورةٍ متميّزة، أن تُفَعَّلَ ضمن إطار مواقف تعليميّةٍ، حيث يكون تبادل نشاط الأداة الوظائفي متكاملاً مع نشاطٍ علائقيٍّ يكمّله ويبرز قيمته.

إن هذين الفصلين الأخيرين هما ثمرة نقاشاتٍ طويلةٍ بين

"عالِمٍ في تقنيّات" التربية (وهو المؤلّف) ومختصّةٍ تربويّةٍ في التعليم العاليّ، وهي الأستاذة ريناتا فيجانو (Renata Viganò)، من جامعة القلب الأقدس الكاثوليكيّة في ميلانو (l'Université Catholique du Sacré-Cœur de Milan)، التي نتوجّه إليها بالشكر. ولقد نشرت هذه النصوص جزئيّاً عام 1995 في مجلّة "سجلّاتُ البحث في التربية" بإشراف جامعة شيربروك (Sherbrooke) في كندا.

يقودنا الفصل الرابع إلى الإطّلاع على تطبيقاتٍ جديدةٍ لتقنيّات المعلومات الحديثة، منها بعض الـ:س د ـ روم ذات الغايات التربويّة. ثمّ سوف نحاول تنظيمها حسب معايير مختلفة، مقترحين الأدوار التي تلعبها المعرفة (بأي نمط معرفة يتعلّق الأمر؟)، والتي يلعبها المتعلِّم والمعلِّم، والنشاطات التربوية التي تتكامل معها الأدوات بشكلٍ أفضل، وصيغ العلاقة التربويّة التي تدخلها الأدوات بصورةٍ أساسيّة. بقيت نقطةٌ أخيرةٌ تتعلّق بعرض أحدث ما توصّلت إليه تكنولوجيا المعرفة والتي بدأت أساساً بإضفاء الشكل على المعلومات: بدءاً من موسوعة المعلوماتيّة وصولاً إلى العرض الافتراضي للمكان الذي تبنى فيه المعرفة وانتهاءً بعرض س د-روم "تلعبون فيه أنتم دور البطل".

ويمكن اعتبار الفصل الخامس كمحطّة إطالة للخطاب، وإعادة بناءٍ للإجابات التي يمكن أن نحملها والأسئلة التي نطرحها على أنفسنا حالياً. ونقصد كذلك أن نعرض نقاط التلاقي التي لاحظناها بين المظاهر الثلاثة التالية: ما هي الكفايات التي يستشعر ضرورة وجودها بعضُ العناصر الفاعلة في المجتمع الحالي، لدى العناصر الفاعلة في مجتمع الغد؟ ماذا يقول لنا منظّرو وممارسو التعليم والتعلّم حول العوامل المساعدة لتعلّمٍ نوعي؟ وماذا حملت إلينا الأبحاث حول تكنولوجيا التربية في فترةٍ السنوات العشرالأخيرة؟

لا بدّ أننا سوف نلاحظ توافقاً قويّاً عند تقاطع هذه المجالات الثلاثة. إنه توافقٌ، قليلاً ما يبرز في الوقائع والتصرّفات والمواقف التربوّية التي عادةً ما نصادفها في التعليم العالي وفي المراحل التعليميّة التي تسبقه. ربّما لم نستشعر بعد العلاقة بين التحديث التربوّي المطلوب للألفيّة الثالثة، وما يمكن للتكنولوجيّات من أجل التربية أن تقدّمه.

3. 2 الجزء الثالث

يصف الفصل الأخير، (السادس)، النواحي التقنيّة ذات الصلة بوسائل الإعلام المتعددة. فبعد تحديد مضامين عبارة "وسائل الإعلام المتعددة"، وبعد توجيهٍ مختصرٍ نحو لغتها الأساسية على طريقة " الثنائي، مسألة بسيطة جداً"، سوف نكتشف تدريجياً أغراضها المختلفة، ونحاول أن نفسّر هندسة أداتها الرئيسيّة المميّزة وهي الـ:س د CD، بمختلف تسمياتها: الـ س د-روم CD-ROM، والـ س د-إي CD-I، والـ س د-صورة vidéo-CD، التي سوف لن تشكّل سراً لكم بعد اليوم.

وسوف نستعرض برامج المعلوماتيّة الموضوعة لبناء وسائل الإعلام المتعددة، مبرزين نقاط تلاقيها وتمايزها، كما نقاط القوّة والضّعف فيها.

وأخيراً، في مقاربة نظرية لشبكات المعلوماتيّة بوصفها حاملاتٍ للمعلومات وعوامل تواصل، فسوف نتقدّم ببعض المقترحات المجددة لهذه التقنيّات الموضوعة في خدمة التعليم والتعلّم.

نتقدّم بالشكر الجزيل من السيّدات والسادة:

فرانسواز (Françoise)،

ماري لويز (Marie-Louise)،

ريناتا (Renata)،

جان ماري (Jean-Marie)،

جان بيار (Jean-Pierre)،

فيليب (Philippe)،

سيردو (Serdu)،

ذلك لنصائحهم وصبرهم ومواهبهم...

دليل البـــــرامجيّـــــات

I برامجيّات طوّرها المؤلّف:

II برامجيـات تجاريّة ومنهجيّة

II.5. منهجيّـات

الجـزء الأوَّل

طرائق تدريس العلوم وتكنولوجيَّاتٌ في خدمة التربية

الفصل الأوّل

إمكانيّات ووسائل إدخال أدوات المعلوماتية في تعلّم وتعليم العلوم

1. الحوافز.
2. التطوير والطرائق.
2. 1. تعلّم اللغات.
2. 2. البرامجيَّات العامة لمعالجة المعلومات.
   2. 2. 1. معالجة النصوص.
   2. 2. 2. منظِّمو الجداول.
   2. 2. 3. قواعد البيانات.
   2. 2. 4. بعض البرامجيَّات لبناء المفاهيم.
2. 3. التّعليم بواسطة الحاسوب (EAO).
   2. 3. 1. توليد أعمال فرديّة بواسطة الحاسوب.
   2. 3. 2. تصميم أعمالٍ من قبل الطّلاب.
   2. 3. 3. توليد بيانات «اختبارية».

2. 4. النمذجة ـ المحاكاة.

2. 4. 1. علب الأدوات الرقميّة.

3. تقييم المقاربة.

3. 1. على مستوى الطالب.

3. 2. على مستوى المعلّم.

3. 3. بصورة عامّة.

يعود النّص أدناه إلى عقدٍ مضى، وقد هدف إلى عرض مختلف استخدامات أدوات المعلوماتية في تعليم وتعلّم العلوم؛ ومع أن الأمر كان يدور حول وصف ما يمكن للمدرّسين والطلّاب عمله بهذه الأدوات إلّا أنّ المقصود من خلال التصرّف بها فعليّاً إنّما هو معرفة حالتي النّقل والاكتساب. وتشكّل اداة المعلوماتية، بواسطة البرامج التّي تطبّقها، جسراً أو وسيلة ربطٍ بالمعنى الحرفيِّ للكلمة: بين الأشكال المتنوّعة للمعرفة وبين مختلف مستويات فهمها واستخدامها؛ كذلك بين الواقع الحسّي المطلوب إدراكه والأشكال التي سبقت الإشارة إليها. كما يتعلّق الأمر، وبطريقةٍ منظّمةٍ آليّاً، بالكلام حول العلاقة ما بين المدرّس والمتعلّم اللذين يتحكّمان بالمعرفة معاً.

ونستطيع القول، إذا ما استخدمنا مفردات ديانا لوريّار[1] (Diana laurillard)، أنّ الحاسوب يسهِّل، حين نستعمله بهذه الطّريقة، الرّبط بين اختبارات المستوى الأوّل (وهي اختبارات العالم الحسّي، التي تشكّل ينابيع المعارف الفوريّة *(earning of-"percepts" in everyday life)*، واختبارات المستوى الثّاني (حيث

(1) Laurillard, D. (1993). Rethinking university teaching: a framework for the effective use of educational technology, Routledge (Londres).

يتمّ التحكُّم بتمثّلات العالم الحسّي واختبارها *(Learning of "percepts" in unnatural environments in education)*.

إنّ التّركيز الأساسي على المعارف وعلى نقلها واكتسابها، يجد مصدره في نظامنا المعتمد للإعداد والتّعليم وفي المنهج الفكري والنموذج اللذين كانا يحرّكان الأفكار حول التّعليم: فقد كان التّعلّم متمحوراً حول المدرّس المتخصص في موضوعه، والّذي كان يهدف أساساً إلى إبراز المعرفة الواجب اكتسابها لدى الطّالب. وعليه فلا يجدر بنا أن ندهش للأهمَّية المعطاة للمختصِّين في طرائق التعليم، في الصفحات التالية (وهم أولئك المهتمّون بتحويل المعرفة العلميّة الصعبة المنال إلى معرفة قابلة للإدراك والفهم وبملاحظة وتحليل التأثيرات التربويّة لهذا التحويل). إنّ مسألة الكيفية (أي كيفية نقل المضمون العلمي وتوضيحه، وكيفية قياس نتائج التعليم) التي ما زالت تحتفظ بكامل أهميتها، هي التي كانت سائدةً حينذاك.

ثمّة كلمةٌ أخيرةٌ قبل البدء: إنّ الاستخدامات الخاصّة والمبتكرة لبرامج الاستعمال المكتبي المعروضة في القسم 2.2 سبق أن طوَّرتها بنفسي وتعدُّ في أكثر الأحيان تمارين مؤطَّرةً للتعلُّم على أدوات المعلوماتية. كما أني قمت بتطوير غالبيّة البرامج المعروضة في القسم 3.2 وهي تدور حول الرياضيّات والفيزياء، أي المادّتين اللتين شكّلتا موضوع إعدادي الأساسي واللتين أصبحتا محور أعمالي حول " التعليم بواسطة الحاسوب". كما أنّي أرى أن تطوير واستخدام وتقييم البرامج المخصصة للتعليم يتطلّب معرفةً عميقةً بمضمون الاختصاصات التي تخدمها هذه البرامج؛ هذا الأمر ينسحب على جميع الأعمال التي تهدف إلى تبسيط المعارف وجعلها بمتناول العامّة. ومع ذلك فقد وددت إضافة بعض النماذج لبرامج من مواد علميّة أخرى كالكيمياء وعلم الأحياء، وذلك على

سبيل المثال، مع بعض التعليق عليها. وسوف يقوم المختصّون، بهدف التمرين، بملاءمة الطرق والتجهيزات التي اقترحها مع الأدوات التي أضعها بتصرّفهم.

إنّ حضور المعلوماتية في مختلف قطاعات النشاط، السياسيّة والاجتماعيّة والاقتصاديّة في مجتمعنا لهو أمرٌ مؤكّدٌ لا يحتاج حاليّاً إلى إثبات. إنّما القول بأنّها مفهومةٌ بصورةٍ جيّدةٍ ومتكاملة، يتطلّب بالتأكيد بعض الشرح والحذر خصوصاً إذا ما حاولنا دراسة أثرها في عالم التربية المحميّ جيّداً بحيث يصعب الوصول إليه.

ثمَّ إنَّ بعض الناس يصرِّح لنا دون مداراةٍ بأنَّ ثورة المعلوماتية في نهاية القرن العشرين سوف تحلُّ مكان اللغة اللاتينية العريقة على مستوى تنمية القدرات المعرفيَّة لدى الطُّلاب، وإنَّ الذين يجهلون خفايا القرص الصلب للكمبيوتر عند بزوغ فجر الألفيَّة الجديدة، سوف يعدُّون من أميّي الغد.

من ناحية أخرى يعدنا بعضهم "بمجزرة عقلية" تصيب مستخدمي الأزرار، حيث البحث المجنون عن الإنتاجيَّة في كلِّ نشاط مهما صغر، سوف يقود إلى تصحُّرٍ ثقافيٍ حقيقي.

إن ما سوف نهتم به في هذه الوثيقة هو وصف النشاطات الواعدة أو الراهنة كما نراها في مدارسنا وفي بعض الكليّات الجامعيَّة.

لقد قام المؤلّف بتطوير غالبيّة البرامج والطرائق المشروحة خلال هذا النّص، بمشاركة مختبر الطّرائق التّعليميّة لمادّة الفيزياء والتّعلّم بواسطة الحاسوب EAO في كليّة العلوم لجامعة لوفان الكاثوليكيّة UCL وتمّ اختبارها في الحلقة الجامعيّة الأولى ومن قبل أساتذة التّعليم الثّانوي الّذين كانوا يشاركون في نشاطات المختبر.

وسوف نقترح في ما يلي، كما سوف نرى لاحقاً، خطوط عملٍ تعاونيٍّ بين مختلف المواد التّعليميّة من جهة (العلوم والتكنولوجيا والمعلوماتية) ومختصّي طرائق التّدريس لهذه المواد وعلماء التّربية وذوي الخبرة من الحضور وفي قاعات المحاضرات من جهة أخرى. في هذا السّياق استفادت هذه الوثيقة من النّصائح الكثيرة الموجّهة من قبل أعضاء مختبر التّربية التّطبيقيّة في كلّيّة علم النّفس وعلوم التّربية في جامعة لوفان الكاثوليكيّة، فلهؤلاء الشّكر.

ربّما يحتاج الأمر كذلك إلى ملء الفراغ الحاصل بين العلم ومظاهره الأكثر حسّيّة في المجتمع والعائلة، وبين مشاهده التي تعرضها الوسائل السّمعيّة البصريّة وتعليمها والأبحاث حولها.

ومع أنّ أغلبيّة الأمثلة منبثقة من ميدان الفيزياء إلّا أنّنا سوف نرى أنّ العديد من الخطوات والطّرائق المقترحة يمكن تطبيقها في ميادين أخرى.

لقد بني النّص أدناه لتحقيق غرضين: أوّلهما عرض حوافزنا بصيغة تأمّلاتٍ وأفكارٍ تتعلّق **ببناء العلوم** مثلما نحياها في مختبراتنا، **وتعليم العلوم** كما نحن بصدد تفعيله وتحقيقه وكما نفهمه من خلال الكتب والمناهج والبرامج الدراسيّة، وثانيهما عرض بعض منجزاتنا على أن تثير هذه الاختبارات اهتمام المدرّسين وتكون أساساً للبحث حول الأثر النّوعي لهذه الطّرائق في التّعليم والتّعلّم.

1 . الحوافز

قبل وصف مجمل المنجزات والطرائق، سوف نحاول أن نفسِّر سبب الأهميَّة التي نعطيها في بعض الحالات للتكامل المتبادل ما بين المعلوماتية كأداةٍ أو موضوعٍ تعليميٍّ وتعلُّم العلوم والتقنيَّات.

غالباً ما يشبه **تعليم العلوم** محاولةَ **تقديم** شكلٍ متماسكٍ و"إواليٍّ" لمجموعة قواعد يفترض فيها عرض عملٍ ذي طبيعةٍ مضبوطة. لأجل ذلك، من الضروري مع الأسف أن نتحدّى المفاهيم المسبقة وما اعتبر أنَّه جرى اختباره سابقاً لدى الطالب[(2)] وحالات **التردد** عند الباحثين وضياعهم، وأن نستبدل تجارب المتعلِّم بتجارب عقليَّةٍ أكثر ملاءمةً، كما نستبدل تاريخ العلوم ومسار الخطوات العلميَّة بطريقٍ ملكيٍّ مستقيم، وأن ننقل أخيراً موضع العلوم إلى خارج الواقع المعاش[(3)]. إنَّ منتجي المعرفة، يساهمون هم أيضاً، كما تظهره مجمل الكتابات العلميَّة، في وجود هذا الواقع: فهم يبعدون بذلك نتائجهم عن الشخصانيَّة والإطار المحدد الخاص كما عن عنصر الزمان، قدر الإمكان وبأفضل الطرق[(4)].

سوف نرى في النقطة الخامسة من الفصل الخامس، أنَّه في حال كانت هذه المعرفة غير المحددة الإطار ذات شكلٍ يمكن حمله ونقله ويسمح بتعميم المعرفة، فإنَّ استخدامها لغايات التعليم يستوجب تذكيراً بالإطار الذي أخذت منه هذه المعرفة، وحيث يفترض فيها أن تعمل.

غير أن خبرتنا كمدرِّسين تظهر أن:

(2) Viennot, L. (1979). Le raisonnement spontané en dynamique élémentaire; Formation des enseignants et formation continue, Hermann (Paris).

(3) Chevallard, Y. (1985). La transposition didactique: du savoir savant au savoir enseigné, La pensée sauvage (Grenoble).

(4) Brousseau, G. (1986). Fondements et méthodes de la didactique des mathématiques; Recherches en didactique des mathématiques, La pensée sauvage (Grenoble).

عرض عناصر المعرفة بطريقةٍ بنائية ومتماسكةٍ لا يبدو كافياً لإيصال طلّابنا إلى تنظيم معارفهم الخاصَّة وتنميتها. هل يمكن بالتالي أن نصل إلى استخلاص الغاية والوسائل؟

إن **حل التمارين** المقترحة للطلاب يظهر بوضوح أكبر وجهة النظر هذه، إذ أن الأمر يتعلَّق غالباً بوضع المتعلِّم بمواجهة المشكلة، وقد جرى إيضاحها و"تعقيمها" بما يكفي كي تقودنا النظريَّة التي وضعت قبل حين، وطبِّقت بصورةٍ ملائمة، إلى إعطاء الإجابة المنتظرة. كذلك فإنَّه غالباً ما تشكِّل الأعمال التطبيقية في المختبر هي أيضاً، إثباتاً بسيطاً او تأكيداً للنماذج التي اعتمدت سابقاً أثناء حصص شرح الدرس.

بصيغة أخرى، فإنَّ المقصود هو تحويل المعارف العلميَّة المعقَّدة لدى جمهور الباحثين والمجتمع العلمي إلى صورةٍ حسّيةٍ، أو إعادة تأطيرها. مع هذا فإنَّه ينبغي أن نلاحظ أنَّ عمل الباحثين والمهندسين يسلك طريقاً معاكساً، أي أنَّهم يبدأونه من خلال بناء النموذج أو النظام القادر على إعطاء "الإجابة" المنتظرة أو يقدِّمون عرضاً للسلوكيَّات التي جرت ملاحظتها، في أحسن الأحوال.

إن النتيجة غير الملائمة غالباً ما تكون إنقلاباً للنظريّة العامَّة في أشكالٍ متعدّدةٍ من الطروحات يصعب جداً إعادة توحيدها وتأطيرها من قبل المتعلِّم (أنظر المرجع 3).

لقد أجريت اختبارات[5] على طلّابٍ في نهاية المرحلة الثانويَّة

(5) Lebrun, M. et Lega, J. (1991). Recherches de capacités cognitives des bases déterminantes pour la résussite d'une première année universitaire en sciences, Colloque International de l'AIPU-Association Internationale de Pédagogie Universitaire, Actes du colloque, Laval (Québec).

أظهرت أنه في حال توصَّل 82% منهم إلى تطبيق نظريَّة فيتاغورس (Pythagore) في المثلَّث ذي الزاوية القائمة، فإن قسماً منهم فقط أي:

* 58% أحرزوه من خلال احتساب خط الزاوية (Diagonale) في المربَّع،
* 52% من خلال احتساب مجموع المربَّعات للجيب (Sinus) ولجيب التمام (Cosinus) لزاويةٍ معيَّنة؛
* 40% من خلال مثلَّث ذي زاويةٍ قائمة على أساس اعتباره مساوياً لنصف مثلَّث متساوي الضلعين؛
* 30% من خلال احتساب المسافة انطلاقاً من نقطةٍ محدَّدةٍ بالإحداثيَّات (Y, coordonnées X)؛
* 28% من خلال احتساب معادلة الدائرة ذات شعاعٍ محدَّد؛

من هنا يبدو مفيداً أن نهتمَّ كفايةً بمنح الطلَّاب فرصاً لتمثُّل معارفهم، والوسائل التي تسمح لهم بإضاءاتٍ متنوِّعة على المفهوم عينه بغية الوصول الى المضمون الأساسي. ولا ريب أنَّ تبنِّي **أسلوبٍ يعتمد أكثر على الاستقراء والمشاركة،** قد يساعد كثيراً في حلِّ المسائل، أي كيفية طرح المسألة وكيفية إيجاد الأسئلة المناسبة حولها وليس فقط إيجاد الحلول، وكيفية إيجاد داخل الطرق المعتمدة المقاربات الأكثر ملاءمةً للنماذج والنظريَّات، ومراقبة حدودها ودرجة انطباقها وإثبات صحَّة الحلول المحققة من خلال طرقٍ بديلة، والغوص بالعمل وإحسان تحمُّل مسؤوليَّة المهام...

وتحتاج هذه الخطوات إلى أدواتٍ سريعة الاستجابة تسمح ببناء لوائح بيانات وتحليلها، واختبار الفرضيَّات ووضع المخططات، الخ.

أمَّا الأرضيَّة المناسبة لهذا التعلُّم فيمكن إيجادها في الاستخدام

المتبادل والناشط للبرامج كما في إنتاج معايير معلوماتيَّةٍ صغيرةٍ من خلال الدروس المعطاة في المادَّة. ويشبه هذا الاستخدام القائم على المحاولات العشوائيَّة التي تقود إلى التطوير التدريجي، طريقة **بناء المعارف العلميَّة** في بعض النواحي.

ومن المرجَّح ألّا نعتبر **عمليَّة النقل التعليمي للظواهر الواقعيَّة**[6] على أنَّها تحديدٌ للمضمون التعليمي انطلاقاً من تطبيقاتٍ اجتماعيَّةٍ مرجعيَّةٍ (مثل الأبحاث والهندسة والممارسات اليوميَّة...) وليست تقليصاً تنازليَّاً للمعرفة الجامعيَّة ، أمراً قابلاً للتطبيق في المدارس الثانويَّة (في الواقع، إنَّ تحليل قوى الاحتكاك في بعض الحالات يأخذ ملامح غير نظاميَّةٍ تصعب السيطرة عليها عند هذا المستوى؛ ومع ذلك فهي تسيطر على نواحٍ عدَّة من حياتنا اليوميَّة عندما تفسِّر مثلاً كيفية السير...).

هنا يأخذ الحاسوب والوسائل السمعيَّة البصريَّة دورهما بإظهار الحدود الخارجيَّة ومظهر النموذج موضوع الدرس، ودرجة عدم الدِّقة فيه بحيث يسمح بالمحاولات العشوائيَّة وطرح الإسئلة بواسطة التجربة ضمن المقاييس الحقيقيَّة وهو ما سوف نسمّيه في مجال المعلوماتية ببرامج التشكيل والمحاكاة.

كما يتعلّق الأمر أيضاً بأن نعطي للخطوات العلميَّة التي تقود العمل من صياغة النظريَّات إلى تصوُّر الاختبار، دورها الاعتراضي في مقابل النموذج أو النظريَّة[7].

---

(6) Martnand, J.-L. (1986). Connaître et transformer la matière, Peter Lang (Berne).

(7) Giordan, A. (1978). Une pédagogie pour les sciences expérimentales; Paidoguides, Le centurion (Paris).

زيادةً على ما تقدَّم، فإنَّ **قانون الفيزياء** هو الخلاصة الأكثر تركيزاً وشموليَّةً لمجموعة الملاحظات والنظريَّات التي يمكن الإشراف عليها. إنَّ القوَّة التجريديَّة للنموذج بالإضافة إلى الحدود الخاصَّة التي سبق التكلُّم عنها، تجعل من الصعب على الطالب أن يجد فيه تجاربه الخاصَّة والمعاشة. ومرَّةً جديدةً تسمح برامج التشكيل والمحاكاة للطالب بمقابلة المسائل المطروحة بالنموذج المقترح من قبل المدرِّس أو الذي يضع هو خطوطه ويستوعبه بطريقةٍ أفضل، إذ يجد نفسه فيه، ويطوّر إزاءه تصوُّره الخاص له. إنَّ الإمكانيَّة المتاحة للطالب من خلال تبدُّل الثوابت (les paramètres)، تفتح الباب أمام أوجه متعدِّدةٍ للظاهرة المطروحة، مسهِّلةً له توسيع معارفه من خلال استخدام تصوُّراته الكامنة، وكاشفةً له معارفه الخاصَّة وكيفيَّة تطبيقها **وحدود هذه الإمكانيَّة.**

نحن نجد أنفسنا قريبين نسبيّاً من مفهوم الأهداف-العقبات (أنظر المرجع 4) الذي يستفيد من تحديد الخصائص أو بروز العقبة من أجل انتقاء الأهداف وذلك بإبراز التطّور الفكريِّ المتعلِّق بتجاوزها.

وطالما أنّنا نشرك الطالب أكثر ونضع بين يديه تقنيَّةً لطرح الأسئلة، يقدِّم له الحاسوب أيضاً أداةً تساعده على حلِّ المسائل التي كان يصعب عليه حلُّها حتى تاريخه. فإذا كان التطبيق الخاص لقانون الفيزياء وكتابة المعادلات تحت الإشراف المحتمل للمدرِّس بمتناوله منطقيّاً، فإنَّ الحلَّ الحسابي أو الرقمي كان بإمكانه أن يضع عراقيل بحيث كانت تجبر المدرِّس على استباق النتيجة التي أصبحت لذلك مصطنعةً، أو أن يضع جانباً بعض المجالات التطبيقيَّة: لذا فإنَّ اللُّغات المستخدمة والبرامج التطبيقيَّة وعلب الأدوات الرقميَّة... لا تسمح بهذا "الإهمال".

كما أن هذه البرامج تسمح للمتعلِّم بالاختبار وذلك "بهدف الرؤية"، وهي وسيلة لتدجين النموذج قبل أن يصبح التكامل المنطقي-الاستقرائي قادراً على التأثير الفعَّال. ومن جديد فإننا نرى التركيز قد تمَّ **على اكتساب وسائل طرح الإسئلة التي تسبق تعلُّم تقنيَّات إنتاج الأجوبة.**

ثمَّ إنَّ دروس **المعلوماتيَّة** التي أصبحت تعتمد أكثر فأكثر في المرحلة الثانويَّة، والاختبار الرقمي (بتفاعله مع التجربة والملاحظة) والتفكيك \الألغوريتميِّ والعمليِّ للنماذج العلميَّة (في الفيزياء وعلم الأحياء... كما في الاقتصاد) تشكِّل بالتأكيد مجالاً للتقويم المتبادل وللتمارين في هذه المواد.

ويجب أن نضيف أيضاً أن المعلومات المطلوبة مسبقاً في الرياضيَّات (مثل مفهوم المشتقَّة dérivée أو التكامل intégrale على سبيل المثال) التي يفترض فيها أن تسمح بالوصول إلى المفاهيم العلميَّة بعد أن تتجسَّد فيها (مثل مفهوم السرعة أو العمل) غالباً ما لا تكون متزامنةً مع متطلَّبات برامج دروس العلوم. إن "قوَّة الصورة" لدى الحاسوب (أنظر لاحقاً)، يمكنها أن تعوِّض أحياناً هذا النقص مؤقتاً.

إن المدرِّسين التطبيقيِّن لهذه التقنيَّات التعلُّميَّة الجديدة، غالباً ما يشكون من طول الوقت الذي تأخذه الخطوات التربويَّة، ضمن مقرَّرٍ مثقلٍ بمشاكلٍ أكثر مما ينبغي، والتي نشير إليها في عرضنا هذا، مع تأكيدهم غالباً على نوعيَة النتيجة التربويَّة المحققة (متى سوف تشمل الدراسات التي ينتظر أن تحلل ليس فقط النوعيَّة التقنيَّة للبرامج ومستواها التربويَّ المتكامل بل أيضاً **المنهجيَّات والتقييم** التي كانت تتكامل معها؟)

إلَّا أنه يبدو من المفيد في المرحلة الثانويَّة والحلقة الأولى من التدريس الجامعي، أن نعمِّق على مستويي المضمون والخطوات العلميَّة، بعض الفصول ذات الصفة التمثيليَّة، بدل التجزئة السطحيَّة للفيزياء بحيث لا تعرض بعض الموضوعات بشكل واضحٍ ومفهومٍ سوى في مرحلة تحضير الإجازات الجامعيَّة.

يبدو لي أن هذه الإشكاليَّة موجودة أصلاً في معظم المحاضرات كما في تنظيمها. لقد شهدنا في الآونة الأخيرة تزايداً دون حدود للخيارات المنفصلة والنشاطات التكميليَّة التي لم تعد تلزم الطالب بالضرورة القيام بتحليل معمَّق لفرعٍ ما وبالتالي لم تعد تسمح له بمراجعةٍ ضروريَّةٍ للمعلومات من أجل حسن استيعابها.

أودُّ هنا أن أعرض، على سبيل التذكير والتمهيد لما يلي وقبل عرض الإمكانات التي تتيحها أدوات المعلوماتيَّة، كيف يمكن لهذه الأدوات **وبالتزامن مع اعتماد الطرائق التقليديَّة** (كالمحاضرات والتمارين والمختبرات...) **أن تحيي وتسرِّع مختلف مراحل وعناصر الخطوات العلميَّة.**

وكما يفعل الكثير من الكتَّاب اليوم، فإنِّي أشدِّد على أن التجزئة المقترحة (O-H-E-R-I-C: Observation, Hypothèse, Expérience, Résultet, Interprétation, Conclusion) وتعني الملاحظة والافتراض والاختبار والنتيجة والتحليل والخلاصة، ولا يجوز أن تعتبر كقسم جامدٍ مرتبطٍ بطبيعة الخطوات العلميَّة بل كمجموعةٍ من نقاط القوَّة ترصِّع البحث العلمي وكذلك عمليّة إنتاج المعرفة.

- سوف يبدأ مسارنا غالباً **بالملاحظة** (الفوريَّة التي تثيرها أو تحضِّرها التجربة)؛ فإذا كانت الملاحظة الواقعيَّة في المختبر حاسمةً بتأثيرها، فإنَّه بإمكانها في كثيرٍ من الحالات أن

ترتدي حلّةً مختلفةً من خلال برامج المحاكاة والمشاهدة التي يمكنها أن تقدِّم وبسرعةٍ مجموعةً من البيانات والحالات الدقيقة. إلّا أنه ينبغي علينا أن نقرَّ بصعوبة تطبيق بعض الحالات في إطار الصف.

- كما يمكننا صياغة بعض **الفرضيّات** حول السلوك الذي تجري ملاحظته. هذه الملاحضات والفرضيّات ليست محايدةً كما تبدو للوهلة الأولى، مثلما هي الحال في الإطار الذي تتم فيه الخطوات العلميَّة. وهي غالباً ما تستند إلى نموذجٍ سابقٍ ليس باستطاعته مقاومة الحالات الدقيقة. ربَّما تكون الفرصة مؤاتيةً على المستوى التعليمي لشرح وصياغة ما يتمثَّله الطلّاب بسذاجةٍ أو ما اختبروه سابقاً وذلك بهدف أن يختبروه أو يتجاوزوه. ومن المؤكَّد أن برامج المحاكاة-وصياغة النموذج التي تشرح أو تبرز بقوَّةٍ دور الثوابت والمتغيِّرات بالإضافة إلى برامج التحليل الرقمي سوف تقدِّم عوناً أكيداً للطلاب في هذه المرحلة الحسَّاسة.
- إنَّ إعداد **التجربة** (سواء إيجابيّاً أم سلبيّاً إزاء الافتراضات المعلنة)، بالمقياس الواقعي، وإدخالها في إطارٍ أوسع من التجارب بالمحاكاة وتغطية الظاهرة بمجموعةٍ من الأعمال الفرديَّة، سوف تقود كلُّها إلى **مجموعةٍ من النتائج** تجري لاحقاً مقابلتها ببعضها وتحليلها ثمَّ يجري إعطاؤها شكل المخطط. وغالباً ما نستنتج آسفين أن القسم التطبيقيَّ في تعاليمنا يستند إلى اختبارٍ **واحدٍ** سبق تخطيطه لا يلاحظ الطالب دائماً صفته الأساسيَّة أو المقرَّرة.
- إن **تحليل** النتائج سوف يقود إلى إيجاد نموذجٍ يفترض فيه إظهار الترابط بين الثوابت والمتغيِّرات. وهذا ما يتيح الوصول

إلى **استخلاص** مدى ملاءمته؛ وإن بروز حالاتٍ دقيقةٍ وجديدةٍ سوف يقودنا إلى مزيدٍ من الدِّقة في الفرضيَّات، وإلى اختباراتٍ وملاحظاتٍ جديدة. إنَّ المركبَّات (O,H,E,R,I,C)) تترابط أو تندمج مع بعضها بعض، مذكِّرةً بسلسلة الحامض الوراثي الـ(ADN).

تقترب هذه المراحل المختلفة للخطوات العلميَّة من مراحل أو مكوّنات التعلُّم التي سوف نتوسَّع فيها لاحقاً في الفصل الخامس (النقطة 5) والتي سوف نتناول فيها مختلف عناصر التعلُّم المكوَّنة من جهوزيَّة المعلومات وممارسة مهارات عالية المستوى وضرورة إنتاج مادَّةٍ جديدةٍ وشخصيَّة...

من الواضح أنه لا يمكن اللجوء دائماً إلى هذا المسار في جميع فصول منهج الفيزياء. غير أنَّه يمكن، من وقتٍ لآخر، تقديم أقسام مختصرةٍ للطالب (E-R-I أو O-H-E، الخ.). وسوف تشكِّل قوَّة وسرعة الحاسوب، في هذا الإطار مساعدةً ثمينةً للمدرِّس كما سوف نظهر ذلك.

كما قد يلعب الحاسوب دوراً هامَّاً بمواجهة اختلاف مستويات وأنماط التفكير (الذي غالباً ما يبنى بعيداً عن الصف)؛ ويبدو أن المعلوماتيَّة تحوَّلت من أداةِ استلحاقٍ في بعض الحالات ووسيلة تعبيرٍ في حالاتٍ أخرى إلى مكانٍ للِّقاء والتحاور بين المواد المختلفة ومناسبةً **لتعدُّد هذه المواد.**

وأمام تراكم المعلومات غير المترابطة، بإمكان المعلوماتيَّة أن تساعد على تنظيمها، إذا أحسن أستخدامها.

2. التطوير والطرائق

سوف نتطرّق في ما يلي إلى ثلاثة مظاهر للمعلوماتيّة بصفتها أداة.

- تعلُّم لغات التخاطب مع الحاسوب؛
- استخدام برامج عامَّةٍ لمعالجة المعلومات؛
- استخدام برامج خاصَّةٍ بمادَّةٍ ومنهجيَّةٍ معيَّنةٍ (EAO).

2. 1 تعلُّم اللغـات

والمقصود منه، وصف أنماط استخدام لغات المعلوماتيَّة، أثناء وبعد تعلُّم المفهوم، مثل:

* الـ(BASIC) المركّب، لغة التصوُّر في التعلُّم بواسطة الحاسوب EAO وهي غالباً ما ترافق الخطوات الأولى في المعلوماتيّة بسبب سعة انتشارها؛
* الـ (PASCAL)، الذي يطلب غالباً كموجِّهٍ لفهم نظام ترميز المعلوماتيَّة، ولإنتاج حساب الخوارزمي، أو الألغوريتم algorithmes، وخلق نماذج وصفيَّة؛
* برامجيَّات الاستثمار (مثل معالجة النصوص، وتنظيم الجداول، وأنظمة الاكتساب...) التي تسهِّل الكثير من الأعمال التكرارية أو الاستقباليَّة لنظام معيَّن.

الهدف من ذلك إعطاء الطلَّاب مقاربةً عقلانيَّةً ومعرفةً مناسبةً للتواصل المثمر مع الحاسوب، بالإضافة إلى **وسائل تعبيرٍ واكتشافٍ وتجسيدٍ للمفهوم** أو للنموذج... **وفرصةً للتدرُّب على التنظيم والدقَّة.**

يعتبر الحاسوب في الواقع كاشفاً ثابتاً لنقاط الضعف المحتملة في القسم المقترح درسه، ولهرميَّة المهام الموكولة إليه. وذكاء مستخدمه فقط هو القادرعلى كشف أي تجاوزٍ محتملٍ للنموذج حيث لا يستطيع دماغ الحاسوب أن يلاحظه.

ثمَّ إنَّ الاستخدام المشترك للبرامج التي جرى وضعها يسمح باختيارٍ سريعٍ لمسالك عقليَّةٍ متعددةٍ، لأجل فهم (والمعنى الحرفي للكلمة الفرنسية (Conpréhension) هو "الأخذ لأجل الذات" أي تكوين فكرة شخصيّة) مختلف الأوجه التي يشملها المفهوم.

ولنأخذ مثالاً على ذلك حول مفهوم التكامل *intégrale* الذي هو مألوفٌ للبعض، وغريبٌ كلَّياً للبعض الآخر، فهو يكتب وينقل ويفهم بصورٍ مختلفة.

- **الصيغة النَّظريَّة المجرَّدة** التي تسمح بقراءاتٍ متعددةٍ من خلال قدرتها على التعميم: وعلى سبيل المثال يمكن أن نأخذ أهميَّة الحالة الأولى (A) والحالة النهائيَّة (B) التي سوف تظهر عند دراسة مفهوم العمل في الفيزياء أو تغيُّر الطور بين الوضعيَّة والسرعة في الحركة المتموِّجة...

$$\int_A^B sin(X)dX = [-cos(X)]$$
$$= (cos(A) - cos(B))$$

- **التمثيل البياني** الذي يركِّز مفهوم المساحة المحددة بالمنحنى، وتطوُّر هذه المساحة وتحليلها...

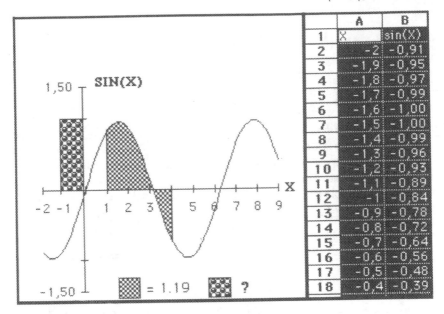

	A	B
1	X	sin(X)
2	-2	-0,91
3	-1,9	-0,95
4	-1,8	-0,97
5	-1,7	-0,99
6	-1,6	-1,00
7	-1,5	-1,00
8	-1,4	-0,99
9	-1,3	-0,96
10	-1,2	-0,93
11	-1,1	-0,89
12	-1	-0,84
13	-0,9	-0,78
14	-0,8	-0,72
15	-0,7	-0,64
16	-0,6	-0,56
17	-0,5	-0,48
18	-0,4	-0,39

الصورة رقم (1) التمثيل التخطيطي لمفهوم التكامل

- **الألغوريتم**، المدوَّن أدناه بلغة باسكال، والذي يفتح الباب على التقنيَّات الرقميَّة وعلى قيمتها التقريبيَّة...

$$\int_1^4 \sin(X)\, dX = 1.19$$

```
Program         integre;
Const           nombre_de_fois = 10;
VAR             A, B, pas,  s: real;
                            i: integer;
FUNCTION        F(X: real) :real;
                begin
                F:=sin(X)
                end;
BEGIN
    s:=0; {initialisation}
    write ( ' A=? '); readln(A)
    write ( ' B=? '); readln(B)
    pas := (B-A) / nombre_de_fois;
    FOR i:= 0 to nombre_de_fois-1
      do
        s:=s + F(A+(pas/2)+(i*pas)) * pas;
    writeln( 'integrale = ', s:5:3)
END.
```

- **تحليل القيمة الرقميَّة** المرتبطة بهذا التكامل، وبما تساويه بوحدات قياس المساحة...

الصورة النموذج (مشكال[*] kaléidoscope مفهوم التكامل)، والتي تحرَّك مركبَّاتها بصورٍ مختلفةٍ وتقيَّم على أساس المجال العلمي موضوع البحث (كالقاعدة في الميكانيك، والصورة في المخطط البياني للعلاقة بين الضغط والحجم في مجال التيرمو ديناميك...) تتضخَّم وتنتظم على شكل مجسَّمٍ ثلاثيِّ الأبعاد hologramme، يتحرَّك بقوَّةٍ بالحاسوب في حركةٍ انتقاليَّةٍ لا تتوقَّف بين المجرَّد والمحسوس، إلى أن تصبح في النهاية **نموذجاً بنائيَّاً** يمتلك بنيةً من التحوُّلات النظريَّة قابلةٍ لأن تقارن ببنيةٍ التحوُّلات التطبيقيَّة[8].

يوضح هذا الوصف إذاً، تشكيلةً من الأدوات التكميليَّة تكون في خدمة المدرِّس كما الطالب: وهي **إمكانيَّة اثباتٍ لأجل إعادة بناءٍ أفضل** لنموذجٍ يضمُّ، من خلال تقاطع صورٍ مجزَّأةٍ، ضرورة بناء أو إعادة بناء معرفته، وامتلاك المفاهيم المجرَّدة وتجسيدها.

"إن ما يحدِّد فعل التعلَّم هو ربط العناصر الجديدة بالأفكار الموجودة سابقاً ضمن سياق بنيته المعرفيَّة"[9]؛ إن العناصر الدقيقة التي نتطرَّق إليها في هذا الفصل هي بالمقدار نفسه مركَّبات محفِّزة داخل النموذج المختلف للمعرفة الذي يعرضه هؤلاء الباحثون.

إن تفكيك وتفسير تقنيَّةٍ ما أو قاعدة حسابيَّة بصورة التكامل،

(*) آلة مع مرايا عاكسة تتحرَّك داخلها فتولِّد صوراً مختلفة الأشكال والألوان، (المترجم).

(8) Halbwachs, F. (1974). La pensée physique chez l'enfant et le savant; Actualités de la recherche scientifique-Zèthos, Delachaux et Niestlé (Neuchâtel).

(9) Giordan, A. & De Vecchi, G. (1987). Les origines du savoir; Actualités pédagogiques et psychologiques, Delachaux et Niestlé (Neuchâtel).

يفتح الطريق أيضاً إلى المعرفة المجرَّدة التي بإمكانها تثبيت التعلُّم. ويمكن تعريفها كحالة وعيٍ أو معرفةٍ يمتلكها شخصٌ ما لنشاطاته المعرفية الذاتيَّة والقدرة على السيطرة عليها وتوجيهها وتنظيمها. وكتابة \الألغوريتم الصغير لاحتساب التكامل تقودنا إلى طرح التساؤلات التالية:

- ماذا أفعل عند احتساب التكامل؟
- وهل سوف يصير نموذجي كما ينبغي؟ وكيف يمكن تطويره؟

قد أظهر اختبارٌ أجريناه، أنه من بين 65% من الطلّاب الذين استطاعوا احتساب تكاملٍ بسيطٍ (تكامل علاقةٍ خطّيةٍ linéaire) بعد صفِ الإنسانيَّات، توصَّل 15% منهم فقط إلى الإجابة على السؤال التالي: "هل تشرح لنا باختصارٍ ما تعنيه لك عمليَّة تكاملٍ؟".

كذلك يستحق المخطط البيانيُّ في جميع هذه "الصور"، ملاحظةً خاصَّةً إذ أنَّه يقدِّم لنا المفهوم بصفته التفسيريَّة والعملانيَّة كمساحةٍ تحت المنحنى.

يبدو أن تدريب الطلّاب على التصرُّف بالمجرَّد والمفهوم والنموذج فقط، دون اللجوء إلى ضرورة الربط بالمصدر الاستفهامي والتفسيري أو الوصفي، عملٌ غير مجدٍ، كما يظهر الفشل أو قلَّة الحماس الناتج عن بعض أنماط التعلُّم.

إن ضرورة وضع المعارف خارج إطارٍ محددٍ (والذي يشكِّل بالنسبة إلينا مدخلاً لإعادة تحليل الأطر أي بجعل المتعلِّم قادراً على الاستفادة من معارفه المختلفة في مواقف متنوِّعةٍ) لا يمكن أن تمرَّ دون الإقرار بالإطار أو الظروف التي ولَّدت هذه المعارف فيها، وبالإطار الذي يميل إلى تفسيره.

لكن لماذا نحتاج حاسوباً لتحقيق ذلك؟ فكما سبق وأعلنَّا ذلك في المقدّمة، إنّ ذلك يعود إلى سرعة العمليّة الحسابية وإلى

الإمكانيّات اللامتناهية لتغيّر الثوّابت وإمكانيّات التّخطيط البياني ولوجود الدّقة الضّروريّة لإنتاج عمليّات الألغوريتم التي يسمح بها الحاسوب الغنيُّ بالصّور، كما يُسهّل بناء أفكارٍ بطريقةٍ ما، لم تكن تؤمّنها الوسائل التّقليديّة.

ويبدو لي كذلك أنّه يجب أن نفهم في هذا الإطار، بعد العودة إلى أفكار بياجيه (Piaget) وبابير (Papert)، ألنّظريّات التّربوية حول الاكتشاف النّاشط وخلق البيئة من نوع لوغو (LOGO)، كما جرى تطبيقها أحياناً منذ أيّام المدرسة الابتدائيّة. (ماذا بإمكانها أن تطوّر على المستويين المعرفي والسّلوكي وعلى المدى الطّويل، وما إذا كانت التّعاليم اللّاحقة والتّي تكون عادة نظاميّة، تجهل أو لا تستخدم إستراتيجيّات الاكتشاف التّي جُهّزت بها؟)

2.2 البرامجيات العامّة لمعالجة المعلومات

إنّ ضرورة وجود أدوات تتلاءم جيّداً مع المشكلة المطروحة، غالباً ما تقود الباحثين والمدرّسين إلى برامج تكوين وتحليل ومحاكاة...

إلا أنّ الكثير من البرامج المسوّقة والمنتشرة حاليّاً يمكنها، لأجل غايات نوعيّة جدّاً وتقليديّة جدّاً في مجال العلوم، أن تبدو نافعة جدّاً في عمليّات البحث والتّعليم وليس فقط في الأعمال التّي أوجدت لأجلها (كالإدارة والخدمات...)

إنّ **المشاركة وتبادل النّشاط** المتزايدين في استعمال هذه البرامج، يقدّمان للطّلاب بعد وقتٍ في التّعلّم قصيرٍ نسبيّاً، أدواتٍ قيّمةً لإنتاج المعارف وتنظيمها: مثل البحث وفرز المعلومات والبيانات والتّمثيل البياني لها، وتحليل الاتّجاهات... إلخ. إنّ عدداً

من المواد التعليميّة (كعلم الأحياء والتّاريخ والجغرافيا...) سوف يُركّز على هذا التّعلّم الأساسي، بعد العودة إليه.

وعلى سبيل التّذكير نعرض التّالي:

1.2.2 معالجة النّصوص

لقد استبدلت آلات الطّباعة الضّخمة، ببرامج مثل وورد (WORD)، وورد برفكت (WORD PERFECT)، ومانوسكربت (MANUSCRIPT). إنّ معالجة النّصوص تسمح من خلال إمكانيّات التعديل والتّصحيح والعرض وتكامل المخططات البيانية والصّور والإضافة أو الحذف اللّاحقين، بالتّواصل، في أجواء من المشاركة والسّهولة الكبيرتين، وبالتّعبير وبكتابة المناهج (Syllabi) أو تقارير الاختبارات. ولا حاجة لإثبات مدى أهميّة الأمر للطّلاب لأجل إيصال أعمالهم ونتائجهم إلى زملائهم (إذ نجد الطلّاب في هذه الطّرق المعتمدة متعاونين وليسوا متنافسين) أو للمدرسّين لّاجل تدوين علاماتهم أو نظام الاختبارات لديهم. لقد أصبح النشر بواسطة الحاسوب (PAO) عنصراً هامّاً في التّعليم التّواصلي. كما شكّلت عمليات إنتاج النّصوص المركّبة وإعادة صياغة المحاضرات أو الكتب بواسطة الطلّاب، موضوع اختبارات هامّة جدّاً. لكن أين منها مواضيعنا المّوسّعة القديمة ؟

تقدّمُ الأدواتُ، التي نتجاهلها أحياناً والتي تواكب معالجة النّصوص، إمكانيّاتٍ مذهلةً أحياناً مثل التّعرّف على إمكانيّة الإعلام بواسطة البريد "publipostage"، *mailing* الذي يسمح، انطلاقاً من رسالةٍ نموذجيّةٍ وبطاقة عناوين، بخلق مجموعةٍ من الرسائل الشّخصيّة. ومن هنا فنحن نستطيع، انطلاقاً من بطاقة بيانات رقميّةٍ خاصّةٍ بمشكلةٍ ما وبالحلول المناسبة لها (وقد احتسبت بمساعدة

منظّم جداول على سبيل المثال) أن نخلق العبارات الخاصّة بكل فردٍ من الطلّاب والحلول النموذجيّة للمدرّس؛ وسوف يسمح تنوّع الحالات المطروحة بنقاشاتٍ بين التّلاميذ وبمقاربةٍ لإعادة الصّياغة للمدرّس.

2.2.2 منظّمو الجداول

كما تسمّى أيضاً أوراق "الحساب الإلكتروني"، مثل اللوتس والكواترو والإكسل (LOTUS ،QUATTRO ،EXCEL)، وهي تقدّم جدولاً كبيراً مكوّناً من خاناتٍ مترابطةٍ يسبّب تغيير أيٍّ منها، ثابتاً paramètre، يتردد تغييره مباشرةً في كلّ متعلّقاته.

وهي تقدّم بالإضافة إلى البنية العلائقيّة الكامنة، بيئةً أليفةً لرجل العلم والاقتصادي والإداري...من خلال:

- بناءٍ "إلزاميٍّ" وتطبيقٍ سريعٍ لعمليّات الألغوريتم مع تشديدٍ على الإعادات والعمليّات الحسابيّة المتكرّرة...؛
- متابعة تأثير أحد الثّوابت المؤثّر في نموذجٍ ما (جدول الفرضيّات في الاقتصاديّات، ومونتيكارلو Monte-Carlo في الفيزياء...)؛
- جيلٍ من الرسوم البيانيّة والمخططات البيانية histogramme وهو مجالٌ غالباً ما يبدو صعباً مع اللّغات التّقليديّة؛
- احتساب معايير إحصائيّة وماليّة...، وعمليّات شبكات القواطع matricielle، وتعديلات القطع المكافىء parabole . . . ؛

كما سوف نكمل صورتنا وتشكيلة مفهوم التّكامل كإثباتٍ لما سبق عرضه؛ ومرّةً جديدةً يقوم الحاسوب بفصل ارتباطنا بالنّموذج الوحيد الذي سبق درسه، ويفكّك المعرفة المعقّدة وذلك بإدخال المفهوم في صورٍ ديناميكيّة مختلفة.

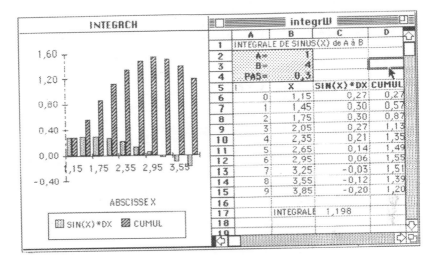

الصّورة 2 مقاربة مفهوم التّكامل بواسطة منظّم الجداول

نستعيد هنا الفكرة القائلة بأنّ النّماذج هي بنىً فكريّة تأتي لتستبدل الشّيء الحقيقي المتعدّد الأشكال من أجل أن تصبح مقاربته أفضل.

ويبدو منظّمو الجداول كأدوات محاكاةٍ ممتازةٍ في مجالاتٍ عدّةٍ، إذ يسمحون ببناء نماذج وظيفيّةٍ كي تتجذّر النّظريّة أكثر من خلال أشكالٍ تمثيليّةٍ مختلفةٍ جرى بناؤها من قِبل المتعلّم.

فلنأخذ المثال التّالي: "أنا أرغب باستدانة مبلغ مليوني ف.ب.؛ كم يتوجّب عليّ أن أسدّد شهريّاً، إذا كان معدّل الفائدة 10% سنويّا؟"

لنفترض م (M) قيمة هذا المبلغ:

السّنة	أ: ما يتوجّب عليّ في بداية العام	ب: ما يتوجّب في نهاية العام	ج: ما سدّدته	د: ما يتوجّب في نهاية العام وما سدّدته
1	2000000	A + A*0.10	12*M	C-B
2	D	↓ كرّر	↓ كرّر	↓ كرّر
...				
9	↓ كرّر	↓ كرّر	↓ كرّر	↓ كرّر
10	↓ كرّر	↓ كرّر	↓ كرّر	0

إنّ هدف المحاكاة هو أن نجد بالتّجربة والخطأ، قيمة المبلغ م بحيث تساوي الخانة السّفلى إلى اليمين، صفراً. لننظر إلى النّموذج المتداخل النّشاط، المقابل، الذي قدّمه منظِّم الجداول:

	A	B	C	D	E
2			NOMBRE AN	10	
3			MONTANT	2000000	
4			REMBOURS	27124,2	
5					
6	1	2000000	2200000	325491	1874509
7	2	1874509	2061960	325491	1736469
8	3	1736469	1910116	325491	1584625
9	4	1584625	1743088	325491	1417597
10	5	1417597	1559357	325491	1233866
11	6	1233866	1357253	325491	1031762
12	7	1031762	1134938	325491	809447
13	8	809447	890392	325491	564901
14	9	564901	621391	325491	295901
15	10	295901	325491	325491	0

الصّورة 3 تحديد مبلغ السداد الشّهري لقرض.

ربّما نعتقد أنَّ تجزئة هذه المسألة إلى مراحل مختلفة، سوف

يُقدِّم علاماتٍ هامّةً أو ثمينةً لاستخلاص النّظريّة (أو القاعدة) الملائمة.

يمكن أيضاً لبعض **المفاهيم** التي يصعب تنفيذها أحياناً وجعلها قابلةً للتطبيق في مكان آخر، أنّ نقاربها بهذه الطّريقة.

فلنأخذ الحالة التّالية:

لنسحب عشوائيّاً عدّة نماذج من أرقامٍ أُخذت من ضمن توزيعٍ معروفٍ سلفاً. من السّهل علينا هنا أن نحسب المعدّل الطّبيعي (م) لكل نموذج والخطأ المصاحب لهذا المعدَّل (س). يمكن أن نتساءل عن مدى احتمال إيجاد معدّل وسطي صحيحٍ ضمن الفاصل المحدد (Intervalle) [م-س..م+س] . كما يمكن أن نتساءل عن قيمة الثّابت (ك)، كي يكون المعدَّل الصحيح ضمن الفاصل المحدّد [م-ك س .. م+ ك س] مع احتمال بنسبة 90%؟ ويمكن أن نلجأ إلى المتغيِّر "ط من طالب " "المبنيّ" ضمن المحاكاة التالية.

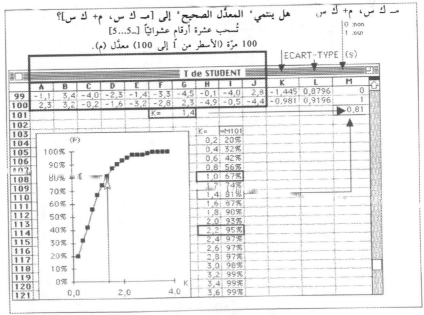

الصّورة 4 بناء مفهوم الـ ط *t* من طالب *Student*

سوف نرجع إلى هذا المثال في فصلٍ لاحقٍ كنموذجٍ لدعم مقاربةٍ أكثر إستقرائيّةً ونشاطاً للتّعلّم (الفصل 3 النّقطة 5).

3.2.2 قـواعد البيانات

إنَّ الحاجة إلى جمع وإدارة وتحليل بيانات عديدة بغية أن نستخرج منها الإتّجاهات وأن نتوقّع السُّلوكيَّات أو التَّرجيحات، مؤمَّنةٌ بما يُسمَّى نظام إدارة قواعد البيانات SGBD، مثل DBASE وPARADOX وFILEMAKER . . .

وتسمح قواعد البيانات بالإستشارة السّريعة وبالتّمثيل بواسطة الجداول وبتصفية البيانات الخاصّة بالعلوم والتّاريخ والاقتصاد، ألخ. وهي تعطي ايضاَ وسائل إيجاد نظامٍ مرنٍ ومتكيِّفٍ للتَّقييم التَّكويني ولتوجيه الطُّلاب.

ونُكرِّر مرَّةً أخرى القول بأنَّه ليس مطلوباً أنَ نُعدَّ طلّابنا بصورة شاملة ووافية، لكلِّ دقائق هذه البرامج، بل أن نجعلهم يألفون بعض المعالم الرَّئيسيَّة ويحسنون استخدامها بعلمٍ وذكاء.

إليكم في ما يلي نموذجين من استخدامٍ قواعد البيانات في مجال علم الأحياء.

إنَّ موقع أكاديميّة بواتييه[10] (Poitiers) يقترح بَنكَي بيانات سبق تحضيرها ببرنامج إكسيل.أحدهما حول التّغذية (بنكالي Bancali)، والآخر حول مقاطع من الحمض الوراثي ADN. إنَّها بنوك بيانات ناشطةٍ تسمح للمستخدم:

- أن يحلل في المرحلة الأولى، مضمون وجبة طعامٍ "بالقيمة

(10) جرى تحميل هذه الأمثلة من موقع أكاديمية بواتييه: http://www.ac-poitiers.fr/.

المطلقة" (الكتلة والطاقة)، أو بالقيمة النسبيَّة في ما يتعلَّق بالحاجات (الصورة 5)، وأن يعرض النتائج بصيغٍ مختلفة (الصورة 6):

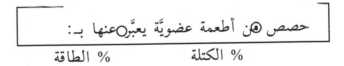

bancali.ult

الأطعمة المعدنيّة | RAZ

الكتلة والطاقة العائدتان للأطعمة العضويّة، بالنسبة إلى 100غ من الطعام

الطاقة (كيلوجول)	البروتين (غ)	الدهون (غ)	السلولوز (غ)	السكّر (غ)	الوجبة	الكتلة بالغرام	الأطعمة
177	0,8	0,1	2,1	10			
968	4	0,8	13,7	39,3			مشمش طازج مجفف
271	0,5	0,1	1,3	16			مشمش محلّى ومُعلّب
577	6	0,15	1,1	28.1			ثوم طازج
2379	19	53,6	16	4,5			لوز
276	0,4	0,1	0,9	16,3			أناناس مُعلّب
200	0,4	0,2	0,2	11,3			أناناس طازج
698	20	9	0	0,6			سنمورة
974	18	18	0	0,1			سجق نيء
1179	12,7	25,6	0	0			حنكليس طازج
1371	18,6	27,6	0	0,8			حنكليس مدخّن
142	2.4	0.15	2.2	5,6			خرشوف (القسم الصالح للطعام)
98	2,3	0.2	1.7	3,3			هليون نيء
92	1,9	0,3	0,5	2,9			هليون مطهو ومعلّب
113	1,2	0,2	0,9	5,1			باذنجان نيء
672	1,3	14,2	3	0,8			أفوكا

الصورة 5 بنك البيانات بنكالي (بواتييه)

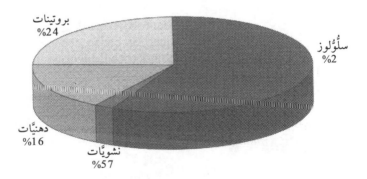

حصص من أطعمة عضويَّة يعبَّر عنها بـ:

% الكتلة   % الطاقة

الصورة رقم 6 التمثيل البياني لبيانات بنكالي (بواتييه)

- وفي المرحلة الثانية، أن يحلل مقاطع من جينات، وينسخها ويترجمها: ويقوم الحاسوب بإظهار المقطع ADN والـARN ناقل الرسائل والمقطع البروتيني المتعدد الأمين polypeptidique وخاصِّية كل حامضٍ أميني.

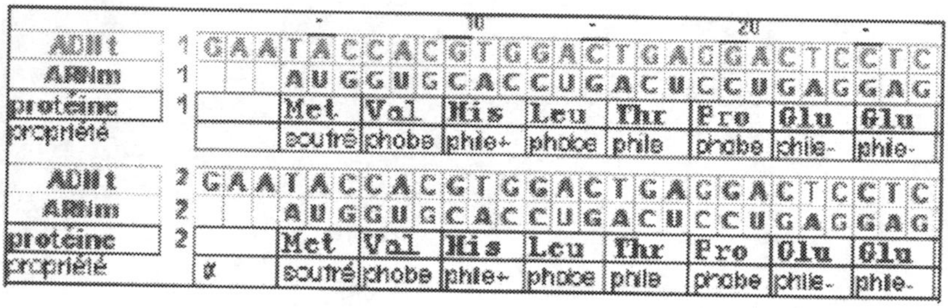

الصورة 7 تحليل مقاطع من جينات (بواتييه)

يمكن تحقيق عدَّة سلاسل ذات التغيير الإحيائي mutation، (عن طريق الإستبدال أو الإضافة أوالحذف) على مقطع الجينة 2. يمكن لاحقاً استعمال أدوات المقارنة والمعالجة.

2.2. 4 بعـض البـرامجيَّات لبنـاء المفـاهيم

يمكن عند مستوى معيَّن من الكفاءة أن نبحث أيضاً في قوَّة جذب أدوات الحساب الرمزي أو الرقمي، وفي إمكانات هايبركارد (Hypercard) وهايبرتوك (Hypertalk) الخياليَّة، وفي تطوُّر الذكاء الإصطناعي والآمال المعلَّقة عليه، كما بالنسبة للأنظمة المتخصصة التي بدأت نتائجها بالظهور في أجواء التآلف مع البرامج والآلات الحديثة، وأدوات الرسم التقني...

سوف نصف على الأقل ثلاثاً من هذه الأدوات: مطلب (MATLAB)، والفـيـزيـاء التـبـادليَّـة النـشـاط (INTERACTIVE PHYSICS)، وهايبركارد (HYPERCARD).

تظهر الصورة أدناه نسخةً عن شاشةٍ أخذت بواسطة أدات حسابٍ رقميٍ تستخدم في مراكز الأبحاث والمختبرات؛ وهي **مطلب**.

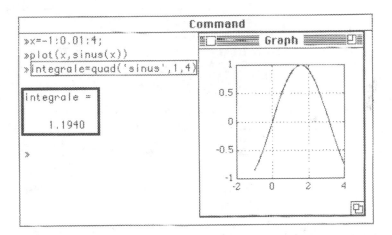

الصورة 8 مقاربة التكامل بواسطة "مطلب"

بعد أن استكمل "مطلب" تشكيلتنا حول مختلف أوجه التكامل البسيط الذي عرضنا له أعلاه، فإنَّه يكون قد وفّر وسطاً ملائماً للبرمجة، يسمح بإجراء عمليّات الحساب السجليّ matriciel، واللآنهائي الصغر infinitésimal أو الإتجاهي vectoriel، والتسويات وتشكيل الرسومات البيانيَّة ذات البعدين أو الثلاثة أبعاد ألخ. فهو اداة تحققٍ وإنتاجٍ للنماذج وتحليل **البيانات**...

أمَّا **الفيزياء التبادليَّة** النشاط، فهي تُنشئ بيئاتٍ مكوَّنةً من عناصر مختلفةٍ تتصل في ما بينها بالحبال والنوابض وممتصّي الصدمات...وتخضع لضغوطاتٍ مختلفةٍ، وقوىً، ومحرِّكاتٍ... تسبح كلُّها في "حقيقةٍ افتراضية" خاضعةٍ لقوانين نيوتن (Newton) أو كولون (Coulomb).

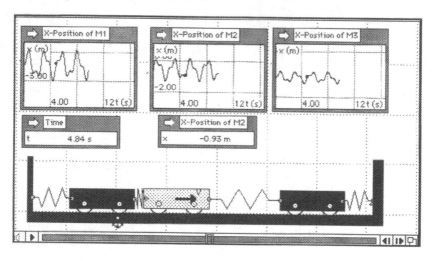

الصورة 9 الاصطدام عن بعد (الفيزياء التبادليَّة النشاط)

يجوز تغيير خصائص هذه العناصر مع قيودها، كما يمكن متابعة الثوابت الحركيَّة (cinématiques) أو الديناميكيَّة بمساعدة المخطَّطات ذات القيم الرقميَّة الفوريَّة. ويمكن بناء التمارين المتوافرة في كتابٍ كلاسِّيكيٍّ للفيزياء، ومحاكاتها وذلك عن طريق الإجابة التي جرى احتسابها في الوسط الديناميكيِّ العام. وهكذا فبالإمكان إعادة "لعب" التجربة كمقطع تلفزيونيٍّ على جهاز عرض (مع خصائص توقيف الصُّورة والعودة إلى الوراء واعتماد الحركة المسرَّعة...)

أصبح **هايبركارد** بدوره تدريجيّاً أداةً هامَّةً في تنفيذ البرامج التربويَّة: وهي مزيجٌ من "هايبرتكست" (وقد ربط بنصوصٍ ومفرداتٍ وصورٍ...)، وبنوك البيانات وأدوات رسمٍ ومقاطع صورٍ تلفزيونيَّةٍ ولغة برمجةٍ تسمح بمراقبة التفاعلات المختلفة.

سوف نتوسَّع بالكلام عن أداة تطوير وسائل الإعلام المتعدِّدة التباديلَّة النشاط *multimédias interactifs*، في الفصل 6 (النقطة 4) المكرَّس لعرض مختلف أوجه هذه الوسائل.

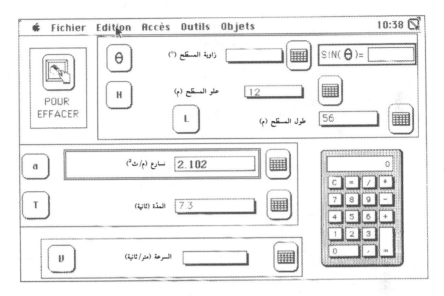

الصورة 10 بناء مسطح منحن مع هايبركارد

ينتج عن هذا التنوُّع من "التنقُّلات Navigations" التي أضحت ممكنةً، دخولٌ سهلٌ إلى حقل المعارف، وخاصٌ بكلِّ فرد. وسوف تسنح الفرصةُ لاحقاً للعودة إليه على المستوى التقني ومستوى التطبيقات.

تظهر صورةُ الـ ؟؟؟ أعلاه ما هو أبعد من البحث الوثائقي والتنقُّل في حقل المعارف المرتبطة ببعضها بعضاً والمعروضة بأشكالٍ متنوِّعةٍ؛ فنحن نرى **أداة إعدادٍ للمسائل** بشكلٍ حركي للمسطَّح المنحني والذي جرى تطويره بنظام هايبركارد.

ويمكن اختيار المتغيِّرات المستقلَّة (حيث يقوم الحاسوب باختبار تماسكها باستمرار)، كما يمكن احتساب المتغيِّرات المرتبطة

62

بغيرها (حيث يختبر الحاسوب إمكانيّة إجراء الحساب مع اعتبار الثوابت التي سبق إدخالها).

سوف نبيِّن في الفصل الثالث (النقطة 3)، أن هذه الأداة ذات الطبيعة الارتكاسيَّة *réactive*، أي المبنيَّة على ردَّات الفعل (كونها آلة حاسبة كبيرة تسمح بعمليَّة ضغط الأزرار) يمكنها أن تدخل ضمن جهازٍ ناشطٍ يهدف إلى بناء المعارف بواسطة المتعلِّم ذاته؛ وهنا تظهر أهميَّة الجهاز الذي يبنيه المدرِّس بنفسه حول الأداة.

إن سجلَّ النشاطات، (وهو كشفٌ بالعمليَّات التي قام بها المستخدم)، المدوَّن آلياً من قبل البرنامج، يسمح للمدرِّس بمتابعة وتحليل المسار الذي اتَّبعه الطالب؛ وهي طريقةٌ مهمَّةٌ لدراسة الأسس التي يطبِّقها الطالب أمام مواقف الإبداع الفكري وحل المسائل.

هنا نريد أن نسجِّل للذاكرة **برامجيَّات معالجةٍ لوسائل الإعلام** (مثل ناشري الصوت والصورة) تصبح آلآت مختبرٍ حقيقيَّةً إذا ما أُحسن استعمالها؛ وهكذا يستطيع ناشر الصوت مقاربة مفهوم التردد fréquence، والتوافقيَّة harmonique، والصورة الطيفيَّة spectogramme، الخ.

سوف نعود إلى هذه الأدوات المختلفة في الفصل 6 (النقطة 2) المكرَّس للنواحي التقنيَّة لوسائل الإعلام المتعددة.

3.2 التعليم بواسطة الحاسوب (EAO, Enseignement Assisté par Ordinateur)

يجري الكلام عن دروس برامجيَّاتٍ نظَّمها المدرِّسون بأنفسهم

تحت تسمياتٍ مختلفةٍ مثل الـ (EAAO Enseignement et Apprentissage Assistés par Ordinateur) (التعليم والتعلُّم بواسطة الحاسوب) أو الـ (EIAO Enseignement Intelligemment Assisté par Ordinateur) (التعليم الذكي بواسطة الحاسوب)، وذلك لتأمين حاجاتهم الخاصّة بصورةٍ ملائمةٍ أكثر، أو من قبل مختصّين من أجل دعم التّعليم، أي المعلّم والمتعلّم ونقل المعارف واكتسابها. إنّ التّركيز على هذه النّقطة يهدف في هذا الفصل إلى إزالة ما سوف نسمّيه "التّعليم المبرمج". تظهر عدّة برامج المعارف المقدّمة بواسطة عدّة شاشاتٍ عن طريق وظيفة واحدة هي الانتقال من شاشة لأخرى ومن الفصل واحد إلى الفصل اثنين ومن السؤال إلى الجواب. وهي قد تبهج من لديه المعلومة وذلك بمساعدته على اكتشاف طرقٍ جديدة لمقاربة أو عرض المادّة وتمارين جديدة؛ ثمّ إنّ المعلّم الذي يشارك في تمرين البناء هذا سوف يعطي مادّته على الأرجح بطريقةٍ مختلفةٍ (بالتّركيز على حاسّة النّظر أكثر). لكن هل بمقدور هذه الأدوات أن توصل إلى التّعلُّم وإلى تعلُّم أفضل بواسطتها؟ وهل بإمكان تبادل النّشاط المحدود هذا، لدى الأداة أن يتحوّل إلى تبادلٍ في التّأثير (للمعارف والأشخاص) يكون أكثر ملاءمةً للتعلُّم؟

يسمح الـEAO بتقديم إيضاحاتٍ مصوَّرةً وبتوثيق الدُّروس والأعمال التّطبيقيّة وبإدارة مجموعةٍ متماسكةٍ من التّمارين تغطّي الأوجه المختلفة للظاهرة موضوع الدّرس، وبمحاكاة سلوك الأنظمة المعقّدة، ولا حاجة للقول إنّ دور المعلّم فيها كبيرٌ ومدعّمٌ، بصفته مرشداً لاستيعاب المفاهيم المطروحة (تعلّم كيفيّة طرح الأسئلة الملائمة)، ولإعادة بناء المعلومات (قصّة "قانون" النِّظام) والتّقييم الدّائم والتّكويني للخطوات المُفعّلة: فنحن، في الواقع غالباً ما نمضي الكثير من الوقت في حلِّ المسألة (التي تكون في العادة

مختصرةً) أكثر مما هو على تعليم فنِّ طرح المسألة وتمثُّل المكتسبات.

سوف نرى في ما يلي كيف **نحدِّث** المعارف المنقولة **ونفعِّل** عمل الطُّلّاب. إنَّ الأقسام الفرعيَّة المقترحة أدناه هي مصطنعةٌ نسبيًّا: فسوف نرى كيف تكون أداة التَّحليل الرَّقمي نافعةً جدّاً لمعالجة البيانات الإختباريّة أو المعلومات المأخوذة من برنامج محاكاةٍ، وأن العمل الفردي يشرع الباب نحو إعادة الصياغة وبناء النماذج، وأن المحاكاة يمكن أن توصل إلى توليد المعطيات الضروريَّة لإنتاج مفهومٍ استباقيٍّ، أو "لقاعدة"ما...

لقد طوّرت التطبيقات التالية بحيث تعمل على وسائل متواضعةٍ (مثل الأنظمة الفرديَّة المزوَّدة بأقراصٍ صغيرةٍ disquettes، أو حتى بعلبةٍ صغيرةٍ أو كاسيت cassettes، ومجهَّزةٍ بذاكرةٍ محدودةٍ نسبياً) ومدوَّنةٍ بنظام بايسك (Basic). ولم يكن هذا ليشكِّل عقدةً تجاه **التجهيزات** التي كنا نرغب في اختبارها والذي كان ملزماً عملياً بالنظر إلى تنوُّع انظمة المعلوماتيَّة الموجودة في المدارس التي تعاونا معها وضخامتها.

1.3.2 توليد أعمالٍ فرديَّة بواسطة الحاسوب

المقصود، **في الإطار "التقليدي" للدروس**، هو انتاج مروحةٍ من المواقف التي تطرح مشاكل تغطِّي مختلف أوجه الموضوع المطروح. وسوف يقدِّم الحاسوب، ليس فقط تحديداً للإطار المفاهيمي وانتاج الأسئلة بل أيضاً مرجعاً مفصَّلاً للحلول يستعيد جميع مراحل التحليل العقلاني وذلك من أجل تسهيل التصحيح مع تقديم إمكانيَّة تشخيص مواطن الخلل الممكنة. وغالباً ما يلجأ

التلميذ إلى حلٍّ المشكلة بتأجيلها. ولذا فإنَّ هذا النمط من العمل يحتاج إذاً، من أجل تسهيل إنتاج الأعمال ومراجع الحلول، إلى مركز نشاطٍ واحدٍ ومجهَّزٍ بطابعة.

إليكم مثالاً يدور حول اصطدام آليَّتين:

يقدِّم الجدول التالي عدَّة معلوماتٍ حول اصطدام آليَّتين على سكَّةٍ مزَّودةٍ بأرائك هوائيَّةٍ.

	الآليَّة الأولى	الآليَّة الثانية
الكتلة (غ)	5	10
السرعة (سم/ثا)	5	6
الوضعيَّة الأساسيَّة (سم)	40	210

إذا ما اعتبرنا أن الآليَّتين تتجهان بسرعةٍ نحو بعضهما بعضاً، يجب:

- تحديد وقت الاصطدام ووضعيته انطلاقاً من الوضعيَّة الأساسيَّة؛
- احتساب كمِّية الحركة قبل الاصطدام وبعده واستخلاص النتائج التي تتأتَّى عنه؛
- التثبُّت ممَّا إذا كان الإصطدام مرناً élastique.

الصورة 11 اصطدام آليَّاتٍ بالبعد واحد (1)

يمكن أن يجري تصحيح هذا العمل من قبل الطالب نفسه بمساعدة برنامج محاكاةٍ أو بواسطة المعلِّم بمساعدة مرجعٍ للحلول يصدر عن الحاسوب في الوقت نفسه مع النص.

وإليكم المثل التالي:

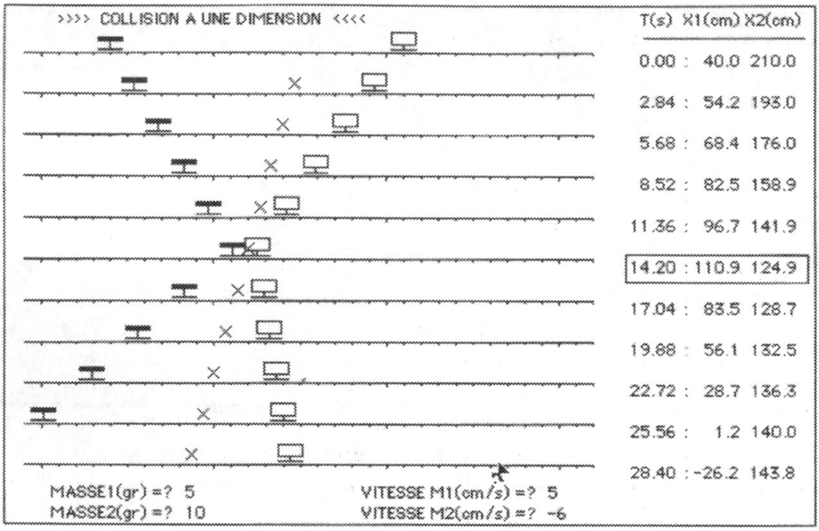

T(s)	X1(cm)	X2(cm)
0.00 :	40.0	210.0
2.84 :	54.2	193.0
5.68 :	68.4	176.0
8.52 :	82.5	158.9
11.36 :	96.7	141.9
14.20 :	110.9	124.9
17.04 :	83.5	128.7
19.88 :	56.1	132.5
22.72 :	28.7	136.3
25.56 :	1.2	140.0
28.40 :	-26.2	143.8

>>>> COLLISION A UNE DIMENSION <<<<

MASSE1(gr) =? 5 VITESSE M1(cm/s) =? 5
MASSE2(gr) =? 10 VITESSE M2(cm/s) =? -6

الصورة 12 اصطدام آلِيَّاتٍ بالبعد (2)

سوف يناقش هذا المثال أيضاً في الفصل 4 (النقطة 3) وذلك بإدخاله ضمن منهجيَّةِ النشاط الاستباقي *proactive* التي تهدف إلى التوجُّه إلى الطالب وجعله قائماً بتعليم ذاته؛ إنَّ القيم المعطاة للثوابت والمختلفة قليلاً سوف تظهر غنى المواقف التي يسمح الحاسوب بإبرازها.

سوف تتوافر قوائم يمكن بلوغها بناءً على الطلب، تحتوي على جداول مفصَّلةٍ تستعيد مختلف أوجه هذه المسألة والتي يمكن ملاحظتها.

67

يعبّر عن كل الطاقات بالـ (E) Ergs

	المختبر		مركز الكتلة	
	قبل	بعد	قبل	بعد
1	62.50	233.61	134.44	134.44
2	180.00	8.89	67.22	67.22
	242.50	242.50	201.67	201.67

الصُّورة 13 اصطدام آليّات بالبعد (3)

سوف نلاحظ الابتكار في عرض هذا الاصطدام الذي لا يجوز اعتباره اصطداماً في الفضاء ببعدين (على طاولة البليار billiard مثلاً). إنّه اصطدامٌ بين آليّتين تنتقلان على سكَّة مستقيمة؛ لقد قام الحاسوب ببساطة بتسجيل العلامات الفوريّة لوضعيّة الآليَّتين، تحت بعضهما بعضاً. وأظهرت طريقة العرض هذه توازيّاً "من جهتي الإصطدام" ؛ هنا يمكن طرح أسئلةٍ إستقرائيّةٍ نمطيّةٍ على المتعلّمين: على سبيل المثال، هل أنَّ زّوايا إحدى الآليَّتين قبل الصّدمة وبعدها، المتشكّلة بالمقارنة مع اتّجاه مركز الثّقل (centre de gravité) (حيث الصّليب الصّغير) هي نفسها؟ وهل بالإمكان الاستفادة من ذلك في إعادة قوانين الفيزياء التي تحكم هذا الاصطدام المرن؟

كما بالنِّسبة لمفهوم التّكامل الذي سبق عرضه أعلاه، فسوف يبدو المسار الضّروري (للمتعلّم) جليّاً للقارىء، بين صورة الاصطدام على السّكَّة ذات الأرائك الهوائيّة، والتمثيل المتتالي للعلامات الفوريّة الذي تظهره الصّورة أعلاه، وجدول القيَم الرَّقميَّة

ثُمّ المعادلة التي تظهر بسرعة، بل بسرعة فائقة، في غالبيّة الكتب وهي:

$$m_1\vec{v}_{1i} + m_2\vec{v}_{2i} = m_1\vec{v}_{1f} + m_2\vec{v}_{2f}$$

وهكذا باستطاعتنا أن نفهم بصورةٍ أفضل الاستعارة المستخدمة في بداية هذا الفصل حول الحاسوب، الذي يشكّل جسراً بين عالم الواقع وتمثيلاته (les représentations).

يمكن استخدام برنامج المعلوماتيّة هذا والبرامج التي سوف تعرض لاحقاً أيضاً بصورةٍ فاعلةٍ كمستند إثباتٍ لمحاضرةٍ أو حصّة تمارين.

كما تشكّل هذه الإمكانيّة عوناً قيّماً قبل **المحاضرة ذات الهدف الاستقرائي**، أو لتعليمٍ يرتكز على مقاربةٍ تعتمد أكثر على المشاركة.

ومن المهم أن نسجّل أنّ فرديّة العمل تسمح بالتمييز بين مضامين المسائل، كما بالقيام بتمايزٍ محتملٍ بالنَّظر إلى مستويات الطلّاب.

ويمكن أن تتمّ دعوة الطلّاب، بعد هذه "التغطية" للظّاهرة المطروحة، إلى القيام بمقارنةٍ حقيقيّةٍ وإعادة الصّياغة. إنّ هذه الخطوات هي جدُّ مبتكرة بمعنى أنّ المحاضرة النّظريّة تعرض عادةً ودفعةً واحدةً بناءً متكاملاً فتأتي التّمارين لاحقاً مشرّحةً إيّاه إلى قطعٍ صغيرةٍ غالباً ما تعتبر بالنّسبة للطالب مشابهةً للعدد نفسه من النّظريّات. وعلى سبيل المثال فإنّ تطبيقاً هامّاً يعني إنتاج " نظريّة" الحركة المتسارعة انطلاقاً من ملاحظاتٍ أبديَت على جدولٍ متحرّكٍ أو جرى توليدها بالحاسوب وانطلاقاً من معادلاتٍ عامّةٍ في علم الحركة المجرَّدة أو السّينيمائيّات (cinématique).

يحاول هذا المسار، في حال سمحت الظّروف بذلك، تقديم وسائل إنتاجٍ ناشطٍ للمعارف.

يعرض المثال التّالي مصدراً مولِّداً للأعمال الفرديّة على شبكة الإنترنت يدور حول الكيمياء.

لقد وردتنا صفحات الإنترنت من موقع "سيجيب سان لوران"[11] (Cégep de Saint-Laurent).

كم يبلغ معدّل pH لمحلولٍ يحتوي على CH_3NH_2، إذا كانت نسبة تركيزه 0.0078 mole/L؟

ثابتة الـ ionisation للـ CH_3NH_2 تساوي $3.6*10^{-4}$.

لأجل الإجابة [إضغط هنا]

[أو هنا] إذا احتجت للمساعدة

الصّورة 14 تمرين في الكيمياء: مسألةٌ مقفلةٌ (سان لوران)

كما يمكن استخدام الأداة للتثبّت من صحّة الاختبار الشّخصي:

كثافة المحلول القلوي بالـ mol/L . . . .

ثابتة التّأيّن القلوي ....

وللحصول على الـ pH [إضغط هنا]

الصّورة 15 تمرين في الكيمياء: مسألة مفتوحة (سان لوران).

---

(11) جاء تحميل هذا المثال عن الموقع الالكتروني لسيجيب سان لوران-كندا Cégep de Saint-Luarent (Canada)

http://www.cegep-st-laurent.qc.ca/depar/chimie/default.htm

ويبقى للمعلّم أن يختار مجموعة تمارينٍ انطلاقاً من هذه الأداة، يمكن أن تسمح له بتسجيل الثّوابت الهامّة، وتأثيراتها وإعادة بناء القوانين التي تحكم هذه الخصائص المتنوّعة.

2.3.2 تصميم أعمال من قبـل الطّلاب

سوف يجري هنا تطوير إمكانيّات التّخيّل والابتكار لدى الطّالب الذي يقوم بتصوُّر موقفٍ يطرح مسألةً، ثمّ يحاول إيجاد الحلّ لها بتطبيق الخاصيّة التوقعيّة أو الوصفيّة لقوانين النّظام العامّة أو للنموذج المعروض.

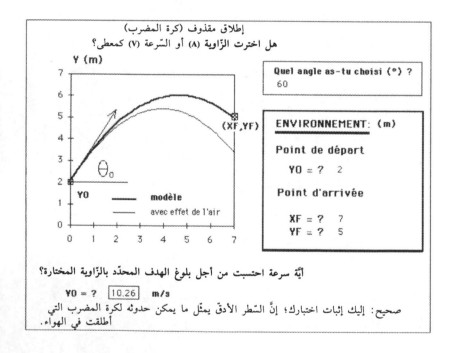

الصّورة 16 محاكاة إطلاق مقذوف

71

كيف يجب أن أطلق الكلّة إذا ما أردت إيصالها إلى سطح الخزانة؟

بينما يمكن لطالبٍ متحمّسٍ لكرة المضرب أن يطرح على نفسه السؤال التالي:

ما هي الخيارات الواقعيَّة (للزاوية والسرعة) التي سوف تمكنُني من بلوغ السلَّة؟

عليه إذاً أن يصف لنفسه وسطاً متماسكاً، وأن يحدِّد لذاته المعطيات (غير المتناقضة وبالعدد الكافي)، والمتغيِّرات المجهولة، وأن يطرح على نفسه السّؤال "الجيِّد" (الزّاوية و/ أو السّرعة؟)

ومن المؤكّد أن هذا النّمط من العمل يمكن أن يتطلّب من المعلّم جهداً بالغاً من التصحيح والتقييم، إذ يقوم كلُّ طالبٍ بطرح مسألةٍ مختلفةٍ تتعلَّق بمتغيِّراتٍ يمكن بدورها أن تكون مختلفةً؛ من هنا فإنَّ برنامج محاكاةٍ كافي الإتّساع سوف يساعد الطَّالب بأن يُصحِّح لذاته وأن يُوجِّه ذاته (أنظر الصّورة أعلاه).

ويستطيع برنامج محاكاةٍ أُحسن تحضيره، أن يقود الطَّالب إلى أبعد من التأكّد من إجابته، أي إلى أن يُظهر له أو حتى يساعده على اكتشاف حدود النموذج الذي استخدمه: "إنَّ الإجابة صحيحة لكن إليك كيف كان يمكن أن يكون المسار لو كان أُخذ احتكاك الهواء بعين الاعتبار!"

لا يكمن الموضوع هنا فقط في التّواضع المميِّز الذي يتحلى به البحث العلمي عند تعرّضه للسؤال بل إنَّها مسألة مصداقية التَّعليم وحقيقته التي نتعرّض لها.

لقد هدف هذا التّمرين إلى تفسير كيف يمكن للحاسوب، ضمن إطار المسائل التَّقليديّة، أن يسمح بتمييّزٍ حقيقيٍّ لعمل الطّالب. ويظهر الاختبار لنا أن الطَّالب عندما يكون في وضعيّة

اختراع المسائل، غالباً ما لا يعير أهميّةً لتماسك العمل أو للقيود المفروضة، فالزَّاوية التي يطلق منها مقذوف ما، مثلاً، هي أصغر من تلك التي يُنظر منها إلى الهدف، مع الإشارة إلى أن قليلاً من الكتب تضمُّ مسائل مشابهة.

ويذهب الحاسوب إلى ما هو أبعد من الإشراف المُدعَّم بالإثباتات، على المسائل التَّقليديّة **فهو يستطيع أيضاً أن يساعد على تصميم نماذج** (modélisation) **للأشياء التِّقنيّة** أي تصميم جهازٍ لقياس الكثافة يخضع لمواصفاتٍ محدّدة، أو نموذجِ ميزانٍ يستخدمه العطّارون.

يُظهر لنا المثال أدناه شاشة برنامج محاكاةٍ لطريقة عمل ميزانٍ يحتمل أن يكون الطَّالب قد بناه أو تخيَّله. فالطّالب هنا مدعوٌّ إلى وضع تصميمٍ، بمساعدة أدواتٍ كمسطرةٍ مرقَّمةٍ أو فنجانٍ، أي إلى أن يُحدِّد مقاييس الغرض الذي يعمل عليه. ثُمَ يستطيع بعد إنهاء الحسابات أن يتأكّد من صحَّتها بواسطة الكونسول (console). ونلاحظ أنَّ نصَّ هذا الاختبار يمكن أن يقدِّمه الحاسوب الذي يتناول أبعاد وكتل المسطرة والفنجان عشوائيّاً، ويُعطي المعلِّم مرجعاً مفصلاً للحلول. ويبدو لي أنّ الاستخدام التّبادليّ النّشاط هو أكثر غنىً لأنَّه يسمح بمحاكاة نظامٍ قائمٍ في المختبر أو ميزانٍ يمكن أن يكون الطَّالب قد بناه بنفسه في أحسن الأحوال.

ثمَّ إنَّ وضع مرجعٍ مفصَّلٍ للحلول هو أمرٌ صعب، إلّا إذا فُرضت وضعيَّة "الصِّفر" للميزان (أي الوضعيَّة التي تشير إليها الإبرة في حال عدم وجود وزن)؛ ومع ذلك فإنَّ الاختيار الحرّ لهذا الثّابت يفتح رؤىً عديدة، كما سوف نلاحظ لاحقاً.

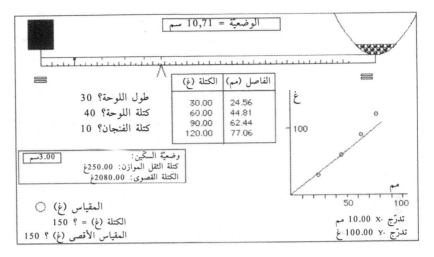

الصّورة 17 تشكيل ميزانٍ صينيٍّ.

سوف يُظهر البرنامج المستخدم في الحالة المعروضة كيف يمكن تحسين خطّيّة (linéarité) عمليَّة التَّعيير أو مستوى حساسيَّة الآلة؛ وسوف يسمح جدولٌ يصوِّر تطوُّرَ عمليَّة التَّعيير من خلال اختيار عدَّة وضعيَّاتٍ أساسيَّةٍ "للصِّفر" في الميزان (أي لكتلة الثُّقل الموازن)، بإعطاء أفضل إمكانيَّةٍ لتنفيذه بالنَّظر لخيارات الاستخدام المعتمدة. لقد مرَّ معنا إذاً مثالٌ عن توليد بيانات "اختباريّة".

2. 3. 3 توليد بيانات «اختبارية»

لا يجوز لجهابذة العلوم أن يتعلَّموا فقط التَّحقيق وإيجاد المؤشِّرات على خصائص الطَّبيعة الأُمّ بل يجب عليهم أيضاً أن يحلِّلوها ويتمَثَّلوها ويُقابلوها بأنماط السُّلوك المختلفة. إنَّ تحليل البيانات المؤدِّي إلى إعادة الصّياغة إنّما يشكِّل إحدى خصائص البحث، سواء تمَّ ذلك في حقل علم النَّفس أو علم الاجتماع أو في خفايا الجزيئات الأساسيّة للمادَّة.

إنَّ إطالة العمل التطبيقي في المختبر وتخفيفه وجمع البيانات على الأرض، أو باختصار توليد بيانات متماسكةٍ، قد يأخذ شكل

بصورة جداول رقميَّةٍ أو شكل بطاقاتٍ تخطيطيَّةٍ (قد نفكِّر مثلاً بمنحنيات المستوى).

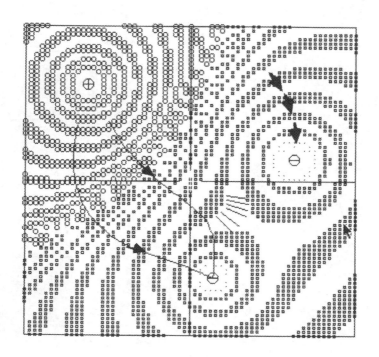

الصّورة 18 التَّمثيل البياني للمنحنيات المتساوية الجهد *(équipotentielles)*

تقدِّم الصّورة أعلاه إثباتاً على المناطق ذات تساوي الجهد لمجموعة من الشّحنات الكهربائيَّة. فيكون لدى الطَّالب وسطاً حقيقيّاً مكمِّلاً للتَّجربة، يستطيع أن يعمل عليه ويجسِّد بالقياس والحساب القوانين التَّركيبيَّة التي أطَّلع عليها في محاضراته.

كما يمكن لهذا التَمثيل أن يستخدم كنقطة تثبيتٍ لمفهومٍ جديدٍ هو، والحالة هذه، مفهوم خطّ الحقل (ligne de champ)، الذي يبدو أكثر تجريداً في صياغته، وأكثر حسّيةً في الواقع.

وهكذا فإنَّ الشّاشة البيانية أو الجدول الرّقمي المكمِّل للاختبار

والنَّظريّة، يقدِّم عدداً وافراً من المعلومات \الميكروسكوبيّة أو المحليّة في ذات الوقت الذي يقدِّم فيه رؤيةً شاملةً للميول الكبرى أو \الماكروسكوبيّة، للوسط الذي جرى تحويله بواسطة الحقل الكهربائي. يمكن أن تكون نقطة الانطلاق لهذا العمل مثلاً، تمريناً فرديَّاً ولَّده الحاسوب، يحتسب فيه الطالب الجهد في نقطةٍ واحدةٍ، وهو أمرٌ كافٍ جدَّاً! إذ سوف يسمح له البرنامج بالتَّثبُّت من حساباته وسوف يساعده بأن يتمثَّل إجابته في مجموعةٍ أكثر اتّساعاً، وبصورةٍ أفضل.

يُظهر المثال المحاذي، المرحلة الثّانية من تصوُّر ميزانٍ سبق أن عرضناه. إنَّه جدولٌ يُظهرُ كيف أنَّ اختيار "الصِّفر" في الميزان يُؤثِّر في استقامة الميزان وحساسيَّته؛ ويمكن أن نرى فيه صعوبةَ التَّوفيق بين الاتِّجاهين المطلوبين. (XC تُمثِّل الوضعيَّة المختارة "الصِّفر" في الميزان وMC كتلة الثُّقل الموازن الضَّروريَّة).

وضعيّة الصفر (ثقل معدوم) — وضعيّة توازن جديدة استناداً إلى الثقل في الفنجان

XC	MC	1 g	2 g	3 g	4 g	5 g	10 g	15 g	20 g	50 g	100 g
1	850.00	0.03	0.06	0.10	0.13	0.16	0.32	0.48	0.63	1.53	2.90
2	400.00	0.06	0.12	0.19	0.25	0.31	0.61	0.90	1.19	2.80	5.09
3	250.00	0.09	0.18	0.27	0.36	0.44	0.87	1.29	1.69	3.86	6.75
4	175.00	0.12	0.23	0.34	0.45	0.57	1.11	1.63	2.12	4.73	8.00
5	130.00	0.14	0.27	0.41	0.54	0.68	1.32	1.92	2.50	5.43	8.93
6	100.00	0.16	0.32	0.47	0.62	0.77	1.50	2.18	2.82	6.00	9.60
7	78.57	0.18	0.35	0.52	0.69	0.86	1.66	2.40	3.10	6.44	10.06
8	62.50	0.19	0.38	0.57	0.76	0.94	1.80	2.59	3.32	6.77	10.35

الصّورة 19 جدول الثّوابت في الميزان الصِّيني

ونلاحظُ استقامةً صحيحةً حتى حدود 100 غ لكل XC=1سم. إلّا أنَّ درجة الحساسيَّة (3 أعشار الميلليمتر لكل 1 غ) تبقى أمراً غير محسوم؛ ومقابل XC=8 سم فإنَّ المنطقة المستقيمة تقريباً، تتلخّصُ في شحنةٍ قصوى من عشرة غراماتٍ بمعدّل حساسيَّةٍ يساوي تقريباً 2 ملم لكل 1غ. يمكن لهذه الملاحظات أنّ تعزَّز عن طريق تحليل بحثٍ حول أفضل الممكن بواسطة الحساب التفاضلي (différentiel).

سوف نعود إلى هذا المثال في الفصل 3 (النّقطة 4) لإثبات طريقتنا النَّاشطة في استخدام التّقنيّات.

كما سوف تكون أدوات التَّحليل التي تقدِّمها برامج الحساب الرَّقمي والإحصائي عاملاً مساعداً وقيِّماً بالتَّاكيد عند تحليل وتلخيص المعلومات التي سبق جمعها.

2. 4 النمذجة-المحاكاة

سواء تعلَّق الأمر بإنتاج نموذجٍ تحليليٍّ واستباقيٍّ انطلاقاً من بيانات اختباريّة، أو باستخدام نموذجٍ من أجل أن نستخلص منه تصوُّر نظام عملانيّ أو غرضٍ تقنيٍّ (كميزانٍ أو مسنّناتٍ...)، أونظامٍ للاختبار[12]، سيلجأ الطَّالب، كما جرى ذكره سابقاً، إلى برامج **تشكيليَّةٍ** (اختباراتٌ ثُمّ ملاحظاتٌ ... ثمّ نماذج)، أو برامج **محاكاةٍ** (نماذج ... ثمَّ اختباراتٌ ثُمّ أدوات اختبار أو أدواتٌ تقنيَّة).

---

(12) Giordan, A. & Martinand, J-L. (1987). Modèles et simulations; Actes des journées sur l'éducation scientifique de Chamonix, Université de Paris VII (Paris).

إنَّ السُّرعة المتزايدة للحواسيب الحاليّة تسمح فعليّاً بإنجازاتٍ في هذا المجال؛ فالدّقَّة الرقميّة ونوعيّة النَّموذج المُتحقِّق يرتبطان إذاً بنوعيّة \الألغوريتم المستخدَم. ويبدو لنا في هذا المجال أنّ القاعدة الصَّحيحة تكمن في تجاوز البرنامج للمستوى الذي نرغب بلوغه عند نهاية الدَّرس: وهكذا فإنَّ محاكاة جذب نابضٍ يفترض أن تتجاوز حدود المرونة التي نصَّ عليها قانون هوك (Hooke)؛ ولقد رأينا مثالاً آخر في مسألة إطلاق مقذوف، حيث أُبرز فيه تأثير قوى الاحتكاك.

ويلجأ رجال العلم في المعنى الأوسع للكلمة، بصورةٍ عامَّة، إلى محاكاة للمعرفة "الحاليَّة" وذلك من أجل:

- أن نرى بصورةٍ أفضل كيف يمكن لفكرةٍ جديدةٍ أو حتى لخللٍ ما أن يضاف أو يُكمل النَّموذج المعمول به (أنظر النَّموذج السَّابق حول قوى الاحتكاك أو الحاجة لعلم البصريَّات التموُّجيّ كذلك)؛
- تحديد الاختبار الذي يمكن أن يسمح بإثبات وجود التأثيرات المحسوسة لتوسُّع النموذج (حال الحساسيَّة القصوى للاختبار أو للميزان الذي نرغب بناءه...).

يحاكي المثال التَّالي، اصطدام آليَّتين على مُسطَّح؛ ومن جديدٍ فإنَّ الأمر يمكن أن يتعلَّق بعملٍ فرديٍّ ولَّده الحاسوب (يمكن أن نطلب إلى الطَّالب إثبات صحَّة مبادىء البقاء (principes de conservation)، أو بمسألةٍ اخترعها الطَّالب (وعليه في هذه الحال أن يتأكَّد مسبقاً من أنّ الزَّوايا المختارة تسمح باصطدامٍ في المُسطَّح المشار إليه) أو بإثباتٍ لما وَرَدَ في المحاضرة في الوقت الذي تجرى فيه التّجربة الحقيقيَّة. كما يمكن أيضاً أن نطلب إلى

الحاسوب توليد عددٍ كبيرٍ من الاصطدامات (مع ثوابت تصادمٍ مختلفة) من أجل إعادة بناء أطياف الطاقة أو الزوايا.

نستنتج في الحالة المشار إليها، (حيث الكتلتان متساويتان) أنَّ زاوية الانبثاق (angle d'émergence) بعد الاصطدام، تكون مستقيمةً؛ هل يمكن أن تكون الحالة عينها في حال النِّسبيَّة؟

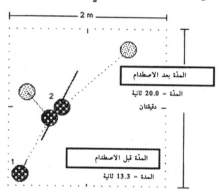

الصورة 20 اصطدام ببعدين

حيث أنّ برامج المحاكاة تسمح بتسليط الضوء على عنصري الوقت والمكان، فإنّها تمكِّننا أن نرى بمقياسنا، ظاهرةً على مقياس المتناهي في الصِّغر(إنَّ اصطدام بروتونين في غرفة فقَّاعات يشكِّل بداية الطريق لدراسة تأثيرات النسبيَّة)، والمتناهي في الكبر (مرور الشَّمس أو ظاهرة تضخُّم جرم الكواكب...) أو أن تبطىء سرعة ظاهرة "المخطط الكارثة[13]".

كما يسمح الحاسوب بتفكيك الحدث وكشف آليَّته كما يحدث عند مشاهدة فيلمٍ بصوير بطيء، ووضع النموذج "أمامه" ودراسته

(13) Lebrun, M. (1989). An experimental approach of relativity in physics teaching; Higher education and new technologies, Pergamon press (Oxford).

بدقَّة وتمكُّن، وذلك بعد تأكيده مختلف الثوابت والسماح بتحريك الآليتين قبل وبعد الاصطدام.

يستعيد المثال أدناه مسألة اصطدامٍ، لكن هذه المرَّة في غرفة ذات فقَّاعاتٍ؛ إنَّه اصطدام بروتونين من 1 GeV.

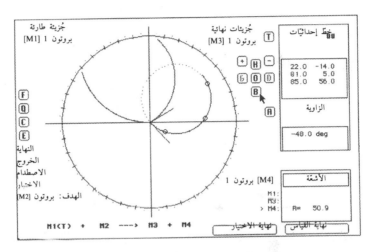

الصورة 21 اصطدامٌ في غرفة فقَّاعات

تقدِّم هذه الأداة للطالب بيئةً يستطيع أن يمارس فيها معرفةً حقيقيَّةً في العمل؛ كأن يسجِّل الزوايا وشعاع انحناء الجزيئات ويتحقق من قوانين المحافظة (conservation)، ويتساءل عن كيفيَّة كون زاوية الانبثاق (émergence) غير قائمةٍ. كما أنه من الممكن إجراء تمارين لإيجاد الكتلة الناقصة (كالنيترون).

وإضافة إلى ما تقدَّم فإن الحاسوب قادرٌ على مساعدة الطالب لتجاوز مرحلة دراسة الاصطدام وصولاً إلى الوقائع البارزة لمجموعة اصطداماتٍ، وذلك من أجل الوصول إلى نظامٍ للاختبار؛ فالمثال الذي سبق الكلام عنه يمكن أن يسمح بتعيير مصدر للشرر (scintillateur) عـن طريـق اختيـار بروتونـاتٍ أحاديَّة الحـركة

(monocinétiques) بقوَّة 250 MeV، وذلك لأن جهاز الاختبار مكوَّنٌ من كاشفين détecteurs يشكّلان بينهما زاويةً داخليَّةً من 78 درجة.

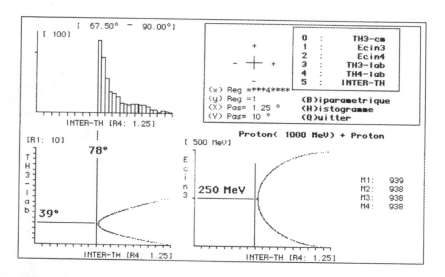

الصورة 22 الثوابت الخاصَّة بعلم الحركة *(cinématique)*، لاصطدامٍ داخل غرفة ذات فقّاعات

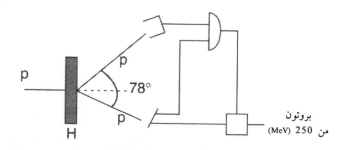

الصورة 23 كشفٌ "متوازٍ" لبروتوناتٍ ناتجةٍ عن الاصطدام

من البديهيِّ أن تدخل تقنيَّات طرح الأسئلة وانتاج الاختبارات والنماذج، عاجلاً أم آجلاً، قاعات الأعمال التطبيقيَّة كما سبق ودخلت مختبرات الأبحاث ومكاتب الدراسات.

سوف نعرض هنا برنامج محاكاةٍ (يمكن بلوغه عن طريق \الأنترنت) لتجربة معايرةٍ (titrage)، ودائماً من خلال موقع "سيجيب سان لوران[14]" (في كندا).

المادَّة المعيَّرة اعتبرت كأحاديِّ الحامض (monoacide) أو أحاديِّ القلويَّة (monobase). أمَّا المعاير فقد أخذت، إمَّا من مادَّةٍ أحاديَّة القلويَّة ومركَّزة (forte) مثل الـ(NAOH))، أو أحاديِّة الحامض ومركَّزة (مثل الـ(HCL)). هنا توجد عدَّة خياراتٍ أمام المستخدم: إمَّا معايرة حامضٍ أو مادَّةٍ قلويَّةٍ (base)، أو إدخال ثوابته الخاصَّة (مثل نسبة تركيز المادَّة المعيَّرة والمادَّة المعايرة، وثابتة التأيُّن (ionisation). . .) أو ترك الحاسوب كي يقوم باختيارٍ عشوائيٍ لمجموعةٍ من الثوابت، أو الحصول على جدول المعطيات الرقميَّةً للمنحنى (أنظر أعلاه) أو لمشتقَّته (dérivée)، ألخ.

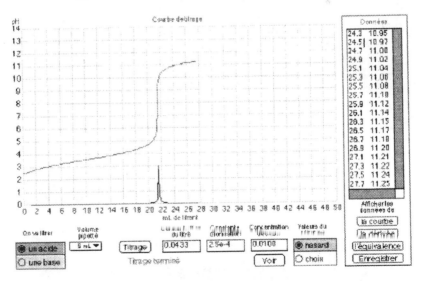

الصورة 24 منحنى معايرة (سان لوران)

(14) Cet exemple a été téléchargé depuis le site du Cégep de Saint-Laurent (Canada). http://www.cegep-st-laurent.qc.ca/depar/chimie/default.htm

إنَّ برامج من هذا النَّوع واسعة الانتشار وسهلة الاستخدام. ويمكن أن نستفيد منها في تخيُّل موقفٍ تعليميّ، كما هو الحال بالنِّسبة لمجموع البرامج المعروضة في هذا الفصل، أو موقفٍ يطرح مشكلةً حيث يمكن إدخال هذه الأداة بصورة متكاملة: سواء تعلَّق الأمر بالنِّسبة للمعلِّم بتحضير درسه أو بتصوُّر مجموعة من التَّمارين أو تقديم إثباتاتٍ على محاضرةٍ ما، كما بالنِّسبة للمتعلِّم ببناء معارفه ضمن المجموعة وبالتَّأكُّد من حلِّ التَّمرين أو مرافقة جلسةٍ في المختبر.

ونقترح كمثال أخير، برنامج محاكاةٍ يمكن استخدامه في اكتساب مهاراتٍ في حقل الطّب.

وتظهر إمكانات المحاكي VIPS(15) وهو "المحاكي الافتراضي للمريض بالإنترنت " (Virtual Internet Patient Simulator)، بصورةٍ خاصّة على الإنترنت. كما يمكن اعتباره لطلاب الطب "كمحاكٍ طائر". وكما يقول عنوان صفحة مقدِّمة التطبيق "إعداد محترفين في الصّحة كقادة الطّائرات".

ما هي الأسئلة الملائمة الواجب طرحها إزاء شكوى مريض؟ وما هي القرارات الملائمة الواجب اتِّخاذها؟ وأخيراً كيف يمكن أن ندرِّب طلّابنا على التَّفكير العيادي؟

---

(15) L’adresse du VIPS: https://www.swissvips.ch/fr/index/htm

الصّورة 25 رسم مستخرج من الـ *VIPS*

يسمح مريض الـ VIPS بالإجابة عن هذه الأسئلة واستكمال التّفكير العيادي للطّالب وذلك عن طريق بناء **علاقات ناشطة بين الثّقافة الطّبيّة والممارسات اليوميّة** للاستشارات الطّبيّة. بهذه الطّريقة يلعب برنامج المحاكاة دوره كرابط بين ممارسات ونظريات المادّة التّعليميّة المطلوبة. إنّها خاصيّة لهذا النّوع من البرامج إذ يجعل النّظريّة قابلةً للتّحكّم فيها (فهو يسمح بالوصول إلى مختلف الثّوابت وتعديلها) كما يمكّن من رؤية التّأثير النّاتج على الواقع المعدّل.

2. 4. 1 عُلب الأدوات الرّقميّة

يتعلّق الأمر هنا ببرامج متخصّصةٍ (كمنظّم الجداول)، وبرامج مكتوبةٍ من المعلّم (هنا تقدّم الصّحافة المتخصّصة عدداً لا بأس به من كتب طرائق الحاسوب الرّقميّة)، أو من الطّالب (عند القيام بتمارين للمحاضرات في المعلوماتيّة) تسمح له بأن يُوفّر وقتاً ثميناً في الحلّ الرّقميّ الصّرف للمعادلات، ما أن تُسجّل تلك المعادلات الفيزيائيّة المتعلّقة بطريقة عمل النّظام. وكما سبق القول فإنّ هذه النّاحية هي التي غالباً ما يجري استخدامها في اختيار المسائل المقترحة على الطّلّاب (لا يجوز أن تكون الحسابات بالغة التّعقيد...)؛ هذا الوقت سوف يُستفاد منه جيّداً لمناقشة النّتائج وتفسيرها وانتقادها إن لزم الأمر.

يُظهر المثال أدناه أداة حلٍ لمعادلاتٍ ثلاث مع اعتماد ثلاث مجهولات (inconnues) محضّرة على منظِّم الجداول. وأُخذَت معاملات المجهولات (des inconnues les coefficients)، من الخانات (les cases)، B1 حتى D3، والمفردات المستقِلّة (les termes) من الخانات F1 حتى F3؛ أمَّا المصفوفة matrice المعكوسة فجرى احتسابها في الخانات B7 حتى D9.

الرَّقم الأخير يمكن الحصول عليه بسهولة بمجرَّد طلب commande من نوع:

=INVERSEMAT (B1 :D3)

ويمكن الحصول على المجهولات الثّلاث بذات السّهولة بضرب هذه المصفوفة المعكوسة بعامود المفردات المستقلّة:

=PRODUITMAT (B7 :D9; F1 :F3)

	A	B	C	D	E	F
1	المصفوفة	190	-20	0	مفردات	-30
2	3X3	-20	60	-30	مستقلّة	10
3		0	-30	140		40
4						
5						
6						
7	المصفوفة	0,00548	0,00205	0,00044	حلول	-0,1264
8	العكس	0,00205	0,01943	0,00416		0,2995
9		0,00044	0,00416	0,00804		0,3499
10						

الصّورة 26 عكس القالب بواسطة منظِّم الجداول

لنتناول مقاربةً أخرى لتمرينٍ يدور حول حلٍ (أي البحث عن تيّاراتٍ كهربائيَّةٍ) لدائرةٍ كهربائيَّةٍ ذات مقاومةٍ صرفةٍ بثلاث حلقاتٍ؛ هنا أيضاً يمكن أن يتعلّق الأمر بمسألةٍ يولِّد الحاسوب بياناتها (قيم المقاومات والقوى الكهروحركيَّة (électromotrices) لفروع التيَّار

العشرة)، أو لمسألةٍ "اخترعها" الطالب بالكامل.

تعرض الصورة أدناه تحليلاً للتيَّارات والتوتُّرات (tensions) في الحلقة الثانية من هذه الدائرة؛ ألمعادلة المبنيَّة في أسفل الصورة (انهيارات القدرة (potentiel) في الحلقة "Y") تلائم إذاً المعادلة الثانية المعروضة في إطار الحل الرقمي الذي يقدِّمه منظِّم الجداول (السطر الثاني من الصورة 26):

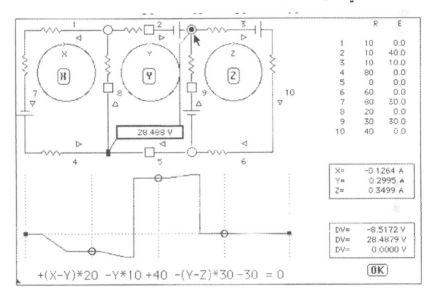

	R	E
1	10	0.0
2	10	40.0
3	10	10.0
4	80	0.0
5	0	0.0
6	60	0.0
7	80	30.0
8	20	0.0
9	30	30.0
10	40	0.0

الصورة 27 محاكاة دوائر كهربائيَّة

إن قانون كيرشوف (Kirchhoff)، وهو موضوع التمرين، يقدِّم في الواقع نظاماً من ثلاث معادلاتٍ ذات ثلاث مجهولاتٍ مما يعكس كون الحلقات متَّصلة والتيَّارات متداخلة التأثير (وتعتبر في نظامنا المتعدد المواد (pluridisciplinaire) تجسيداً "لأنظمة المعادلات"). وقبل الوصول إلى التفسير **بالمعنى الفيزيائي** للمسألة فهناك عملٌ شاقٌ لو نظرنا من وجهة نظر الهدف ألا وهو القيام

بالحساب الرقمي لحلول النظام.

يقدِّم البرنامج المعروض للطالب فرصة تصحيح المسألة التي تخيَّلها بنفسه، كما يقدم الإثبات على معنى المعادلات التي كتبها أو التي يمكن أن يكون قد كتبها، ثم يوفِّر له وسائل مختلفة "للقياس" (فرق الجهد (différences de potentiel) على سبيل المثال)؛ ومن المفيد أن يستكمل هذا التمرين عن طريق فحص وتحليل الدائرة الكهربائيَّة الحقيقيَّة في المختبر.

وهكذا فإن برنامج معلوماتيَّةٍ ملائمٍ (متكيِّفٍ مع المسألة كما رأينا أعلاه، أو عامٍ كذاك الذي جرى توسيعه بواسطة منظِّم الجداول) سوف يؤمِّن هامشاً من الحرِّية يستفاد منه في:

- **اختبار** مجموع الألغوريتم المبنيِّ على حالاتٍ بسيطةٍ لأشكال عموميَّةٍ (configurations canoniques) للبناءات المتوازية (montages parallèles) (ليست هناك بطاريَّةٌ في الحلقتين الموجودتين إلى اليسار)؛
- التأكّد من كون الحلول المقدَّمة تتوافق والإملاءات المعبَّر عنها في المعادلات؛
- **تجسيد** القيم الرقميَّة المحصَّلة باعتماد اعتباراتٍ على محصِّلة الطاقة (bilan énergétique) العائدة للتيَّار؛
- **تحليل** تأثير هذا الثابت أو ذاك أو **تخيُّل** دائرةٍ تستجيب لمتطلَّباتٍ خاصةٍ.

بهذه الطريقة أصبحت عدَّة مجالاتٍ في عالم الفيزياء والتي تحتاج إلى معادلاتٍ يصعب حلُّها (مثل حساب التفاضل وحساب التكرار (récursives)...) في متناول إمكانات الطلاب.

ويظهر المثال الأخير أداةً من هذا النوع لرؤية حلول معادلة

التفاضل من الدرجة الثانية (second degré)؛ يسمح هذا البرنامج للطالب بأن يرى تأثير الثوابت المختلفة وأن يتدرَّب على حدود النماذج الرقميَّة (قيمة خطوة التكامل بالنسبة لمرحلة الحل (période)، أو لشبه مرحلة الحلّ (pseudo-période).

لنفترض بأنَّه علينا اكتشاف X(T) بحيث تكون:

$$\frac{d^2X}{dT^2} + \frac{1dX}{2dT} + X = \sin(0.2\ T)$$

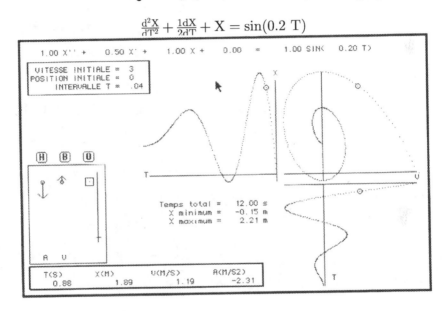

الصورة 28 حلٌّ تخطيطي لمعادلةٍ تفاضليةٍ

سوف ننهي هذه اللائحة لبعض إمكانات المعلوماتيَّة التي جرى التوسُّع فيها سابقاً، بعرض أداةٍ مفيدةٍ في محاضرات الرياضيَّات والعلوم، للمعلِّم والطالب معاً.

يقدِّم هذا البرنامج عدَّة أوجهٍ للتحليل الوصفي والمتناهي الصِّغر للدالَّات (fonctions) التالية:

- العمليَّات على الدالَّات (الجمع والطرح والضرب...)

...وتراكب (superposition) الموجات، والخفقان، ألخ.؛

- التمثيل الثنائيِ الثوابت Y(x) biparamétrique بارتباطها ب (Z(x). . . ومنحنياتِ ليساجو (Lissajous)، ومجالات المراحل، ألخ؛

- المشتقَّات (les dérivées) وتحليلها الهندسي... السرعات والتسارعات، ألخ؛

- حساب التكامل ومسطَّحات المساحات المحصورة بين منحنيين؛

- ألخ.

حيث أن استخدام هذا البرنامج بسيطٌ جداً ويتمتَّع بخاصِّية تبادل النشاط بصورةٍ واسعةٍ، فإنه جاهزٌ للاستخدام بصورةٍ مميَّزةٍ من المعلِّم في الصف (الحاسوب يقوم بدور اللوح الأسود)، وينتمي إلى جيل الوسائل التربويَّة (من خلال الصور التي يستطيع أن يعمل عليها الطالب) وملائمٌ لتطبيق التمارين والنشاطات العمليَّة...

ومرَّةً جديدةً أقول إن ما يبدو مهمَّاً للمعلِّم الذي يقرأ هذه السطور هو أن يتخيَّل موقفاً (كدرسٍ أو محاضرةٍ أوتمرينٍ أو تطبيقٍ أو مسألةٍ مؤطرةٍ) يمكن لهذه الأداة أن تستخدم فيها، سواءً في موقفٍ تعليميٍ (من وجهة نظر المعلِّم وكيف يمكن أن يستفيد منها)، أو في موقفٍ تعلُّميٍ (من وجهة نظر المتعلِّم وكيف يمكن أن يستخدمها).

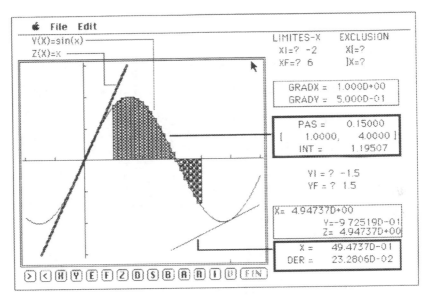

الصورة 29 برنامج تحليل دالاَّتٍ رياضيَّةٍ

بوصفه مساعداً في المحاضرات والنشاطات العمليَّة والدراسة وتفكير الباحث والطالب، يدخل الحاسوب كوسيلة استفهامٍ للإنسان بمواجهة الطبيعة وهويته فيها.

3 . تقييـــم المقـاربة

هذا التقييم مختصر. غير أننا سوف نرى كثيراً من العناصر التي عرضت هنا جرى تدعيمها لاحقاً من قبل الباحثين في تكنولوجيا التربية (أنظر مثلاً في الفصل 5، النقطة 6، أبحاث باغلي (Bagley) وهنتر (Hunter).

تتقدَّم أسس مقاربتنا والتطورات الحاصلة في البرامج والمنهجيَّات التي عرضت في الصفحات السابقة، بمقاربةٍ تتركَّز على الطالب *(Student-centered)*، وتكون أكثر استقرائيَّةً وتشاركيَّةً.

وسوف نحاول أن نحدِّد إلى حدّ ما، ما هو أبعد من النوايا، أي ما أمكننا ملاحظته في الصفوف والمختبرات.

3 .1 على مســـتوى الطالب

- تدعيم **التعاون والتفاعل** والمواجهة بين طلاب المجموعة أوّلاً؛ والمعلِّم مطلوبٌ بإلحاح من أجل أسئلةٍ أكثر دقّةً مما في حالات التدريس عن طريقه. ويحاول المتعلِّم إيجاد عناصر الإجابة قبل التسرُّع بطرح الأسئلة بصورةٍ غامضةٍ وسطحيَّةٍ.
- **اهتمامٌ كبيرٌ بالعمق** وبالتحسين يذهب أبعد من مجرَّد تكرار أو حفظ قوانين ونظريَّاتٍ أو حتى تمارين عمليَّة.
- **مشاركةٌ متزايدةٍ من كلِّ الطلَّاب** وأحياناً قلب الأدوار بين "أدمغة الصَّف" و"الكسالى". إن االوقت الذي يمرُّ في زيادة الالتزام الصفِّي بالنسبة لجميع الطلَّاب يتعاظم.
- **تطوير حسِ البحث** والاختبار والتشكيك؛ وبدل أن يبقى الطلَّاب في حدود التفاعل مع الآلة يضعون المسائل ويقومون بالتوثيق واستشارة الكتب...

3 .2 على مســـتوى المعلِّم

- سجِّلت تدريجيّاً التغييرات التالية في السلوك: لقد طُورّت الأجزاء الضروريَّة المتعلِّقة بالمعلِّم وهي على الخصوص الأجزاء المتعلِّقة بالمفاهيم وببناء النماذج وفتح الأبواب...؛ ويتحاشى المعلِّم تدريجيّاً، أن يعطي الأجوبة أو أجوبته قبل أن تطرح الأسئلة.
- يتفاعل المعلِّم مع عدد محدودٍ من الطلَّاب؛ وهو يتوجَّه إليهم

من أجل مساعدتهم على الإجابة. ولا يقدِّم المعلومة عينها للجميع بل يجيب فقط بحسب الحاجة.

- كما تتطوَّر طرق التقييم: فنلاحظ مزيداً من اللجوء إلى التقييم التكويني المرتكز على إنتاج التلاميذ ومدى تطوُّرهم وليس على التقييم النهائي المستند إلى اسئلة المعلِّم.

3.3 بصـورة عامة

إنَّها مهمَّةٌ صعبةٌ جداً على المعلِّم، أن يتّبع تطوُّر التلاميذ على مسالك متنوِّعةٍ جداً مع حاجاتٍ مختلفةٍ. وعليه أيضاً أن يقبل طرق تعبيرٍ ومواضيع اهتمامٍ متغيّرة ويتكيَّف معها.

لقد حاولنا في هذه السطور أن نترجم حماستنا وأملنا في بعث الحياة في محاضراتنا بإدخال **تكنولوجيّاتٍ حديثةٍ في المعلوماتيَّة والتواصل**، وليس أبداً كمادَّةٍ جديدةٍ تضاف إلى منهج ذي مزيجٍ غريب، بل كمركَّبٍ أساسي في خدمة التربية بصورةٍ عامَّةٍ والمواد التعليميَّة على وجه الخصوص.

لقد كان عرضنا في الأساس أن نقدَّم فقط **إمكاناتٍ** تتيحها أدوات المعلوماتيَّة؛ ومن الواضح وجود أدواتٍ أخرى (**كالسمعيَّة البصريَّة** والأفلام ومقاطع من شرائح العرض (diapositives) **والتعليم المبرمج**،...) لكنَّها تخرج عن إطار هذا العمل.

ويبدو لنا أن حسن استخدام المعلوماتيَّة يوفِّر أدواتٍ جديدةً قادرةً على زيادة أثر وصدى تعليمنا وذلك بأن يسمح لنا بالذهاب بعيداً وفي العمق أكثر، وأن نقرِّب العلم إلى التكنولوجيا الحاضرة دوماً (مع أنَّها تستعمل قليلاً وبصورة سيِّئةٍ)، ونرفع من مستوى حسِّنا النقدي وحدَّة أسئلتنا وتنوُّع إجاباتنا.

بعض الأفكار الرئيسيَّة في الفصل 1

تشكِّل الأدوات التكنولوجيِّة (في المعلوماتيَّة والسمعي البصري،...) ومنتجاتها صفّاً ثالثاً بين العالم الحقيقي (كالاختبارات) وعالم التمثُّلات (les représentations) (كالنماذج والقواعد والتعريفات والرموز).

ومع ذلك فهي ليست أقل وجوداً بين الباقين، ومن المهم أن يمنحها المعلِّم مكاناً صحيحاً في الجهاز التربوي الذي يتخيَّله.

تسمح الصورة بأن نرى ونفعِّل مفاهيم وأشياء، ومع المعلوماتيَّة يصبح بإمكان المستخدم المتعلِّم أن يتحكَّم بها. وهكذا يمكن أن تبنى معارفُ جديدةٌ ونماذجُ جديدةٌ وصورٌ عملانيَّةٌ جديدةٌ لهذه المعارف.

بهذه الطريقة يصبح العالم الحقيقي موضوعاً تحت إشراف المستخدم المتعلِّم، عندما يقلِّب عدَّة مظاهر للقانون أو النموذج، فيستطيع أن يرى بصورةٍ أفضل صفته العامَّة وحدوده المحتملة فيستخدمه عندئذٍ لاكتشاف هذه الحالات الجديدة.

تشجِّع علوم التربية التقليديَّة الطالب على إيجاد الأجوبة انطلاقاً من نماذج معروضة غالباً ما تبقى في إطار التمثُّلات والمعرفة، مهملةً لاستفسارات العالم الحقيقي الذي يمكنه إعطاء معنىً لهذه النماذج. إن موقع الأدوات التكنولوجيَّة في الصفّ الثالث يسمح للمستخدم أن يصيغ مسألته بنفسه كما الأسئلة المتعلِّقة بها، ويختبر بذاته نوعيَّة إجاباته ونوعيَّة النموذج المستخدم.

إن استبدال أدواتٍ عملانيَّةٍ وبنىً محرَّكةٍ، بالنماذج العقليَّة لدى المستخدم المتعلِّم، تسمح له بأن يستعمل المفاهيم ويرى عملها حتى لو لم يجر تعليمها بعد. وهي تُحضِّره لتملُّك هذه المفاهيم وتسمح له بتحاشي تمثُّلاتها التي سبق اكتسابها (وهي التَّصوُّرات المُسبقة التي تنتجُ أحياناً عن تعميم عشوائي لتجربةٍ خاصّة) والتي غالباً ما تكون ممانعةً لاكتساب معارف علميَّة صالحة.

ومن أجل تعلُّم فاعل، تُستكمل الأدوات التي تسمح بالاستخدام الفردي وبالتَّحكُّم، بأجهزةٍ تعتمد على التَّفاعلات بين الأشخاص والطُّلاب والمعلّمين. ولا بُدَّ أن يرافق تقييم هذه الأدوات التربوي تقييم الجهاز الذي يحيط بها.

الجزء الثاني

علوم التَّربية وتكنولوجيات في خدمة التَّربية

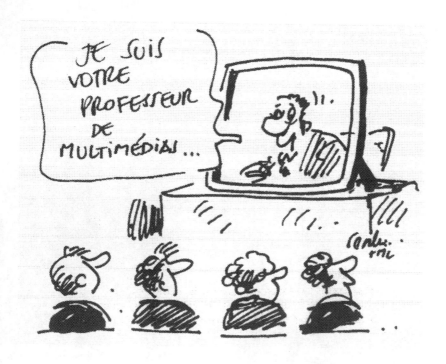

الفصل الثَّاني

من التِّكنولوجيا التَّربوية
إلى التِّكنولوجيا من أجل التَّربية:
من الحاجة للأدوات... إلى الحاجة للتَّربية

تمهيد

1. مدخل

أمام تنامي المعارف وتجديدها، وبُعدها عن حاجات الأفراد، فإننا(*) نطرح على أنفسنا السُّؤال حول معنى هذه المعارف، ثمَّ ننطلق بحثاً عن دور الأدوات التِّكنولوجيَّة في خدمة التَّربية وسط المجتمع المُعقَّد.

2. من المجتمع المُعقَّد...

إنَّ تعقيد المجتمع الذي يتميَّز بعلاقاتٍ تتزايد تشابُكاً بين

(*) كُتب هذا النَّص بمشاركة ريناتا فيغانو (Renata Viganò) من جامعة قلب يسوع الكاثوليكيَّة في ميلانو (إيطاليا).

عناصرها المختلفة (كالأشخاص والمعارف والأدوات...)، يمكن أن يقود إلى تقييدٍ حقيقيٍّ لعناصره الفاعلة، وجعل مهامهم في خدمة المجتمع صعبة التَّنفيذ.

3. ... إلى المعارف المُعقَّدة

إنَّ معارف العلوم وأدوات التِّكنولوجيا تُوفِّر للنَّاس كميَّةً من الأجوبة والحلول. وأمام المخاطر المشار إليها أعلاه يتناقش المؤلِّفون حول طبيعة ومصدر الأسئلة والمسائل التي يمكن لمعرفةٍ عميقة واختيارٍ مسؤولٍ لهذه المعارف والأدوات أن يُجيب عليها.

4. من التِّكنولوجيا...

بعد أن استعدنا أوجهاً مختلفةً (طُرُق وإمكانات وحدود...) لتدخُّل علوم التِّكنولوجيا في التَّعليم، يقوم المؤلِّفون بتعريف التِّكنولوجيا وإدخالها، خصوصاً لجهة دورها كوسيط، في علاقةٍ تعليميَّة تهدف إلى تنمية أشخاص المُجتمع المُعقَّد.

5. ... إلى التَّربية

إنَّ التَّدقيق في مفاهيم تبادل النَّشاط والتفاعل الذي يُظهِر عادةً وسائل الإعلام المقترحة من التّكنولوجيا في زِيٍّ غريب، يقود المؤلِّفين إلى المطالبة باستعادة المعنى الكامل لهذه المفردات ضمن علاقة الأشخاص الحيَّة، الذين ومن خلال بناء معارفهم بمساعدة أدواتها البسيطة، يتحضّرون للشروع بالتَّعلُّم وينتهون بتثقيف أنفسهم.

6. من طرائق التَّربية...

يُلحُّ المؤلِّفون، في ما هو أبعد من جزر المعارف المنتشرة أو المتقاربة، على أهميَّة المهارات العرضية التي تربطهم في ما بينهم من جهة، ومن جهة أخرى باهتمامات ومشاكل الأشخاص الذين يحيون في المجتمع المُعقَّد. وهنا يكمن دور المدرسة في إطلاق هذه الخطوات وطرائق البحث والانفتاح الذّهني.

7. ... إلى الطرائق الخاصّة بالتَّربية الذّاتيَّة...

إذا كان يمكن للطرائق التَّربوية المقترحة أن تُدعَّم بالأدوات التِّكنولوجيَّة، فإنَّه على المُتعلِّم في النّهاية أن يهتمّ بتربية ذاته؛ إنَّه بصفته عابراً في المؤسّسة التّعليميّة سوف يتابع رحلته في المجتمع المُعقَّد
ويُكمل تثقيف ذاته. كيف يمكن للطرائقِ المُقترحة من قبل المعلِّم أن تكمل حاجات الطّالب؟

8. ... وصولاً إلى وسائل الإعلام

تُشكِّل هذه الوسائل، بسبب خصائصِ تبادل النَّشاط لديها والمُستغلَّة في تبادل التأثير ضمن الموقف التَّربوي، أرضاً خصبةً لإيقاظ وتطبيق وتطوير وإطلاق الكفاءات العرضيَّة الضروريَّة من أجل بناء الثّقافة الذّاتيَّة، من خلال تبادل التّأثير البنَّاء مع المجتمع المّعقد.

تمهيد

إن أدوات ومنتجات تكنولوجيًّا المعلومات والتواصل الجديدة، هي في كلِّ يومٍ أكثر عدداً وسرعةً وتطوُّراً.

ويأتي البحث عن أسباب هذا الركض المجنون ومعناه في أساس التساؤلات التي أوجدت النص أدناه؛ لقد كنا نتساءل بصفتنا "مواطنين من العالم"، أو باحثين جامعيين، أو أساتذةٍ جامعيين أيضاً. وبعيداً عن ثنائيَّة الناس والتقنيَّات، والعلاقات الاجتماعيَّة والآلة، والبحث عن المعنى وعن التأثير، فإن نظرتنا الأساسيَّة لمشكلة التكنولوجيا من أجل التربية سوف تكون "جامعةً" بإصرار، بحسب ما أراد ب. ليفي[1] (P. Lévy) (1990)؛ إنَّ فكرة التَّربية التي نضيفها لمقولته عن البيئة المعرفيّة والتي نودُّ إغناءها باقتراحاتنا لا يمكن أن تقبل بوجهة نظرٍ ضيّقةٍ أو جزئيَّة.

إننا نودُّ أن نعرف **ماذا وكيف ومِن أجل ماذا** تُستخدم أدوات تكنولوجيًّا المعلومات والتَّواصل الجديدة في التَّعليم وخصوصاً في التَّعلّم.

---

(1) Lévy, P. (1990). Les technologies de l'intelligence. L'avenir de la pensée à l'ère informatique, Seuil (Paris).

- هل يتعلّق الامر بحاجةٍ يُحدّدها مجتمعٌ أكثر تعطُّشاً للمنتجات من قلقه على الآليّات والعناصر الفاعلة؟
- وهل يتعلّق الأمر فقط بتحضير طلّابنا ومحترفي المستقبل والباحثين والمعلّمين للتحكُّم بهذه الأدوات؟
- وهل يتعلّق الأمر بنعمةٍ حقيقيّةٍ تكون في خدمة الإعداد إن لم يكن في خدمة تربية طلّابنا؟

عندما أعدنا وضع هذه الأسئلة (ماذا؟ وكيف؟ ومن أجل ماذا؟) في الإطار العريض الذي لم نستطع أن نكون مقتصدين فيه، فلقد بدا لنا أن تبادل نشاط هذه الأدوات، كان يمكن أن يؤدِّي إلى اكتساب مهاراتٍ عرضيَّة (مثل تنظيم المعارف، وخطوات حلِّ المسائل، والمشاركة ثُمَّ إدارة عمل ما بالتَّعاون، وتطوير مشاريع شخصيَّةٍ...) والوصول لاحقاً إلى استقلال الطُّلاب[(2)].. لقد أصبح تطوير هذه الكفاءات أمراً لا مناص منه لأجل أن يتعرَّف الطلَّاب، ثمَّ الأشخاص الآخرون في مجتمع يتزايد تعقيداً، على آداب الحياة الآن، وعلى كيفيَّة تطوير أنفسهم للمستقبل[(3)].

سوف نعيد في هذا الفصل، رسم الطريق الذي جرى اجتيازه، بحثاً عن دور وعمل وهدف استخدام الأدوات، التي وضعها العلم تدريجيَّاً على سلَّم الإنسانيَّة المتحوِّل. من الآفاق التي تمَّ تجاوزها والمعارف التي اكتسبت بعد أن كانت تحدِّياً يمكن تحقيقه نجد التكنولوجيا وقد القت بقارب إنقاذ للسابح، وهو الفرق الـ[illegible]

---

(2) Lebrun, M. & Viganò, R. (1994). Interazione e autonomia nelle situazioni pedagogiche all'università, Pedagogia & Vita, (Milan).

(3) Lebrun, M. & Viganò, R. (1994). Quality in higher education: toward a future harmony, Document interne du département des sciences de l'éducation, UCL.

المثقّف الذي يكلّمنا عنه م. سير[4] M. Serres. إلى هذا المسافر، كما إلى القارئ، نقترح بوصلة -واسمها التَّربية- لإيجاد طريقه في بحر المجتمع المُعقَّد.

إنَّ اقتراحنا بإعادة إدخال الفرد في إطار التّكنولوجيا التَّربوية، كما هو الحال في إعادة إدخاله إلى إطار العلوم لهو عمليَّة سبرٍ صعبةٍ وخطرةٍ لم تُضىء طرقاتها بعد: "ليس هناك من هو أكثر ضعفاً من رجل العلم للتَّفكير في علمه"[5]. وليس لهذه النَّظرة العريضة والضَّروريَّة التي نقترحها على القارىء، من طموحٍ وحيدٍ سوى أن تحاول التَّوفيق بين هذه الأقطاب وبين ثنائيَّة العلم والضَّمير التي توقَّفنا عندها أعلاه.

سوف نقترح في الفصل التَّالي سلسلةً من الأمثلة يُعرضُ مضمونها (أي المحتوى العلمي) وشكلها (وهي الألعاب النَّاريَّة التي تزيِّنها التكنولوجيا) في أبسط إطارٍ ممكنٍ بحيثُ تبدو الاعتبارات التَّربوية والتَّعليميَّة، التي رغبنا إبرازها في الجزء الأوَّل، بأفضل حال.

1. مدخل

لقد بحث الإنسان مذ وُجد، عن إجابةٍ **لحاجاته** عن طريق اختراع **الأدوات**؛ وقد قامت هذه الأدوات مع **المعارف** التي ارتبطت بها بالإضافةِ لاستخداماتها المختلفة بتغييرٍ تدريجيٍّ **للعلاقات بين الأفراد وبين مجموعات الأفراد.**

---

(4) Serres, M. (1991). Le Tiers-Instruit, François Bourin (Paris).

(5) Morin, E. (1990). Science avec Conscience, Editions du Seuil (Paris), p. 20.

لقد أصبح الزَّمن الذي كانت فيه بعض القواعد التي تناقلتها التَّقاليد الشَّفهيَّة تكفي للإبقاء على تماسك الحياة وتنظيمها ضمن القبيلة النيوليتيكيَّة، من الماضي البعيد. ولقد تحوَّلت الصِّفة الفوريَّة والمحليَّة للعلاقات الإنسانيَّة باتِّجاه التَّعقيد السَّريع...

إنَّ بعض الخصائص التي كانت غالباً ما تتجاوز "وظيفة" الأداة قد تراكمت حول الأداة ذاتها: وهنا نستطيع الرّجوع مثلاً إلى تقنيَّات بناء الأداة، والحيثيّات الاجتماعيَّة للمشاركة فيها ولفعاليّتها داخل الإطار الاقتصادي وتنظيم استخدامها في موقع العمل وتطويرها وإلى تناقل المعارف وحسن التَّصرّف بها، ألخ.

ولا يعود إلينا هنا، أمر استعادة تطوّر المجتمعات والمعارف، لكننا نستطيع أن نتخيَّل بسهولة أنَّ الأدوات المكتشفة قد مكَّنت الفرد من زيادة سلطته على الطَّبيعة وتنمية تواصله مع الأفراد الآخرين في الوقت نفسه الذي جعلت معرفته وعلاقاته الاجتماعيَّة أكثر تعقيداً. لقد بدأ الفرد يخرج تدريجيّاً عن الإطار "الطَّبيعي" بعد أن زادت معرفته بالطَّبيعة؛ إنَّ زيادة سطوته من خلال المعرفة أدَّت بلا شكّ أيضاً إلى تعميق فرديَّته ضمن الإطار "الاجتماعي".

لم يعد هنالك معرفة... ولا أدوات... ولا سلطة... ولا علاقات... بل تعقيدٌ تدريجيٌّ لكل هذه العوامل ولتفاعلها في ما بينها، على وجه الخصوص.

وبالنَّتيجة فإنَّ الوظيفة المنوطة بالأدوات، ولاحقاً بالمعرفة بها قد أصبحت أكثر أهميَّةً في العلاقات بين الأفراد. ولقد أصبحت هذه المعرفة بدورها أكثر تعقيداً: فلقد تضاعفت وتخصّصت وابتعدت في أغلب الأحيان عن العلاقة المباشرة مع "الحاجات" التي كانت تحاول تأمينها، وعن مصدرها وعن وظيفتها الأساسيَّة.

ويبدو أنَّ التَّحكُّم بهذه المعرفة قد أصبح من مهام

"المتخصّصين"... وأصبح من الصَّعب على الرجل العادي الوصول إليها؛ وتحوَّلت المعرفة بطريقةٍ ما إلى الدوران في فلكها الذَّاتي... هكذا يتكلّم المختصّون بالمعرفة في ما بينهم، ليصبح الرّجوع إلى حاجات النَّاس أمراً قليل الحدوث. **وتبقى الأداة التي تحوَّلت إلى آلةٍ أو وسيلة إعلام؛ كيف يمكن للمرء أن يتصرَّف بها...؟**

ونشاهد مناخاً من الاستفهام والقلق يتكوَّن على طول الطَّريق التي اجتزناها بسرعة.

إنَّ النّموذج المسيطر في المجتمع الحالي هو المتعلِّق بالتَّعقيد، مشيراً في الوقت عينه إلى غنى العوامل المتدخِّلة وتزايدها؛ لكنَّه يشير أيضاً إلى **الخسارة التَّدريجيَّة للفرد** ـ إذا ما استعرنا مفردات **الغائيَّة والمسؤوليّة** ـ كعنصرٍ مركزيٍّ في المجتمع والمعرفة.

سوف نبرز، انطلاقاً من هذا الاستنتاج، بعض الاعتبارات المتعلِّقة "بالمجتمع المُعقَّد" و"بالمعارف المُعقَّدة".

ونرغب بأن نستدلَّ فيها على نقاطٍ للتَّفكير لعلَّها تسمح لنا بأن نبني على قاعدةٍ صلبةٍ، إطاراً يضمُّ مواضيع اهتمامنا النَّوعيَّة: إطاراً للتَّعليم وللتَّعلُّم وخصوصاً مسألة دور تكنولوجيَا المعلومات والتَّواصل الجديدة في آليَّات إعداد الشباب مع التَّركيز على هذه النُّقطة - وتربيتهم.

سوف نكمل في النُّقتطين التَّاليتين 2 و3 الطَّريق الذي قادنا من الاعتبارات المتعلِّقة بالمجتمع المعقَّد إلى المعارف المُعقَّدة التي ينتجها والتي يتطلبها والتي تميِّزه.

2. من المجتمع المُعقَّد...

تتعلَّق مسألتنا بطبيعة ومعنى هذا التَّعقيد ـ أي تفسيره

وإتّجاهه ـ: هل يصف هذا التّعقيد إطاراً حيثُ كثرة وتمايز العناصر وتفاعلها الحالي والممكن، هو بحيث أنَّ الضَّياع والنِّسبيّة والإنزعاج تُشكِّل نتائجه الحتميّة؟ أليس من الممكن والضّروريّ أن نظهر قيمة الفرص الإيجابيَّة التي يوفِّرها هذا المجتمع لأجل بناء كوكبٍ "مثاليّ" للبشر؟

وهل يتعلَّق الأمر بقصورٍ حتميٍّ للنِّظام[6] (الاجتماعي والتَّربويّ...) أم أنَّه تخلٍّ أو تهرُّب للعناصر المعنيَّة من المسؤوليَّة؟

إنَّ إدارة هذا التَّعقيد لا يمكن أن تتمَّ بقوانينَ وقواعد تمَّ إملاؤها داخل الإطار الذي نعتبره خارجيّاً لأنَّه تنكَّر للإنسان في مكان ما. وإنَّ محاولة تقليص الفروقات داخل "النَّموذج المعياريّ" ذاته، لن تؤدِّي سوى إلى إقامة التَّوازن بينها أو إثارتها. إنَّ أدوات المعلوماتيَّة والتَّواصل الحاليَّة تمكِّننا من "استغلال" مصادر الغنى هذه والفروقات بينها؛ أليس من الممكن أن يساعد هذا طلَّابنا وطالباتنا على أن يتعرَّفوا على ذواتهم داخل هذا المجتمع المعقّد وأن يحسنوا بالتَّالي إدارته؟ وهل تستطيع المعلومات والتواصل المتكلِّف دوماً، والأكثر تطوُّراً أيضاً السماح لوحدها، بأن يجد الفرد نفسه في هذه الجدليَّة من تحديد الهويَّة والتَّمايز؟

إنَّه لمن الضّروريّ، كي يستطيع الفرد أن يجد ذاته ضمن هذا التَّعقيد، وأن "يجد ذاته من جديد" في الصُّورة التي تقدِّمها وسائل الإعلام المتعدِّد عنه، أن يتمكّن من بلوغ المعلومات الواسعة.كما أنَّ تنامي المعارف وتبادلها وإدارتها هي حاجاتٌ هامَّةٌ لمجتمعاتنا. لكن هل هذا كافٍ؟

(6) Levi-Strauss, C. (1955). Tristes Tropiques. Cité par J. Neirynck (1990). Le huitième jour de la création: Introcduction à l'entropologie, Presses polytechniques et universitaires romandes (Lausanne).

هذه الرّؤية الوحيدة تجعلنا حيرى في الواقع. ربّما يمكننا أن نعرف أكثر، وبصورةٍ أفضل، وكيف، و"لماذا"...ولكن ماذا يمكننا القول عن معرفة **"من أجل ماذا"**؟ أليس في ذلك خطر وجود **وهم أساسيّ**، يظنُّ أنَّ باستطاعته تأكيد مركزيَّة الشَّخص فقط بتوفُّر الإمكانات بين يديه، وذلك بإبعاد السّؤال الأساسيّ المتعلِّق بالغايات والمسؤوليَّات التي يجب أن تُوجّه هذه الإمكانات؟ إنَّ تفكيرنا بهذه "الأهداف التَّربويَّة المطلوبة" يكمل ما تقدَّم به ب. ليفي (1990) والذي يعتبر أنّ التطوُّر التِّقنيّ لا يؤدِّي حتماً إلى تطوُّر المجتمع، لكنَّه يُوفِّر له فُرصَ هذا التطوُّر: " لا توجد في علم البيئة المعرفيّ أسبابٌ وتأثيراتٌ آليَّة، بل فرصٌ وعناصرُ فاعلة"[7].

منذ ذلك الحين، لم تعد "معرفة آداب الحياة" و"معرفة الصيرورة" في مجتمعاتنا ناتجةً عن زيادة المعارف بصورةٍ آليَّة.

إذا استعدنا الإطار التَّربويّ البحت، الذي رغبنا أن نجعله إطاراً لكلامنا، فهل يمكنُ لنشاطات مستمعينا المعرفيَّة الكبرى أو حتى لإدخال الحواسيب في الصّفوف بصورةٍ كبيرة، أن تُنمّي وحدها المعرفة المكتسبة والمعرفة المرتقبة لدى طلَّابنا؟

تحتاج هذه الرَّغبات إلى إعادة تركيزٍ أساسيَّة؛ إنَّ "التّحوُّل المُوَجَّه" لمجتمعنا المعقَّد لا يمكنه أن يحدث سوى انطلاقاً من معايرةٍ أساسيَّةٍ، وهذا الأمر يتطلَّب:

- إعادة تجديد أسباب الوجود وأدوار الكائنات الذين يُشكِّلون مصادر ومحرِّكات هذا المجتمع؛
- تحريك هذه الدَّوافع والأدوار عن طريق مواجهة نقديَّة تُجرى

---

(7) Lévy, P. (1990). Les technologies de l'intelligence. L'avenir de la pensée à l'ère informatique, Seuil (Paris), p. 169.

بين منتجات "التطوُّر" وحاجات المجتمع المعقَّد (العلميَّة والاقتصاديَّة والاجتماعيَّة... وأيضاً التَّربويَّة).

ونعتقد بكلامٍ آخر أنَّه من الممكن تحاشي "الانحراف" الذي يقودنا من التَّعقيد مروراً بالتَّجزئة، وصولاً إلى الفرديَّة المُطلقة وذلك من خلال البحث عن أرضيَّةٍ للتَّفاهم والتَّنسيق دون أن يؤدِّيَ ذلك بالضَّرورة إلى إلغاء الفروقات.

أين يمكننا، نحن أفراد المجتمع المعقّد، أن نجد ما يسمح لمستقبلنا التَّائه والمُجزَّأ أن يتحوَّل إلى "مستقبلٍ موَجَّه" مع الحفاظ الإيجابي على غنى التَّعدُّديَّة والتَّنوّع؟

3. . . . إلى المعارف المُعقَّدة

حاجاتٌ تولِّد أدواتٍ، وأدواتٌ تستلزم وتوّلِد معارف، ومعارف تولِّد حاجاتٍ جديدةً، فأدواتٍ جديدة، فمعارف جديدة... كم من المخاطر كان يمكن أن يضيع فيها النَّاس، وكم من المخاطرِ كانت في إعادة صياغة النَّماذج. ومع هذا ما زالت هنالك صعوباتٌ جمَّة: فلنتذكَّر صيحات الاستنكار التي سبَّبتها محاولات إدخال الثَّقافة (والتي هي أكثر وفاءً لصورتنا من "العلم") في اتِّفاقات الغات (Gatt) الاقتصاديَّة!

هل تستطيع أدوات التكنولوجيا التي ارتدَّت إلينا من المعارف المعقَّدة "كارتداد عادل"، أن تسمح للإنسان بالوصول إلى هذه المعارف التي يتطلَّبها المجتمع المُعقَّد؟

بعد أن وصفنا المجتمع المعقّد واحتمالات القصور لديه، كما مناسبات المشاعر الإنسانيَّة بذات الوقت، وقبل أن نجيب عن السُّؤال المطروح حول دور الأداة التّكنولوجيَّة كوسيطٍ محتَملٍ فإنَّ

ما سوف يشغل اهتمامنا هو **حال هذه المعرفة كما حال العلم والتّقنيّة.**

إنَّ تاريخ التطوُّر الاجتماعي (كما الاقتصادي والسِّياسي) لدى التَّجمُّعات البشرية، يُبدي في أغلب الأحيان، إهمالاً كبيراً في الاهتمام بالإنسان؛ وهناك ظاهرةٌ مشابهة وأساسيَّة ترتبطُ بآليَّة هذا التَّعقيد، يبدو أنَّها دمغت بطابعها أيضاً تطوُّرَ "المعرفة والعلم".

وقد استجابت الأدوات لنداء حاجات الإنسان، سواء عن قصد أو عرضاً؛ تلك الأدوات التي زادت من سلطته على الطَّبيعة ومساحة تأثيره على أراضٍ أخرى وبشرٍ آخرين. وقد أُضيفت إلى هذه التَّوسُّعات التَّدريجيَّة معارفُ متزايدةٌ في التَّعقيد. لكن هل تحفظُ **تلك المعرفة التي أوجدها الإنسان** مهمَّتها الأساسيَّة **كمعرفةٍ في خدمة الإنسان؟**

لقد أظهرت دراسةٌ نقديَّةٌ لتاريخ المعرفة التي أوجدها الإنسان أنَّ هذه المعرفة بوجهيها النَّظريّ والعمليّ، قد بعُدت عنه أكثر فأكثر؛ وكما ينادي أ. مورين (E. Morin) محلِّلاً "مهمَّة هوسيرل (Husserl) العمياء" فإنَّ "العلم قد تأسَّس على استبعاد فاعله"(8)؛ ونضيف نحن أنَّ تعقيد هذه المعرفة، المتصاعد، قد جعل تأثيراتها على الإنسان موضع شكٍّ أكثر فأكثر. هل صحيحٌ أنَّ الإنسان هبط على سطح القمر فقط من أجل أن يستطيع أن يُنضجَ بيضةً في صحنٍ دون زبدة؟

ربَّما يمكننا أن نتكلَّم عن العلم الأساسيّ، هذا العالم العظيم

---

(8) Morin, E. (1990). Science avec Conscience, Editions du Seuil (Paris), p. 125.

الذي يخصُّ المعارف التَّصوُّريَّة والذي تتَّسع حدوده دون توقُّف. هذا العلم الذي يستبقُ في مكانٍ ما حدود الممكن في الانطلاق نحو نماذجه.

يقوم الإنسان بالاكتشافات ويبني تصوُّراتٍ مسبقة...في الحقيقة، ليس هذا بعلم الكائن أو حتى "بعلمٍ خارجيٍّ" يمكن للإنسان بلوغه بالاكتشاف وملاحظة الطَّبيعة، أكثرَ مما هو بناءٌ يقوم به الإنسان بنفسه.

إنَّ مسألة الغائيّة (من أجل ماذا ومن أجل من؟) التي تطرحُ حول العلم الأساسي تقودنا إلى مستوى العلم التَّطبيقي والتِّقنيَّة. ويفترضُ بهذه التِّقنيَّة أن تستخدم دون شكّ كتاب المعارف الكبير لحلِّ المسائل التي تُطرح في المجتمع، وذلك بتوفير الإجابات الحسّيّة عليها.

لنأخذ على سبيل المثال الـ:س د-روم (CD-ROM)، ناقل المعلومات المُذهلة؛ فهو يقدِّم على مساحة قرصٍ مكوَّنٍ من بضعة غرامات، معرفةً موسوعيَّة، سوف تضيء شاشة حاسوبنا المنزليّ؛ بضع "لمساتٍ" ويصبح العالم بين أيدينا كما تقول لنا وسائل إعلامٍ ساحرة. هل يستجيب هذا الشَّيء لحاجةٍ حقيقيَّة، وهل نحن قادرونَ على استخدام هذه الإمكانيَّة الرَّائعة دون أن يخدر عقلنا وقد امتلأنا بالمعلومات؟ وهل يمكن للتِّقنيَّة أنّ تحلَّ مشاكل عالقةً أكثر مما تثير مسائل ترتبطُ بالحلول التي تقدِّمها؟ ونحن نطرح السّؤال التَّالي مع ج. نيرينك (J. Neirynck) (1990): "إذا ما كانت التّقنيَّة هي الجواب، فما هو السّؤال إذاً؟"[9].

---

(9) Neirynck, J. (1990). Le huitième jour de la création: Introduction à l'entropologie, Presses polytechniques et universitaires romandes (Lausanne).

إذاً، هل سوف تطرح التِّقنيَّة الأسئلة بنفسها؟ وإلّا فمن سوف يطرحها؟

إنَّ شجرة المعرفة قد غرست عميقاً داخل الأفراد، لكنَّ ثمارها لن تعود إليهم. ويبدو أنَّ منتجات العلم هي خلاصة هروبٍ إلى الأمام، ونوع من التَّبرير الذّاتي إرادة إيجاد الحاجة دون القدرة على مواجهة حاجات الأفراد.

ونستعيد هنا الأسئلة التيّ سبق طرحها: "من أجل ماذا؟" و"من أجل من؟". إنَّ الجهد المبذول باتِّجاه التَّحليل والدّفع، والذي كنّا نربط به مستقبل مجتمعاتنا، يُستكمل بموقفٍ مشابه هو "تحمّل المسؤوليَّة" التي يجب على الفرد تنفيذها كعنصرٍ فاعلٍ وكمنتجٍ مسؤولٍ عن معرفته.

وعلى خلاف العلم الذي لايحدُّهُ زمان ولا يتمتَّع بشخصيَّةٍ خاصّةٍ ولا يفيد حالةً خاصّةً، وقد انتزع منه ما هو إنسانيّ، وعلى خلاف "الاستعراضات الكبرى" للتّقنيّة[10]، نسمع أصواتًا متكرّرةً تنادي بالبحث عن الإنسان، في عالمٍ تكثر فيه العلوم والتّقنيّات وتضخّ منتجاتها[11] فيه. إنَّ "**التحالف الجديد**" الذي نبحث عنه يؤكّد انتماء الإنسان لهذا العالم؛ إنَّه تساؤلٌ مثمرٌ لا يمكن للعلم والتّكنولوجيا تجاهله دون أن تخاطر بتحويل نفسها إلى كاتدرائيّاتٍ من صحاري المعرفة، تُخفي عبادتها ما تخسره من معنىً.

---

(10) سبق وصادفنا خصائص العلم هذه في الفصل الأول (النقطة واحد): وللأسف فإنّها غالباً ما نجدها في تعليم هذه المغامرة البشرية الرّائعة.

(11) Prigogine, I. & Stengers, I. (1986). La nouvelle alliance, Gallimard (Paris).

يبدو أنَّه مضى وقتٌ طويلٌ مذ تخلَّى العلم عن مثاله القدريّ الذي كان يخشى التَّقليص الآليّ "للعمل البشريّ" ؛ من عالم الميكانيك الكميّ إلى علم الوراثة، حلَّت المعرفة وإدارة الممكن محلَّ صلابة المعادلات.

أرجو ألَّا تؤخذ اعتباراتنا كدفاعٍ عن فلسفة "العودة إلى الجذور" أو عن أسطورة البراءة الضَّائعةً التي تُغذّي أحلام الإنسانيَّة وقد استكانت إلى قيودها. لم يكن قصدنا في أيّ وقت أنّ نتنكَّر لفضائل العلوم والتّقنيّات الجديدة وعلى الأخص إمكاناتها الهائلة التي تضعها في تصرُّفنا. وما أردنا إبرازه عن طريق التّحليل في هذه الصّفحات ما هو إلا غنى وتضخُّم "الأجوبة" الموجودة والممكنة، والتي لا يعرف النَّاس الأسئلة عنها أو لن يعرفوا، كما لا يعرفون حتى الآن كيف يطرحونها.

أمَّا السّؤال الرَّئيسيّ الذي نطرحه فهو يدور حول إمكانيّة رابطةٍ جديدةٍ تجمع الإنسان والّتكنولوجيا التَّربويّة: هي الّتكنولوجيا من أجل تربية الإنسان.

كخلاصةٍ لما سبق قوله:

- إنَّ ما نقترحه كجوابٍ على نقد القارىء هو رفضنا لسلسلة الانحلال الحتميَّة لرغبة العيش ولإلقاء المسؤوليَّات على الآخرين، ونؤكِّد إمكانيَّة ومسؤوليَّة أن يكون المرء فاعلاً في تحديد مستقبله ومستقبل مجتمعه؛
- إنَّ ما نقترحه أيضاً هو أن نرى كيف وتحت أيَّة ظروفٍ يمكن لأدوات تكنولوجيا المعلومات أن تساهم بإعادة وضع يد الإنسان على العلم (من أجل من؟) وذلك كي يستطيع أن يعيش في مجتمعٍ معقَّد (من أجل ماذا؟)؛
- إنَّ ما نطرحه ما بعد المعلومة والتَّعليم والإعداد، على

الأدوات نفسها هو إمكانيَّة وجودٍ للتَّربية؛ وإطارنا سوف يكون ضمن التَّعليم وموقعنا ضمن المدرسة بمعناها الواسع.

هل باستطاعة التِّكنولوجيا، **عند هذه النُّقطة أن توحي لنا بتربية جديدة؟**

سوف نحاول في النُّقطتين التَّاليتين 4 و5 تحديد مهمَّة **التِّكنولوجيا** ومساهمتها الممكنة في **التَّربية.**

4. من التِّكنولوجيا ...

بعد وضع مشكلتنا في إطار المدرسة التي تُعتبر بوتقةً للمجتمع، سوف نعيد وضعها أيضاً في إطار العلاقات.

بأيِّ شرطٍ يمكن إذاً **لأدوات تكنولوجيا المعرفة والتَّواصل** أن تساهم **بعلاقاتٍ جديدةٍ مع المعارف من خلال ربطها بعلاقةٍ بين الأشخاص؟**

إنَّ التَّجارب السَّابقة في المدرسة حول السَّمعيّ البصريّ والمعلوماتيَّة، تُظهر لنا ذلك: لم تعد طُرق عودة التِّكنولوجيا في إطارٍ مُحدَّدٍ وخصوصاً إذا كان تربويّاً هامشيَّةً. إنَّ إدخال أدوات التِّكنولوجيا في المدرسة (العاكس الرَّأسي والسَّمعيّ البصريّ الحاسوب...) أمرٌ لم يجرِ الالتزام به دائماً لناحية الانفتاح والفعاليَّة؛ وغالباً ما كان الأمر يتعلَّق بمضمون (كيفيَّة استخدام الأداة ووظائفها...) كان يضاف ويُلصق ببرنامجٍ مثقلٍ في الأساس. وقد ضعفت حماسة روَّاد اللوُّغو (LOGO)، وهي لغة الاكتشاف في المعلوماتيَّة بسبب قلَّة الحالات التي استخدمت فيها هذه اللغة في عمليَّات التعلُّم اللاحقة، الذي تميَّز بالحواجز وكثرة القواعد.

ومن ناحيةٍ أخرى فقد أظهرت بعض الأبحاث الدور الوسيط للحاسوب عندما يستثمر في طرائق تربويَّةٍ منظَّمةٍ حول نماذج من

التعلُّم التعاوني وحول نماذج بنائية للموافقة بين المعارف[12]. ولقد أجرى أ. بيالو (E. Bialo) وج. سيفين (J. Sivin) بحثاً، غطّى السَّنوات 1986 حتى 1990، حول فعاليَّة استخدام الحواسيب في المدرسة، أظهر تأثيرها الإيجابي على تحفيز المُتعلّمين ومواقفهم حيال التَّعلُّم والمعارف وإزاء أنفسهم هم أيضاً وقد بدا من الممكن أن يؤدِّي هذا التَّحفيز وهذه المواقف إلى رفع مستوى الأداء لديهم[13].

إذا كانت عدّة أبحاثٍ تتفق مع البحث السَّابق الذي يخبرنا عن تأثيرات استخدام الحواسيب في المدرسة، فنادرةٌ هي الأبحاث التي تحاول كشف الأسباب ـ أي الظّروف أو المتغيِّرات المخفيَّة ـ التي تشرح هذه التأثيرات. وقد قام ر. أ. كلارك (R. E. Clark) وس. ليونار (S. Leonard) بتعميق التَّحليل (128 مرجعاً) الذي أجراه ج. كوليك (J. Kulik) ومساعدوه[14] وأثبتوا من خلاله أهميَّة العوامل الشَّخصيَّة وخصوصاً العلائقيَّة والمنهجيَّة التي تحلُّ محلَّ الخصائص الذَّاتيَّة للأداة عينها. وسوف ندع المؤلّفين يتكلّمون عن استنتاجاتهم:

«*Computers make no more contribution to leaming than the truck which delivers groceries to the market contri-*

---

(12) Kubota, K. (1991). Applying a Collaborative Learning Model to a Course Development Project. Document présenté à: the Annual Convention of the Association for Educational Communications and Technology. Orlando, Florida.

(13) Bialo, E. & Sivin, J. (1990). Report on the Effectiveness of Microcomputers in Schools, Software Publishers Association (Washington, DC).

(14) Kulik, J., Kulik, C. & Cohen, P. (1980). Effectiveness of Computer-based College Teaching: A Meta-analysis of Findings. Review of Educational Research, 50, pp. 525-544.

butes to improved nutrition in a community. Purchasing
a truck will not improve nutrition just as purchasing a
computer will not improve student achievement. Nutrition
gains come from getting the correct «groceries» to the
people who need them. Similarly, achievement gains re-
sult from matching the correct teaching methods to the
student who needs it» [15].

ومن الممكن أن نستخدم المنتجات التكنولوجيَّة للمعرفة من
أجل تطوير علاقةٍ جديدةٍ بالمعارف داخل المجتمع المعقَّد إذا ما
استطعنا التَّملُّص من مظهر الأداة وشكلها، وذلك لبلوغ المضمون
الذي يمكن إبرازه بإدخاله إلى قلب العلاقة التعليمية.

تؤكِّد م. ج. اتكينس (M. J. Atkins) (1993) في تحليلها النَّقدي
لأبحاثٍ حديثة، الإيجابيَّات التَّعليميَّة للموضوع الذي تقدِّمه وسائل
الإعلام، لناحية ما تنقله من معلوماتٍ ومحاكاةٍ لعوالم صغيرةٍ
وللشَّفافيَّةِ التي تغلِّف جدران الصَّفوف....؛ وهي تلحظ من ناحية
أخرى الفجوات المؤكَّدة في موضوع وصف الإطار التَّربويّ الذي
تدخل فيه الأدوات، وفي المهام المعطاة للمعلِّمين والمتعلِّمين،
وفي القيم التي تحرِّك وتدعم الإرادة التَّربويَّة لواضعي البرامج

---

(15) Clark, R. E. & Leonard, S. (1985). Computer Research Confounding.
Document présenté à: the Annual Meeting of the American Educational
Research Association. Chicago, Illinois, p.15.

"لم تعد الحواسيب تؤمِّن للتَّعلُّم أكثر مما تفعله شاحنة تؤمِّن موادّاً غذائيَّة
لمحال السَّمانة، التي لا يمكنها أن تُحسِّن مستوى تغذية مجتمع ما. إنَّ شراء
شاحنةٍ لا يرفع من نوعيَّة التَّغذية أكثر ممّا يفعله شراء حاسوبٍ بالنَّسبة لتحسين
مستوى الطَّالب. إنَّ نوعيَّة التَّغذية تنتجُ عن ملاءمةٍ جيّدة بين الأطعمة المُقدَّمة
وحاجات الأشخاص. وهكذا، بصورة مقابلة، فإنَّ نوعيَّة التَّعلُّم تنتج عن توازن
صحيح بين وسائل التَّعليم وحاجات الطُّلاب".

والباحثين ومقرّري المناهج التَّعليميَّة: هل إنَّ أهميَّة ذلك للمجتمع هي من نوع "القبول والإنتاج " أو "التَّحدّي والتَّحوُّل[16].

> سوف تتمُ مناقشةٌ إضافيّةٌ للأبحاث حول تأثير التكنولوجيّات على التعلُّم في الفصل 5 النقطة 6. كما سوف تفصّل أكثر أهمّية الجهاز التربوي ("الطريقة") الذي يحيط بالأداة.

لقد تسامت المعرفة تدريجيّاً على الحاجات والأدوات والآلات والعلاقات الإنسانيَّة، كما ورد معنا في أنظمة التعليم والإعداد الاجتماعيَّة. ولقد أصبحت بذلك، وبطريقةٍ متنامية، المفتاح الأساسي والوحيد تقريباً لنظام الإعداد ذاته.

كلّما أصبحت بعض الأدوات (مثل الكتاب والسَّمعيّ البصريّ...) سهلة التَّناول وأكثر تطوّراً فإنّنا نرى فيها فرصة التَّقارب بين المعرفة والإنسان. ولقد شكّلت هذه الأدوات في أغلب الأحيان، سبباً لإضعاف النَّسيج العلائقي الذي كان يُفترض بها أن تدخلَ ضمنه أو تعود إليه.

ومن ناحية أخرى فإنَّ توسيع المعارف المعقَّدة في المجتمع المعقَّد وفي "آلاته" كان سوف يؤدّي، وبطريقة أكثر حدَّةً، إلى إعادة إبراز هذه المادَّة العلائقيّة الكامنة. وسوف يُسأل الطَّالب الجامعيّ المُثقل بشهاداته العلميَّة عند بحثه عن العمل، عن فكره السَّليم أكثر ممّا يُسأل عن فكر مليء بالمعلومات.

سوف توجِّه هذه المقاربة النَّقديَّة التي قمنا بها في موضوع منتجات التّكنولوجيا واستخداماتها، أفكارنا: إذ لن نتكلَّم هنا لا

---

(16) Atkins, M.J. (1993). Evaluating Interactive Technologies for Learning. Journal of Curriculum Studies, 25, pp. 333-342.

الفيثاغوري الذي تحدث عن العالم بوصفه حياً وأنه مخلوق يتنفس.

ولم يخرج أرسطو في ذلك عن تلازم الإلهي والخالد عند الإغريق. بل يمكن الذهاب أبعد من ذلك بالعودة إلى التصور التجريدي لأنكسمندر في القرن السادس قبل الميلاد؛ عندما شبه الأرض بإسطوانة عائمة في وسط الكون.

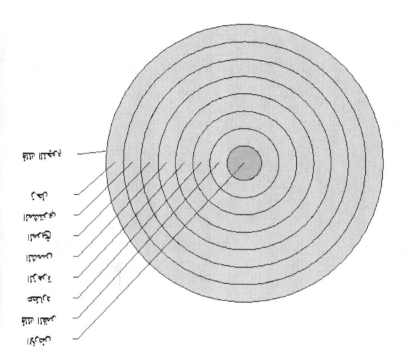

ذلك أن السفر غرباً سيوصله إلى الهند على نحو ما ظن رحالة القرون اللاحقة لغاية القرن الخامس عشر. وقام بقياس محيط الأرض على نحو معقول كما فعل البيروني فيما بعد.

وتنسجم تلك الاستدلالات مع تصور أرسطو بأن شكل الأرض دائري، لأنه الشكل الأمثل في بعدين، ولأنه كان يشاهد ظل الأرض الكروي على القمر في حالة الخسوف (خسوف القمر)، كما أن الكرة هي الشكل الأمثل في ثلاثة أبعاد فيستحيل أن يكون الله قد خلق الكون ناقصاً. كذلك هي حركة السماوات أو الأفلاك، إنها حركة دائرية كاملة.

أما الأثير الذي يفصل بين الأفلاك فمتراصّ، وفلك النجوم (الذي يتألف من 55 فلكاً) يستمد حركته من الله بنوع من العشق (حركة غائية)، فالحركة الأولى ناجمة عن المحرك الأول الذي لا يتحرك (الله)، وهو عقل محض، لأنه لو لم يكن كذلك لاستلزم وجود علّة لحركته. ثم تنتقل الحركة إلى الأفلاك واحد تلو الآخر، لأن الطبقات التي تفصل بين الأفلاك متراصة لا فراغ يفصل بينها، إذ يحرك الأعلى منها ما يوجد أسفله، وهكذا دواليك حتى نصل إلى فلك القمر.

فصل أرسطو بين عالم ما تحت فلك القمر، بوصفه عالم الكون والفساد، وعالم ما فوق فلك القمر بوصفه عالم الأثير الخالد الذي تحكمه أرواح حية وعقول تقوم بتحريك الأفلاك على نحو ما تحرك الروح جسم الإنسان. وكأننا أمام الفكر

عن تكنولوجيا التَّعليم الحريصة على التَّخطيط الأفضل للعمليَّات التي سوف تنفَّذ لخلق منتج يُسمَّى تربوياً، ولا عن تكنولوجيا الإعداد أيضاً التي تهدف إلى تنظيم سير الدَّرس بحيث يؤدِّي إلى النَّتيجة الأفضل: فكتب تكنولوجيا التَّربية أو التي تبحث في المفاهيم التَّربويَّة ممتلئةٌ بهذه النَّصائح [17]. وتجد اهتماماتنا مكانها ضمن رؤيةٍ تربويَّةٍ وتعليميَّةٍ دون أن نقلِّل من أهميَّة هذه المعلومات. كما أنَّ اعتباراتنا تدور حول تكنولوجيا من أجل التَّربية ممكنة التَّحقيق.

ثمَّ هل يمكن أن تكون المنتجات (التي لم "يردها" المقصودون بها والتي لم توجد بالضَّرورة ضمن نظرةٍ تربويَّة...) التي أورثتنا إيَّاها المعرفة، تلك الأدوات التَّكنولوجيَّة الصَّادرة عن المجتمع المعقَّد والمرسلة إليه ذات نفعٍ ما للتَّربية؟

لكن ما هي التَّكنولوجيا إذاً؟

سوف نعتمد تعريف جالبريت (Galbraith) (1979) ضمن تعريفاتٍ أخرى: يمكن للتكنولوجيا أن تكون التَّطبيق المنهجيّ للمعارف العلميّة أو لمعارف أخرى معدِّةٍ لحلّ مسائل عمليَّة [18].

وهكذا يمكن لتكنولوجيا المعلومات أن تهدف إلى حلّ مسألةٍ

---

(17) Par exemple: Merril, M. D., Tennyson, R.D. & Posey, L.O. (1992).
      Teaching Concepts: An Instructional Design Guide (2nd ed.), Educa-
      tional Technology Publications (Englewood Cliffs, New Jersey).

(18) Galbraith, J.K. (1979), The New Industrial State. New York: A mentor
      book, p. 11. La traduction de la définition est proposée par J. Lapointe,
      & P. Gagné (1992). Le savoir d'expérience et le savoir intuitif en techno-
      logie de l'éducation: contributions décisionnelles de savoirs négligés. In
      L. Sauvé (Ed.), La technologie éducative d'hier à demain. Actes du VIII
      Colloque du Conseil interinstitutionnel pour le progrès de la technologie
      éducative, Québec, 1992, 275-286.

عمليّةٍ حول المعلومات. وحده جزء من الإجابة بالنَّظر إلى مسألتنا التَّربويَّة، قد يكمن في الأدوات التي تقترحها علينا هذه التكنولوجيا وهي: الكتاب وخصوصاً الكتابة، والمذياع وخصوصاً الكلام والصَّوت، والتّلفاز وخصوصاً الوجه والصّورة، والمعلوماتيَّة واخيراً وسائل الإعلام المتعدّدة والإنترنت التي تناغم بين مركّباتها المختلفة، الكتابيَّة والصّوتيَّة والبصريَّة.

هنالك معارف تبدو جدّيّةً إذا ما اعتبرنا الإطار الذي نرغب في وضع الأداة فيه، وهي غير تلك المعارف العلميَّة المطلوبة لبناء وتشغيل الآلة والتي قرَّرنا ألَّا نشير إليها هنا. ويمكن أن نطلق على هذه المعارف الجدّيّة أسماء مثل التَّواصل وتنظيم العمل والألفة، وتصميم الشَّاشة (design d'écran)،... وهي تهدف في الواقع وبصورةٍ أساسيَّة إلى إعادة تنظيم وتعميم المعرفة، وإلى تحويل المعرفة الرَّاقية إلى معرفةٍ قابلةٍ للتَّدريس دون إعارة الأهميَّة كما يبدو للأشخاص (فماذا سوف يفعلون بها، هنا وبعد ذلك؟) وللظّروف التي تحيَا فيها وتقرِّرها وتتفاعل معها.

> لقد أُبرزت في الفصل الأوّل الطَّريقة التي يمكن للتّكنولوجيّات أن تتحكّم فيها بالمعرفة كي تقدّم عنها تمثّلاتٍ متنوّعة لغايات التَّعليم والتَّعلُّم، وذلك بطريقةٍ موسَّعة. إن هذا التحوُّل أو النقل من المعارف الراقية إلى معارف للتعليم، لهو صفةٌ إيجابيّةٌ لمهام التّكنولوجيا: فالأمر يتعلّق بحسب رأينا بجسرٍ حقيقيّ يمكن أن نمدّه بين العالم الحقيقيّ الذي يحيط بنا وفضاء التّمثّلات. لكنّ هذا لا يستهلك الموضوع كما نقول هنا.

وقبل الأسئلة المتعلّقة بالمضمون، فإنَّ الدَّعائم التي "تجسّد"

أو "تنقل" هذه المضامين، والمواصفات التي تتعلّق بالأفراد الذين يتعلّمون أو يعلّمون والمتعلّقة بالنّشاطات التي تجمعهم ـ تعلّم وتعليم ـ يجب أن تؤخذ بعين الاعتبار: فالمعارف التَّربويَّة والتَّعليميَّة تشكّل في معظم الأحيان مجالاتٍ متباعدةً نسبيّاً عن اهتمامات علماء التّكنولوجيا المباشرة. ومع ذلك فقد أظهرت كتبٌ حديثةٌ(19) الاهتمام بتركيز المفهوم التَّربويّ "*instructional design*"" ضمن الرّؤى التي ترسمها نظريّات التّعلّم.

وسوف نسهم في الفصل 5 بهذه الحركة دون شكّ عن طريق إبراز نقاط التّعاون والتّقاطعات الممكنة بين العوامل التي تؤثّر إيجابيّاً في التّعلّم، وبين ما يمكن أن تؤمّنه التّكنولوجيّات.

وأخيراً، يمكن التَّوفيق ما بين الكتابة والصّوت والصّورة بحسب ما تنادي به الإعلانات... كما يمكننا التَّفاعل مع المعرفة... والقول بأنّ "الـPower-PC هو أكثر إنسانيّةً من الـMacintosh" كما جاء في دعاية Apple.

هل نحن متأكّدون من أنّ زيادة بعض الأزرار على شاشة الحاسوب (الذي لم يحتلّ بعد جميع صفوفنا على خلاف ما كان علماء المستقبل في الستينيات يعلنون لنا) يمكنها لوحدها أن تحوّل علاقتنا بالمعرفة في مجتمع البشر المعقَّد؟

من هنا يبدو لنا من المهم أن نفكّر بتأثير وسائل الإعلام ليس

---

(19) Par exemple: Fleming, M. & Howard Levie, W. (Eds.) (1993). Instructional Message Design: Principles from the Behavioral and Cognitive Sciences, Educational Technology Publications (Englewood Cliffs, New Jersey).

فقط كترجمةٍ حسّيّةٍ للمعارف في عالم الإنسان، بل كفرصة تملّك المعرفة من قبله: **هل يمكن لوسائل الإعلام أن تحثّنا على اكتشاف المعرفة وتوضيح آليّات إنتاجها وإعادة بنائها لنا وأن نطرح الأسئلة أخيراً بأنفسنا...؟** فإذا ما كانت وسائل الإعلام تحمل الأجوبة على أسئلةٍ لم نطرحها بعد نحن المتعلّمين الدّائمين، فهل يمكن أن نستخدمها لنستفهم من المعارف ذاتها؟

ألا يمكن لتناقص المعارف هذا ولوجهات النّظر حولها ولسبل الوصول إليها أن تشكّل مادّةً خصبةً يمكن أن تنمو عليها المهارات والمعرفة المكتسبة وتلك المرتقبة[20] المطلوبة لكي ندير المجتمع المعقّد ونحيا فيه بصورةٍ أفضل ولكي نستطيع في النّهاية أن نكون جاهزين للشّروع في فكرةٍ جديدة.

ألا توحي لنا هذه التَّربية من أجل الحياة والمستقبل ضمن المجتمع المعقّد، بتكنولوجيا لأجل التَّربية؟

5. . . . إلـى التّـربـيـة

عند بدايات عصر المجتمع المعقّد، كان التّقليد الشّفهي كافياً لنقل المعارف الضّروريّة: فلقد كان التّعلم من الأداة وبواسطتها يتمّ في الإطار المحلّي (ويمكن القول "على الأرض") والعلائقي "بصورة طبيعيَّة" داخل المجموعات الضّيقة. إنَّ اتّساع امبراطوريَّة الإنسان وسلطته على الطّبيعة وأيضاً على الأرض وعلى العلاقات،

(20) De Ketele, J.-M. (1986). L’évaluation du savoir-être. In J.-M. De Ketele (Ed.), L’évaluation: approche descriptive ou prescriptive? De Boeck (Bruxelles-Paris), pp. 179-208.

بواسطة الأدوات وخصوصاً بواسطة المعارف التي تطوّرت تدريجيّاً كانت على وشك أن تعطي حيّزاً للمعارف، يتزايد أهميَّة، بالمقارنة مع المهارات. هذه المعارف أخذت بالتَّعقيد بتوسّعها من اختصاصٍ إلى اختصاص، وبالتَّباعد عن الحاجات المحلّية والمُلحّة. كما أنّ الإطار العلائقي كان هو أيضاً، سوف يتطلّب معارف جديدةً بدت، على سبيل المثال، في القراءة والكتابة: وعليه فقد تبيَّن وجود حاجةٍ لأماكن جديدةٍ (المدرسة)، ولوسطاء (المعلّم) من أجل تعلّم هذه المعارف.

بالانتقال من المجرّدات إلى المجرّدات فإنَّ نظرة المعرفة نحو الأداة أخذت تؤدّي إلى معارف جديدةٍ وأدواتٍ جديدة. فإذا ما كانت الأدوات الأولى متلائمةً بطريقةٍ فوريَّةٍ مع حاجات الأشخاص فإنَّ الجديدة منها بعد مراجعتها على ضوء المعرفة قد ابتعدت عن تلك الحاجات أحياناً لأجل أن تستبقها بصورةٍ أفضل وأحياناً أيضاً لأجل أن توجدها. والمعارف النَّاتجة عن "الإدارة " الضَّروريَّة للمجتمعات كانت تتجه تدريجيّاً نحو التّجريد والتّقنيّة هي أيضاً، عن طريق إخضاع الأفراد أحياناً وتنظيم علاقاتهم في أغلب الأحيان. أمَّا "التّقنيّون" الذين كانوا يحاولون إعادة إدخال هذه المعارف في فلك الإنسان باقتراح أدواتٍ تستجيب للحاجات الجديدة، فقد توجّب عليهم أن يتعلَّموا من جديد ويعلّموا كيفيَّة إدارة المعلومات، وإدارة الفروقات... وقد ظهرت المعلوماتيَّة والاتّصالات في الأفق، حاملةً بشائر مفاهيم جديدة: مثل المعلومات والاتّصال والتَّفاعل والانفتاح على عالم التقنيَّات ... وربّما الإنسان أيضاً؟

هل سوف تحلّ الحاجة للتّربية محلّ الحاجة للإعداد المرتكز

على المعرفة: كيف يمكن التَّواجد في المجتمع المعقَّد مع هذه الأدوات، وهذه المعارف وأدوات تنظيم المعرفة أي الحواسيب؟

هل سوف تسمح لنا الأداة التي تحدّثنا عن "العلاقات"، والشّبكات وتبادل النَّشاط بأن **نتجاوز تبادل النَّشاط الوظائفيّ** الذي تقترحه لوحة المفاتيح أو الشّاشة **من أجل الوصول إلى تبادلٍ علائقي للنّشاط** قادرٍ على بلوغ معارف جديدةٍ من خلال الأشخاص الذين يبنونها ويحيونها؟

ونحن نربط بين مفهومنا لتبادل النّشاط الوظائفيّ بمفاهيم تبادل النّشاط "الارتكاسي" و"الفاعل" التي عرضها ر. أ. شفاير (R. A. Schweir) وأ. ر. ميزانتشاك (E. R. Misanchuk) (1993): ففي حال تبادل النَّشاط "الارتكاسي" يتوقّع الحاسوب من المتعلّم "إستجابةً محدّدةً" على مثيرٍ يقدّمه (برامج من نوع "*drill and practice*"، وtutoriels. . .)؛ أمّا في تبادل "النّشاط الفاعل " فيقوم المتعلّم بـ"بناءٍ" شخصيٍ إزاء إطارٍ يوفّره له الحاسوب (برامج من نوع محاكاة وتركيب نماذج...) ويكمل هؤلاء المؤلّفون هاتين الطّريقتين بطريقة "التبادل" يتكيّف خلالها المتعلّم ونظام المعلوماتيّة "الذّكي" بصورةٍ تبادليَّة (الذّكاء الاصطناعي، الأنظمة المتخصّصة...)[21] ونقوم نحن بتوسيع الطَّريقة الأخيرة ضمن مفهوم تبادل النَّشاط العلائقي، الذي يغنيه، من خلال تبادل الرّؤى بين الأشخاص الذين يدعو الحاسوب المتعلّمين إليهم، ضمن إطار الأعمال التَّعاونيّة.

(21) Schwier, R.A. & Misanchuk, E.R. (1993). Interactive Multimedia Instruction, Educational Technology Publications (Englewood Cliffs, New Jersey).

تنظّم الصّورة اللّاحقة مفاهيم تبادل النّشاط المشار إليها: **فهذا التبادل يشكّل بالنّسبة لنا حالةً من القوّة، تحرّكها المواقف التّربويّة والتّعليميّة، حيث تدخل المعارف، وخصوصاً المتعلّمون والمعلّمون، في دائرة التّفاعل.** وترسمُ مستويات التفاعل الثلاثة التي نعرضها، الطريق حيث سيشغل موقع المتعلِّم ومبادرته حيِّزاً متزايد الأهمِّيةً؛ وهو أيضاً طريق يقودنا من محورٍ يدور حول الأداة والذي يعرض مضامين نوعيَّة ومواقف مقفلةً نسبيَّاً، إلى محورٍ يتمركز حول المتعلّم ومشروعه ويدور حول مواقف معقَّدة ومفتوحة.

وبصورةٍ واضحة، **يوجد محور أفقيّ يعرض حالاتٍ كامنة** (حالاتٍ يمكننا أن تُفعّل من خلال الموقف أو الجهاز التربوي) وهو يمتدُّ:

- من تبادل النّشاط الوظائفيّ، أي من حالةٍ تكون فيها خصائص الآلة التّقنيَّة أو الفيزيائيّة هامّةً (أي الطّريقة التي تستحثّ الآلة بها المتعلّم بتوجيه الأسئلة إليه أو التي بواسطتها تستجيب لنداءات المتعلّم)؛
- ونحو تبادل النّشاط العلائقيّ أي نحو حالةٍ يمكن أن يحدث فيها تفاعلٌ حقيقيّ، إمَّا بالمحاكاة عن طريق الحاسوب (في إطارٍ ومع مُحاورٍ افتراضيين)، وإمَّا بإعادتها إلى المستخدمين الذين يتعاونون في ما بينهم حول الحاسوب؛

ومحورٌ عاموديّ يقدّم هذه الإمكانات الكامنة بصورةٍ حديثةٍ عن طريق نشاطاتٍ متعددة للمتعلّم:

- فهو إمّا أن يستجيبَ (في المستوى صفر) لنداءات البرامجيّ، وإمّا أن يأخذ زمام المبادرة (في المستوى 1) بطرح الأسئلة

على الحاسوب وبمراقبة "الأجوبة" (و يتكيّف الحاسوب أحياناً مع الإطار والأسئلة المتعلّقة بهذا الإطار)؛

- وهو يحلل ردّات فعل المحاور الافتراضي ويأخذ دوراً خاصّاً ضمن الحوار أو يشرف على مقابلهِ الافتراضي (المستوى1) أو يتفاعل (المستوى2) مع المتعلمين الآخرين حول أجوبة الحاسوب.

سوف يجري إثبات الأنماط المقترحة هنا، في الفصل 3، من خلال أمثلة (حصلت مقاربة العديد منها في الفصل الأوّل) تقودنا على طول هذين المحورين؛ وسوف يُعرض في الفصل 4 ، تصنيفٌ موثّقٌ وراهنٌ عن طريق وسائل الإعلام الجديدة. كما سوف نرى في الفصل 4 النّقطة 4، عدّة تغييراتٍ، خصوصاً في الأنماط التي تدعم ما نسمّيه تبادل النّشاط العلائقيّ.

إنّ هذا الطّريق الذي تأسّس عبر التّكامل التّدريجي للمعارف (S)، كما عبر اكتساب المهارات (SF Savoir-faire)، ينفتح أكثر فأكثر باتّجاه المعرفة المكتسبة (SE Savoir-être) والمعرفة المرتقبة (SD Savoir-devenir)؛ ويجري تطبيق المعرفة الأخيرة من خلال العلاقات المتبادلة بين الأشخاص الذين تحرّكهم طرائق تربويّة، تطبّق فرصاً لتنمية الكفاءات العرضيّة المطلوبة في المجتمع المعقّد.

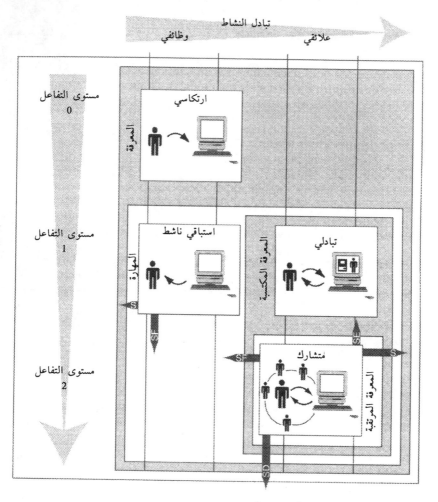

الصّورة 1 تفاعلٌ وتبادلٌ للنّشاط

على سبيل المثال فنحن نرى أنّ نمط التّبادل ما بين الأشخاص (المُربّع الأسفل إلى اليسار) يرتكز على أبعاد المعرفة الأربعة وذلك بالـتكامل معها ويؤدّي إلى التّوسيع المتناغم لها (الأسهم الأربعة الخارجة من المربّع). إنّه هذا التّناغم أو هذا التّوازن بين مختلف المعارف المُدعّمة أو المنقولة عن طريق أنماط التّفاعل المختلفة المشار إليها أعلاه القادر برأينا على تطوير " تفاعلٍ " (داخليّ أو

125

معرفيّ) بين المعارف المكتسبة من قبل المتعلّم والمعارف الجديدة أي باختصار ما يجعل التّعليم فعّالاً.

سوف نعود إلى مكوّنات التّعلّم الفعّالة، أو النّوعيّة في الفصل 5 النّقطة 5.

كيف الوصول والمساعدة على الوصول إلى هذه التّربية التي نعزو إليها مهمّة تقليص الفارق القصوريّ لدى الأشخاص بين المعرفة، والمهارات والمعرفة المكتسبة والمعرفة المرتقبة؟

ألا نستطيع في إطار التّعليم، أن نحاول فعليّاً إعادة تركيب هذه المربكة (puzzle)، وأن ننميّ تكاملاً فعّالاً ومتدرّجاً بين هذه الأبعاد ونعيد الإنسان من كوكبه الوهميّ إلى واقعه الحاليّ؟

الإجابة غير متوفّرة في أي "تعريفٍ"نهائي للتّربية يمكننا أن نعطيه لهذه المرحلة من التّفكير. كما لم يعد بإمكان النّقاش الأزليّ حول طبيعة التّربية أن يساعدنا فعليّاً للتّحكّمِ بهذا التّعقيد، الذي اكتشفنا فيه أعراض "مرض الوجود" المبهم. لنعترف بالأحرى بالحاجة "العمليّة" للتّربية التي، بعد استيعابها التّكامليّ للتّعلّم والإعداد وتجاوزها إيّاهما بالبعد النّاشط والأقوى، يمكنها أن تؤمّن حاجات رغبات الإنسان في المجتمع المعقّد.

سوف توجّه هذه التّساؤلات حول "الكيفيّة" في التّربية، انتباهنا نحو طرائق التّدريس، حيث يمكن للتّعلّم والإعداد والتّربية أن تجد تقاطعاتها المتبادلة، وحيث يمكن أن يتواجد أيضاً المعلّمون والمتعلّمون.

وليس المقصود من كلامنا الالتقاء مع الذين ينشدون "صلاة الموتى" عن روح المدرسة، بحجّة عدم فعاليّتها المستمرّة وتأخّرها

المزمن في تأمين "طلبات" عالم المهن والاقتصاد، وثقل همّاتها في التّكيّف مع إيقاع الحداثة أو أيضاً، موسوعيّتها التي يمكن أن تطفىء جذوة الإبداع لدى الطّلاب (كما لدى الأساتذة...) وغناهم الكامن. ونحن على ثقة بأنّ المؤسّسات التّربويّة، منذ الحضانة وحتى الجامعة، تعجُّ بالمبادرات التّربويّة المجدّدة التي تشهد على حيويّة العاملين فيها وحاجاتهم وإرادتهم وقدرتهم على التّغيير.

ومع ذلك فنحن غالباً ما نشاهد "محاضراتٍ" لا تعطي سوى معرفةٍ عامّة غير محدّدةٍ بزمان أو إطار أو أشخاص، معرفةٍ "عقيمة" تتجاهل المسار "الإنسانيّ" - المبنيّ غالباً بالتردد والأخطاء وتعدّد الأسئلة وبفترات العتمة الطّويلة - الذي كان سبب وجودها. وتشبه المواقف التّعليميّة في أغلب الأحيان مناجاة جدّيّة حيث تقدّم "المعرفة العالمة " عبر طرقٍ ملكيّة دون أن تستطيع اختبارات الحياة "الحسيّة" اليوميّة أن تسائلها أو تقطع صلاتها أو حتى أن تعيد إيجادها. وهي بهذه الطّريقة جاهزةٌ لأن "تعطى" بدل أن تعلَّم، أي أن توضع في حال الاستيعاب، جاهزةً لأن يعاد استعمالها أكثر من أن تعاش.

ونصادف في إطار التّعليم والتّعلّم، هذا الفصل الاصطناعيّ عينه بين المعرفة، والمهارات، والمعرفة المكتسبة: كما يبقى تراكم المعارف متفوّقاً على تكاملها في تطوير سلوكيّات الطّلاب ومواقفهم.

هل يمكن لاستعراض هذه المضامين الفريدة والمعارف المتحجِّرة التي تحوَّل إليها التعليم أن يدَّعي التربية؟ وهل يمكن "لهذه المعرفة الآتية من فوق" ، والمنفصلة عن النسيج العلائقي، وعن إطار الحاجات والتوقُّعات والضغوطات والميول التي ولَّدتها، أن تكون ذات معنىً وأن تؤدِّيَ معنىً وأن تكون هي المعنى؟

قد يواجه الطالب قطع أحجيةٍ صعبةٍ للغاية حيث يقوم كل اختصاصي بإرشاده إلى القطعة المميزة لديه، لكن أحداً لن يساعده في بناء الصورة الكاملة التي تسمح بتحديد موقع كلِّ قطعة ضمن المجموع. والاختصاص لا يكفي ولم يعد كافياً، "... فهو يمكن أن يكون بالأحرى عبئاً ثقيلاً على عاتقه أكثر من أن يكون جناحاً يمكن أن يساعده على الارتفاع[22].

إنّ فشل نوعٍ معيَّن من التّربية، الذي يترك شبابنا أشبه بنفوس عاجزة[23] غير قادرين على مواجهة واقع الحياة وتنوّع الثّقافات - التي تصبح أكثر صعوبةً في فهمها وإدارتها - لا يزال ماثلاً أمام أعيننا. أنهارٌ من الحبر والكلمات والصّور تحدّثنا عن أزمة القيم لجيلٍ متخلّفٍ ولمراهقةٍ "أبديّةٍ" لكثيرٍ من الشبّان الذين لا يزالون يؤخّرون تحوّلهم الدّقيق نحو عمر البلوغ حيث "يتوجّب عليهم " أن يأخذوا مسؤوليّتهم بأيديهم؛ أو أنّها تكلّمنا أيضاً عن متطلّبات عالم المهن، الغامضة، لمجموعةٍ من "موجّهي" الأفكار والمشاريع والشّخصيّات القويّة وليس فقط لمنفّذي التّعليمات، حتى ولو كانوا في قمّة الكفاءة؛ أو أنّها تكشف كذلك الإحصائيّات الأليمة لأعداد الجريمة عند الفتية، وانتحار المراهقين، والبحث عن الجنان الاصطناعيّة، ... وهذا ما نراه هروباً أمام "شعور بالتعاسة" لا نجد له إجابات أخرى.

---

(22) Nietzche, F. (1973). Sur l'avenir de nos étalbissements d'enseignement, Gallimard (Paris), p. 132.

(23) Bloom, R. (1987). L'âme désarmée. Essai sur le déclin de la culture générale, Guérin littérature (Montréal).

هل نحن مبالغون في طموحنا (أم أنّنا ربّما "تربويّون" أكثر من اللازم...) عندما نؤكّد بأنّ "إعادة تسليح الرّوح"، قد يدعّم بالتّعليم وبتربيةٍ تستطيع فعليّاً المساعدة على تملّك المعارف وتطوير مهارات نافعة وضّروريّة فعليّاً لتحديد واستكمال مشروع دراستهم ومشروعهم المهنيّ، وعلى الأخصّ مشروعهم الشّخصيّ في المجتمع المعقّد؟(24)

وعلى خلاف هذا التّباعد بين الشّخص والمجتمع، وبين معرفة آداب الحياة والمضامين، فإنّنا نقترح الرّبط بين كلٍّ ما سبق، عن طريق التّطوير ضمن إطار نظام تعليم الكفاءات العرضيّة ذاته، ليس فقط كمنتجٍ يجب الوصول إليه بل كآليّةٍ مفتوحةٍ، قد جرى التّخطيط لها طيلة فترة الدّراسة التي يتمّ تحديثها دوماً والتي تهدف إلى ترقية واقع الأشخاص.

سوف نتعرّض في النّقاط الثّلاث الأخيرة من هذا الفصل، إلى بعض خصائصِ **طرائق التّربية** في المجتمع المعقّد. ويعود للمتعلّم، من ناحية أخرى، مهمّة التّدرّبِ على **الطّرائق من أجل التّربية الذّاتيّة بنفسه.**

ما هو الدّور الذي يجب أن نعطيه **لوسائل الإعلام** ضمن هذه الرّؤية؟

6. من طرائق التّربيـة...

نحن مرغمون على الاستنتاج بأنّ تطوير هذه الكفاءات العرضيّة لا يشكّل هدفاً، تجري متابعته فعليّاً في مدارسنا. **لكن أين تكمن**

---

(24) Viganò, R. (1991). Psicologia ed educazione in Lawrence Kohlberg: Un'etica per la società complessa, Vita & Pensiero (Milano).

إذاً فرص تعلّم تطبيق هذه الكفاءات فعليّاً؟ وهل يفترض أن يتمّ ذلك في مكان آخر؟

وعلى هذا الأساس، هل ترتكز المدرسةُ فقط على "مكانٍ آخر" حيث يمكن لهذه الكفاءات أن تكتسب فعليّاً وتكتب وتطبّق؟ إذا كان هذا "المكان الآخر" (كالعائلة والمجتمع المحلّي...) يشكّل في الماضي مادّةً تجمع بين هذه المعارف والمعرفة المكتسبة والمعرفة المرتقبة، فإنَّ تفسّخ المجتمع المعقّد الذي نشهده اليوم لم يعد يسمح بهذا التّكامل.

إنّ إعادة التّكامل وإعادة تموضع المعارف المدرسيّة في معارف أخرى يقدّمها المجتمع بشكلٍ موازٍ (مثل الصّحف والتّلفاز ووسيلة الإعلام...)، وفي الحاجات والمشكلات والعلاقات المعقّدة التي يتطلّبها هذا المجتمع، تحتاج اليوم إلى وسائل أخرى وطرقٍ مختلفة.

ليس بإمكاننا أن نصف في هذا الكتاب حسنات وسيّئات طرائق التّدريس المتنوّعة؛ إلّا أنّنا نبرز طريقة حلّ المسائل ("problem based learning") كفرصةٍ لتحديث المعارف المدرسيّة المركّبة ضمن بناء الخطوات المطلوبة لأجل حلٍّ "أفضل" للمسائل (وليس للتّمارين) التي تطرح من خارج المدرسة. وودس (Woods) (1987) يُعلّم أنّ هذه الخطوات لا تبقى ثانويّةً أو كامنةً عند ورود الإجابة المُنتظرة، وإنّه يجب أن تُدَرَّس بصورةٍ كاملة على أنّه لا يهمل بالمقابل، واقع حاجة الخطوةِ الواقعيّة لحلّ المسائل، إلى دمج عدّة معارف ذات طبيعةٍ ومصادر متنوّعة[25]. أين يجدر بالطّالب أن يبنيها

---

(25) Woods, D.R. (1987). How Might I Teach Problem Solving? New Directions for Teaching and Learning, 30, pp. 55-71.

لذاته؟ هل تستطيع الأدوات أن تساعده على التّحكّم بالمعارف وتركيبها دونما حاجةٍ إلى تعليمٍ منهجيٍّ فيها؟

لماذا يحسن بعض الطّلاب التّدبير بصورةٍ أفضل من الآخرين؟ ألا يشجّع النّظام "التّربويّ" تصنيفاً مميّزاً لأولئك الذين يملكون الفرصة لاكتساب هذه الكفاءات العرضيّة وبنائها وممارستها من خلال بيئتهم وتجاربهم؟

هل هو إقرار المدرسة التي توافق وتقتنع بألّا تكون سوى هيكلٍ للمعرفة؟

وهل وضع المدرسة هذا هو حلٌّ في مقابل التّعقيد؟

ألا يعني بروز مسألة المدرسة الأكثر "تربيةً"، في هذا الوقت، أنّها ابتعدت تدريجيّاً عن المجتمع وعن حاجاته وأدواته؟ إنّ الأبحاث التّربويّة التي نمتدحها أحياناً دون أن نؤمن بها كثيراً في معظم الأحيان، وصخب الإعلام المدرسيّ لأجل "تربويّات جديدة"، واستعراض الوسائل في قاعات المعلوماتيّة التي قليلاً ما تُستخدم، أليس كل ذلك سوى زينة للضّمير الهادىء، الذي يهدف إلى إخفاء اختناق المعنى، تحت صورة تضخّم المعارف المتفرّقة؟

7. . . . إلى الطرائق الخاصة بالتربية الذاتية...

يتوجَّب على المدرسة أن تضطلع بمهمَّةٍ جديدةٍ ألا وهي دور الوسيط بين المعارف المدرسيَّة وتلك الخاصة بالمجتمع المعقَّد، من خلال ممارسة الكفاءات العرضيّة المدعومة بدورها بوسائل المعلوماتيّة التقنيّة.

إنّ الحاجة للتّربية التي أشرنا إليها تتطلَّب أيضاً، ما هو أبعد من الأداة، أي طرائق تربويّة تتجذّر عميقاً في التّفاعل ما بين

الطّلاب، وبين الطّلاب والأساتذة، مستخدمةً مجموعةً من الأدوات ذات قدراتٍ تفاعليّةٍ بامتياز؛ طرائق تركّز على خطوات بناء المعرفة أكثر مما على توزيع المعارف المحصّلة. ويلاقي اقتراحنا توافقاً من خلال خلاصات البحث الذي سبق الكلام عنه أعلاه: فهو يركّزُ على حقيقة أنّ المواصفات الخاصّة للأداة ليست هي المهمّة بقدر ما هي الطّريقة التي تُدعم بها وتدخل في الوسط التّربويّ للصّف والتّعليم[26].

ويقتضي الأمر أن نموضع وسائل الإعلام - وهي ثمرة المعرفة المعقّدة للمجتمع المعقّد - ضمن العلاقة الجدليّة أي تلك التي تجمع المعلّمين والمتعلّمين في عمليّة إعادة خلق المعارف الغنيّة بالمعنى.

ومن العبث أن نحصر طرائق التّربية في تحديداتٍ فصيحة وفي وصفاتٍ تصلح أينما كان. فربّما يعني ذلك الرّغبة "بتجريد" الآليّات التي تجد محلّها وتتحقّق في أُطرٍ محسوسة. وربّما نقع هكذا في العمليّة الدّيناميكيّة الشّاذّة عينها، التي رفضناها سابقاً: وهي تلك المتعلّقة "بالمعرفة حول التّربية"، المنفصلة عن نطاق الحاجات، والعلاقات التي رست عليها، والأهداف التي تبرّر وجودها.

وسوف نتقدّم بالأحرى ببعض المقترحات التي تؤدّي كلّها إلى تطوير قدرات الطّالب من خلال مواقف تربويّةٍ تفاعليّةٍ وضعت موضع التّنفيذ. وسوف نبيّن على وجه الخصوص كيف نعزّز فرص تكامل المعارف والسّبل التي تسمح بإضاءاتٍ منوّعةٍ على مفهومٍ ما، بغيةَ استخراج مكامن الغنى والجدّية، ... والتّعقيد فيها.

(26) Bialo, E. & Sivin, J. (1990). Report on the Effectiveness of Microcomputers in Schools, pp. 12-13.

وهنا يبدو أنّ التّعليم الاستقرائيّ والتّشاركيّ ذو قيمةٍ مميّزةٍ في هذه الإشكاليّة[27]، من أجل أن نعلّم الطّالب:

- أن يطرح المسألة **على نفسه**؛
- أن يجد **بذاته** المقاربة الأصوب في مجموع الطّرائق والنّماذج والنّظريّات؛
- أن يراقب بنفسه حدود المقاربة المختارة ودرجة صلاحيتها؛
- أن يتثبّت من **حلوله** بطرائق بديلة؛
- أن يلتزم ويتحمّل **بنفسه** مسؤوليّة المهمّة، ألخ.

لقد سبق عرض هذه الكفاءات، والأدوات التي تدعم تطوّرها، في الفصل ١. وسوف تؤطّر بنماذج تعلّميّةٍ مختلفةٍ في الفصل 5.

إليكم بعض الأهداف التي تبدو لنا أكثر واقعيّةً وأكثر إلحاحاً لأجل تربية الإنسان في المجتمع المعقّد؛ ويفترض بهذه الأهداف أن تساعد الجهود الكثيرة المقدّمة في إطار "مبادرات تربويّة" بحيث تكون جديرةً بالتّعليم الرّاهن.

تبرز الأسطر السّابقة اهتمامنا بإعادة تركيز الأهداف التّربويّة حول شخص الطّالب بصفته عاملاً مؤثّراً في تعلّمه حاليّاً وذا تأثيرٍ مستقبليٍّ في مجتمعه. وتصدر بصورة نظاميّة انتقاداتٌ عديدةٌ حول هذه المقاربة و"الطّرق التّربويّة" المختلفة المرتبطة بها: "لا شكّ أنّها تشدّ الطّلاب كثيراً لكنّها ليست بالضّرورة ضامنةً للفعاليّة"؛ "ربّما تؤدّي إلى تحفيزهم لكنّه ارتباط سطحيّ ونوعٌ من الالتحام

(27) Lebrun, M. (1991). Possibilité et méthodologies d'intégration d'outis informatiques dans l'apprentissage des sciences. Recherche en éducation: Théorie et pratique, 7, pp. 15-30.

العاطفيّ بعالمٍ مسلٍّ أكثر مما هو خطوات جدّيّة باتّجاه التّعمّق العقليّ". لكن من ناحية أخرى وكما تظهر التّجربة، فإنّ مقاربةً من هذا النّوع سوف تفرض متطلّباتٍ لا يستهان بها إزاء الطّلاب والمعلّمين في الوقت نفسه.

أمّا الطّلاب فهم ليسوا فقط مشاهدين ومتلقّين سلبيّين للمعرفة، بل يتوجّب عليهم أن يشاركوا بنشاط ويتدخّلوا شخصيّاً في بنائها: كإطلاق الاقتراحات وتطويرها وتدعيمها بالحجج وإدارة مواضع الشّك فيها... وهذه كلّها مهامٌ ضاغطة، ليس من السّهل دعوة الطّلاب إليها، وقد اعتادوا نمط التّراخي اليوميّ والرّوتين المطمئن للمعرفة ليأخذوا على عاتقهم نشاطاتٍ "عادةً ما تخصّ الأساتذة".

ويبدي الأساتذة أحياناً خوفهم من فقدان السّيطرة على مجرى العمليّات، والسّير في طرقاتٍ "يعرفون" عدم ملاءمتها ونفعها، وإضاعتهم للوقت الثّمين، ورؤية ثوابتهم مهتزّةً ... وأخيراً شعورهم بخسارتهم لوظيفتهم. ونتساءل مع ف. مارتون (Ph. Marton)[28]، إذا ما كانت هذه المخاوف لا تعزى إلى ضعف النّواحي التّربويّة والمنهجيّة في إعداد أولئك الذين كانوا يتحضّرون - إذ كانوا متعلّمين في المجتمع المعقّد - لأن يصبحوا "محترفي " التّعليم.

ألا يتعلّق الأمر هنا بالنّسبة لهؤلاء وأولئك، بنقاط الانقطاع، أو بمواقع الفريق الثّالث التي يتكلّم عنها م. سير[29]، حيث يعرض

(28) Marton, Ph. (1992). La formation et le perfectionnement des maîtres aux nouvelles technologies de l'information et de la communication. In L. Sauvé (Ed.), La technologie éducative d'hier à demain. Actes du VIII Colloque du Conseil interinstitutionnel pour le progrès de la technologie éducative, Québec, 1992, pp. 255-260.

(29) Serres, M. (1991). Le Tiers-Instruit, Francois Bourin (Paris).

المتعلّم والمعلّم أنفسهم فيها ويوظّفون إمكاناتهم، وحيث تنحلّ الثّوابت وتولد من جديد... فريقٌ ثالثٌ متعلّم أو فريقٌ ثالث مثقّف أيضاً؟

توجد طرق تطبيقٍ واقعيّةٌ وممكنةٌ وقابلة للتعديل؛ لنأخذ على سبيل المثال:

- دور التّمارين والأعمال التّطبيقيّة والأعمال الفرديّة أو الجماعيّة، ألخ. إذ توفّر حيّزاً أكبر لإنتاج الطّالب الشّخصيّ؛
- الاستخدام التّربويّ للحاسوب ولوسائل الإعلام المتعدّدة، ألخ.، ولخصائصها المحرّكة التي تسمح بالبحث عن طريق التّجربة والخطأ، والتّساؤل المسبق والضّروريّ قبل إنتاج الأجوبة؛
- الانفتاح على نشاطاتٍ "عرضيّةٍ" (كاستخدام الأدوات المكتبيّة وقواعد البيانات ومعالجة النّصوص ومنظّمي الجداول ...) يستطيع الطّالب من خلالها أن يقارب ليس فقط المضامين بل القيام باختبار خطواتٍ وطرائق وطرح أسئلةٍ ومواضع شكّ وتنقّلاتٍ وارتدادات، ألخ. ، تواكب كلّ محاولةٍ لصنع نموذجٍ وكل بحثٍ وكلّ بناءٍ للعلوم.
- معاييرُ وتطبيقاتٌ للتّقييم منسجمةٌ مع الأهداف المطروحة؛ إنّ إطلاق كفاءات عرضيّةٍ لا يتّفق جيّداً مع طرق تقييمٍ تنحصر بقياسٍ محدّد ("الامتحان") لمعرفةٍ متكرّرة.

إذا كان المعلّم، والوسيط، والوسيلة الإعلاميّة يستطيعون دعوة المتعلّم للسّفر، فإنّ المتعلّم هنا هو الذي سوف يسافر والذي سوف يتوجّب عليه أن يترك المدرسة في وقتٍ ما. إنّ المرور بالمدرسة الذّاتيّة (l'auto-école) ، يبدو ضروريّاً للتّعلّم على الأداة (السّيارة)، وقواعد السّير (القانون)، واكتساب المهارات والمعارف المنفّذة في

إطارٍ اصطناعيٍّ أو ضمن محاكاة. إنّ أحد أهداف "المُواكَب" هي بالسّماح أيضاً للسّائق بأن يتعرَّف على المعرفة المكتسبة (فالقانون لا يستثني اللياقات...)، والمعرفة المرتقبة (أي القدرة على مواجهة المخاطر، والمواقف غير المتوقَّعة...) على أرض الواقع في جبالنا ومدننا الكبرى. وحتى أبعد من معرفة السّيارة وقانون السّير وأبعد أيضاً من معرفة التّصرّف لدى السّائق، فعلى المتعلّم أن يكون قادراً على ممارسة كفاءات عرضيّةٍ عديدةٍ، ذات معنى بالنّسبة للطّريقة التي تدخل فيها الأداة، وهي هنا السّيارة، في النّسيج المعقّد للمجتمع: كأن يحدّد حاجاته، ويختار سيّارةً ويتمَّ معاملات تسجيلها وتأمينها، ولكن أيضاً استخدامها بطريقةٍ عقلانيّة، ومعرفة كيفيّة التّخلي عنها والإبقاء على الرّغبة في النّزهات الطّبيعيّة وخصوصاً وعي مسؤوليّاته وتحمّلها.

لقد أصبح من الممكن تطبيق هذه الكفاءات العرضيّة بواسطة الأدوات المتبادلة النّشاط، التي تضيء المعرفة بإخراجها من إطار المدرسة وبإحيائها عن طريق وضعها في مواقف التّناقض وفي إطارٍ حقيقيّ وضمن شبكة علاقات. هل بإمكانها أخيراً السّماح للبشر بأن يعرفوا ويحيوا ويتحوّلوا بصورةٍ أفضل، أي بكلمة واحدة، أن يربّوا أنفسهم في المجتمع المعقّد؟

8. . . . وصولاً إلى وسائل الإعلام

إن التعريف الشائع لوسيلة الإعلام، من وجهة نظرنا، والذي يقول بأنّها "كلُّ وسيلةِ نشرٍ كمّيٍّ للمعلومات" (معجم Petit Robert، 1991)، ليس باستطاعته أن يرضينا، لأسبابٍ مختلفةٍ سبق لنا عرضها وهي: إنَّ كلمة "معلومات" لا تتوافق مع "إعداد"

ولا مع "تربية"، كما أن "النشر الكمّي" لا يتوافق مع "التعليم النوعي"، و"دعم التعلّم" مع "تعلُّم المتعلِّم". ولا نقصد هنا تنظيم قائمةٍ بكلِّ الأدوات الموجودة وخصائصها التقنيَّة؛ فنحن نرشد القارئ إلى مؤلَّفاتٍ حديثةٍ[30] تفصِّلها وتحلل الخصائص التي يهمُّنا أن نأخذها بالحسبان عند اختيار الحامل.

إن ما نودُّ رؤيته هو قدرة هذه الأدوات المختلفة على أن تكون أيضاً أدواتٍ تربويَّة. وكما قلنا سابقاً فإنَّه من الملائم، في هذا السياق، أن نضع وسائل الإعلام ضمن العلاقة الجدليَّة وذلك بأن نحدِّث فيها إمكاناتها المختلفة وهي:

- إمكانيَّة الانطلاق من الحدس، ومن المفاهيم الضمنيَّة، وتجارب المتعلِّم السابقة من أجل تطويرها؛
- نظرةٌ وقراءةٌ وتنصُّتٌ جماعيٌ ومتزايدٌ على المعارف؛
- فرصةُ إعادة بناءٍ شخصيَّةٍ للمعارف وللآليَّات التي أوجدتها ولتلك التي تسمح بإيجادها؛
- تحديثٌ للمعارف في الإطار الواسع الذي انحدرت منه والتي تحدده؛
- تمرينٌ على الكفاءات العرضيَّة يسمح بالعمل على الأبعاد المختلفة للمعارف (الوظائفيَّة والعلائقيَّة...)؛
- تطويرٌ ذاتيٌ للسلوكيَّات والمواقف يسمح للمرء أن يكون بصورة أفضل، ويحيا ويصبح أفضل، في المجتمع المعقَّد.

وتلتقي إمكانات وسائل الإعلام هذه مع خصائص مواقف تربويَّةٍ تشجِّع على التعلُّم: وهي تعتبر، على تخوم النظريَّات البنائية

(30) Par exemple: Schwier, R. A. & Misanchuk, E.R. (1993). Interactive Multimedia Instruction.

(أي الطريقة التي يبني بها الطالب معارفه)، والمعرفيَّة (أي العوامل المؤثِّرة بالتعلُّم)، والإنمائيَّة (أي المتعلِّقة بالطريقة التي يبني بها المتعلِّم شخصيَّته)، مكوِّناتٍ لما يسمَّى في الأدب الأنجلوسكسوني "*situated learning*" أو أيضاً "*anchord instruction*"[31].

وهكذا نرى أن وسائل الإعلام تشكِّل مكاناً مثالياً لتبادل النشاط الكامن بين المركَّبات المختلفة والمتشعّبة التي سبقت الإشارة إليها: كالمعرفة والتّربية، والمجتمع والعلاقات.

إلّا أنّه لا يمكن لهذه الإمكانات أن تنكشف وتصبح راهنةً بفضل الأداة وحدها. إنّ خوف المعلّمين اللّامحدود من أن يحلّ الحاسوب محلّهم، والأمل الكبيرللمتعلّم بأن يستطيع أخيراً أن يتعلّم بذاته، كل ذلك يُظهر قوّةً مبالغاً فيها وإحيائيّةً إلى حدسٍ ما، بحيث لا يمكن للأداة أن تدّعيها.

وبدلاً عن الاتّجاه القائل بتباعد أقطاب المثلّث التّعليمي وهي: معرفةٌ متقدّمة ومعلّمٌ متحرّر ومتعلّم سيّد نفسه، فنحن نفكّر بوسائل الإعلام "كعامل حوارٍ" بين هذه الأقطاب. وهكذا فنحن نكمل مفهوم تبادل النّشاط الوظائفيّ للأداة بمفهوم تبادل النّشاط العلائقيّ بين شركاء العلاقة التعليميّة.

لم يعد مضمون المعلومات الصادر عن مجتمعٍ معقّد ومعارفه، سوى الأساس الذي ترتكز وتتطوّر عليه المعارف بصورةٍ عامّة والمهارات لدى المتعلّمين، ضمن علاقةٍ تربويّةٍ تزيد المرونة

---

(31) Gayeski, D. M. (Ed.) (1993). Multimedia for Learning: Development, Application, Evaluation, Educational Technology Publications (Englewood Cliffs, New Jersey); CTGV (The Cognition and Technology Group at Vanderbilt) (1993). Anchored Instruction and Situated Cognition Revisited. Educational Technology, 3, pp. 52-70.

المكتسبة والمعرفة المرتقبة وهما الباب المفتوح نحو حياةٍ أفضل، داخل المجتمع المعقّد.

تشكّل وسائل الإعلام، على منعطف هذه الأبعاد المختلفة والحاضرة جدّاً ضمن التّجربة الشّخصيّة والمتبادلة، أرضاً خصبةً لإيقاض وممارسة وتنمية ودفع كفاءات عرضيّة. هذه الأخيرة، وكما رأينا سابقاً، هي ضروريّةٌ كي يستطيع المتعلّم مقاربة نقاط الوصل الفاعلة والمؤطّرة للمعارف المختلفة، وتثقيف ذاته ضمن تفاعلٍ بنّاءٍ مع المجتمع المعقّد بواسطة الأدوات التي تعرضها عليه.

وبدلاً من الرؤية القاصرة للمجتمع المعقّد فإنّنا نقترح رؤيةً أكثر اكتمالاً للتّربية.

بعض الأفكار الرّئيسيّة في الفصل 2

بعد أن اطّلعنا على إمكانات أدوات المعلوماتيّة في تعلّم المعارف العلميّة (الكيف)، فإنّنا نتساءل عن الـ"لماذا" (أي الأسباب) والـ"من أجل ماذا" (أي الأهداف) بالنسبة لدور الأدوات التكنولوجيّة في التّربية بمعناها الأوسع.

تشكّل الأدوات التّكنولوجيّة تعبيراً عن تعقيد مجتمعنا الذي يطلب بالتّاكيد معارف جديدةً لكن أيضاً مواقف جديدةً لدى الأفراد وأدواراً جديدةً يجب أن نلعبها في البيئة الدّائمة التّطور.

هذه الأدوات التي يمكن أن تستخدم لعرض المعرفة والتّحكّم بها، تستطيع أن تساهم في بعض الظّروف، في بناءٍ أكمل للإنسان.

كما توجد صفةٌ كامنةٌ وإمكانيّةٌ لدى هذه الأدوات من خلال تبادل النّشاط في ما بينها: وهي تكمن في تبادلٍ للنّشاط بين التمثّلات المختلفة للمعرفة (وهو تبادلٌ للنّشاط من المستوى الرّفيع، الوظائفيّ) وأيضاً بين تبادل النّشاط الممكن على مستوى الأفراد الحاضرين والبعيدين منهم، أو على مستوى الأفراد الافتراضيين المتمثّلين بواسطة وسيلة الإعلام أيضاً (وهو تبادل للنّشاط من المستوى الثّاني أي العلائقيّ).

ويمكن لتبادل النّشاط الكامن هذا أن يتجسّد بتفاعلاتٍ معرفيّةٍ حقّة (كالمعارف والمواقف والمشاريع التي يجريها المتعلّم فتتغيّر وتترابط)، في إطار أجهزةٍ تربويّةٍ مجدِّدةٍ تهدف بالمقدار نفسه إلى بناء الشّخصيّة وبناء معارفها.

لقد أظهرت الأبحاث الجارية حول التكنولوجيا أنّ التّأثير الأدقّ لأدواتها على نوعيّة التّعلّم، كان يبرز من خلال الطّرائق التّربويّة المطبّقة على الأداة.

لقد أوصل استخدام الأداة المعلّمَ إلى إيجاد أجهزةٍ تربويّةٍ أكثر غنىً وأكثر قرباً إلى الأسلوب الذي يعتمده المعلّم في تعلّمه كما سوف نرى. ويستطيع هذا المعلّم أن يفوّض بعض مهامه المضجرة والتي يمكن تناقلها، إلى وسيلةٍ إعلاميّةٍ كي يستطيع بعد ذلك أن يكرّس نفسه أكثر لتطوير الكفاءات والمواقف والسّلوكيّات المطلوبة من المجتمع الحقّ.

وتتحوّل هذه المهارات والمواقف والسّلوكيّات بدورها إلى عاملٍ مساعدٍ في التّعلّم الجديد على المستوى المعرفيّ.

الفصل الثّالث

من التّكنولوجيا التّربويّة
إلى التّكنولوجيا من أجل التّربية:
ومن تبادل النّشاط الوظائفيّ
إلى تبادل النّشاط العلائقيّ

1. مدخل

سوف نعرض هنا بعض الأمثلة التّطبيقيّة لتكنولوجيا المعلومات، المتكاملة مع المواقف التّعليميّة المتنوّعة، ضمن محورٍ يحدّد موقعها ضمن منظورٍ تربويٍّ منفتحٍ على العالم، جرى عرضه في الجزء الأوّل.

2. المثال 1: حساب دّائرة كهربائيّة

إنّ وجود برنامج محاكاةٍ لدائرةٍ كهربائيّة، يسمح للمتعلّم بالتّصرّف بثوابتها المختلفة وبملاحظة العلاقات العامّة التي

(*) أي، بحسب المصدر الأجنبي، التربية التي تقود إلى الخارج، وإلى انفتاح المرء على العالم بدل انغلاقه على معارف جاهزة.

تحكم هذه الثّوابت ("أي القانون") وذلك من خلال طرقٍ مختلفة (كالرّسم البياني (schéma) والمخطّط (graphique) والجدول (tableau). . .)، وحيث أن وجود هذه الأداة راسخ في مخطّط المعرفة، فهي تبدو لذلك مهمّة عند المقاربة الاستقرائيّة التي يرغب المتعلّم باعتمادها.

3. المثال 2: تصوّر مسّطح منحن (Plan incliné)

نحن نرى منذ الآن مختلف المواد التعليميَّة (كالهندسة والفيزياء و... المنطق) تتواجه ويدعم بعضها بعضاً من خلال مسألةٍ يقوم المتعلِّم بطرحها بنفسه. هو تعلُّم القيام بخطوات تَقَصٍّ متماسكةٍ أكثر مما هو تعلُّم القيام بعمليَّاتٍ حسابيَّةٍ جوابيةٍ لمسألةٍ سبق تشريحها ورسم حدودها.

4. تصميم أداة قياس

يكون المتعلِّم مدعواً، مدعَّماً بالحاسوب في ممارسة معارفه ومهاراته، إلى بناء أداة تجسِّد هذه المعارف في إطارٍ محدَّدٍ ولأهدافٍ محدَّدةٍ. ومن بين كلِّ الإجابات الممكنة التي تعرضها المعارف فإن السؤال الذي يطرحه المتعلِّم على نفسه والهدف الذي يلزم نفسه به هما اللذان سوف يسمحان بإيجاد الحلّ لمسألته والأداة التي تلائم الحاجة.

5. المثال 4: أداةٌ برمجيّة لأجل الفهم

إنّ بعض البرامج غير المخصّصة بمادّةٍ أو بمحورٍ معيّن، تشكّل أرضاً خصبةً لتطبيق التكنولوجيات العرضيّة؛ إنّها منذ الآن، الأدوات الموضوعة في تصرّف العناصر الفاعلة في المجتمع المعقّد.

فمنضّم الجداول مثلاً يشكّل مشغلاً، يستطيع المتعلّم من خلاله أن يفعّل معارفه، ويبني مفاهيمه، ويتحقّق من فرضيّاته باعتماد مسلكٍ خلاقٍ وتبادليّ النّشاط.

6. المثال 5: وسيلة إعلام متعدِّدة للتّعلّم على التّعلّم؛ الـس د روم "كوسموس" (CÉDÉROM "COSMOS").

لقد أثبتنا حتى الآن أهميّة الطرح المسبق للأسئلة، والآليّات الواجب اعتمادها كي تأخذ الأجوبة التي تقدّمها المعرفة، معنىً ما. إنّ هذا البحث الشّخصيّ عن المعنى الذي يبادر إليه المعلّمون لا يمكن أن يتمّ إلّا في إطارٍ من العلاقات ومن البحث عن نقاط التّشابه والاختلاف التي تجعلها وسيلة الإعلام المتعدّد، ممكنةً. ويدعم تبادل النّشاط العلائقيّ لهذه الوسيلة، هذه الخطوات، التي ربّما تكون الأكثر أهميّة ألا وهي تعلّم كيفيّة التّعلّم وذلك من أجل متابعة هذا التّعلّم في المجتمع المعقّد.

7. المثال 6: وسائل إعلامٍ من أجل التّواصل؛ طريقة "كرياديم" (CREADIM).

يمكن لتبادل النّشاط العلائقيّ كما رأينا قبل قليل، أن يبرز وسط وسيلة الإعلام عينها. ويظهر مثالنا الأخير كيف يمكن لأداة تصميم وسائل الإعلام المتعدّدة أن تعيد بناء وإيصال رسالةٍ جديدةٍ مبتكرةٍ وحديثةٍ انطلاقاً من تمثّلات المتعلّمين. إنّ تفاعلات هؤلاء معطوفةً على تلك التي تنسبها الطّرائق التّعليميّة والتّربويّة إلى المعلّم والمعارف، سوف تشكّل نسيج هذه المؤسّسة الجماعيّة والشّخصيّة في آنٍ معاً، التي يقصد بها بناء المعاني. إنّ وسيلة الإعلام المتعدّدة التي ينتجها المتعلّمون تدريجيّاً، تشكّل الصّورة الحيّة والمتطوّرة لمسارهم.

8. خلاصات...

1. مدخل

سوف نتقدّم هنا[1]، في إطار الرّؤى التّربويّة المنفتحة على العالم التي عُرضت في الفصل السّابق، ببعض الأمثلة التّطبيقيّة على تكنولوجيا المعلومات (خصوصاً الحاسوب ومنتجات وسائل الإعلام المتعدّدة) التي أدخلت في مواقف تعليميّةٍ متنوّعة.

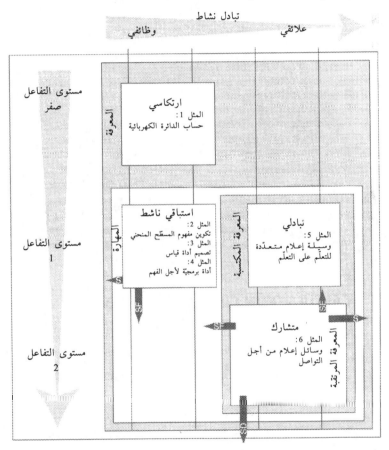

الصّورة 1 تفاعلٌ وتبادلٌ للنّشاط

---

(1) لقد كتب هذا النص بمساعدة ريناتا فيغانو (Renata Viganó) من جامعة قلب يسوع الكاثوليكية، ميلانو (إيطاليا).

وهكذا نستعيد الصّورة المقترحة في الفصل السّابق والتي تصف مفاهيمنا حول تبادل النّشاط ومستويات التفاعل مع استكمالها بعناوين الأمثلة التي سوف نصفها في الصّفحات التّالية.

ويكمن قصدنا بأن نظهر كيف يمكن لهذه المصادر- التي تتميّز فيها خصائص تبادل النّشاط الجوهريّة- أن تُفعّل في إطار مواقف تعليميّة حيث تبادل النّشاط الوظائفيّ للأداة يتكامل مع تبادل نشاطٍ علائقيّ يكمله ويبرز قيمته. في الواقع نستطيع، من خلال وصف موقع الأداة في العلاقة بين المتعلّمين أنفسهم ومع المعلّمين، وفي النّشاطات التي تجمعهم، كما في الغايات التي توجّه خطاهم، أن نساهم بصورةٍ أفضل بتكنولوجيا حقيقيّة في خدمة التّربية.

ونقصد أن نستعيد المسلك الذي قادنا في الفصل السّابق من المجتمع المعقّد إلى الأدوات التي ينتجها والتي تسمح بمقاربته في آليّةٍ تربويّة. إنّ حاملات المعلومات هذه قادرةٌ على الدّخول بطريقةٍ متماسكةٍ وفعّالةٍ في علاقةٍ تربويّةٍ تهدف إلى تشجيع مسارٍ تعلّميٍّ شخصيٍّ وناشطٍ من قبل المتعلّم، ومن خلاله إلى تطوير كفاءاته العرضيّة التي سبق وأبرزنا أهميّتها وبعض خصائصها.

ولا تهدف الأمثلة التّالية المأخوذة من عدّة بيئات تعلّميّة لأن تبدو شاملةً إزاء الإشكاليّة المطروحة؛ وهي تحاول أن تصف وأن تثبت قدرة المبادىء والمفاهيم والمقترحات التّربويّة التي صغناها في الصّفحات السّابقة بلغةٍ تحدّد موقعها على مستوى المنجزات.

2. المثال 1: حساب دائرةٍ كهربائيّة

تستطيع وسائل الإعلام أن تنقل صورةً من "الواقع" لتضعها

في إطار الصّف؛ وهي توفّر للمتعلّم تنوّعاً في الرّؤية وفي وجهات النّظر حول هذا "الواقع". ويؤمّن الحاسوب، أفضل مما يفعله الكتاب، بيئةً فاعلةً ملائمةً لتصميم النّماذج (كيف يمكن مثلاً لثوابت نظامٍ ما أن تتراصف في ما بينها). وعلى الأخصّ فقد بيّن بالران (Pallrand) (1988) أنّ اللجوء إلى الحاسوب كوسيلة محاكاةٍ أثناء فاصلٍ تعلّميّ يساعد على اكتساب مفاهيم علميّة[2].

هل هناك ما هو أبسط من دائرةٍ كهربائيّة! ترينا الصّورة التّالية رسماً لهذه الدّائرة، التي يسهل تنفيذها في مختبرات الفيزياء العامّة في المدارس.

يطرح الإطار العلويّ فيها تمثيلاً مبسّطاً للدّائرة، أنّه تمثيلٌ للموضوع كما يرد عادةً في كتب الفيزياء. ماذا يمكن إذاً "لصورة هذا الموضوع" على شاشة فيديو الحاسوب أن تحمل من جديد؟

سوف يلفت انتباهنا وجود ثلاث خاناتٍ، تماثل ثلاث ثوابت من النّظام (وهي فارق القوّة الكامنة بين نقطتين (différence de ε potentiel)، التّيار (courant I) والمقاومة (résistance R))؛ وتسمح هذه الخانات للمستخدم بأن يُدخل بنفسه بواسطة لوحة المفاتيح، قيمة اثنين من الثّوابت ε وR وأن يلاحظ في الوقت عينه تأثير هذا التّغيير على التّيار I. حتى الآن لا يعدو الأمر كونه لعبةً تستفيد من تبادل النّشاط الوظائفيّ للأداة.

(2) Pallarnd, G.J. (1988). Knowledge Representation in Novice Physics Problem Solvers. Document Présenté à: The Annual Meeting of the National Association for Research in Science Teaching. St. Louis, Missouri.

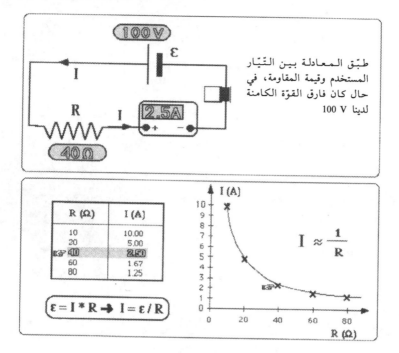

100V
طبّق المعادلة بين التّيّار المستخدم وقيمة المقاومة، في حال كان فارق القوّة الكامنة لدينا 100 V
0
0
1
10

الصّورة 2 محاكاة تيّار كهربائيّ بشبكة واحدة

أمّا القسم الأيمن من الإطار العلويّ فيعرض **مسألة** أثارها المعلّم، حُدّدت فيها إحدى الثّوابت (ε = 100v)؛ **ليست** هذه مسألةً تقليديّةً ننتظر لها **إجابةً واحدةً** تستخلص من النّظريّة، بل مسألةٌ تأخذنا في طريق بحثٍ وبناءٍ للنّظرية.

سواء أكانت مكمّلةً أو مدخلاً للتّجربة "الواقعيّة" فإنَّ هذه المحاكاة سوف تسمح للمعلّم ببناء مجموعة من المعطيات يفترض فيه ترتيبها؛ هي هذه الأعمال المستقرأة (كبناء الجداول والرّسومات البيانيّة...)، التي نراها في القسم الأسفل من الصّورة، والتي سوف تقود الطّالب إلى أن يبني بنفسه القانون الذي يجمع الثّوابت الحرّة أي التّيّار والمقاومة.

فالمسألة المستقرأة التي طرحها الطّالب ليست إلّا واحدةً من

بين كلّ المسائل الممكنة ويمكن للمتعلّم أن يتخيّل غيرها من خلال البرامجيَّة. وعلى سبيل المثال، إذا لم يكن بتصرّفنا سوى مقاومة ثابتة من 20 Ω فماذا يمكن أن تصبح المسألة؟ وهل يمكن أن نرتقب جهازاً بإمكانه أن يسمح أيضاً بالتّحقّق من القانون؟

وهكذا فباستطاعة الحاسوب أن يحرّر الموقف التّعليميّ من مختلف الضّغوطات:

- عدم جهوزيّة المواد والعناصر التي يمكنها أن تغطّي مختلف الأشكال التي يشملها القانون عينه؛
- صعوبة الانفتاح على تمثّلات أخرى (جدوليّة وبيانيّة...) للقانون الجبري الذي لا يسمح به سوى الجدول الأسود وبصعوبة.

ونحن نرى أيضاً أنّ هذه الأداة ما زالت بدائيّةً جدّاً، تؤمّن المعلومات حول ثوابت من الواقع، تحاول وصفه ولا تأخذ معناها الكامل سوى في الخطوات العرضيّة (أي الانتقال من لغة شكليّة إلى تعبيرٍ بيانيّ أو جدوليّ، وإصدار فرضيّةٍ ما ...) التي تستحثّها لدى المتعلّم عن طريق الطّرائق التّعليميّة المعتمدة من قبل المعلّم.

وسوف نتقدّم بأمثلة أخرى عن هذا النّمط "الارتكاسيّ " الذي يدور حول موادٍ مثل تعلّم الفرنسيّة أو اللّغات، في الفصل 4 النّقطة 2؛ وسوف نُركّز فيها أكثر على التّجهيزات التّربويّة التي يفترض أن ترافق هذا النّمط من البرامج وعلى معايير النّوعيّة العائدة لهذه البرامج.

3. المثال 2: تصوّر مسطّح منحنٍ (Plan incliné)

لقد قامت البرامجيَّة بتأمين التّماسك ما بين المتغيّرات الثّلاثة

الواردة في المسألة السّابقة: ولم يعد على المتعلّم أنّ يهتمّ بهذا الأمر. فالتّيّار (I) والذي هو بالضّرورة متغيّرٌ مرتبط، قد جرى احتسابه فوراً على أساس ارتباطه بالتغييرات التي أجريت على أحد الثّابتين الآخرين (R وε)، واللذين هما بالضّرورة متغيّرين مستقلّين. ولكن ماذا يمكن أن يحدث إذا كان المتعلّم يستطيع أن يفرض قيمةً محدّدة لكلٍّ من الثّوابت الثّلاثة في الوقت نفسه؟ ربّما سوف يخرج من الإلزام الذي فرضه قانون الفيزياء الذي يجمع بينها.

إنّ عمليّة تأليف مسألةٍ ما تكمن في تحديد عدد معيّنٍ من المعطيات الكافية وغير المتناقضة، على أساس نظريّةٍ كامنةٍ تفرض عليهم بعض التّقييدات.

إنّ تعلّم اكتشاف بيئةٍ معقّدةٍ محدّدةٍ بغية ضبطها، وصياغة مسألةٍ ملائمة من أجل الوصول إلى إجابةٍ نافعةٍ على سؤالٍ نطرحه حول هذه البيئة، أو من أجل الوصول إلى هدفٍ حدّدناه فيها، هي كلّها كفاءات عرضيّةٌ مطلوبةٌ في المجتمع المعقّد. وبالطّبع فليست هذه مواضيع مألوفةً في التّمارين التي تطرح تقليديّاً من قبل المعلّم. ونقترح بدلاً من ذلك أن ينمّي المتعلّم بنفسه خطّةً للمقاربة، بعيدة المدى، بطريقة حلّ المسائل(3)، ضمن "حقل عمليّات" واضحٍ كفايةً للمتعلّم؛ وتركّز هذه المقاربة على شرح الخطوات الواجب تطبيقها من أجل "طرح المسألة" أولاً، وإيجاد الحلول لها ضمن مجال الممكن، ثمّ عزل الإجابة الأفضل لها داخل حقل الإلزامات...

يعرض الرّسم أدناه البيئة التي اخترناها لإثبات كلامنا: مسطح منحن يتميّزُ بأبعاده الهندسيّة (H، L وθ)، يتحرّك فوقه جسمٌ له

(3) Woods, D.R. (1987). How Might I Teach Problem Solving? pp. 55-71.

متغيّراتٌ حركيّة (V، a وt). وتخضع مجموعتا المتغيّرات لإلزاماتٍ داخليّة (مثلاً إذا كانت الزّاوية θ محدّدة، فإنّ الـ H وL يكونان مرتبطين ببعضهما بعضاً)، وخارجيّة (مثلاً يكون الوقت t اللازم لاجتيازه مرتبطاً بطول المسطّح L).

> لقد عولج هذا التّمرين في الفصل الأوّل الذي كنّا نعرض فيه أدواتٍ من أجل تعلّم العلوم. سوف نتجاوز هنا وصف الأداة لكي نضعها في إطارٍ تعليميّ حيث يكون لها معنى، إذ تساهم بتطوير الكفاءات المختلفة.

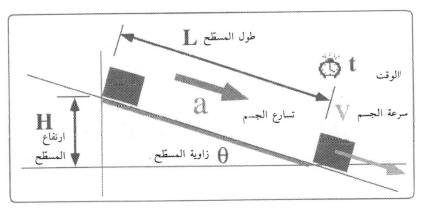

الصّورة 3 تصوّر مسطح منحن

وترينا الصُّورة التالية شاشة برنامجٍ مساعدٍ على وضع المسائل (منفَّذٍ بواسطة هايبركارد).

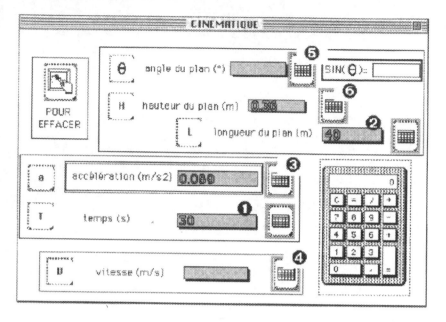

الصورة 4 محاكاة مسطَّحٍ منحنٍ

تساعد الخانات المستطيلة المظلَّلةُ المستخدمَ في إدخال البيانات التي قام بتحديدها ؛ ويتأكَّد البرنامج من عدم وجود تناقضٍ ، في كلِّ إدخالٍ، في البيانات الموجودة ، ويقوم بتحذيره في الحالة المعاكسة. وتمحى البيانات الموجودة سابقاً والمتناقضة في حال إصرار المستخدم (تلغى الخطوة التي أنجزت لمصلحة أخرى). كما تسمح الآلات الحاسبة الصغيرة المرافقة لكلِّ متغيِّرٍ بالوصول إلى معرفة قيمته، على أساس البيانات الموجودة سلفاً ؛ وينبىء الحاسوبُ المستخدمَ في حال كانت هذه البيانات غير كافية.

هنا يجب أن يحاط هذا البرنامج بالتأكيد بإجراءٍ تعليميٍ نوعيٍ وغير تقليديٍ، يرتكز على الاكتشاف والمشروع، فيكون المستخدم مدعواً والحال هذه، إلى بناء مسألته بنفسه بوحيٍ من البيئة والتحقق من تماسكها وإمكانيَّة إجرائها. مثلاً :

- حدِّد سرعة (V) الجسم المتحرِّك عند أسفل المسطح المنحني إذا توافرت لدينا البيانات التالية (L = 2م، H = 2,0م، و $\theta = 60^{\square}$).

(استوحي هذا النص من موقفٍ معروف: يتقدَّم المستخدم ببيانات متناقضةٍ فيرد الحاسوب على هذه المقترحات ويحذِّر المستخدم من عدم تماسك الموقف).

ليست الإجابة عن المسألة هي ما يهمُّنا هنا (إذ يستطيع الحاسوب القيام بها إذا توافرت له البيانات الصحيحة) بل خطوات التقصّي والدرس والإصرار وترتيب البيانات التي سوف يقوم بها المتعلِّم.

- حدِّد الأبعاد الهندسيَّة للمسطَّح كي يستطيع الجسم المتحرِّك اجتيازه في 30 ثانية. وهل تستطيع تصميم " جهاز قياس الوقت" انطلاقاً من المسطح المنحني؟

(تسمح صياغة المسألة بهذه الطريقة بإيجاد عدَّة تشكُّلاتٍ ممكنةٍ. إحداها عرضت في الصورة السابقة).

يمكن استكمال الفائدة المحققة من المثال الأوَّل بتوحيد ومقارنة مختلف الأجوبة التي تخيَّلها المتعلِّمون.

وهكذا يسمح البرنامج للمتعلِّم أن يقوم باختبارٍ "فقط من أجل رؤية" وسيلةٍ لتدجين النموذج قبل أن يبدأ العمل بتكاملٍ منطقيٍ استنتاجيٍ فاعلٍ. يمكن أن نركِّز فيه على اكتساب وسائل طرح الأسئلة تسبق تعلُّم تقنيَّات إنتاج الأجوبة.

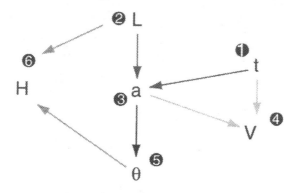

الصورة 5 استخدام متغيِّراتٍ في المسطَّح المنحني

وكما أشار إلى ذلك أتكنز (Atkins)، فنحن لا زلنا بعيدين عن رغبة بعض البرامج بفرض نوعٍ من الخطوات العلميَّة المتسلسلة والمتتالية بحيث توصل إلى الإجابة بصورةٍ أكيدةٍ وحاسمةٍ لا تخطىء: فهي بالنتيجة لا تقدِّم سوى صورة قام العلم ببنائها[4]. أمَّا هنا فالطالب يكون منغمساً في عالم مغامراتٍ يستطيع أن يمارس فيه حدسه، وطرح الفرضيَّات، والاختبار، وارتكاب الأخطاء، ومواجهة مسالك مقفلة.

أخيراً نودُّ أن نسجِّل أهمية عرض "الأعمال" (وهو ثبتٌ بالعمليَّات التي أنجزها الحاسوب) التي سجَّلها البرنامج آليَّاً. بهذه الطريقة يستطيع المعلِّم أن يفكك رموز طرق الدخول المفضَّلة في الموقف الذي يختاره التلاميذ؛ إنَّ أثر هذه الخطوات المتَّبعة من قبل الطَّالب يشكِّل نقطة تفضيلٍ كامنةً ونوعيَّةً للمحاكاة على التَّحكّم الحسّيّ، وأداةً هامَّةً للتَّقييم التَّكوينيّ[5]. ويستطيع المتعلِّم اكتشاف

(4)   Atkins, M.J. (1993). Evaluating Interactive Technologies for Learning, p. 340.

(5)   Désilets, M., Tardif, J., Lachiver, G. & Paradis f. (1992). Pour mieux intégrer les logiciels de simultation à la pédagogie. In L. Sauvé (Ed.), La

تعدّد المقاربات الممكنة لهذه "المسألة البسيطة"؛ إحدى هذه الخطوات نجدها مبسّطةً في الصّورة أعلاه.

يجد المعلّم نفسه في خضمّ هذه الطرائق متجاوزاً لدور مؤمّن المعلومات كي يبلغ وظيفةً "أكثر نبلاً"، كمرشدٍ لاكتشاف البيئة، وكوسيطٍ مسهّلٍ لمختلف المقاربات...

4. المثال 3: تصميم أداة قياس

لقد قدّم المثال السّابق مساراً يهدف لـ"فتح" المسألة التي تعرض عامّةً على الطّالب وذلك بمقابلتها بالاحتمالات الواسعة جدّاً والموجودة في بيئةٍ محدّدة.

وتتركّز هذ البيئة الصّالحة للبحث أحياناً أيضاً على فهم الأداة أوالآلة وذلك بأن تسمح للمتعلّم بمحاكاة طريقة عملها، وبمباشرة تصميم وتنفيذ الأداة ذاتها من خلال ملاحظة العمل والإجراءات التي ترافقها.

إنّ إمكانيّة بلوغ الثّوابت وتعديلها التي أبرزناها في المثال الأوّل وضرورة إعارة الاهتمام للإلزامات المرتبطة بطبيعة البيئة المفاهيميّة للمثال الثّاني، تستكمل هنا بالحاجة للاهتمام "بسجلّ مهام" الأداة وتطوير عملها بحسب الاستخدام المطلوب.

ترينا الصّورة التّالية شاشة برنامجٍ مساعدٍ لتصوّر وتصميم وتحسين أداء عرضٍ شائع، أي الميزان "الصّينيّ"، السّهل التّنفيذ في المختبر أو حتى في المنزل: فمسطرةٌ مرقّمة وفنجان (إلى

= technologie éducative d'hier à demain. Actes du VIII Colloque du Conseil interinstitutionnel pour le progrès de la technologie éducative, Quévec, 1992, pp. 101-105.

اليمين) وثقلٌ موازن (إلى اليسار)، وحاملٍ (حدّ الميزان) تكفي لصنع ميزانٍ جاهزٍ للاستعمال.

جاهز؟ ليس كلّيّاً...

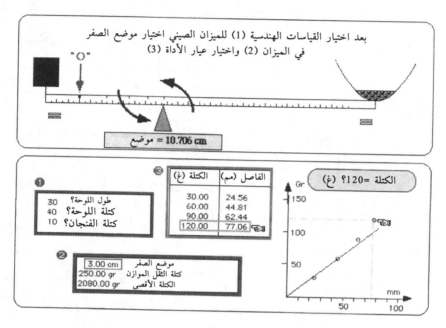

الصّورة 6 محاكاة ميزان صينيّ

كي يصبح الميزان صالحاً للخدمة، يجب تعييره، أي:

1. اختيار موضع "الصّفر" ("0") في الميزان؛ وهو موضع الحدّ (الرأس المحدد للمثلّث الحامل) عندما يكون الفنجان فارغاً (ويقابل هذا الاختيار كتلةٌ محدّدةٌ من الثّقل الموازن)؛
2. تحديد الوضعيّة الجديدة للحدّ، لإعادة وضعيّة التّوازن للميزان على الرغم من الوزن الإضافيّ في الفنجان.

ونركّز هنا على الخصائص النّوعيّة لهذا "المشروع": فسواء تعلّق الأمر بتمرينٍ حول المهارة (أي تحديد عمليّ للنّقاط 1 و2)، أو تطبيقٍ لمعارف أكثر تجريداً (مثل "قوانين" التّوازن)... ،فإنّ هذه

الأعمال الفرديّة تفتح الباب واسعاً لتنوّع الأدوات الممكنة. ويمكن للحاسوب أن يدير عمليات التّنفيذ المقترحة (فهو يساعد بوضع التّصميم بغرض استخدام مجدّد)؛ أمّا تلك العمليات المنفّذة بالتّجربة، فيمكن الإشراف عليها من خلال البرنامج (كعدد الحالات الممكنة التي تجعل "التّصحيح" من قبل المعلّم صعباً).

موضع الصفر (دون وزن)

موضع توازن جديد وفقاً للوزن في الفنجان

الحساسيّة — المسار الخطّي

XC cm	MC gr	1 g	2 g	3 g	4 g	5 g	10 g	15 g	20 g	50 g
1	850.00	0.03	0.06	0.10	0.13	0.16	0.32	0.48	0.63	1.55
2	400.00	0.06	0.12	0.19	0.25	0.31	0.61	0.90	1.19	2.80
3	250.00	0.09	0.18	0.27	0.36	0.44	0.87	1.29	1.69	3.86
4	175.00	0.12	0.23	0.34	0.45	0.57	1.11	1.63	2.12	4.73
5	130.00	0.14	0.27	0.41	0.54	0.68	1.32	1.92	2.50	5.43
6	100.00	0.16	0.32	0.47	0.62	0.77	1.50	2.18	2.82	6.00
7	78.57	0.18	0.35	0.52	0.69	0.86	1.66	2.40	3.10	6.44
8	62.50	0.19	0.38	0.57	0.76	0.94	1.80	2.59	3.32	6.77

الصورة 7 نتائج محاكاة ميزانٍ صيني

يبيّن لنا هذا الجدول الذي ولّده البرنامج والذي يسمح بمسح الثّوابت العديدة، تعيير الميزان مقابل عدّة مواضع لـ"الصّفر" (العامود الأوّل) وبالنّتيجة قيمة كتلة الثّقل الموازن (العامود الثّاني).

ويسمح هذا الجدول للطّالب بحسب الوسائل الأساسيّة الموضوعة بتصرّفه، أن يحدّد "بأفضل ما يمكن" تعيير الميزان بما يناسب الاستخدام الذي يراه له؛ فإذا تعلّق الأمر بوزن أشياء بين 1 و10 غرامات أو بين 5 و50 غراماً أيضاً، فإنّ هذا يتطلّب كشف مفاهيم هامّةً توازي بدقّتها وتعارضها المسار الخطّي للآلة أو حساسيّتها.

ويختلف هذا "المشروع" الذي يقوم به الطّالب بمساعدة معلّمه

أحياناً، بوضوحٍ عمّا يجري في المختبرات حيث يكون الطّالب مدعوّاً "لأن يضع السّلك الأحمر على الزّر الأحمر" فقط أو لأن يؤكّد النّظرية بواسطة الأداة-الآلة التي جرى بناؤها، والتي غالباً ما كانت تقارَن بعلبةٍ سوداء سحريّةٍ إلى حدٍّ ما، والتي كان ينظر الطّالب إليها غالباً بصورةٍ مسيئةٍ للنّظريّة.

نودُّ أن نسجّل نقاط قوّة هذه المقاربة التي تثبت التّطبيق العملي للمبادىء التّربويّة التي اقترحناها في الفصل السّابق:

- يكون الانطلاق من جسم مادّيّ حقيقيّ يمكن إبرازه أو حتى يمكن للمتعلّم بناءه بواسطة مواد بدائيّة؛ وهو يعتبر أيضاً أداةً يمكن استخدامها لوزن مركّباتٍ تدخل في نشاطٍ آخر واختبارٍ آخر...إنّه نشاطٌ أمكن إجراؤه منذ بداية اليقظة العلميّة لطلّابنا؛
- يسمح الحاسوب، من خلال صورةٍ فعّالة، بتسجيل هذا الغرض الخاصّ (أي الميزان الذي بنيته) بين مجموعةٍ من الأغراض (أي الموازين التي بناها طلّابٌ آخرون)، وبإبراز الثّوابت التي تميّزه من بين تلك "الممكنة"، التي حاكاها الحاسوب أو نفّذت في الصّف. ما هو إذاً هذا الـ"مبدأ الموّحد" الذي يستخدمه الحاسوب والذي يؤمّن ربط تلك المصادفات ببعضها بعضاً؟
- وهي إذاً صورةٌ للنّظرية الكامنة التي يقترحها الحاسوب. والانطلاق من الواقع لمقاربة من أجل الوصول إلى التعقيد لاحقاً، يقود المتعلّم إلى الاعتراف بالنّظرية وبضرورتها، والاقتصاد الذي تؤمّنه النّظريّة في قراءة هذه المفاهيم والأدوات؛
- والنّظرية تضع إذاً كلّ شيءٍ "أمام ناظرنا"، وتجمع الحالات الخاصّة التي يبرزها الاختبار؛ وعليه فمن غير المدهش أن

يؤدّيَ التّعليم، بحسب القواعد التي تعرض النّظرية كشرطٍ مسبقٍ لا يمكن تحاشيه في كلِّ تمرينٍ، إلى تقليص الرّغبة لدى المتعلّمين. هي صورة هذه المعرفة التي لا زلنا نراها في بعض الكتب التي تشرِّح المعارف إلى فصولٍ لا ارتباط بينها وتنتهي بتمارين تطبيقيّةٍ لا همّ لها سوى إثبات أن النّظريّة "تسير" بصورةٍ جيّدة؛

- ونعود في مثالنا إلى إعطاء الأهميّة للنّظرية عن طريق وضعها مجدّداً ضمن الإطار الذي أوجدها. وهنا تبرز للعيان مستوياتٌ جديدةٌ للقراءة: مثل التّطوير للأفضل، وتصويرٌ أفضل للثّوابت، وتزاوجٌ مرضٍ جدّاً بين المسار الخطّيّ والحساسيّة. فالمتعلّم لا يبحث فقط عن الإجابة عن مسألة محدّدة، بل عن طرح المسألة وتحديد الحاجة (أي نوعٍ من الموازين لأيّ استخدام؟) وذلك بالرّجوع إلى إطارٍ اختارهُ بنفسه؛
- وسوف يقدّم الحاسوب، عن طريق الجداول التي ينتجها، العناصر التي تخدم المتعلّم للقيام باختياره وتحديد المنطقة من الثوابت التي تستجيب بصورةٍ أفضل للإلزامات التي حدّدها لنفسه. وهكذا يفتح الحاسوب المجال لضرورة وجود طرائق رياضيّةٍ أكثر تطوّراً وسرعةً وقابليّةً للتّعميم.

نجد هنا بعض عناصر المسلك العلميّ الذي اقترحناه في النقطة الأولى من الفصل واحد (ملاحظاتُ التّنفيذ وفرضيّاتٌ للتّبييب، ونتائج للتّحليل، ألخ.) كما تعرض أوجهٌ متنوّعة للتعليمّ سوف نقوم بمناقشتها في الفصل 5 (النّقطة 5) ألا وهي : دور المهمّة الواجب تنفيذها والتّحفيز الذي يمكن أن تثيره، وتمرينٌ في الكفاءات ذات المستوى العالي (مثل طرح الفرضيّات وتقييم النّتائج)، وتنفيذ إنتاجٍ شخصيّ...

وهكذا فسوف نظهر دوراً متميّزاً جدّاً للحاسوب إذ يسمح بتمرينٍ للكفاءات العرضيّة وبالمسار الكامل للمسلك العلميّ ضمن إطارٍ محدّد وغنيٍّ بالمعنى، حتى ولو كانت المفاهيم العلميّة (مثل عزم القوّة (moments de forces)، وقوانين التّوازن...) والتّقنيّات التّحليليّة (كالبحث عن الأفضل من خلال حساب الاشتقاق...) ما زالت ضمنيّةً أو غير متقنةً من قبل الطّالب؛ كما أن الحاسوب يمهّد الطّريق من أجل تملّكٍ لاحقٍ لهذه المعارف.

5. المثال 4: أداةٌ برمجيّة لأجل الفهم

أظهرت لنا الأمثلة السابقة برامجيَّاتٍ هامَّةً لكنَّها مخصَّصةٌ جداً لمضمونٍ محدَّدٍ ولمادَّةٍ محدَّدة.

وتوجد برامجيَّاتٌ أخرى ومعالجات نصوصٍ ومنظِّمو جداول وقواعد بيانات تشغل حواسيب المستخدمين والمدراء ورجال العلم وعناصر فاعلةٌ في المجتمع المعقَّد. ويسمح منظّمو الجداول خصوصاً بإدخال قيم متنوّعة في خاناتٍ ترتبط في ما بينها، وبفرض إلزاماتٍ على هذه الخانات، وتنظيم جداول وبناء مخططاتٍ بيانيّة... وهي عادةً ما تستخدم من قبل رجال الاقتصاد لمحاكاة سلوك الأسواق (تقنيّات "ماذا إذا" ...)، ومن قبل رجال العلم لتحضير اختباراتهم ومحاكاتها (تقنيّات مونتيكارلو..)، من أجل تنظيم بياناتهم وتحليلها...

وكثيراً ما نجد في ترسانة المعارف ما يعتبر إجابةً نهائيةً، لمشكلةٍ لم يعمد الطّالب غالباً لسبر غورها، ولسؤالٍ لم يطرحه على نفسه، وهو غير قادرٍ على فهم ملاءمته. وهكذا لا يستطيع بعض الطّلاب عندما تطرح عليهم "مسألةٌ" ما، أن يتعرّفوا على ملاءمة الأداة أو القاعدة أو المفهوم الذي تلقّنوه في محاضراتهم. ونقترح

على المعلّم كعلاجٍ لهذه الحالة دور مموّنٍ لأدوات بناء المعارف بدل دور موزّع المعارف القائم، ودور المشرف على المواقف التّربويّة الغنيّة بالأسئلة بدل دور موزّع الأجوبة.

لنأخذ، من أجل توضيح ما نحن بصدده، المثال حول مفهومٍ معروفٍ جدّاً في علم الإحصاء ألا وهو مفهوم المتغيّر t من Student. فما قصّة هذا المثال؟

لنفترض أنّنا كنّا نرغب في معرفة المعدّل الوسطيّ لوزن الليمون الحاصل من قطاف بستان. لتقدير ذلك نأخذ عيّنةً من عشر (n) ليموناتٍ ونقيس وزنها الوسطيّ (m)، وكذلك "الخطأ" (s) المرتبط بهذا المعدّل.

والسّؤال الذي يمكننا طرحه هو أن نعرف ما هو احتمال أن ينتمي المعدّل الوسطيّ الصّحيح (لنَقُلْ لكلّ ليمونات البستان) إلى الفسحة [m-s..m+s] (intervalle). والسّؤال الآخر هو معرفة كم يجب أن نوسّع هذه الفسحة كي يبلغ الاحتمال 90%، بما معناه أن نعرف الثّابت k، بحيث يكون المعدّل الوسطيّ الصّحيح ضمن الفسحة [m-Ks..m+Ks]، بعد إتمام 90 اختبار أخذ عيّنات من أصل 100 اختبار تمَّ اجراؤها.

وتعلمنا اللوائح الملحقة بكلّ كتاب إحصاءٍ جيّد عن الإجابة "النّهائيّة" لهذا السّؤال: مقابل عيّنة محدّدة بعشر ليمونات تكون قيمة الـk، 1.8: والمعدّل الوسطيّ الصّحيح سوف يكون محصوراً في الفسحة [m-1.8s..m+1.8s] لـ 90 عمليّة أخذ عيّنات (من 10 ليمونات) من أصل 100 عمليَّة أخذ عيِّنات جرى تنفيذها.

إنّ مصدر هذه اللوائح غالباً ما يكون قليل الوضوح، وبالتّالي فإنّ عمل الطّالب غالباً ما يتحوّل إلى جهدٍ شبه ميكانيكيّ لآليّة التنفيذ المعروضة.

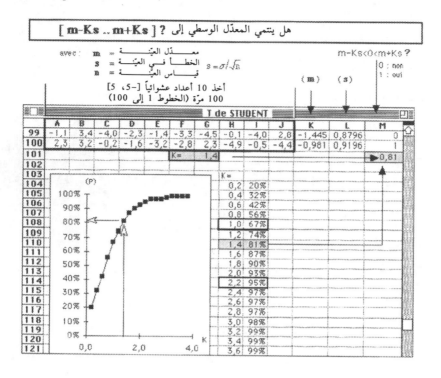

الصّورة 8 بناء المتغيّر الإحصائيّ t من Student

توضح لنا الصّورة أعلاه كيف يستطيع الطّالب بمساعدة منظّم الجداول، بناء هذا المفهوم وتملكه، بعد أن مرّ بنفسه بالخطوات التي سمحت له بإيجاده، وإيجاد الرّمزيّة منه (k= الـt "المشهورة" من Student)، وتجريده بشكل قاعدة؛ هذه خطوةٌ يمكن تعميمها على إحصاءاتٍ أخرى ونماذج أخرى عديدة، وقد أصبحت في الواقع أداة مقاربةٍ وتحليلٍ لمواقف معقّدةٍ يصعب إحصاؤها أو الوصول إليها.

ننطلق في المثال أعلاه من توزيعٍ معروف ("مجموعة" من أعدادٍ أخذت عشوائيّاً ومحصورة بين 5ـ و5+) تؤخذ منه 100 عيّنة (الـ100 أسطر الأولى من الجدول الذي يظهر المثال آخر سطرين

منه) من 10 أعداد (الأعمدة العشرة الأولى)؛ ونحسب لها معدّلها الوسطيّ (m) والخطأ (s) المرافق له ونتأكّد إذا كان المعدّل الوسطيّ الصّحيح (المعروف هو أيضاً) ينتمي إلى الفسحة المحدّدة [m-Ks..m+Ks]؛ وتخبرنا الصّورة أنّه في حال k = 1.4 يكون هذا الشّرط صحيحاً في 81 حالة من 100. إذا كرّرنا قيمة الـk في قيم أخرى (وهي في الصّورة من 0.2 إلى 3.6) نحصل على توزيعٍ لهذا الاحتمال.

إنّ الحالة الخاصّة والتي هي عادةً موضوع تمرين الطّالب، قد تحوّلت إلى توزيع حالاتٍ ممكنة وأكثر قدرةً على إثبات عموميّة المفهوم وتعقيده، ويُظهر هذا التّمرين جيّداً كيف تسمح الأداة ـ منظّمة الجداول بقراءاتٍ لهذا المفهوم يمكن شخصنتها، وهي متنوّعةٌ وناشطة ويصعب إيجادها في كتب الإحصاء.

من ناحيةٍ أخرى فإنّ "حقل المغامرات" هذا الذي يشكّله منظّم الجداول، يجمع في "مشروعٍ" واحدٍ عناصر (عيّنة، معدّل وسطيّ، خطأ، احتمال، توزيع، إحصاء،...) غالباً ما تكون موزّعةً بين فصول هذه الكتب غير المترابطة.

إنّ تنوّع المقاربات الخاصّة والفرديّة التي تعرضها الأداة (لماذا يكون توزيعٌ في البدء بين 5ـ و5+، ولماذا أخذ عيّنةٍ بقياس 10؟) سوف يستكمل بعمل مقارنة وإعادة صياغة وتعميمٍ بإشرافٍ من المعلّم.

ونحن نعتقد أنّ وضع مشاريع من هذا النّوع موضع التّنفيذ سوف يقود المتعلّم لأن يغنى من نظر الآخر، وأن ينظر إلى الكتب والوثائق المعتادة في المحاضرات نظرةً مختلفةً وأن يستخدمها أخيراً بطريقةٍ مختلفةٍ وفعّالةٍ أكثر.

لقد أظهرت لنا الأمثلة الثّلاثة الأخيرة، أنماطاً "استباقيّة النشاط" لاستخدام بعض برامج العلوم أو الرّياضيّات. وسوف نعود إليها في الفصل 4 النّقطة 3. وسوف نقلّب في النّقطة 5 من الفصل نفسه بعض بنى المعرفة الملائمة لبناء معارف جديدة من قبل المتعلّم، شرط أن يُدعَّم هذا الأخير بالتّجهيزات المناسبة.

إنّ تحديداً سريعاً لسوق البرامج القادرة على تشجيع الطّالب على البناء (سواء أكانت ضمن المفاهيم أو الفيزياء) يُظهر نسبةً عاليةً من البرامج المختصّة بمجال العلوم. ومع ذلك، فبعض البرامج المكتبيّة (مثل معالجة النّصوص، وبرامج استثمار قواعد البيانات) يمكنها أن تدعمَ نشاطاتٍ حقيقيّةً وبناءاتٍ صحيحةً حقيقيّةً أيضاً يقوم بها الطّالب. والمهمُّ في حالتنا هذه أن تكون المهمَّة المقترحة قيّمةً وذاتَ معنى. كما يمكن لبرامجيّاتٍ أخرى أو وسائل إعلامٍ متعدّدة حاملةٍ للمعلومات (كالموسوعات وبرامج الجغرافيا...) أن تشكّل بدورها أساساً صالحاً تقوم عليه أجهزةٌ تربويّةٌ هامّة.

سوف نعود لاحقاً إلى دور المهمّة الملقاة على عاتق المتعلّم والمصادر الموضوعة بتصرّفه من قبل المعلّم في الفصل 5 (نقطة 5) المكرّس لمركّبات التّربية النّاشطة.

6. المثال 5: وسيلة إعلامٍ متعدّدة للتّعلّم على التّعلّم؛ الـ س د-روم "كوسموس" (CÉDÉROM "COSMOS").

لقد شرّع المثال السّابق لنا الباب على ثلاثة مفاهيم أساسيّة لاستخدام وسائل الإعلام في التّربية:

- أولاً، إنّ الأدوات كوسائل إعلاميّة (حواسيب وكتب ووسائل سمعيّة بصريّة...) تكمل عمل بعضها بعضاً في تملّك المعارف ومعانيها؛ وإنّه لمن الصّعب ومن غير الملائم أخيراً أن نحكم على أهميّة الكتاب النّسبيّة مقارنةً مع الحاسوب، وعلى استخدام الحاسوب مقارنةً بالسّمعيّ البصريّ؛
- ثانياً، ليست الأدوات سوى ناقلاتٍ لواقعٍ لا ينكشف ولا يمكن تصوُّره بصيغته الكاملة والمعقَّده، إلاّ من خلال تفاعل (بمعنى التأكيد والمواجهة في آن) نظرات المشاركين وتصوُّراتهم، فيصبح هؤلاء عناصر فاعلةً عن طريق بناء "الموقف التّربويّ" ضمن إطار الطّرائق - أي المسار المرسوم بعناية من قبل المعلّم؛
- ثالثاً، لقد ارتبطت هذه الأدوات بالخطوات وطرائق التّقصّي التي وضعها المعلّم وكذلك المتعلّم الذي أخذ، خصوصاً أثناء تعلّمه المعارف، بالارتقاء في تعلّمه من حالةٍ إلى حالةٍ أفضل وأكثر فعاليّةً.

إنّ تكامل الأدوات والتّفاعل العلائقيّ (بالمعنى "الضيّق"، مستوى التّفاعل 1، في الصّورة الأولى من هذا الفصل)، يشكّلان مركّبين أساسيين من مثالنا الجديد: "كوسموس"، الوسيلة الإعلامية المتعدّدة والفاعلة من أجل "التّعلّم على التّعلّم".

إنّ مشروع "كوسموس" هو مبادرةٌ ما بين الكلِّيّات الجامعيّة، دُعمت بأموال الإنماء التّربويّ، وهو حاليّاً في طور التّنفيذ في جامعة لوفان الكاثوليكيّة. وهدف "كوسموس" هو تعلّم الطّلاب على طرائق العمل الجادّة والمتكيّفة مع أسلوبهم التّعلميّ ومع مختلف أطر دراستهم. ونجد مركّباتٍ عديدةٍ على المستوى المفاهيميّ والتّقنيّ، تُشكّل هيكل مشروع "كوسموس":

- "دروسٌ" أو محاضرةٌ متنوّعةٌ على مستوى المضامين (كالفلسفة والتّاريخ والعلوم والاقتصاد وكلّ المواد التّعليميّة التي بإمكانها أن تكلّمنا عن "كوسموس"، وعن الطّريقة التي بنى بها الإنسان العالم، وفهمه وسيطر عليه بالتّدريج ...)، وعلى مستوى نقل المضامين (أي أساليب التّعليم) ومستوى طرائق التّعلّم المطلوبة (الأساليب المعرفيّة): إنّه مركّب "كوسموس" السّمعيّ البصريّ. وسوف تسمح هذه المحاضرة بأن يكون الهدف (وهو اكتساب الطّرائق) على تماسٍ مباشرٍ وارتباطٍ بمضامين تعليميّة؛
- "قاعدة علائقيّةٍ للبيانات" تحتوي على شبكة من الأسئلة والتّمارين... مقترحةٍ من قبل المعلّم ومتعلّقةٍ بمختلف أقسام الدروس؛ وزيادةً على ذلك هنالك أيضاً تدوين المحاضرات، ووثائق الدّرس (بناءاتٌ وإعادةُ صياغةٍ وإجاباتٌ على أسئلةٍ وتمارين ...)، وأسئلة مجموعةٍ وهميّةٍ من الطّلاب ("شركاءُ" بالنّسبة للمستخدم) لكنّها تُمثّل أساليب تعلّمٍ متنوّعة استطاعت أبحاثٌ سابقةٌ، إيجادها بعنايةٍ كبيرة؛
- مرجعيّاتٌ منهجيّةٌ تتعلّق مثلاً بتدوين المحاضرات وعمل المحاضرة وتقنيّات التّعبير الكتابيّة والشّفهيّة، وأساليب التّعليم، وأساليب التعلّم...

تبيّن لنا الصّورة أدناه، المخطّط الأساسيّ المفاهيميّ لكوسموس. فهو ينقل الطّالب من مكانٍ معيّنٍ في المحاضرة، نحو إنتاجاتٍ متنوّعةٍ (كتدوين الملاحظات وأعمال إعادة الصّياغة، والإجابات على الأسئلة المتنوّعة، ...) لشركائه "الطّلاب النماذج" (الطّلاب الافتراضيين)، الذين يتواجه معهم ويقارن نفسه بهم؛ كما يوجد أيضاً توجّهٌ شخصانيّ نحو الشّروحات المتمّمة والمجلّات والكتب، ونحو مجالس الدّراسة التي أشرنا إليها بتسمية مرجعيّاتٍ منهجيّة.

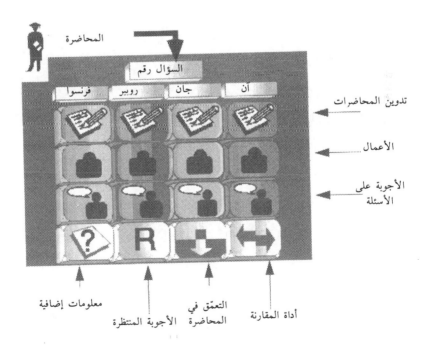

الصورة 9 كوسموس، وسيلة إعلامٍ متعدِّدة للتعلُّم على التعلُّم

يستطيع الطّالب المستخدم أن يقيِّم ذاته بمقارنة إنتاجاته ـ أي ملاحظاته ومستندات درسه، وأسئلته وأجوبته ـ بإنتاجات "الطلّاب النماذج" الّذين يرافقونه في مساره. كما يرافق هذه الإنتاجات الافتراضية والممثِّلةُ، الصّادرة عن "قاعدة البيانات"، لائحةٌ بأسئلةٍ معياريّةٍ، تسمح للمتعلّم بالتّعرّف على مكامن القوّة لديه كما الضّعف. ويعني ذلك أيضاً انطلاقاً من هذه الاستنتاجات، أنّ الطّالب يمكن أن يوَجَّه ضمن حركةٍ استقرائيّةٍ ناشطة نحو عناصر المرجعيّات المنهجيّة المتكيّفة مع حالته الشّخصيّة. وبهذه الطّريقة يستطيع الطّالب إذاً، من أجل مواجهة جميع متطلّبات المحاضرة والأسئلة التي يمكن للمعلّم أن يطرحها عليه بهذا الخصوص، أن يستعين بالخطوات التي سبق أن وضعها طلّابٌ "آخرون" موضع التّنفيذ؛ وسوف يرجع أخيراً إلى عناصر المحاضرة التي سوف تسمح له بالإجابة عن الأسئلة بطريقةٍ جدّيّة وفاعلة، وأن يعالج بوجهٍ خاصّ الثّغرات التي اكتشفها في طريقة عمله.

تظهر الصّورة 10 شاشةً نموذجيّةً وحديثةً لكوسموس[6]، حيث نرى خشونة الصورة الأوّليّة (الصّورة 9)، قد استُبدلت بإطارٍ أكثر ترحيباً يسمح بتفاعلات على طريقة التّبادل: فـ"نقرةٌ" على كتف طالبٍ «نموذج» (في الصّورة) يسمح بالتّواصل معه. ونستطيع أن نرى بين الصّورتين 9 و10 كيف قام الخيال والتّنظيم بترجمة الهدف الذي يعني "الوصول إلى إنتاجات الطّلاب النماذج".

(6) الموقع الحاليّ لـ"كوسموس" هو: http://www.ipm.ucl.ac.be/cosmos

الصّورة 10 شاشة حاليّة لكوسموس

وبدل تقديم مجموعة من النّصائح والوصفات التي يمكن لطابعها العامّ وكميّتها أن يسيئا إلى فعاليّة وسيلة الإعلام المتعدّدة التّربويّة فقد تبنَّت هذه الوسيلة مساراً استقرائيّاً (بصورة عودةٍ إلى"المنتج" المنتَظَر من قبل المعلّم نحو المعلومة المقدّمة في المحاضرة) يكون الطّالب فيه اللّاعب الأساسيّ في عملية تعلّمه.

ويساعد "كوسموس" في مواجهة الأدوات، والمعارف، والآخرين بالتّعرّف على المهارات العرضيّة للطّالب وتطويرها من خلال صفتين تتكاملان وتدعم إحداهما الأخرى:

- فلدينا من جهة تبادل **نشاطٍ وظائفيٍّ** لها: ذاك الذي يظهر من خلال التّحكّم بالأزرار وقوائم المحتويات والذي يسمح عند مستوى المعارف بإجراء قفزةٍ بين رؤية كوسموس الفلسفيّة والعلميّة، وتحليل ومقارنة الملاحظات المسجّلة من قبل "الطّلاب النماذج" بخصوص استثمار المجال المتوافر تكنولوجيّاً وذلك على مستوى اكتساب المهارة؛

- ومن جهةٍ أخرى، تبادل النّشاط العلائقيّ: وهو الذي يظهر من خلال برنامج الإشراف والذي يُدخل مسار المتعلّم ضمن حركيّة تحديد الهويّة والتّمايز مقارنةً بـ"الطّلاب النّموذجيين".

هل سوف تستطيع ملاحظة هذه المهارات لدى " أشخاصٍ "

متنوّعين، وتنفيذها في أطرٍ متنوّعة، أن تجعل المتعلّم أكثر قابليّةً لتحويلها إلى أماكن أخرى وأطرٍ أخرى ومواقف تفاعليّة أخرى، وأن يصبح بالتّالي أكثر استقلالاً؟

7. المثال 6: وسائل إعلامٍ في خدمة التّواصل؛ طريقة "كرياديم" (CREADIM)

تتميّز جميع الأدوات السّابقة بـ"تعليب" مختلف المضامين (كقوانين التّوازن للميزان، وطرائق الدّرس لكوسموس). وتقدّم هذه البرامج قناعاً يُغلّف عمليّة تبادل النّشاط، وهي صفةٌ كامنةٌ كما رأينا لا تأخذ حيّزاً في الواقع ـ والمقصود التّفاعل ـ إلّا من خلال طرائق تربويّةٍ (وهو ما يفعله المتعلّم وما سوف يفعله) وتعليميّةٍ (ما يفعله المعلّم وما سوف يفعله) تحيط بهذه الادوات. وتدرج هذه المضامين ضمن إطارٍ معلوماتيٍّ ورقميٍّ أو pixellisé ، يفترض به أن يقرِّب المستخدم أي المتعلّم من الإطار الواقعيّ حيث تأخذ هذه المضامين معنىً، بعد أن تحوّلت إلى معارف. وحيث أنَّها تكمل خطوات المعلِّم الوسيلة الإعلاميَّة (كيف يجب أن أتصرَّف، كي أشرح لهم المعرفة وأعطيها معنىً؟) فهي تسمح للمتعلِّم بالقيام بخطوةٍ ناشطةٍ حقيقيَّةٍ (كيف يجب أن أتصرَّف من أجل اكتساب المعرفة وماذا تعني لي؟).

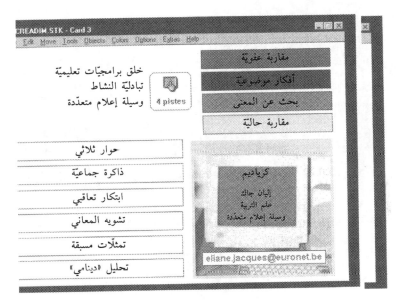

الصّورة 11 وسيلة إعلامٍ متعدّدة مطوّرة من قبل طلّاب مادّة الدّين

سوف نعرض لكم في الأسطر التالية، باختصار، اختباراً[7] لا يزال راهناً، يأتي في سياق عمل مجموعةٍ من الطلاب في موضوع الدِّين، يستخدمون فيه السَّهم الأجوف (le vecteur creux) كأداة تصميم وسائل إعلامٍ متعدِّدةٍ (un *authoring tool*) وذلك من أجل تقديم تفسيرهم للمعرفة وترجمتهم "التعليميَّة" لمعناها الحالي،

(٧) إنّ منهجيّة "كرياديم" (أي خلق برامجيّات تعليميّة تبادليّة النّشاط كوسيلة إعلامٍ متعدّدة) التي عرضت باختصار في النّص هي نتيجة مبادرة إيليان جاك (Eliane Jacques) وفرنسيس لاغا (Francis Lagae) اللذين واكبا في هذه المغامرة طلاب مدرسة سيّدة وافر (Wavre) في بلجيكا. إنّ إيجاد مفهوم هذه المنهجيّة وتحليله قد تحقّق بمشاركةٍ من المؤلّف. ويمكننا أن نجد وصفاً لها يتجاوز بكثير عمليّة الإستفادة من برنامجٍ "جاهزٍ" في: Enseingnement, une interactivité peut en Cacher une autre, IBM-Informations,154. 1994, pp. 15-18.

ورسالتهم الخاصّة التي يرغبون إيصالها ضمن هدف التواصل، واللقاء مع أعضاء المجموعة الآخرين؛ إنّه نوعٌ من تبادل النّشاط العلائقيّ بالمعنى الكامل للكلمة (مستوى التّفاعل 2، الصّورة 1 من هذا الفصل).

يكون المتعلّمون، في مرحلةٍ أولى، مدعوّين للقيام بقراءاتٍ متنوّعة (حدسيّة، ونقديّةٍ تاريخيّة، ولاهوتيّة، وتحديثيَّة) لإنجيل القدّيس مرقس، موثّقة بنصوصٍ ومراجعَ وصورٍ مستخرجةٍ من موسوعاتٍ وصحفٍ ومجلّاتٍ، ألخ. ويقوم التّلاميذ، في مجموعةٍ محصورةٍ، ببناء "تقريرهم" الخاصّ ("ما يعنيه إلى الإنجيل، كشابٍ معاصرٍ") عن طريق برنامجٍ تبادليّ النّشاط وُضع من أجل تركيب صوَرٍ وأصواتٍ ونصوصٍ، ألخ. يقومون هم بصنع حواراتها ويشرفون عليها بأنفسهم.

وسوف تلي هذه الوساطة الوظائفيّة (أي استخدام الأداة) والعلائقيّة (أي تواجه وجهات النّظر المختلفة في بناء التّقرير)، مرحلةٌ أكثر غنىً بالتّبادلات والتّواصل بين المجموعات، وبربط مختلف الرّؤى المقترحة، وبإعادة الصّياغة التي سوف تعيد تشكيل المعنى والمدى بالنّسبة لعالم اليوم، مع احترام الرّسالة الأصليّة.

وهكذا سوف يترابط المعلّم والمتعلّمون والمعرفة والوسيلة الإعلاميّة-الأداة ضمن طريقةٍ تربويّةٍ تقود تفاعلاتهم مع إبراز الهدف "وهو المنتج النّهائيّ" كما "تطبيق واختبار" الكفاءات العرضيّة التي استطاع كلُّ مشاركٍ، أن يمارسها، أو توجّب عليه ذلك.

في هذه الحال تكون الوسيلة الإعلاميّة-الأداة، وقد نُزعت منها البرامجيات الجاهزة التي تحرّكها عادةً (مثل برنامج الميزان الصّينيّ، وبرنامج كوسموس التّعليميّ، ألخ.)، مرتبطةً بالطّرائق التّربويّة الجاهزة للتّطبيق، ومشكّلةً مجالاً "مفتوحاً" يستطيع

المتعلّمون أن يسجّلوا عليه لاحقاً ما أدركوه، ويرتّبوه وينقلوه، هذا بالإضافة إلى المعاني التي يعطونها للمعارف كما الإنجيل في مثالنا. وهكذا لم يعد التّواصل الذي ركّزنا عليه، خطاباً ذاتيّاً يؤدّيه النّص أو المعلّم، بل ندوةً حقيقيّةً تساهم مع الطّالب في بناء المعارف وإنتاجها.

ويذكّرنا المثال المشار إليه هنا بالأبحاث التي قادها كوبوتا (Kubota) (1991)، الذي يحبّذ الملامح التّربويّة للمقاربة التّشاركيّة والبنائية للتّعلّم بواسطة الحاسوب (CMC-*Computer Mediated* *Communication*)[8] وقد لوحظت التأثيرات التّربويّة الإيجابيّة لهذه المقاربة التّبادليّة النّشاط أيضاً من قبل بيالو (Bialo) وسيفان (1990) (Sivin)[9].

هل تملك هذه المبادرات فرصةً للتّطوير ضمن أنظمةٍ تعليميّةٍ تقدّم الفرديّة والمنافسة على مشاركة مختلف العناصر الفاعلة، على الرّغم من نتائجها الإيجابيّة نوعيّاً فيما إذا نظرنا من زاوية التّربية التي تكلّمنا عنها سابقاً؟

8. خـــلاصـات ...

بالنّتيجة، فسوف نذكّر بالمسار الذي اتّخذناه منذ الفصل الثّاني، وهو بعدنا الأكيد عن متبنّي "التّكنولوجيا التّربويّة"، وعن المؤيّدين بلا حدود للوسيله الإعلاميّة كحلّ لوسائل الإعداد والتّربية.

---

(8)   Kubota, K. (1991). Applying a Collaborative Learning Model to a Course Development Project, p. 19.

(9)   Bialo, E. & Sivin, J. (1990). Report on the Effectiveness of Microcomputers in Schools, pp. 13-16.

لقد اتّبعنا من خلال أمثلة هذا الفصل سياقاً متطوّراً يبتدىء من التّحكّم بمعادلات المعرفة وإنتاج الأدوات عن طريق اكتساب المهارة فتطوير مواقف في أدب الحياة وصولاً إلى دفع مشاريع معرفة الصّيرورة.

ومع أنّنا نعهد إلى الأداة بدور الآلة الحاسبة والمنظّم ومؤمّن التّواصل، إلّا أنّها لا يمكنها أبداً أن تحلَّ لوحدها محلّ الطّرائق التّربويّة والتّعليميّة؛ لقد رأينا في أمثلتنا المستوحاة من مواقف حقيقيّةٍ صفّيّةٍ كيف تستطيع هذه الطّرائق أن تحضن الأداة وتعطيها معنىً. إنّ من واجب هذه الطّرائق، في إطار التّكنولوجيا من أجل التّربية، أن تحدّد موضع أداة تكنولوجيا المعلومات وتفعّل تبادل النّشاط الممكنِ لها كما "لشركاء" آخرين ـ كالطّالب والمعلّم والمعرفة ـ بصورة تفاعلٍ حيٍّ ضمن المواقف التّعليميّة.

وسوف يصبح المتعلّمون (أي الطّلاب والفاعلون الآخرون) في المجتمع المعقّد، أكثر قدرةً واستعداداً للتّعلّم والفهم والحياة في هذا المجتمع وذلك عن طريق:

- تبادل النّشاط الوظائفيّ للأداة، الذي يسمح بإلقاء نظرةٍ حيّةٍ على المعلومات والمقاربات المتنوّعة للمعرفة،
- وتبادل النّشاط العلائقيّ الذي تستحثّه وسيلة الإعلام ضمن إطار طرائق أكثر استقرائيّةً ومشاركةٍ.

بعض الأفكار الرّئيسيّة في الفصل 3.

بعد أنّ دعّمنا نموذجنا، الذي يتحوّل فيه تبادل النّشاط العلائقيّ أو الوظائفيّ للأداة إلى تفاعلٍ ضمن إطار الجهاز التربوي، فإنّنا نقترح تدرّجاً في مستويات التّفاعل من خلال طرقٍ ثلاث: ارتكاسيّة، واستباقية النشاط، ومتبادلة، ومتشاركة بين الأشخاص.
وتظهر الأمثلة الأولى المتعلِّمَ وهو ممسكٌ بالأنظمة التّبادليّة النّشاط حيث يدير ثوابت النّموذج المقترح؛ فنرى النّموذج يدور حول نفسه **والمتعلّم يستجيبُ لمتطلّبات الآلة في عالمٍ رمزيٍّ من** التّمثّلات.
ثمَّ إنّ الطّالب سوف يبني أشياء تقنيّةً حقيقيّةً جدّاً (كالمسطح المنحني والميزان...)، وذلك ضمن إطار الجهاز الذي أوجده المعلّم، ملتزماً في ذلك بخصائص دقيقةٍ جدّاً. وتدعمه أداة المعلوماتيّة في تحسين الثّوابت من أجل أن يستجيب الغرض المُنجَز للمواصفات المطلوبة .**ويتوسّل المتعلّم الآلة،** فيطرح عليها الأسئلةَ ويكتشف المسألة. ويمكن أن يكون الشّيىء المخلوق أحياناً ذا طبيعةٍ رمزيّة عندما يبني المتعلّم نموذجاً جديداً. فتكون المحاكاة في الحالة الأولى وتكون النموذج في الثّانية، وهما " تقنيّتان" يستخدمهما الباحثون، بمتناول أيدي المتعلّمين.
كما أنّنا نرى الطّالب، أثناء تدرّجنا على طول محور التّفاعل، وفي مدىً أبعد أيضاً، في مواجهة "شركاء" افتراضيين (كمتعلّمين آخرين أو رئيس قسمٍ ...) سوف "يلتقي بهم" من خلال وظيفته. ويعمل نظام تحديد الهويّة أو التميّز هنا بغية السّماح للمستخدم بأن يقيّم نفسه ويكتشف رؤىً جديدةً وينميَ مشروعه...

أخيراً فإنّه يمكن للأجوبة المحصّلة والأشياء التي تمَّ خلقها أن تكون موضع نقاشٍ ضمن إطار الصّف. ويتحوّل التّفاعل "الافتراضي" للنّقطة السّابقة إلى تفاعل حقيقيّ بين الأشخاص الذين يعيشون الجهاز التربوي نفسه.

ولا تستبعد أنماط التّفاعل الأربعةُ هذه بعضها بعضاً، بل على العكس فهي برأينا تدعم بعضها: فالطّالب الذي بنى معارفه وتمثّلاته واختبرها على محكّ التّجارب، أي الحاسوب، ثمّ عرضها لزملائه، أفلا يكون قد اكتسب معارف يمكننا أن نعتبرها صلبةً جداً ويمكن تحويلها إلى أطرٍ أخرى ...؟ ألا يكون قد استساغ التّعلّم؟

إنّ المعرفة المكتسبة والمعرفة المرتقبة تشكّلان خمائر هامّةً لاكتساب المعارف والكفاءات وليست مجرّد أحداثٍ خارجيّةٍ تبطىءُ عمليّة الاكتساب أو تبعدنا عنها.

الفصل الرابع

ثلاثة أنماطٍ
من التّجهيزات التّربويّة
في خدمة نماذج الحاملات التّكنولوجيّة

4. 3. المثال إثنان: التّفاعل مع شركاء أو متعاونين افتراضيين.

4. 4. المثال ثلاثة : التّفاعل مع شركاء حقيقيين عن بعد.

4. 5. المثال أربعة: التّفاعل الموضعيّ
حول وسيلة الإعلام المتعدّدة.

5. هندسة المعرفة داخل الس دـ روم.

5. 1. الموسوعة: إنكارتا (Encarta).

5. 2. المتاحف الافتراضية.

5. 3. قبّة فلكيّة اصطناعيّة في المنزل : ريد شيفت (Redshift).

5. 4. مهمّةٌ للتّنفيذ : مراسل الكوكب، بلانيت ريبورتير (Planet Reporter).

لقد توافرت لدينا في الفصل السّابق الفرصة لإثبات مختلف أنماط تبادل النّشاط: الوظائفيّ والعلائقيّ. ويتقاطع هذان النّمطان مع مختلف انماط التّفاعل الحاضرة في الموقف التّربويّ : النّمط الارتكاسيّ، والنّمط الاستباقي النشاط، والنّمط المتبادل والذي نضيف إليه النّمط المتشارك بين الأشخاص (بذات المعنى الذي اقترحنا فيه أن يجد النّمط التّبادليّ، في حال تبادل النّشاط بين الإنسان والآلة، تنفيذه الكامل من خلال التّفاعل بين مختلف المستخدمين). ونذكّر هنا بمقطعٍ من الفصل 2 (النّقطة 5) الذي كان يعرضها:

"نربط مفهومنا عن تبادل النّشاط الوظائفيّ بمفاهيم تبادل النّشاط "الارتكاسيّ" و"الاستباقي النشاط" التي ذكرها ر. أ. شفاير (R. A. Schweir) وأ. ر. ميزانتشاك (E. R. Misanchuk) (1993) : ففي حال تبادل النّشاط "الارتكاسيّ"، يتوقّع الحاسوب من المتعلّم "إجابةً دقيقةً" على مثيرٍ يقترحه عليه (برامج من نوع "تدرّب وتمرّن" (drill and practice)، وصائيّات...)؛ أمّا في حال تبادل النّشاط "الإستباقي النشاط" فيبادر المتعلّم إلى إقامة "بناءٍ" شخصيٍّ مقابل إطارٍ يقدّمه له الحاسوب (برامج من نوع محاكاة وتحديد النّموذج...). ويكمل

هذان المؤلّفان النّمطين المشار إليهما بنمطِ تبادل النّشاط "التّبادليّ" حيث يقوم المتعلّم ونظام المعلوماتيّة "الذّكيّ" بالتّكيّف مع بعضهما بعضاً (الذّكاء الأصطناعي والأنظمة المتخصّصة...)[1]؛ ونقوم بتوسيع هذا النّمط الأخير ضمن مفهوم تبادل نشاطٍ علائقيّ، يغنيه بالرّؤى المتشاركة بين الأشخاص، والتي يدعو الحاسوب المتعلّمين إليها من خلال أعمالٍ تعاونيّة".

وتفسّر هذه المقاربة أيضاً لماذا تكلّمنا في الفصل السّابق عن "وسائل إعلامٍ متعدّدة" (دون تحديده لكنّنا سوف نعود إليه في الفصل 6) بينما لا تدور بعض الأمثلة سوى حول برامج "بسيطةٍ" تعليميّةٍ. ووسيلة الإعلام المتعدّدة، ليست بالمعنى المتعارف عليه عامّةً (هو حاملٌ لمواد ذات طبيعةٍ متنوّعة: كالنّصوص والصّور والأصوات...) سوى مركّبٍ من الجهاز التربوي الموجود فيه. وحتى لو لم يتطلّب سوى برنامجٍ "بسيطٍ" أو استخدامٍ خاصّ لورقة حساب فإنّ البرنامج يكون مُرفَقاً، في الموقف التّربويّ "لخطاب" المعلّم، بنصٍّ يعرض التّعليمات، وبصوَرٍ تمثّلُ المادّة التي يحاكيها الحاسوب، أو الشّيء نفسه (لنتذكّر الميزان الصّينيّ)، ألخ. ولا شكّ أنّ وسيلة الإعلام المتعدّدة التّربويّة هي أوسع من ال:س دـ روم البسيط الذي غالباً ما ترفق به كلمة "وسيلة إعلامٍ متعدّدة". ثمَّ ماذا يمكن أن تكون وسيلة الإعلام المتعدّدة تلك دون المعرفة الأساسيّة المرافقة لها: أي تبادل النّشاط الوظائفيّ. لقد كانت المواقف

(1) Schwier, R.A. & Misanchuk, E.R. (1993). Interactive Multimedia Instruction, Educational Technology Publications (Englewood Cliffs, New Jersey).

التّربويّة التي وصفناها في الفصل السّابق تعرض تبادلاً للنّشاط أكثر شموليّةً، حتى ولو كانت تستند إلى صيغٍ محصورةٍ من وسيلة الإعلام المتعدّدة: ألا وهو تبادل النّشاط العلائقيّ. بكلامٍ آخرٍ فإنّ صفة وسيلة الإعلام المتعدّدة التي نضيفها إلى الموقف التّربوي ليست بالتّأكيد مغتصبةً.

1. مدخل

نودّ العودة لاحقاً إلى المفردات التي تميّز الموقف التّربويّ، من أجل تحديدها أكثر (ومن هنا أيضاً إلى استخدام "وسيلة الإعلام المتعدّدة") وهي: الارتكاسيّ، والاستباقي النشاط، والمتبادل، والعلائقيّ. ونحن ندعو القارىء، بعد الاطّلاع على أمثلة الفصل السّابق، إلى تصنيفٍ حقيقيٍّ لأدوات المعلوماتيّة ووسائل الإعلام المتعدّدة. وليس الهدف هنا أن نقدّم كيفما كان، أدراجاً لترتيبٍ ال:س د_ روم بل سوف نرى فيها بالأحرى إنتاجاً متدرّجاً لعناصر وصلٍ تسمح ببناء مواقف تربويّةٍ حول الأداة، وبإيجاد معايير تمكّن من تقييمها إلى حدٍّ ما.

توجد إمكاناتٌ كثيرةٌ لتصنيف أدوات المعلوماتيّة ووسائل الإعلام المتعدّدة:

بواسطة نوع الحوامل أو البرامجيَّات، ونوع نشاطات المستخدِم الذي يرافق الأداة، ونوع المعارف التي يجري التّمرّن عليها أو تطبيقها، ونوع نشاطات الاستقبال، وبنية البرامجيَّة أو وسيلة الإعلام المتعدّدة ذاتها وأخيراً بواسطة نوع المستخدمين المتميّزين، ألخ.

يقدّم لنا الجدول أدناه بعضاً من هذه الفئات (غير المُحكمة) وقد جرى تنظيمها:

حوامل وبرامجيّات	نشاطات المستخدِم	معارف رئيسيّة	نشاطات الاستقبال
شفافيات ديابوراما صور شفافة أفلام فيديو	اكتشاف ملاحظة	معارف	محاضرات
برامجيات نوعيّة تخصيصات برامجيات تعليمية	اختبار	مهارات	تمارين مختبرات
برامجيات متعدد الاستعمالات مكتبية	إنتاج تحليل تفسير تقييم	مهارات	تمارين
وسائل إعلامٍ متعدّدة وسائل إعلامٍ متعدّدة متبادلة النّشاط وسائل إعلامٍ فوق العادة	اكتشاف ملاحظة اختبار تحليل	مهارات معرفة مكتسبة	ندوات
لغات برمجة أدوات إنتاج وسائل إعلامٍ متعدّدة	إنتاج	معرفة مرتقبة	تمارين ومشاريع

ومن ناحيةٍ أخرى، هل يوجد للبرامجيّة ووسيلة الإعلام المتعدّدة والأداة، بنيةٌ تسلسليّةٌ أو خطّيةٌ أو أيضاً تفرّعيّةٌ (كالشّجرة)، للملفّات والملفّات الجزئيّة الدّاخلة فيها، أم أنّ كلاًّ من هذه التّراكيب المغلّفة بنسيجٍ من الرّوابط القويّة تسمح بالقفز من كلمةٍ لأخرى ومن كلمةٍ إلى تعريفها ومن مفهومٍ لآخر، ألخ.؟

كما نستطيع، في هذه الإشكاليّة أن نحاول تنظيم هذه الأدوات واستخداماتها بالنّسبة لما نتمثّله عن الطّالب والمعلّم: فهل يعتبر الطّالب كمحترفٍ مستقبليّ أو كعنصرٍ اجتماعيٍّ فاعلٍ في المستقبل أو كمواطنٍ؟ أمّا المعلّم فهل يُنظر إليه بدوره كمعلّمٍ أو مدرّبٍ أو أستاذٍ أو مخرجٍ أو مرافقٍ أو مرشدٍ؟

يبدو لنا هنا أيضاً أنّ هذه الأنماط الأربعة (أي الارتكاسي والاستباقي النشاط والمتبادل والمتشارك بين الأشخاص) تقدِّم تغطيةً شاملةً للفئات المختلفة المشار إليها هنا. ولا شكَّ بوجوب إقامة الصّلة بين هذه الأنماط وفئاتٍ أخرى، وهو ما سوف نكتشفه في المؤلّفات المكرَّسة لإنتاج وتقييم مشاريع الإعداد. لنأخذ على سبيل المثال أعمال م.ليسين[2] (M. Lesne) المتعلّقة بأنماط العمل التّربويّ (MTP) وج. - م. باربييه (J. -M. Barbier) وم. ليسين[3] المتعلّقة بتحديد أهداف الإعداد (عن طريق تحليل حاجاته) : فهي تشكّل أيضاً شبكةً لقراءة الخطوات التّربويّة وهي بذلك تطمئننا في مقاربتنا.

يُظهر الجدول أدناه التطابق المشار إليه ما بين المقاربات المختلفة:

(2) Lesne, M. (1977). Travail pédagogique et formation d'adultes, PUF (Paris).

(3) Barbier, J.-M. & Lesne, M. (1986). L'analyse des besoins en formation, R, Jauze (Paris).

	أنماط العمل التّربويّ (ليسين)	تحديد أهداف الإعداد (باربييه وليسين)
ارتكاسيّ	نمط العمل التّربويّ من النّوع الانتقاليّ، ويتوجّهِ نظاميّ	انطلاقاً من حاجاتِ عملٍ لمنظّمةٍ ما
استباقي النشاط	نمط العمل التّربويّ من نوع المحفّز بتوجُّهٍ شخصيّ	انطلاقاً من التّعبير عن توقّعات الأفراد والمجموعات
متبادل ومتشارك بين الأشخاص	نمط العمل التّربويّ من النّوع المخصّص والمتمحور حول اندماج الفرد في المجتمع	انطلاقاً من تحديد المصالح الاجتماعيّة في مواقف العمل

أخيراً سوف تدعم ثلاثة "توجّهاتٍ" تخصّ المثلّث التّعليميّ مقاربتنا: قطب المتعلّم، وقطب المعلّم وقطب المعرفة، وهي تتبادل المبادرة في ما بينها مداورةً وتتفاعل بطريقةٍ متميّزةٍ. وتحمل مفردة "معلّم" في تصوّرنا للموضوع، صورةً محدودةً لوظيفته: فهو ذاك الذي يمتلك المعرفة ويقدّمها. هنا يستطيع الحاسوب أن "يأخذ" مكانه مؤقتاً من خلال هذه الصّورة المحدودة. هل سوف ننضمّ بدورنا إلى أولئك الذين يعتقدون بأن الحاسوب "سوف يحلُّ قريباً محلَّ المعلّم؟" بالطّبع لا. سوف نرى أن المعلّم سوف يلعب ادوارا أسمى (أنظر الفصل 6). هذه الأدوار الجديدة تبدو أكثر فأكثر بروزاً، كلّما انتقلنا من النمط الارتكاسيّ إلى النّمط الاستباقي النشاط وصولاً إلى النّمط التّبادليّ.

2. النّمط الارتكاسيّ

المعرفـة
المتعلّم
المعلّم

الصّورة 1 المثلّث التّربويّ والنّمط الارتكاسيّ

في ما يتعلّق بالمثلّث التّعليميّ، فإنّنا سوف نقوم بإثبات هذا النّمط بالطّريقة التّالية. في إطار الجهاز التربوي، فإنّه يعود للأستاذ أو الحاسوب أخذ المبادرة على أساس كونهما مصدراً للمعرفة. يقوم الطّالب "بالإجابة" عن أسئلتهما نزولاً تحت إلحاحهما. أمّا في إطار الرّؤية المعتادة (أو المحصورة) "لوسيلة الإعلام المتعدّدة" ، فإنّ الحاسوب هو الذي يحيط بالمسألة ويطرح الأسئلة ويؤكّد إذا ما كانت الإجابة صحيحةً. وتعطى الأفضليّة إلى استعادة المعارف كجوابٍ على أسئلةٍ مقفلةٍ نسبيّاً. وأوّل مستويات التّصنيف - أي التّعرّف ثمَّ الفهم فالتّطبيق - هي الأكثر إشراكاً في المسألة. ويكون الاهتمام منصبّاً بصورةٍ خاصّةٍ على المعرفة وناقلها أي **وسيلة الإعلام**.

وفي حال تعميم وسيلة الإعلام المتعدّدة على الجهاز وعناصره، فإنّنا نرى أدواتٍ متميِّزة لهذه المقاربة مثل العرض والشّفافيّة والفيديو والحاسوب المستخدم من قبل المعلِّم على غرار اللّوح الأسود، وبرامجيَّة التَّعليم ...

وفي ما يتعلّق بالنّمطين الآخرين اللذين هما أكثر استقرائيَّةً، فإنَّ التّركيز يكون بارزاً على الاستنتاج. ويكون العمل في إطار عالم التّمثّلات والرّموز... بصورةٍ شبه حصريَّةٍ.

ينتمي الكثير من أمثلة الفصل الأوّل إلى هذا النّمط. حتى ولو أخذنا بعين الاعتبار حسنات الحاسوب التي رأيناها فيه قبلاً (مثل وضع المعلومات في سياقها، تفعيل المعارف، تمارين مهارة بمستوىً عالٍ - كالاختبار والتّحليل والتّقييم - تبادل النّشاط الوظائفيّ للعناصر...)، فإنّه يبقى للصُّور المعروضة قدرة تشكيل تمثُّلاتٍ للواقع، كما يبقى التّمرين المقترح في مستوى التّمثّلات. وتستمرُّ الأفضلية لبناء المعارف. غير أنَّ الإيجابيّات التي تكلّمنا عنها لا تزال ذات أهميَّةٍ؛ ولا يتعلّق الأمر **بتمثُّلٍ واحدٍ** للواقع (وهي ما يسمّى بالشّكليَّة) بل **بعدّة** تمثُّلاتٍ تشكِّل مداخل، وجسوراً بين الواقع والشّكل. ويبدأ تطوير الكفاءات بالخروج من دائرة المعرفة الوحيدة (أي نحو استقلالٍ أكبر للطُّلاب وتفاعلاتٍ بينهم تبدأ بالتطوُّر وبأخذ صيغة المشروع...).

2. 1 بعض معايير الجودة

غالباً ما كان يجري إبراز معايير خاصّةٍ بشكل أدوات البرامجيَّة: مثل مدى وضوح الشّاشات أو الشّفافيّات وغزارة المعلومات، والاستخدام المتناغم للوائح الحروف (قياساتها ومواصفاتها الطّباعيَّة) والألوان، وتكامل النُّصوص والمخططات البيانية، وصفُّ وترتيب المواد على لوحٍ أساسيٍّ...

كما نستطيع الإشارة إلى نوعيَّة العودة إلى الوراء باتجاه المتعلّم: فتقييم إجابته سوف يرافَق بتبريرٍ (لماذا هي صحيحة أو خاطئة...)، أو بوضع الإجابة الصَّحيحة في إطارها أو بتدعيمها، أو بمساعدةٍ، أو بإشارةٍ أو توجيهٍ في حال كانت الإجابة غير صحيحة؛ كما سوف يكون من الأهميَّة بمكان أن يستطيع المُستخدم ـ المتعلّم أن يحدِّد موقعه في حالة التَّقدُّم وأن يحاط علماً بالعناصر التي جرى تملُّكها جيِّداً كما بالنِّسبة لتلك التي عليه اكتشافها.

ويجب أن نقدِّر أهميَّة مرونة الوسط الذي نعمل عليه: فهل باستطاعتنا اختيار القسم الذي نرغب العمل عليه أو طلب توجيه الأسئلة لنا (عدد الأسئلة، اتِّساع المادَّة التي تدور الأسئلة حولها...)، وهل نستطيع تقرير مجموعة ما "نفضِّله" بالنِّسبة لأنماط مسار النَّظرية أو الاستفهام. فهل نستطيع، وبكلمة واحدة، أن نكيِّف الوسط مع حاجاتنا الخاصَّة؟

هل يوجد بتناول الأستاذ أثرٌ من عمل التّلميذ؟ كما هل يستطيع أن يستنتج بسهولة أجزاء المادَّة التي تشكِّل عقبةً للطّالب أو تقرير حاجة البعض منهم إلى متابعة خاصَّة؟

2 .2 أمثلـة

تبدو لنا برامجيَّة التَّدريب على تصريف الأفعال باللغة الفرنسيَّة "Verbapuces" ملائمةً لإثبات هذا النّمط.

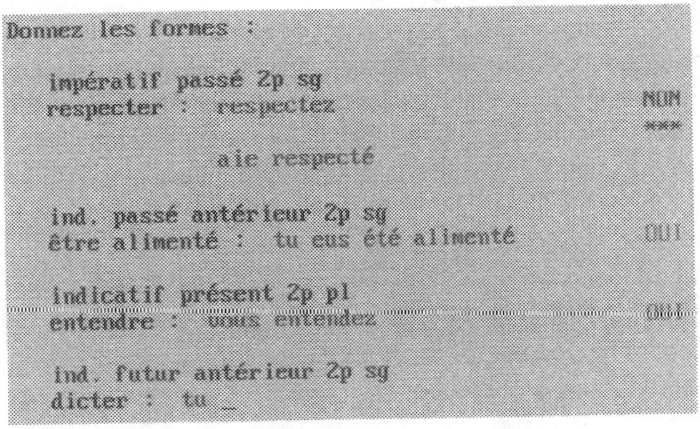

Donnez les formes :
impératif passé 2p sg
respecter : respectez
NON
aie respecté
ind. passé antérieur 2p sg
être alimenté : tu eus été alimenté
OUI
indicatif présent 2p pl
entendre : vous entendez
OUI
ind. futur antérieur 2p sg
dicter : tu _

الصّورة 2 *Verbapuces*، الأستاذ ف. ديكو (W. Decco) من قسم Didaktiek en Kritiek في مدينة ويلريجك (Wilrijk) بلجيكا.

يستطيع المستخدم مثلاً أن يختار بنفسه وبسهولة الجزء من تصريف الأفعال، الذي يرغب التّمرّن عليه (كل الأزمنة أو الأزمنة البسيطة أو الأزمنة المركّبة؛ وكل الأفعال أو الأفعال المنتمية إلى مجموعة محدّدة أو الأفعال التي ينتقيها المستخدم بنفسه). كما يمكن اختيار طرق الإجابة (إجابة مطبوعة على لوحة المفاتيح، والإجابات "التي فكّر فيها في عقله" وتثبّت منها على الشّاشة...).

وسوف يجذب المثال التّالي انتباهنا على ثوابت أخرى هامّة. والمقصود هنا وسيلة الإعلام المتعدّدة "ذي روزيتا ستون" (The Rosetta Stone)، المخصّصة لتعلّم اللغات.

Der Vogel ist rot.
Das Auto ist rot.
Der Fisch ist weiß.
Das Auto ist weiß.

الصّورة 3 ذي روزيتا ستون، فايرفيلدز لانغويدج تكنولوجيز (Fairfields Languag Technologies) الولايات المتَّحدة الأميركيَّة.

إنَّ الطابع المميز لوسيلة الإعلام المتعدِّدة بالمعنى الشَّائع يبدو جليّاً في الصُّور، والأصوات التي يمكن الوصول إليها (يمكن الاستماع إلى الجُمل المشار إليها)، والنُّصوص. وتسمح القائمة الموجودة في الزَّاوية العليا إلى اليمين باختيارٍ سهلٍ للدَّرس ولطريقة توجيه الأسئلة (وقد أُخذت بالحسبان عشرةُ أشكالٍ متميِّزة - وفي حالتنا يمكن للنَّص أن يختفي، مساعداً في ذلك على التَّعرُّف الصَّوتيّ الصَّرف)، والتَّطوُّر في مجموعة الأسئلة...

3. النَّمط الاستباقي النشاط

الصّورة 4 المثلّث التّعليميّ والنّمط الاستباقي النشاط

نستطيع القول في هذا النّمط إنّ المتعلّم ـ المستخدم هو من يملك غالباً زمام المبادرة، بينما يقوم الحاسوب بالاستجابة لطلباته. يطرح المتعلّم أسئلةً على الوسط ولا توجد بصورةٍ ظاهرةٍ إجاباتٌ خاطئةٌ أو صحيحةٌ. في برنامج محاكاةٍ يقوم الحاسوب على سبيل المثال ببناء إجابة النِّظام بالنّسبة للثّوابت التي قدَّمها المستخدم: ففي نموذج محاكاة إطلاق كرةٍ طائرةٍ (لنعد إلى مثالنا على إطلاق مقذوفٍ في الفصل 1)، نجد دائماً مساراً سوف يشكِّل دائماً "الإجابة" بالنّسبة للثّوابت التي اعتمدت في البدء. ويستطيع المستخدم، على مستوى الهدف الواجب بلوغه، (كالطَّابة التي تدخل السَّلَّة) اللجوء إلى خطَّةٍ ثابتةٍ مبنيَّةٍ على المحاولة والخطأ؛ رتابة نوعيَّة الإجابة بالنَّظر للهدف الواجب بلوغه.

يعتبر الوسط الذي تقدّمه البرامجيَّة والوسط التَّعليميّ الذي تنتمي الأداة إليه، مهمَّين بالنّسبة للتَّحفيز والوصول إلى الهدف؛ وهنا يجب على الأستاذ أن يوجد جهازاً كي تأخذ آليّة المحاولة والخطأ كلَّ معناها (وذلك بالطَّلب إلى التَّلاميذ أن يعملوا على

ثوابت مختلفةٍ في البداية، ثمَّ بمقابلة الأجوبة وبناء القاعدة المحتملة). ويكون التّركيز أكثر على الرَّابط بين العالم الحقيقيّ وعالم التّمثُّلات، والرُّموز؛ ويكون بالتَّالي قد أعطي للاستقراء ولإثبات الفرضيَّات الأهميَّة اللازمة.

أمَّا في ما يتعلّق بالنَمط الأوَّل الذي كان يركِّز على الوسيلة الإعلاميَّة والمضمون الواجب اكتسابه، فالتَّركيز يكون أكثر على **عمليَّة التّوسُّط** هنا، أي على الرَّابط بين الاختبارت الحسّيَّة وتمثُّلاتها في أنظمةٍ مختلفةٍ (مثل النّصوص الوصفيَّة، والمخططات البيانية وجداول البيانات والرّموز والقواعد...)؛ ونستعيد أيضاً فكرة دور الحاسوب كرابطٍ بين اختبارات المستوى الأوَّل (الاختبارات الحسيَّة)، والمستوى الثّاني (الاختبارات على التَّمثُّلات).

3. 1 بعض معايير الجودة

إضافةً إلى الثَّوابت المختلفة التي أشير إليها في النّمط الارتكاسيّ فإنَّنا نرى ثوابت أخرى تظهر بينما يأخذ بعض منها "لوناً" مميَّزاً. ووراء المظاهر الجامدة المتعلِّقة بشكل المضمون (أي طريقة عرضه)، تبدو عناصر جديدةٌ مرتبطةٌ بآليَّة تبادل النّشاط الفعَّالة (الوظائفيَّة): وهنا سوف نتكلَّم أكثر عن تنظيم عمل الحامل وصورته الأليفة، أي بكلمة واحدة، هل من السّهل الإشراف على البرامجيّة أو على وسيلة الإعلام المتعدِّدة؟

ويسجَّل هنا دور القوائم والأزرار (هل تستخدم الأزرار عينها لذات الوظيفة من خلال البرنامج التّعليميّ أو وسيلة الإعلام المتعدّدة؟) كما الصورة المستخدمة في وصف السطح البيني (l'interface): هل سوف يؤدّي اختيار تاريخٍ ما إلى استدراج صورة التقويم (الروزنامة)، وهل أنَّ مفاتيح تعيير الثّوابت تكون معروضةً

من خلال جدولٍ يسهل فهمه، وهل أنَّ الخطوات الواجب تحقيقها، مسجَّلةٌ في تقويمٍ إلكترونيّ؟

إنَّ تذكير الطّالب بتقنيَّة العودة إلى الوراء سوف يرتدي أشكالاً خاصَّةً بالنّسبة له؛ "فالإجابة" المقدّمة للطّالب، كما قلنا سابقاً، لا تظهر أساساً بصورة الصَّح أو الخطأ بل بالأحرى في شكل تمثُّلٍ فعَّالٍ ومرئيٍّ للنتيجة. إنَّ نوعيَّة وواقعيَّة وسهولة فكِّ رموز تمثّل هذه النَّتيجة تبدو هامَّةً جدّاً هنا. كما نجد الطَّالب هنا، في مكانٍ ما، يقيِّم ملاءمة "الإجابة" مع الهدف الذي وضعه نصب عينيه والذي حُدِّد له؛ فهل تتناسب الظّروف والحدود والمعايير والتَّعليمات مع النَّتيجة المقترحة مع الحاسوب؟

لأجل ذلك نجد من الضَّروريّ أن تكون حدود الوسط المعلوماتيّ (والنَّموذج الذي وراءه) دقيقةً بشكلٍ واضحٍ. لقد تكلَّمنا عن ذلك في الفصل الأوَّل الذي كُرِّس لاختباراتنا الأولى من الـ(EAO) (التَّجارب الموجَّهة بالحاسوب) حيث يمكن لنموذجٍ ضيِّقٍ أكثر من اللازم أن يعطي إجاباتٍ خاطئةً بالنّسبة لثوابت الإدخال التي لم يُعدّ لها.

يمكن لهذه البرامجيَّات أن ترفق بمراجع أسئلة تبادليَّة النَّشاط، وبألعابٍ ...تُعتبر كعناصر مساعدةٍ للتَّحفيز ولاستمراريَّتها.

وكما أشرنا إلى ذلك في حينه، فليست البرامجيَّة بمفردها أو وسيلة الإعلام المتعدّدة هي ما يجب أن يقيّم عندما نرغب تقدير تأثيرها على التّعلّم. فباستطاعة برامجيَّة محاكاةٍ معيّنةٍ أن تحدث "المعجزات" في جهازٍ تربويٍّ ما، بينما تكون ذات تأثيرٍ بسيطٍ في مكانٍ آخر: ومن المهمّ في أغلب الأحيان أن ترفق هذه الأدوات بمستند إرشاداتٍ، أو بكتاب معلّمٍ أو تلميذٍ تعطي أفكاراً تتعلّق

باستخدامها في مقطعٍ تعلُّميٍّ معيَّنٍ. ويبدو أنّ تحليل برامجيَّةٍ ما "بحدَّ ذاتها" لا يكون دائماً إجراءً حميداً.

3. 2 أمثلة

يرينا المثال أدناه، بصورةٍ هزليّةٍ مقصودةٍ، مسار الشّمس في القبَّة السّماويّة، في أوقاتٍ ثلاثةٍ مختلفةٍ من السّنة، وهي كانون الثّاني ونيسان وحزيران من نقطةٍ ثابتةٍ على الأرض (وقد اخترنا هنا سماء بلجيكا). يمكن تثبيت مجموعة الثّوابت هذه من قبل المستخدم: فشمس منتصف اللّيل في الكاب الشمالي (Cap Nord) أو شمس المدارين بإمكانهما والحال هذه أن يوضحا.

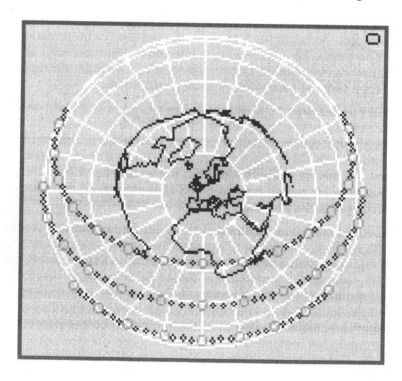

الصّورة 5 تنقُّلات الشّمس في سماء بلجيكا

بماذا يفيدنا كلُّ هذا؟ علينا متابعة الحكاية التَّالية. فلقد أوجدت هذا البرنامج لخدمة تلاميذ كانوا يرغبون بناء ساعةٍ شمسيّةٍ في إطار عمل مجموعات. وكانت الفكرة الشَّائعة (ولكنَّها المغلوطة)، أنَّ الشَّمس كانت تمرُّ في الجنوب ظهراً (بتوقيت ساعات الحائط) بالتَّأكيد وأنَّه كان يكفي إذن أن نرسم خطّاً عند مرور الظِّل بعد مضيِّ كلِّ ساعةٍ. لكنَّ استنتاجاً بسيطاً يرينا أنّ الشَّمس تمرُّ جنوباً نحو الواحدة و45 دقيقةً (حسب التَّوقيت الصَّيفيّ) وأنَّه كان ينبغي إذن أن نحدِّد إطار السَّاعة الشَّمسيّة بطريقةٍ مختلفةٍ. بهذه الطَّريقة كان يستطيع البرنامج أعلاه أن يساعدهم في ذلك دون الحاجة إلى القواعد المعقّدة "لمعادلة الوقت".

لدينا هنا مثالٌ عن برامجيَّة حاملةٍ للمعلومات (والتي يتوجّب فكُّ رموزها لأن هذا التَّمثيل المسطَّح لنصف كرةٍ ليس سهلاً) وباعثةٍ للنّشاطات (هي طريقةٌ أخرى بلا شكّ للتَّعبير عن صفة النَّشاط الاستباقي).

> هناك مثالٌ يدور حول تصادم آليَّتين سبق عرضه في الفصل الأوَّل من هذا الكتاب، سوف نعرضه في ما يلي. لقد غيّرنا قليلاً كتلة الآليَّتين من أجل أن نعطي للقارىء تصوُّراً مختلفاً.

لنفترض أنّ لدينا آليَّتين تتجهان نحو بعضهما بعضاً على سكَّةٍ مستقيمةٍ؛ ولنأخذ "صورةً" فوتوغرافيَّة لهما كلَّ x ثانية، ونلصق كل هذه الصّور المختلفة، الواحدة تحت الأخرى؛ فنرى الآليَّتين في الجزء العلويّ تقتربان وتصطدمان وسط الصُّورة وتقفز الواحدة منهما فوق الأخرى لكي تبتعدا أخيراً عن بعضهما بعضاً.

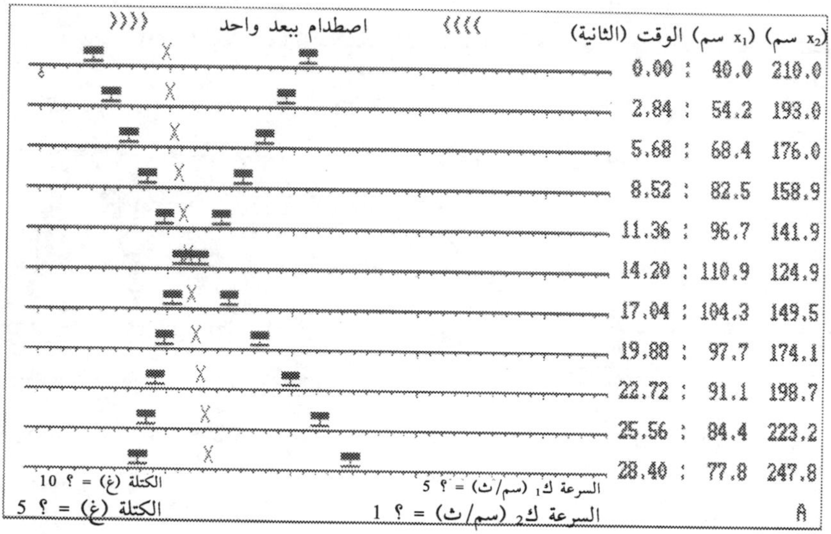

اصطدام ببعد واحد
(x2 سم) (x1 سم) الوقت (الثانية)
0.00 : 40.0 210.0
2.84 : 54.2 193.0
5.68 : 68.4 176.0
8.52 : 82.5 158.9
11.36 : 96.7 141.9
14.20 : 110.9 124.9
17.04 : 104.3 149.5
19.88 : 97.7 174.1
22.72 : 91.1 198.7
25.56 : 84.4 223.2
28.40 : 77.8 247.8
الكتلة (غ) = ؟ 10
السرعة ك1 (سم/ث) = ؟ 5
الكتلة (غ) = ؟ 5
السرعة ك2 (سم/ث) = ؟ 1

الصّورة 6 محاكاة اصطدام ببعدٍ واحدٍ

أعطيت ثوابت الدّخول للمسألة في الجزء السّفليّ (كتلة الآليَّتين وسرعتاهما المتتاليتان) وما يدهشنا أوّلاً هو المظهر العامّ للتَّمثّل لأنه لا يجوز أن ننسى أنّ الاصطدام ليس ببعدَين (كرتان على طاولة بليار) بل على سكَّةٍ مستقيمةٍ. ثمَّ إنَّنا أُذهلنا من تناظر الصُّورة: فيمكن للمشاهد أن يعتبر أنَّ الآليَّة إلى اليسار (وتلك التي إلى اليمين أيضاً) "تقفز" بشكلٍ متناضرٍ بالنِّسبة للخطّ المتشكِّل من الصِّلبان الصَّغيرة (الذي يعتبره المختصُّون معبِّراً عن وضعية مركز الثِّقل). وربّما استنتج علماء الفيزياء منه أنَّ قيمةً ما، تبقى على حالها في ما بين قبل الاصطدام وبعجه.

السُّؤال المطروح هو لمعرفة ما إذا كان بالإمكان توقُّع "الحالة النّهائيَّة" (أي ما يجري بعد الاصطدام) انطلاقاً من معطيات الحالة الأساسيَّة. وأخيراً هل يوجد قانونٌ يربط بين هاتين الحالتين (مثلاً السُّرعات، قبل الصَّدمة وبعدها)؟

وبعد أن عدنا من جديد إلى وسطٍ تعليميٍّ ملائم، فإنَّ هذه الصّورة الحيَّة أو نتيجة المحاكاة هذه سوف تفتح الباب على مجموعةٍ من النّشاطات الممكنة، وعلى مسارٍ علميٍّ ممتلىءٍ ببنى المخططات البيانية، وبإثباتات الفرضيّات، وبالقياسات وبالتَّحليلات... كما أنَّها تفتح الباب على عملٍ تعاونيٍّ يقوم به الطَّلاب الذين يعملون على صورٍ سلبيَّةٍ مختلفة فيقارنون استنتاجاتهم، وربّما يعمِّمونها. والنَّمط الارتكاسيّ ليس بالتَّأكيد مضاداً للنَّمط العلائقيّ حيث يبني الطّلاب والأستاذ معارفهم بصورةٍ تفاعليَّة... لكن لنتمهَّل.

4. الأنماط التبادليّة والمتشاركة بين الأشخاص

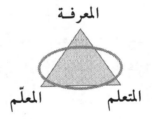

الصّورة 7 المثلّث التّعليميّ والنّمطان المتبادل والتشاركي بين الأشخاص

ينتج هذان النمطان عن تزاوج النمطين السابقين. ويكون ، فى الواقع، لكلٍّ من المتعلّم والحاسوب على التوالي، دوره لأخذ المبادرة. ويجري التركيز هنا على الصفة الاجتماعيَّة لبناء المعرفة وعلى الخصائص الإيجابية للتعلُّم التعاوني. ويتمُّ التحوُّل هنا من الأنماط السابقة ذات الوجهة الواحدة (سواء أكان عند الأوَّل في الحاسوب الذي يسأل ويقيِّم أو عند الثاني في دور المتعلِّم الذي

يسأل ويقيِّم) إلى النمط الثنائي الوجهة. ويتعلَّق الأمر هنا بالصورة الإيجابيَّة لتبادل النشاط حيث تنعكس تصرُّفات كلِّ قطبٍ في صورة تحوُّلٍ أو تغييرٍ للقطب الآخر. ويستكمل تبادل النشاط الوظائفيِّ هذا بين المتعلِّم والآلة، لحسن الحظ، (على مستوى التعلُّم) بتفاعلٍ بين مختلف المستخدمين (أساتذةً وطلاباً) وهم الشركاء في بناء المعارف.

بهذه الطريقة تتكامل المعارف التي مورست في النمط الارتكاسيِّ الأوَّل، والمهارات المطبَّقة في النمط الاستباقي النشاط بالمعرفة المكتسبة (في المواقف والسلوكيّات) والمعرفة المرتقبة (أي معرفة تطوير مشاريع) التي شهدنا أهمِّيتها لكي نحيا في المجتمع المعقَّد (الفصل 2).

4. 1 بعــض معايير الجــودة

نودُّ أن نقترح صيغاً مختلفةً للنمط التبادلي بدل مقاربة هذه النقطة مباشرةً، وذلك عن طريق الأمثلة. وهي ليست متباعدةً بل يمكن أن تتكامل وتتقاطع؛ كما تتناسب مع أمثلةٍ سبق تقديمها أو سوف تعرض لاحقاً. سوف نختبر أدناه أربع "حالات" : المستخدم المستغرق في وسطٍ يتفاعل معه، والتفاعل مع "شركاء" وهميِّين وافتراضيين، والتفاعل مع شركاء حقيقيِّين عن بعد بواسطة تكنولوجيات التواصل وأخيراً التفاعل الموضعي بين الأشخاص حول الوسيلة الإعلاميَّة. هي هذه الأنماط الأربعة التي تقرِّبنا دائماً أكثر من النمط التشاركي بين الأشخاص بالمعنى الحقيقيِّ للكلمة. وسوف تدخل معايير الجودة في عرض كلِّ مثال.

يمكن اعتبار الأمثلة الأربعة أدناه كانحرافٍ لتبادل النشاط العلائقي الذي سبق وطرحناه في الفصل 2 النقطة 5. المثالان الأوَّلان يتعلَّقان بالنمط "التبادلي"، والآخران بالنمط "التشاركي بين الأشخاص".

4. 2 المثال 1: الانغماس في بيئةٍ ما

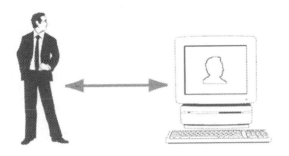

الصورة 8 الانغماس في بيئة ما

يكون المستخدم في هذه الحال في بيئةٍ ما (يشبه موقف العمل أو الرَّاحة) الذي:

- يحفِّز المستخدم على القيام بنشاطاتٍ.
- ويتحوَّل بحسب تغيُّر هذه النشاطات. وعلى غرار الكتب "التي تكون أنت بطلها" يمكننا التكلُّم معاً عن وسيلة الإعلام المتعدِّدة "التي تكون أنت بطلها" أيضاً.

إضافةً إلى المعايير المشار إليها أعلاه، نستطيع أن نبرز هنا جودة البيئة المعلوماتيّة كصورةٍ للبيئة الحقيقيّة التي يمكن للمستخدم أن يصادفها؛ كما بالإمكان أن نثير تقارب هذه الحالة من حالة "لعب الأدوار".

وكمثالٍ نموذجيٍّ عن هذه الصيغة يمكن أن نشير إلى حال س
دـ روم "مراسل الكوكب" (Planet Reporter)، حيث يطلب إلى
المستخدم، بصفته موظَّفاً في وكالة تقارير تستخدم وسائل الإعلام
المتعدِّدة، أن يحضِّر ملفاً عن البيئة في الكوكب (راجع النقطة 5. 4
التالية). من خلال انغماسه في وسط الوكالة يكون المستخدم مدعوّاً
إلى تقديم تقريره لرئيس التحرير، وطلب مساعدة من السكرتيرة،
والاستفادة من التقارير المنجزة من قبل مراسلين آخرين، وال: س
دـ روم، والأفلام المصوَّرة، ألخ.

4. 3 المثال 2: التفـاعـل مع شركاء أو متعاونين افتراضيين

الصورة 9 تفاعلٌ مع متعاونين افتراضيين

في هذه الحال يكون المستخدم المنغمس في بيئةٍ معيّنة مرتبطة
بالكفاءات التي سوف يمارسها فيها (مثل اتِّخاذ قرارٍ بفتح اعتمادٍ،
واكتساب كفاءة تدوين المحاضرات...) مدعوّاً لمقابلة قراره وانتاجه
الشخصي بعمل "الزملاء" الخياليين الموجودين في وسيلة الإعلام
المتعدِّدة.

يوجد في هذا النَّوع من المنجزات معيارٌ هامٌّ، ألا وهو وجود
أدواتٍ (لوائح أسئلة، واختبار سريع...) تمكِّن المستخدم من أن
يتعرَّف على ذاته أو أن يتمايز عن "زملائه" المسجَّلين في وسيلة
الإعلام المتعدِّدة؛ ويكون المقصود إبراز نقاط القوَّة والضعف

الكامنة في إنتاجه الشخصي، مقارنةً بإنتاجات الآخرين. كما يوجد معيارٌ آخر متعلِّقٌ بوجود مرجعٍ (مثل مدير المصرف، والمستشار التربوي في أمثلتنا) بغية أن يستطيع المستخدم تحديد ثوابت الجودة التي سوف تحكم إنتاجه.

كمثالٍ أوّلٍ، سوف نعيد القارىء إلى نموذج "كوسموس" الذي قمنا بتحليله أعلاه في الفصل 3 النقطة 6.

ويوجد أيضاً مثالٌ آخر يستحقُّ أن يذكر وهو: "كيفيَّة اتخاذ القرار... دون الوقوع في الخطأ" الذي قام بتطويره قسم الإعداد في مصرفٌ بلجيكيٌ (la BBL)، الذي يسمح بالإعداد لفتح اعتمادٍ: فالمستخدم قادرٌ على "ملاقاة" زبائن، والاطّلاع على ملفّاتهم، وتكوين رأيٍ بصددهم، وطلب المشورة من زميلٍ (بقوله ماذا كنت ستفعل مكانيً؟)، أو من مدير.

4. 4 المثال 3: التفاعل مع شركاء حقيقيِّين عن بعد

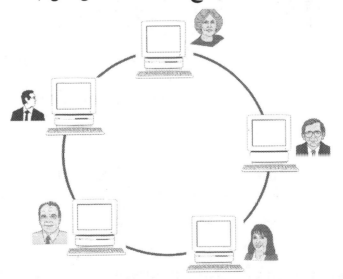

الصورة 10 التفاعل مع شركاء حقيقيِّين عن بعد

في هذا النوع الثالث يقوم المستخدمون بإثارة الفعل وردّات الفعل ويتواصلون عن بعد بواسطة مركزٍ للمعلوماتيَّة. إنّ تطوير شبكة الإنترنت والأسطح البينيَّة (WWW World Wide Web-) ـ (أي نسيج العنكبوت الشَّامل العالميّ) يسمح بهذا النَّوع من التَّفاعل عن بعد. وتعتبر الأنماط المؤخَّرة (مثل البريد الإلكترونيّ) أو المتزامنة (le "chat"ـ وهو حوارٌ على الشَّبكة في الزَّمن الحقيقيّ ـ أو ما يعتبر أيضاً عملاً تعاونيّاً على الشَّبكة) تطبيقاتٍ حاليَّة عليها.

يجري تطوير هذه الأدوات على مستوى التَّعليم والتَّعلّم. وتبرز هنا بعض الثَّوابت أوالمعايير المستخرجة من الدّراسات "الموضعيَّة" حول الصّراع الاجتماعيّ المعرفيّ[4]، أو التّعلُّم التّعاونيّ[5]. ومن المهمّ أن يُكلَّف المشاركون بمهمَّةٍ مشتركةٍ (تقوم مجموعةٌ صغيرةٌ من الطّلاب الدَّارسين عن بعد، ضمن إطار التَّعليم، بالعمل على محورٍ يختارونه ضمن قائمةٍ مقترحةٍ من قبل المسؤول عن المحاضرة). وهنا ينبغي أن تستجيب المهمَّة ذاتها لبعض المتطلّبات: ألّا تكون بسيطةً أكثر من اللازم (لا يفترض بها، من ناحيةٍ مثاليَّةٍ أن تُحلَّ لوحدها، بل يجب أن تحتوي على شيءٍ من التَّحدّي) ولا معقّدةً أكثر مما ينبغي (كي لا تصيب المتعلّمين بالإحباط). وكي نتحاشى أن يعطي كلٌّ رأيه ببساطة دون مساسٍ حقيقيٍّ بطريقته الخاصّة بالتَّفكير (وهل يمكن أن يكون هناك تعلّمٌ في هذه الحال؟) فمن المهمّ أن يثير الجهاز الموجود، تناقضاتٍ تتحوّلُ بدورها

(4) Mugny, G. & Carugati, F. (1991). Théorie du conflit socio-cognitif, in Mugny, G., Psychologie sociale du développement cognitif, Peter Lang (Berne).

(5) Bourgeois, E. & Nizet, J. (1997). Apprentissage et formation des adultes, PUF (Paris).

بطريقةٍ ما لتكون موضوع العمل التّعاونيّ. كما أنَّه من المهمّ التّعرُّف بوضوح على الطّلاب في موضوع كفاءاتهم ومهامهم داخل المجموعة. إنَّ مسألة التَّجانس داخل المجموعة، أو عدمه ما زال يثير اعتراضاتٍ؛ وينبغي برأينا أن يكون الطّلاب على قدم المساواة أمام المهمّة (إذ لا يوجد طالبٌ أكثر "اختصاصاً" من الآخرين) حتى ولو كانوا مختلفين على مستوى إنتاجاتهم وكفاءاتهم. أما في ما يتعلّق بالمعلّم، فإنَّ تدخُّله يكون كمشرفٍ (يحضِّر المهام وأهداف العمل، ويضع المصادر بالتَّصرُّف وينظّمها، كما يعدُّ التَّعليمات) أكثر مما هو كمقرِّبٍ للمعرفة الرَّسمية.

على سبيل المثال نشير إلى مشروع ليرن نت[6] (Learn-Nett) الذي ساهمنا فيه والذي يدور حول أحد مواضيعنا التَّعليميَّة التي كرِّست لتقنيَّات التَّربية.

لقد قام أساتذةٌ مسؤولون عن المحاضرات المتعلِّقة بتقنيّات المعلومات والتَّواصل الجديدة (NTIC Nouvelles Technologies de l'Information et de la Communication) والتي ألقيت على طلّاب شهادة الأستاذيّة agrégation (وهو الإعداد الأساسيُّ لمعلِّمي المستقبل في بلجيكا) في الجامعات الخمس للمتَّحد الفرنسيّ من بلجيكا (الذي يضمُّ بروكسيل Bruxelles ولياج Liège لوفان لا نوف Neuve-la-Louvain ومونس Mons ونامور Namur)، بتوحيد جهودهم لإيجاد نظام تعلّم وتقييم تعاونيٍّ مدعوم من شبكة الإنترنت. لقد كان الوقت قد حانَ من أجل أن يكون الأساتذة والمدرِّبون المستقبليُّون على علمٍ بأدوات التّعليم والتّعلُّم التي وفَّرتها التّقنيّات،

(6) Le site de *Learn-Nett* en 2004. *Learn-Nett* reposait alors sur la plate-forme iCampus de l'Université catholique de Louvain: http://www.icampus.uclac.be/LN20034/index/php.

وأن يحلِّلوها، ويقيِّموها وذلك بأن يقوموا باستخدامها "من الدَّاخل" بأنفسهم".

ويجمع الموقع المطوَّر القدرات الكامنة لتشارك المصادر (الخاصَّة بالمحاضرة وأيضاً بالرَّوابط الموجَّهة نحو مزوِّدين serveurs غرباء) ، والبريد الإلكترونيّ ومنتدى الحوار وأخيراً العمل التَّعاونيّ. هي صورةٌ إلكترونيّة لبيئة تعلُّم حقيقيّةٍ، تصف الموقع الذي يضمُّ صمَّاماتٍ valves حيث المعلِّمون والأوصياء يستطيعون كتابة رسائلهم، و"مقهىً" حيث يحسن اللقاء.

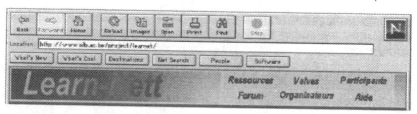

الصّورة 11 ليرن نت في خدمة التّعلّم التَّعاونيّ

عند طرح المحور التَّالي على الطّلاب: "أنتم على أبواب القرن الواحد والعشرين وملزمون بإيجاد وسائل تساعد الشّباب في استخدام وسيلة الإعلام المتعدِّدة، للتَّعلُّم والإستعلام والتَّواصل"، وهم الآتون من مؤسَّساتٍ مختلفةٍ، فيتعرَّفون على بعضهم ويعلّقون إعلاناً في المنتدى يحدِّد ما يهمُّهم، ويلتقون في "مقهىً" ويجتمعون (في مجموعاتٍ مكوَّنةٍ من شخصين إلى أربعة أشخاص) وينطلقون في أعمالهم؛ ويكون هناك وصيٌّ لكلِّ مجموعةٍ منهم. وأهداف هذه التَّجربة تكمن في أن يكون لدينا أساتذةٌ ومدرِّبون مستقبليّون يحسنون استخدام الـ NTIC في خدمة طلّابهم، عن طريق إعداد محاضرةٍ تستند إلى هذه التّقنيَّات.

ويجري الإعلان بصورةٍ نظاميّة على الشَّبكة، عن الأعمال التي هي على طريق التّطوير، كي يستطيع طلَّاب المجموعات الأخرى أن يأخذوا علماً بها ويقيِّموها وينتقدوها...

> سوف نعود إلى أنماط التّعلّم هذه بواسطة شبكات التّواصل، في الفصل 5 (النُّقطة 8)، هذا في ما يتعلّق بالنّواحي التّربويّة، وفي الفصل 6 (النّقطة 5) في ما يتعلّق بالعناصر الأكثر تقنيَّةً.

وتعود هنا مسألةٌ هامَّةٌ لتطرح من جديدٍ : أيُّ قسمٍ من الجهاز التربوي يجب أن يسجَّل على الحامل ذاته (المصادر مثلاً وملفات الطُّلَّاب الشَّخصيَّة والعامَّة... يمكن أن ترتَّب على مزوِّدٍ مشتركٍ) وما هي الحصَّة التي تعود للجهاز التَّربويّ؟ سوف يكون من غير المجدي وفي غير أوانه أن نطلب "وضع كل شيء" في الحامل التّكنولوجيّ.

4. 5 المثال 4: التَّفاعل الموضعيّ حول وسيلة الإعلام المتعدّدة

الصّورة 12 التَّفاعل الموضعيّ حول وسيلة الإعلام المتعدِّدة

يأتي هذا النمط الأخير استكمالاً للسابق. وتعرض وسيلة الإعلام المتعدِّدة أو العمل الذي نفَّذه الطالب أو مجموعة الطلّاب على رفاقهم الآخرين. وتتغيَّر وجهة التفاعلات التي طوِّرت، نحو النمط التشاركي بين الأشخاص. ويكون الشيء المعروض حجَّةً لعملٍ تعاونيٍّ "موضعي" ومصدراً للنقاش أو الخلاف.

إنَّ المواصفات والمعايير الخاصَّة بهذا النَّمط مستوحاةٌ إلى حدٍّ كبير من النَّمط السَّابق. ولا يتعلَّق الأمر "بمشاهدة برنامجٍ تلفزيونيٍّ "بل يجب أن تكون المهام المتعلّقة بهذا التَّمرين محدَّدةً بشكلٍ واضح. وهكذا نعتقد أيضاً أنَّ العمل في النَّمط الثَّالث عن بعد ،يجب أن يترافق مع لقاءٍ حقيقيٍّ بين المشاركين، كي تكون إنتاجات كلِّ عنصرٍ من المجموعات المصغّرة نافعةً لمجمل الطُّلاب المشاركين في المحاضرة.

> سبق وقدَّمنا مثالاً عن هذه الأنماط عندما وصفنا طريقة "كرياديم" في الفصل 3 (النُّقطة 7).

وكملخَّصٍ لهذه النُّقطة يمكننا القول بأنَّ الحامل التِّكنولوجي يلعب هنا دور صلة الوصل أو **الوسيط**: بين الوسط والمستخدم "المنغمس" فيه، وبين مختلف المستخدمين (الافتراضيين أو الحقيقيّين)، كما بين الأشخاص الذين يراقبون خلق واحدٍ منهم.

5. هندسة المعرفة داخل الـ س د-روم

لقد تكلَّمنا وبكثرة عن تقسيم مختلف الأدوات التي تقدِّمها التِّكنولوجيا للتَّربية، إلى فئات. ولقد جرى التَّشديد في الفصل الأوَّل

بمناسبة وصف نشاطاتنا ضمن إطار التَّعليم بواسطة الحاسوب، على الجهاز الموجود وراء عمليَّة تطوير الأدوات التَّعليميَّة في المعلوماتيَّة: ما كان بالإمكان عمله أثناء حصّة معلوماتيَّة من زاوية تداخل المواد التَّعليميَّة، وما كان بالإمكان تحقيقه بورقة حسابٍ إلكترونيٍّ وما كان بالإمكان توقُّعه من برامجيَّة محاكاةٍ أو تصوُّرٍ للنَّماذج.

كما تكلَّمنا في الفصل السَّابق والحاليّ عن إلباس أداة البرامجيَّة كي نستطيع دمجها بأفضل ما يمكن في الموقف التَّربويّ: لقد كان المقصود أن نبدأ وصف طرائق تربويَّةٍ وتفاعلاتٍ تجعل الأداة حقيقةً راهنةً في التَّعلُّم.

وفي الأخير، ألا يتعلَّق الأمر أوَّلاً وقبل كلِّ شيءٍ، عندما نتكلَّم عن برامجيَّة، أو برامجيَّة تعليميَّة أو وسائل إعلامٍ متعدِّدة، بطريقةٍ جديدةٍ للكتابة أو لتسجيل المعرفة وتطويعها وجعلها بالمتناول وتفعيلها؟

ونلاحظ في هذه الحركة أنَّ آليَّات الاستيعاب والتَّكيُّف التي تميِّز عمليّة التَّكامل مع التَّقاليد التَّربويَّة أو الاجتماعيَّة حاضرةٌ جدّاً، خلال زمن التِّقنيَّات الجديدة؛ فعند بدايات عصر السِّينما جرى تصوير مؤلَّفاتٍ مسرحيَّةٍ؛ وفي بدايات عصر المعلوماتيَّة في المدرسة جرى تسجيل "محاضراتٍ" (هي المحاضرات المبرمجة المشهورة) على حاملٍ مغناطيسيٍّ؛ وفي بداية عصر وسيلة الإعلام المتعدِّدة، صار لدينا موسوعات. فالتِّقنيَّة الجديدة تقلّد أوَّلاً القديمة دون أن تمسَّها كثيراً، وكأنَّها تودُّ أن تَطمئن: فكأنَّنا نصنع مادَّةً قديمةً بمواد جديدة! لكن مع الوقت بدأت تنشأ طرقٌ جديدةٌ بالتَّدريج. لكن غالباً

ما كانت التِّقنيَّات الجديدة تستخدم على الطَّريقة القديمة "وكأنَّنا ما زلنا نضرب السَّجاد بالمكنسة الكهربائيِّة"[7]. ومن البديهيّ ألّا نشعر بإيجابيَّات هذه المكنسة إلَّا إذا استخدمناها بصورةٍ صحيحةٍ.

وإذا ما راجعنا عمليَّات نقل المعارف بواسطة وسائل الإعلام الجديدة، نرى ظهور مقارباتٍ جديدةٍ، وطرق كتابةٍ جديدة، وأدواتٍ جديدة لتسهيل "القراءة". فعمَّ نتكلَّم؟

بعض ال:س دـ روم سوف تثبت مقولتنا: وهي موسوعة "إنكارتا" (Encarta) من ميكروسوفت (Microsoft) (1995)، وإقامةٌ في المتاحف وفي بلد الفنَّانين مع "اللوفر" (1994) (Le Louvre) و"متحف أورسيه (Orsay) في زيارةٍ افتراضية" (1995) و"أنا- بول سيزان (Paul Cézanne)" (1996)، - وثلاثتها للنَّاشر "تجمُّع المتاحف الوطنيَّة" - ومحاكي "ريد شيفت" (Redshift) (1994، لماريس مالتي ميديا Maris Multimedia) وأخيراً رحلةٌ في عالم التَّقارير مع "بلانت ريبورتر،مراسل الكوكب" (Planet Reporter) (1995، BMG interactive). إنَّ اختيار هذه المنجزات ليس صدفة: فلقد اكتسبت هذه المنجزات في البداية شهرةً أكيدةً، ثمَّ إنَّها تمثِّل بالنّسبة إلينا نماذج مميَّزةً لطرق وصولٍ منوَّعة تمتلك التزاماتٍ مختلفة، هذا إذا ما أردنا أن نضعها في عالم التَّربية والتَّعلُّم. أمَّا التصنيف الذي نتج عنها فليس دقيقاً بالتّأكيد: إذ أنَّ كلَّ هذه ال:س دـ روم تمتلك صفاتٍ مشتركةً، غير أنَّنا لا نُبقي في تحليلنا إلّا على ما نعتبره الأكثر بروزاً.

---

(7) Gayeski, D.M. (Ed.) (1993). Multimedia for Learning: Development, Application, Evaluation, Educational Technology Publications (Englewood Cliffs, New Jersey).

5. 1 الموسوعة: إنكارتا

إذا كانت دراستنا تبدأ بـ:س دـ روم من هذا النَّوع، فذلك لأنَّه يشكِّل بالنِّسبة لنا نموذجاً كاملاً لآليَّة الاستيعاب والتي تعتبر مرحلةً أولى في تقدُّم علم التِّقنيَّات الجديدة: فالعنصر الجديد يبنى أوَّلاً ثمَّ ينظر إليه من قبل المستخدم **كشيءٍ** يذكِّر بالأدوات السَّابقة. وقد اعتبر الكتاب أولاً كسجلٍ للوقائع لأنَّه ذاكرة للماضي ولصنائع الرِّجال، هكذا كان ينظر إلى الحاسوب الشَّخصيّ، أي كآلةٍ طابعةٍ ترتدي زيّاً جديداً. وهذا الـ:س د-روم يمكنه هو أيضاً أن يُرى كموسوعةٍ...مع "تسهيلاتٍ" إضافيَّة.

إن كمِّية المعارف المقررة للموسوعة تتحدَّد بسعة الحامل الفيزيائي (سوف نعود إلى ذلك لاحقاً لكن فلنعلم أن القرص المدمج الحالي هو، مهما كان، محصورٌ في حدود 640 MB (ميغابايت MB، MégaBytes ـ أي مليون بايت Bytes، ما يوازي موسوعةً ضخمةً على الورق). لقد أصبح من الممكن اليوم تفادي هذه "الحدود" إذ أن طلب موسوعةٍ مسجَّلةٍ على قرصٍ مدمج CD محلِّيٍّ، بإمكانه أن يضع حاسوبك (المجهَّز بإمكانيَّة الوصول إلى الشبكات) في تماسٍ مع موقع \الأنترنت (المزوِّد) العائد للناشر ممَّا يسمح لك بتحديث معلومات موسوعتك والوصول إلى أكثر من مزوِّدٍ بعيدٍ متخصص.

سوف نعود إلى هذه الخصائص التقنيَّة في الفصل 6.

الوظيفة الأساسيَّة هي **البحث عن المعلومة**، البسيطة أو المعقَّدة، بمساعدة روابط وفواصل. فعندما أبحث مثلاً عن "موزار وفيرمون" أجد معلومةً عن مهرجان موزار الذي ينظَّم سنويّاً في برلنغتن (Burlington) في الولايات المتَّحدة الأميركيَّة.

كما نجد **المعلومة أحياناً مصنَّفةً في بعض الملفَّات** التي حضيت بزينةٍ جيِّدة (تقريباً كما في الصفحات المحوريَّة لقاموس لاروس (Larousse Illustré)): فالبحث عن بلدٍ ما سوف يسمح بالاطِّلاع على معلوماتٍ نصِّيَّةٍ مدعَّمةٍ بالموسيقى ورؤية شفافيَّةٍ وسماع بعض الجمل باللغة المحلِّيَّة. ويتمُّ تصنيف المعلومة باتباع حقول المعرفة الكبرى (أبحث عن معلومةٍ في الجغرافيا، وبصورةٍ أدق في الجغرافيا الفيزيائيَّة، وأدق أيضاً في الجيولوجيا...)، بتسلسلٍ زمنيٍّ، أو بحسب المقاطعة والبلد والمنطقة. **إن خاصِّية الروابط في النصوص المفرطة الكبر ووسائل الإعلام المماثلة** (وهي هنا بدائيّةٌ نسبيّاً) لبعض العناصر (المعلومة المؤدِّية إلى أخرى) تتسبب أحياناً بمصادفاتٍ غريبةٍ وبتادعي أفكارٍ غير بديهيَّةٍ: فالسباق إلى القمر مثلاً (space exploration) يقود إلى رؤية الصواريخ عن كثب ومنها إلى المحرِّكات ذات الاحتراق، لتنتهي عند دراسة الأوكسيجين وتأثير هذا العنصر على تطوُّر الحياة...

يمكننا،بعد التجوُّل بين الفصول والمفاهيم والكلمات أن نفهم بصورةٍ أفضل أولئك الذين يتَّهمون هذا النَّوع من الأدوات بتقديمه رؤيةً مجتزأةً ومتقطِّعةً على شاشات المعارف؛ ويضيف آخرون أنَّ هذا النَّوع من الأدوات لا يمكنه أن يفيد إلّا أولئك الذين "يعرفون" سلفاً وذلك بتوسيع حقل معارفهم أو بتنشيط ذاكرتهم. لا شكَّ أنَّ هذا صحيحٌ جزئيَّاً غير أنَّه يمكن لهذه الأداة أن تبدو نافعةً لو أنَّها وضعت في ظروفٍ خاصَّةٍ، لخدمة مشاريع التَّربية مثلاً (عندما يكون على الطُّلاب توسيع محورٍ ما). هذا النَّفع يبدو من خلال:

- مجموع المعارف التي يمكن الوصول إليها من خلال مرَّةٍ واحدةٍ وموضعيّاً (دون الاضطرار للبحث في عدَّة مكتباتٍ)؛

- تنوُّع المعلومات وحاملات المعرفة التي تسمح بالدُّخول إلى عدَّة مستوياتٍ منها وأنواعٍ مختلفةٍ من التَّعلُّم (السَّمعيّ والبصريّ...)؛
- إمكانيَّة بلوغ المعلومة بصورةٍ شبه متزامنة (إذ بالإمكان مشاهدة عدّة شاشاتٍ بذات الوقت)، الأمر الذي يعدُّ صعباً في الموسوعة المعتادة والمتتالية (فمن غير الممكن مثلاً مقارنة الصّفحتين 24 و678 من موسوعةٍ ورقيةٍ في الوقت نفسه)؛ هذه الإمكانيَّة تؤدِّي إلى مقابلة المعلومات المتنافرة، وتحليلها وتصنيفها، والذّهول من المقاربات غير المنتظرة التي يمكن أن تحصل فيها؛
- وجود مسطَّحاتٍ مقطعيَّةٍ مختلفة للمعلومة: وذلك بتوفيرالوصول إلى المعلومة مثلاً من خلال موضعٍ في الفضاء (الأطلس) أو في الزَّمان (خطّ الوقت)؛
- إمكانيّة الحفاظ على المعلومة المحقّقة وتنظيمها في نظام معالجة نصٍّ مفتوحٍ على صورة التَّوازي.

سوف نرى بعد حينٍ كيف يقدِّم إناء المعلومات "البسيط" هذا، مواصفاتٍ عديدةً وملائمةً للتّعلّم: وهي المعلومات الوافرة حول المحاور المتنوِّعة، ووجود أدوات للبحث، والتّصنيف وإنتاج المعرفة... (من خلال معالجة النَّص المرفق).

5. 2 المتاحف الافتراضية

لقد أغرى الوصول إلى كنوز العالم الفنّيّة بلا شكٍّ مصمّمي الـ:س دـ روم. لكن بعض النّفوس الحزينة سوف تؤكِّد أن لا شيء يوازي زيارة متحفٍ و"الاتِّصال المباشر" مع الأثر الفنّي. هذا

صحيح دون أدنى شكّ، لكن أليس من الأفضل أن نعتبر هذا الاتّصال الأوّلي مع الجمال خطوةً منجزةً، مقارنةً "باللاشيء"، أو كمحاولةٍ لتقريب الإنسان من الأثر بجعل هذا الأثر بمتناول يديه؟

إنَّ ما يبدو هامّاً بنظرنا هنا من جديد هو التَّصنيف إلى فئات الذي توفِّره لنا وسيلة الإعلام: كالآثار الفنيّة المصنَّفة بحسب المدارس، أو بحسب العصور أو المذاهب الفنيّة أو المؤلِّفين؛ وتكون المقاربات ممكنةً والتَّمايز ظاهراً.

نلاحظ في الصُّورة التَّالية إمكانيَّة مقارنة أثرٍ ما (وقد عبِّر عنه برمز المربَّع الصَّغير؛ فـ"نقرةٌ" عليه تساعد في رؤية الأثر المشار إليه فوق وإلى اليمين) يعود لمدرسةٍ معيَّنةٍ (فخطُّ مربَّعات يعبِّر عن مدرسة معيَّنة) بكلٍّ سهولةٍ بأثرٍ معاصرٍ لمدرسةٍ أخرى؛ ونقرةٌ على رقم القاعة تسمح بمشاهدة الأثر في بيئته.

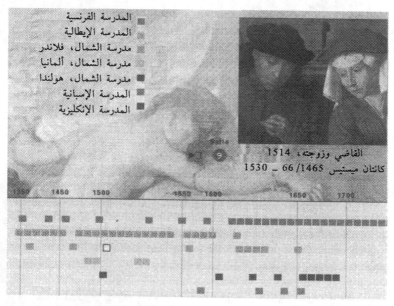

الصُّورة 13 اللوفر: لوحاتٌ وقصورٌ - مونبارناس مولتيميديا Montparnasse Multimédia، وتجمُّع المتاحف الوطنيّة.

تسمح بعض الإنتاجات بما هو أبعد من "زيارة" المتحف بالمعنى الحرفيّ للكلمة، أي إعادة تشكيل الأثر ومؤلّفه داخل المجتمع الذي عاش فيه؛ من هنا تتوافر لدينا مقاربات اجتماعيَّة واقتصاديّة وتقنيّة مع الاقتراب أكثر من شخصيّة الفنَّان (من كان، وأين عاش، والشَّخصيَّات الي التقاها، والأدوات التي كان يستخدمها، وتقنيَّته في الرَّسم...)

الصّورة 14 أنا، بول سيزان (Paul Cézanne) تجمّع المتاحف الوطنيّة وتيليراما Télérama

ترينا الصّورة الأخيرة سيزان في محترفه. ويمكن أن "ننقر" للحصول على معلوماتٍ إضافيّة بصورة نصوص وشفافيَّات وأفلام: حول لوحاته بالتَّأكيد لكن حول ريشاته أيضاً ولوحة ألوانه والكتب التي كان يحبّها. وتقودنا شاشاتٌ أخرى إلى المقهى الذي كان يتردّد إليه: كما سنتعرّف أكثر على ذوقه الشّخصيّ والأشخاص الذين كان يجاورهم...

ويقدّم عددٌ كبيرٌ من الأدوات للمستخدم خياراتٍ عدّة "كي لا يتوه"، وكي لا يمرَّ بمحاذاة المعلومات الهامّة في عمله؛ كما

يترجم تسلسل إبحار المستخدم في عالم الحاسوب بصورة جداول (ما رأيته وما لم أستطع رؤيته حتى الآن...)، أوبطاقات مواقف أو بطاقات تصوُّرية، ويسجَّل هذا التَّاريخ اسميّاً كي يستطيع المستخدم أن يجد بيئته عند الاستخدام المقبل.

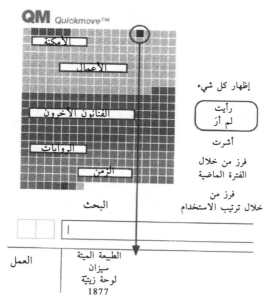

الصّورة 15 أنا، بول سيزان (Paul Cézanne)؛ تجمّع المتاحف الوطنيّة وتيليراما Télérama

يسمح تسجيل نشاطات وتفاعلات المستخدم بواسطة الحاسوب، في س د-روم آخر (متحف أورسي، زيارةٌ افتراضيةٌ)، لنظام المعلوماتيَّة ببناء قائمةٍ لحسابه، أو زيارةٍ بحسب الرَّغبات التي يفترض وجودها لديه من خلال الخيارات التي قام بها.

الصورة 16 متحف أورسي؛ منشورات مونبرناس وتجمُّع المتاحف الوطنيَّة

يتحوَّل النشاط التبادليُّ بين مواضيع وسيلة الإعلام المتعدِّدة أحياناً، إلى نشاطٍ "داخل الموضوع عينه" : ماذا يمكن القول عن إمكانيَّة تغيير الطبيعة ـ الميتة المتمثِّلة في صورة مختبر ـ سيزان (الصورة 14)؟ كان هذا الفنَّان يقول "الرسم هو التأليف". ونحن نضيف، التعلُّم أيضاً. بهذه الطريقة يمسي الأثر الفنِّيُّ قابلاً للوصول إليه ولتغييره؛ كما تصبح عناصره كقطع لعبة التركيب (puzzle)، ويصبح تصرُّف المستخدم مرئيّاً "في وسيلة الإعلام المتعدِّدة" نفسها؛ وفي الحقيقة بذات الوقت الذي نتغيَّر فيه.

الصُّورة 17 أنا، بول سيزان ، تجمُّع المتاحف الوطنيَّة وتيليراما

ترينا الصُّورة السَّابقة "إفساداً" للَّوحة الأساسيَّة التي رأيناها أعلاه قرب سيزان في مشغله (الصُّورة 14)، قام به مستخدم وسيلة الإعلام المتعدِّدة.

5. 3 قبَّة فلكيَّة اصطناعيَّة في المنزل: ريد شيفت Redshift

تصبح في بعض الأحيان، كلُّ عناصر الـ:س دـ روم قابلةً للوصول إليها ولتحديد ثوابتها من قبل المستخدم (ولا تعود أداة التَّوجيه واحدةً أو فوريَّةً بل ترتبط بالقيم التي يدخلها المستخدم). ويعمل المثال الذي نتكلَّم عنه هنا بحسب صورة المنظار الذي يمكن توجيهه في اتِّجاهاتٍ مختلفة كي يصبح بالإمكان مراقبة السَّماء الصَّافية بصورةٍ أفضل: بكواكبها ونجومها ومجرَّاتها التي يمكن تحديدها بسهولة. يختار المستخدم مكان وساعة المراقبة ويبحث عن موضع الجسم؛ فيقوم "المنظار" بالتَّحوُّل باتِّجاهه والتَّمحور عليه، ممكِّناً المراقب من ملاحظته بصورةٍ أسهل في

الوسط الذي يوجد فيه (إلى يسار القمر وسط مجموعة نجوم أوريون Orion...)؛ ويمكن بعد ذلك إطلاق العمليَّة (لنقل كلّ ربع ساعة) بإظهار مواضع الجسم المتتالية أثناء الليل. لكن أين تكمن خاصِّية وسيلة الإعلام المتعدِّدة لمنتج من هذا النوع يشبه برنامج محاكاة؟ إذ أن كلاًّ من العناصر النجميَّة التي يصوِّب نحوها المستخدم تصبح قابلةً للتوثيق بنصٍ (مستخرج من موسوعةٍ)، ويمكن رؤيته من خلال عدَّة صورٍ مختلفةٍ وحقيقيَّةٍ تمَّ الحصول عليها بواسطة أدوات الكشف الفضائيَّة (فإذا صوَّبنا باتِّجاه كوكب زحل مثلاً، نستطيع الحصول على صورٍ ترينا سطحه وحلقاته والأجرام المتعلِّقة به...). إذا وجَّهنا المنظار باتِّجاه القمر نحصل على فيلم فيديو يبيِّن أولى خطوات الإنسان على سطحه، ألخ.

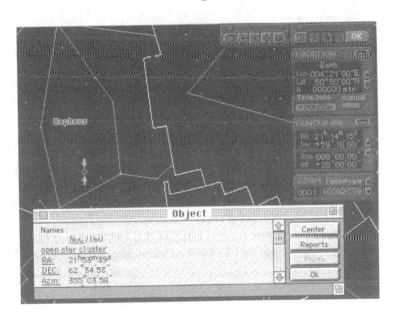

الصّورة 18 ريدشيفت: مالتيميديا أسترونومي Multimedia Astronomy، ماريس مالتيميديا 93 Maris multimedia 94_

في ما يتعلَّق بالمنتجات المشار إليها أعلاه والمتمحورة حول المعارف (المعارف "الموسوعيَّة"، أو معرفة المُؤلِّف والإطار والفنَّان) فالأداة (وهنا المنظار) والتي تأخذ منها صورتها، تتطلَّب بعض اللباقة وبعضاً من المهارة كي تستخدم بصورةٍ سليمةٍ. ولا يحدث شيءٌ ملفتٌ للنَّظر إلَّا إذا جرى تحكّمٌ ملائمٌ بالأداة: عندئذٍ يمكن لوسيلة الإعلام المتعدِّدة، ريدشيفت، أن تعمل على النَّمط الاستباقي النشاط.

من الممكن بالتَّأكيد أن نبحر في الفضاء ساعاتٍ وساعات دون أن نتعلَّم فعليَّاً، بمعنى تغيير رؤانا الخاصَّة، وتحويل معارفنا واستخراج الجديد منها وإدخالها في بنيتنا المعرفيَّة الخاصة (راجع تعريفنا للتَّعلُّم في النَّص الموجود في الفصل الخامس النّقطة 5). ولا غرو أنَّ التَّفكير بالفضاء ما بين النُّجوم يشكِّل بلا شكّ مدخلاً رائعاً للمادَّة، جديراً بأن يُحرِّك عواطفنا، لكن من المهمّ أن نذهب أبعد من ذلك في ما إذا أردنا أن نتعلَّم حقيقةً ونتثقَّف بواسطة وسيلة الإعلام. ويكمن التَّمرين الهامُّ إذاً في الاستفادة من منجم المعلومات المتوافرة، لبناء مفاهيم نجميَّةٍ جديدةٍ في علم الفيزياء (كتصنيف النّجوم بحسب درجة الضَّوء فيها...) أو علم الفلك الكوكبيّ (مثل الخصائص المقارنة لكواكب النِّظام الشَّمسيّ). أمَّا دور الأستاذ كمطلقٍ لنشاطٍ من هذا النّوع فهو أكيدٌ ولا يمكن إنكاره؛ وهكذا نستطيع أن نفهم بصورةٍ أفضل أنَّ دوره التَّقليديّ كمصدرٍ للمعلومات يتحوَّل إلى دورٍ واقعيٍّ "كمحرِّكٍ للتَّعلُّم".

إنَّ الأدوات المعروضة حتى اللحظة تمتلك خصائص مشتركة: فهي توفِّر كلُّها وثائق وافرةً تملؤها الصُّور والأفلام والأصوات... كما تقدَّم أدواتٌ للوصول إلى المعلومات ولتصنيفها وذاك بصورٍ متنوِّعةٍ مثل الموسوعة، وزيارة الموقع، والسَّفر عبر الزّمن،

والأدوات التقنيَّة... ويبقى مقبولاً على الرّغم من كلٍّ هذا النَّشاط الوظائفيّ والتّبادليّ الذي يأخذ أشكالاً مختلفة، أن يبقى المستخدم، أقلُّه على المستوى المعرفيّ، دون نشاط إلّا إذا احتسبنا نقر أصابعه على زرّ الفأرة أو لوحة المفاتيح. ويمكن اعتبار كلّ هذه الأدوات هامَّةً لجهة الأرضيّة التي توفّرها لعرض النّشاطات التَّربويّة المتنوّعة وليس بصفتها كأدوات. ويهمُّ المعلّم أن يطوّر حول وسيلة الإعلام نشاطاتٍ تربويَّةً من هذا النّوع كي يصبح لوجود الأداة معنىً، وتساهم في جودة التّعلُّم. هنا يجب أن نحدِّد بدقَّة المهام التي يجب القيام بها، كما ينبغي تحديد الهدف من الإبحار في عالم الحاسوب وذلك كي يصبح بالإمكان إبراز قيمة المعلومات المحقّقة (هذا بالنِّسبة للهدف) وتحديدها باستخدام معايير محدَّدةٍ سلفاً وبعناية.

وتكون المهمَّة التي عهد بها إلى المتعلِّم مسجَّلةً أحياناً في الحامل عينه كما هي الحال مع الـ:س د-روم "مراسل الكوكب" الذي تكلَّمنا عنه سابقاً.

5. 4 مهمَّةٌ للتَّنفيذ: مراسل الكوكب، بلانت ريبورتر (Planet Reporter)

يدخل هذا الـ:س د-روم كليّاً في إطار إثارة اهتمام الطَّلاب بمشكلات البيئة والحفاظ على المياه. وبدل أن يروى ظمأ المستخدم بمجموعةٍ من المعلومات حول القارَّات والمناخات... والتَّلوُّث من كلِّ نوعٍ، نراه يقترح علينا اختيار مجموعةٍ من التَّحقيقات والتَّقارير للتَّنفيذ.

لائحة بالتَّقارير
كوكب المياه الملوَّثة
هل سوف نحتاج إلى المياه؟
هل أنت مع أو ضدّ التَّسويات الكبرى؟
جنانٌ مهدَّدة ومواقعُ للحماية
هذه المدن الكبرى التي تَظمأ
كوارث يمكن تلافيها
الرّيّ لتغذية الكوكب
مياهٌ صالحة للشّرب ضدَّ الأمراض القاتلة
حروب المياه في الغد؟
كوكب المياه الملوَّثة
في التحرير
تعريف 1
2
3
ملف 1
2
بطاقة تبادل النشاط 1
2
أثناء رحلتك
تحقيق 1
2
3
الصورة-التقرير 1
2
3
الفاكس 1
2
3

الصورة 19 بلانت ريبورتر : كن صحفيًّاً على وسائل الإعلام المتعدِّدة مع نقولا هولو (Nicolas Hulot)BMG Interactive Entertainment

بعد أن يتمّ اختيار التَّقرير، يجب إيجاد مصادر المعلومات الجديَّة المختلفة (مثل الكتب والموسوعات وتقارير المنظّمات المختلفة وبرامج تلفزيونيَّة وس د-روم افتراضية دون شكّ...) القادرة على إغناء الطِّباعة والنَّشر (وسيلة الإعلام المتعدّدة) التي سوف تتمُّ بعد إنجاز التَّحقيق.

كما يمكن الاستعانة برئيس التَّحرير وأمين سرّ الجريدة وسكرتير التَّحرير والموثّقين ...

كما أنَّ كلَّ الأدوات التّكنولوجيَّة موضوعةٌ بتصرُّف المراسل الشَّاب: الحاسوب الشَّخصيّ لتدوين الملاحظات، وإمكانيَّة الوصول إلى قواعد البيانات، والنَّاسخة عن بعد fax، والهاتف، والنِّظام السَّمعيّ البصريّ، للاطّلاع على الأفلام، والمفكّرة الإلكترونيَّة (كما في الصّورة أعلاه). هي بيئةٌ متكاملة موضوعةٌ بتصرُّف المراسل المتعلّم، ومشروعٌ متكاملٌ يظهر مداه من خلال نشاطه.

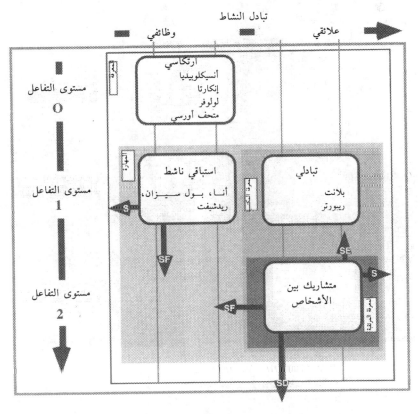

الصّورة 20 تفاعلُ النَّشاط وتبادله

ونجد هنا من جديد مفهوماً يقترب إلى حدٍّ ما من مفهوم تبادل النَّشاط العلائقيّ الذي جرت محاكاته، والذي بيَّنَّاه في النّقطة

السَّابقة (برنامج وسيلة الإعلام المتعدّدة، كوسموس، حيث "سجّل" طلّابٌ افتراضيون في الوسيلة الإعلاميَّة كي يستطيع المستخدم أن يتواجه معهم).

بعد توجيهٍ جيّدٍ للمحور يستطيع المستخدم القيام برحلاتٍ إلى قارّاتٍ مختلفة لاكتشاف معلوماتٍ (جدّيَّةٍ نافعةٍ ومحدَّثةٍ. ومن البديهيّ القول إنَّنا نستطيع دائماً "التَّجوُّل" داخل وسيلة الإعلام المتعدّدة كما نريد، لكن من مصلحتنا أن نتحقق من صحَّة المعلومات فيه إذا كنَّا نريد أن نرى التَّقرير بصورته النِّهائيَّة ، (فالمعلومات غير الملائمة تستبعد بالتَّأكيد، من قبل أمين سرّ التّحرير). بالإمكان، من خلال مراقبة جودة الإنتاج بواسطة مدير تحريرٍ " افتراضي" ، الكلام عن تبادلٍ للنّشاط من النّمط التَّبادليّ، حتى ولو كان بصورة محاكاةٍ في الوسيلة الإعلاميّة ذاتها؛ ويمكن أن نرى عند هذا المستوى بعض ملامح أدب الحياة ذات الصلة بالمواقف: مثل الرّغبة بإكمال عملٍ نوعيٍّ، والتّصميم على بلوغ الهدف، ومعنى الجهد، والرّقابة على جودة المنتج...

يمكن أيضاً الوصول إلى تبادل نشاطٍ علائقيٍّ "كاملٍ" (مستوى التّشارك بين الأشخاص) هذا إذا توافرت للتلاميذ، من خلال عمل المجموعات مثلاً، فرصةٌ لتقديم إنتاجهم ومناقشته مع الطّلاب الآخرين الذين ربّما عملوا على مشروعٍ مختلف.

وفي الخلاصة نقترح من جديد، كما رأينا في الصّورة السّابقة، مفاهيم تبادل النّشاط الوظائفيّة والعلائقيّة المتكيّفة مع منتجات وسائل الإعلام المتعدّدة التي قمنا بتحليلها منذ قليل.

بعض الأفكار الرّئيسيّة في الفصــل 4

بعد انتهاء الأمثلة العائدة لأنماط تبادل النّشاط الأربعة، الدّاخلة في أطرٍ تفاعليّةٍ (المتعلّم والمعرفة، والمتعلّمون فيما بينهم...)، نصل الآن إلى وصفٍ أدقّ لها مع الاستعانة باعتباراتٍ تخصُّ المثلّث التّعليميّ. **فالنّمط الارتكاسيّ** يركّز برأينا على مصدر المعرفة (وسيلة الإعلام و/أو المتعلّم) الذي يفترض بالمتعلّم اكتسابه؛ وعلى هذا المتعلّم أن ينحني أمام متطلّبات الآلة ويستجيب لنداءاتها. **وتدور معايير الجودة حول وسيلة الإعلام** بصفتها هذه: أي شكل هذه الوسيلة ونوعيّة المتطلّبات والمفاعيل الرّجعيّة (لدينا في الغالب صيغتان: صح أو خطأ) التي يواجه بها المستخدم.

وفي **النّمط الاستباقي النّاشط** يخاطب المستخدمُ المتعلّمُ الآلةَ التي تساعده في تجسيد معرفته أو إعطائها شكل النّموذج، كما في بناء معارف جديدة. **وتستند معايير الجودة هنا على دَور المعرفة في التّوسُّط**، أي على الطريقة التي تعرض بها هذه المعرفة بغية جعلها بمتناول المتعلّم المبتدىء. إنّ تنظيم البرامج وجوَّها الأليف يأخذان هنا كلَّ الأهميّة. ويكمن المفعول الرّجعيّ غالباً، في إطلاع المتعلّم على نتيجة عمله... وعليه هنا أن يقدّر ما إذا كان الهدف قد تحقّق.

أخيراً فالنمطان التبادليُّ والمتشارك بين الأشخاص يتموضعان على طرف المثلَّث التعليمي الذي يربط القائم بالتعليم (أي المعلِّم أو متعلِّمين آخرين) والمتلقّي (أي المتعلّم وأحياناً المعلّم). كما يضاف إلى المعايير السابقة معيارُ **التوسُّط بالمعرفة** بمعنى التفاعل

بين المستخدم والوسط "التربوي" المنغمس فيه، والتفاعل بين مختلف الشركاء الذين يتقاسمون المعارف. كيف يستطيع البرنامج، حامل المعرفة، أن يقوم بعمل الوساطة الفاعلة ويحرِّك هذه العلاقة التربويَّةَ،مبدعةَ المعرفة؟

أمَّا في ما خصَّ كلًّا من الأنماط التي جرى وصفها أعلاه بإيجاز فإننا بصدد اقتراح بعض معايير الجودة التي سوف تسمح لكلِّ مستخدمٍ بتقييم الأداة التي ينوي استعمالها ويرسم بأفضل ما يمكن، الخطوط الرئيسيَّة للجهاز التربويِّ الذي سوف يمكِّن من تحقيق الإنتاجيَّة التربويَّة القصوى للأداة.

وينتهي الفصل بالاطِّلاع على بعض الـ:س د روم وعلى كيفيَّة احتوائها على مختلف صور المعرفة وهندساتها: من المعرفة التي نتصفَّحها أو نتأمَّلها إلى تلك التي نبنيها، وصولاً إلى تلك التي تتموضع في الأطر المختلفة وتسمح بالمشاركة...

الفصل الخامس

التكنولوجيات ... أداة تربـــويـــة؟

7. تقاربات؟

8. دراسة حالة: التّعلّم على الإنترنت.

8. 1. كلارولين، منصَّة التّعلّم الإلكتروني المطوَّرة في الـUCL .

8. 2. في المحسوس: تحفيزٌ على التّعلّم فوق منصَّة.

8. 3. لرن-نت (Learn-Nett): التّعلّم على الشّبكات.

9. خلاصـــــــات.

1. مدخل

لا شك أنَّ السّؤال عن التّكنولوجيّات بصفتها أدوات تربويّة هو دخولٌ في جوٍّ مادَّةٍ راهنةٍ، لكنَّه في الوقت عينه مسألةٌ مثقلةٌ بالأفكار المسبقة التي تعود بنا إلى تساؤلاتٍ سابقةٍ وأساسيّةٍ. **والكلام عن فعاليّة الأداة التّربويّة يستلزم اللجوء إلى الطّرق التي تتموضع فيها هذه الأداة، وبعد ذلك إلى الأهداف التّربويّة التي تتضمَّنها.**

إنَّ الرّغبة بمقاربة مسألة "التّعلّم لأجل ماذا؟" أي أهداف التّربية، هي مسارٌ يتطلّب بعد الرّؤية في عالم سريع التّطوُّر. والكلام عن طرائق تربويّة مثل "كيف يكون التّعلّم؟" لم يعد مسألةً سهلةً أبداً، في تعليمٍ لا يزال محكوماً إلى حدٍّ كبيرٍ بسيطرة المعلّم.

كان ينبغي، في هذا الطّريق التّراجعيّ، من الأدوات إلى الطّرائق وصولاً إلى تلمُّس الغايات، تجميع المؤشّرات التي يمكنها أن تسمح في النِّهاية بإيجاد مكانٍ للأدوات الجديدة، حيث يمكنها أن تكون أكثر نفعاً.

ونحن نلاحظ بلا أدنى شكٍّ أنَّ الأمر يدور حول مسارٍ

"أكاديميٍّ" بارز: فاللجوء إلى بعض الطّرائق التّربويّة والأدوات التّكنولوجيّة أو غيرها، محكومٌ في أغلب الأحيان بمتطلّباتٍ مرتبطةٍ بالمضمون التّعليميّ (أي المقرَّر المطلوب رؤيته) وبالمصادر المتوافرة (المكان والمُدَّة)، وبالبيئة العامَّة (الوسائل المتوافرة وحجم المجموعات). غير أنّنا لم نكن نريد، مرّةً أخرى، كشفاً بالطّرائق والأدوات...؛ وكما سوف نرى فإنَّ متطلَّبات المجتمع كثيرة الإلحاح بحيث أنَّها لا تسمح لنا بالاستغناء عن فحصٍ معمَّق لأهداف التّربية المستقبليَّة.

إنَّ مستندنا مبنيٌّ على ركائز ثلاث تنطلق من الأهداف مروراً بطرائق التّعلّم وصولاً إلى شروط استخدام الأدوات.

1. ففي ما يتعلّق بأهداف التّربية "الجديدة" للألفيّة الثَّالثة، فلقد وددنا "مقابلة" مختلف مفكِّري المجتمع، الذين يتساءلون عن مواصفات المواطن الذي "أحسنت تربيته". لهذا سوف نعطي الكلام لرؤساء جامعاتٍ وصناعيين، وممثِّلين عن المجموعة الأوروبيَّة وعن الطّلاب الذين لا يمكن نسيانهم. سوف نشاهد تقاطعاً بين مختلف هذه الآراء كما سوف نرى في مقاربتنا الأولى هذه، وهو تقاطعٌ سوف يحدِّد تحليلنا موضعه ضمن حقلٍ خارجيٍّ محيطٍ، لكنَّه أساسيٌّ بالنّسبة لحقل المعارف المتراكمة (النّقطة 4).

2. إذا كان هذا التّحليل الأوليّ يرسم الخطوط العريضة للهدف الواجب تحقيقه فإنّه لا يوضح إلّا القليل عن الطّرائق والوسائل اللازمة للوصول إليه . لقد كان هناك مساران مفتوحان لرسم هذا الطّريق: فمن ناحية، كان يفترض بالطّرائق أن تُظهر تماسكاً متيناً بالنّسبة للأهداف، وهذا أمرٌ بديهيٌّ. كما كان يتوجَّب عليها من ناحية أخرى، أن تدعم

بأفضل ما يمكن ما نعرفه عن آليَّة التّعلُّم. فما هو التّعلّم أوكيف يتمّ؟ بالرجوع إلى منجزات علوم التربية في ما خصَّ هذه الآليَّة لاحظنا أنَّ هناك أيضاً تقاطعاً من نوعٍ آخر بين الحاجات المستشعرة من قبل العناصر الفاعلة في المجتمع والعوامل المؤدِّية إلى تعلُّم نوعيٍّ. وعليه ، إذا كانت الحاجات تشهد على ضرورة أن يكون لدينا في الوقت عينه أشخاصٌ مستقلُّون وقادرون على العمل ضمن فريق، أي أشخاصٌ قابلون للتأطُّر واتباع قواعد عقليَّة فإن نماذج علوم التربية تعتبر هذه "الخصائص الإيجابية" شروطاً لتعلُّمٍ فاعلٍ قادرٍ على التحوُّلِ إلى تعلُّمٍ "مدى الحياة" (النقطة 5).

3. وكنا نرغب أخيراً عندما تابعنا هذا المسار أن نختبر كيف وفي أيَّة شروط كان بإمكان الأدوات التكنولوجيَّة أن تخدم الطرائق المعروفة وأن تحقق الأهداف المتوخَّاة. إن اختباراً من الماضي كان يمكن أن يكون نافعاً. وفي الحقيقة إن التكنولوجيَّات الحديثة التي يجري الحديث عنها اليوم، لا يمكن اعتبارها كذلك إلّا في الإطار الذي يطرح فيه السؤال؛ وبطريقةٍ أخرى فلقد عرفت كلٌّ من العقود المعاصرة "تقنيَّاته الحديثة" : كالتّعليم المبرمج، والسَّمعيّ البصريّ، والتّعليم بواسطة الحاسوب... كما كانت قد طرحت منذ زمنٍ ليس ببعيد كآمالٍ انعقد عليها التّعليم الذي كان بصدد البحث عن ذاته وعن تطوير ذاته. ما هي الدّروس التي يمكن أن نستخلصها من عمل هؤلاء الرُّوَّاد؟ وهل أن استنتاجاتهم ما زالت مطابقةً للواقع الحاليّ؟ سوف نرى لاحقاً أنّ هذه الأبحاث السَّابقة تضع مجموعةً من الشّروط والظّروف لأجل استيعاب هذه التّكنولوجيَّات وتكاملها فعليَّاً؛ ثمَّ إن هذه

الشّروط والظّروف تبدأ برسم مروحة من الطّرائق أكثر قرباً من الأسلوب الذي يتعلّم به المرء؛ وتساهم هذه الطّرائق أخيراً بإعداد الأفراد الذين يحتاجهم المجتمع (النّقطة 6).

هنا تطرح بعض الأفكار دفعةً واحدةً.

لا يجدر بنا الاعتقاد بتسرُّع أنَّ قدوم التّقنيّات الجديدة هو الحلّ الجذريّ لمشكلات التّعليم الحاليَّة: فهناك غياب الحوافز لدى المتعلّمين والمعلّمين، وأهميّة الفشل، ومواجهة تعليم الكثرة، وتضاد النّظرية ومضمونها ووضع الأمور في إطارها...؛ وفي أحسن الأحوال يمكننا أن نقول كما سوف نرى، إنَّ هذه الأدوات الجديدة تشكِّل وسيطاً مساعداً يؤدِّي بالمعلّم تدريجيّاً إلى التَّجديد في طرائقه وذلك بجعلها مركَّزةً أكثر على نشاط المتعلّم (ماذا سوف يفعلون إذاً بهذه الأدوات؟).

هي طرائق أكثر فعاليّةً كونها أكثر قرباً من الأسلوب الذي يتعلّم به الفرد، لكنَّ الكلام ليس جديداً بالتَّأكيد. لكن كيف يمكن أن نفسِّر قلَّة انتشار هذه الطَّرائق؟ وأين تقبع صعوبات تطبيقها؟ وهل يمكن لهذه الأدوات الجديدة أن ترفع هذه الحواجز لوحدها؟ نستطيع بدايةً أن نتقدَّم بحجَّةٍ هامَّةٍ: فإذا كانت التّكنولوجيّات السَّابقة (السَّمعيّ البصريّ، واستخدام البرامج الملائمة (...EAO سريَّةً نسبيَّةً فإنّ أحداً لا يجهل الآن دخول التّكنولوجيا في كلِّ دوائر النَّشاط الإنسانيّ. ونُضيف حجَّة في موضوع قابليّة التّنفيذ: ألا يقال إن الحاسوب والاتصالات المعلوماتية سوف يجتاحان "كلَّ" مسكنٍ، مقلِّصين الفجوة التي برزت بين المدرسة والبيت وبين المواطن والمجتمع؟ وهنا أيضاً لا يفترض بنا الاعتقاد بأنَّ الأمر سوف يُنجز لوحده: فليس لدينا سوى الأداة؛ أمَّا الآمال الأخرى فهي مهمَّة الإنسان مع عامليّ الجهد والوقت.

2. التّكنولوجيا... آمـالٌ وأخطار

لقد كانت مقدّمتنا متفائلةٌ فعلاً: وهكذا عندما نتكلّم عن دور التّكنولجيّات في تقليص الهوّة بين الأفراد فبإمكاننا أيضاً القول بالمقابل إن هذه الهوّة سوف تتّسع بين أولئك الذين سوف يتّصلون بالإنترنت والآخرين. وإذا كان تقليص الهوّة، من ناحيةٍ أخرى، يكمن في تسوية الفروقات التي تشكِّل غنى ثقافاتنا، فهذا يعني أنَّ هذه التّكنولوجيّات " السَّحرة" سوف تقودنا إلى تصحُّرٍ ثقافيٍّ حقيقيّ. وهكذا فإنَّ التّكنولوجيّات تكون غامضةً كما في كلِّ عملية خلقٍ إنسانيَّةٍ. والأمر ليس جديداً، فسقراط كان يروي الخرافات (التي نقلها أفلاطون في مؤلَّفه، فادر (Phèdre التي نقوم بتلخيصها نحن هنا.

جاء الإله ثوت *(Thot)*، مكتشف الكتابة، ذات مرَّة يقدِّم هديَّةً رائعةً لفرعون؛ فقال له إنَّ البشر سوف لن يفقدوا ذاكرتهم معها أبداً، وسوف تصبح حكمتهم بالغةً. فسأله فرعون عن معنى قوله هذا لأنّه إذا دوِّن كلُّ شيء فسوف لن يبذل النَّاس جهداً ليتذكَّروا وسوف تضمحلُّ لذلك ذاكرتهم. أمَّا الحكمة، فهل تعتقد أنَّه يكفي الاتّكال على تجارب الآخرين لاكتسابها؟ أوليست الحكمة هي حصيلة ما بناه الإنسان بنفسه من تجاربه الشّخصيّة؟

سوف نستعير من ج. تارديف (J. Tardif) بعض خصائص التّكنولوجيا[1] وذلك بعد مقابلتها في ما بينها ثمَّ تدعيمها إلى حدٍّ ما:

---

(1) Tardif, J. (1996). Une condition incontournable aux promesses des NTIC en apprentissage: une pédagogie rigoureuse. Conférence d'ouverture au colloque de l'AQUOPS (Association québécoise des utilisateurs de l'ordinateur au primaire et au secondaite).

- فهي تؤمّن وصولاً سريعاً واقتصاديّاً إلى عددٍ كبيرٍ من المعلومات، الموجودة على "أطراف أصابعنا"، والآتية "من كلّ مكان"، بطريقةٍ لا إشراف عليها في أغلب الأحيان كما لا يمكن مراقبتها؛ هذه المعلومات هي غير تلك المعارف التي يكوِّنها الفرد بكلِّ أناة؛
- تنوّعٌ كبيرٌ في المصادر كما يقولون، سواء لجهة شخصيّة المؤلّفين أو لطبيعة مجالات المواد. ويثير هذا التّاكيد بصورةٍ عامّةٍ، تحفّظاتٍ صريحة: فالتّنوّع المقترح لا يستمرّ سوى فترةٍ محدودةٍ جدّاً ضمن حيِّز الممكن والواقع والمعرفة. فأين يكون رأي الأقليَّات؟ وأين تعبِّر الثَّقافات التي لم تختر الكتابة كوسيطٍ أساسيٍّ؟ هل بإمكان صفحة شبكة ويب web المكرَّسة للآثار الفنيَّة، أن تنقل المشاعر؟

أمَّا في ما يتعلّق بالتّعلّم، أفلا يقود هذا التنوّع الظّاهريُّ إلى نوعٍ من "ركمجةٍ سطحيَّةٍ" أكثر مما إلى تحليلٍ للمعلومات في العمق، وإلى بلقنةٍ فعليّةٍ للمعلومات أكثر مما إلى معارف منظّمة جيّداً وقابلة للاستثمار في مواقف إشكاليّة متنوّعة؟

- ولا شكَّ أن الأدوات هي مساعِداتٌ قيِّمةٌ لإنتاجٍ فعَّالٍ للوثائق، لكن هل يجري استخدامها في الطّريق الصَّحيح؟ أفلا يعتقد أن الإفراط في الحاملات، والألوان، وأشكال الحروف...، هو ذو منفعةٍ أكيدةٍ للتّعلّم أم أنّه يمكن أن يؤدّي إلى تثقيلٍ معرفيٍّ حقيقيٍّ أو إلى تعميق ثقافة الأمور الثّانويّة؟ كما أنَّ عدداً لا بأس به من هذه الأدوات يقدّم ما يعتبر وهمَ المعرفة... وهل لا يزال ينبغي إضاعة الوقت في ممارسة الحساب الذهني طالما أصبح لدينا آلاتٌ حاسبةٌ بدائيَّةٌ تستطيع القيام بالمهمَّة؟

إنه دورٌ نفعيٌّ صرفٌ للمعرفة، أو وظائفيٌّ تتقدَّم به الأداة، نوعٌ من "آليَّة اللحظة"؛

- ونستطيع القول أخيراً إنّ استخدام هذه الأدوات يفتح الباب على تطوير معارف مضاعفة: فالتّعلّم على استخدام معالجة النّصوص لا يشكِّل غايةً بحدٍّ ذاتها بل بإمكان اكتساباتٍ لاحقةٍ عديدةٍ أن تستند إلى هذه الكفاءة المتكوّنة؛ ويشبه الأمر إلى حدٍّ ما التَّعلُّم على الكتابة، والقراءة، واستخدام الهاتف. لكنَّ فتح الباب يمكن أن يؤدِّي إلى خطر تجديد فكرٍ ساحرٍ، بمجرَّد أن ننقر بإصبعنا...

3. مخـاطر... بالنسبة إلى التـــّربية

منذ العام 1983، بدأ اختصاصيُّون، بدرس مستقبل الولايات المتّحدة الأميركيّة، وأطلقوا لذلك صرخة تحذيرٍ بخصوص تربية الشَّباب الأميركي. وقد عرضت صورةٌ عن الوضع في العام 1994 مع "أمَّةٌ في خطر"[2]:

- بقي الكتاب المنطلق الأساسيّ للتَّعليم في عددٍ لا بأس به من المدارس؛ وكان حفظ مضمونه مقياساً للنّجاح إلى حدٍّ كبير؛
- يستخدم المعلِّمون بشكلٍ رئيسيٍّ تقنيَّةَ "الطبشورة والكلمة" لنقل المعلومات: فيبقى المتعلِّمون بذلك أوعيةً لما يحفظونه؛
- لا يزال الأساتذة يعملون بصورةٍ منعزلةٍ كلِّياً عن الآخرين، بخلاف كثيرين منهم؛

(2) Information Infrastructure Task Force (1994). A Transformation of Learning: Use of the NTI for Education and Lifelong Learning. Washington, DC.
http://www.wested.org/tie/dlrn/reformtechpart1.html

- مع أن نسبة لا بأس بها من الأساتذة يستخدمون من وقتٍ لآخر أجهزة فيديو سلبي، لكنَّ من يستخدم منهم الحواسيب، والفيديو التبادليَّة النشاط والشبكات في صفوفهم ، نادرون؛

- في أغلب الأوقات يستخدم الحاسوب مثل كتاب (تمارين) إلكتروني. فتبقى لذلك إمكاناتٌ أخرى من تبادل النشاط أو الفعاليَّة غير مستثمرة؛

- إن الطابع المحافظ لمؤسسة "التدريس في أميركا" يتسبَّب في إبطاء عمليَّة التطوُّر التكنولوجي (والطرائق المجدِّدة التي يمكن أن يؤدِّيَ إليها).

ومع أن هذه الاستنتاجات تنتمي إلى بيئة مختلفةٍ عنَّا، إلَّا أنَّها تدفع للتفكير، خصوصاً في موضوع ضرورة إعطاء الوقت الكافي للتطوُّر التربويِّ كي يدخل في صلب الثقافة الشعبية.

نستطيع الآن المبادرة إلى دراسة النواحي الثلاث التي تطرَّقنا إليها في المقدِّمة :
- الحاجات المستشعرة والمعبَّر عنها من قبل بعض العناصر الفاعلة في المجتمع؛
- العوامل التأسيسيَّة أو الشرطيَّة لتعلُّم نوعي؛
- الإمكانات الكامنة لتكنولوجيا التربية وشروطها.

سوف نحاول أن نظهر بالتدريج كيف تتقاطع هذه المحاور الثلاثة لكي تعبِّر عن أهدافٍ جديدةٍ للتعلُّم، أو عن منطقةٍ أو مكانٍ آخر تساهم فيه الأدوات التكنولوجيَّة الحاليَّة الدَّاخلة في طرائق تربويَّةٍ مجدِّدةٍ ومتمحورةٍ حول المتعلِّم، في بناء مواطنين مسؤولين للألفيَّة الثالثة.

234

4. أهدافٌ معلنةٌ لأجل التربية

4. 1 نحو معارف جديدة

من المهمِّ لنا، قبل تكوين قائمةٍ بالأهداف المختلفة والمعبَّر عنها أعلاه، أن نحدِّد الإطار الذي سوف نصنِّفها فيه. ولقد تسنَّى لنا في الفصول السابقة التي كرِّست للتكنولوجيَّات (الفصلان 2 و3) أن نعرض أشكالاً مختلفةً للمعرفة(3):

- **المعرفة** بصفتها كذلك والتي يمكن أن نقاربها على أساس كونها معارف مكتسبة جيِّداً من قبل الفرد؛
- **المهارة** التي تظهر من خلال أسلوب المرء في ممارسة معارفه في مختلف المسائل التي تطرح أمامه؛
- المعرفة المكتسبة وهي تتعلَّق كثيراً بطريقة المرء في تحديد موقعه كشخصٍ بنصابٍ كامل: بالنسبة للإطار، وبالنسبة لذاته فيه، وبالنسبة لوضعه الشخصي تجاه المسائل التي تطرح فيه، وبالنسبة للآخرين. ندخل هنا دائرة القيم والمواقف والسلوكيَّات؛
- **المعرفة المرتقبة** التي تضيف إلى ما سبق رؤيةً فعَّالةً وزمنيَّةً: وهي تكمن في الأسلوب الذي يستخدمه المرء في محاولته التأثير في مجرى الأمور وإعطائه معنى لما سوف يصادفه مستقبلاً.

---

(3) Lebrun, M. & Viganò, R. (1995). De L'«Educational Technology» à la technologie pour l'éducation. Les cahiers de la recherche en éducations. Sherbrooke (Canada), 2,2, pp. 267-294; Lebrun, M., et Viganò, R. (1995). Des multimédias pour l'éducation: de l'interactivité fonctionnelle à l'interactivité relationnelle. Les cahiers de la recherche en éducation. Sherbrooke (Canada). 2,3, pp. 457-482.

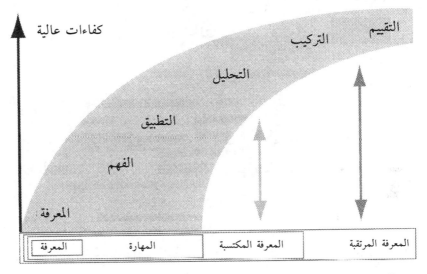

الصورة 1 المعرفة المكتسبة والمعرفة المرتقبة لتنمية الكفاءات المعرفية

يرينا الرسم أعلاه على المحور الأفقي مختلف أنواع المعارف بصورة متداخلة؛ ونعني بذلك أن هذه المعارف لا تشكِّل وحداتٍ مستقلَّةً، وأن مجالات تأثيرها تتمتَّع بمساحاتٍ مختلفة (تمتدُّ من مسألةٍ موضعيَّةٍ خاصة إلى المدى الاجتماعي المعقَّد) تخصِّب بعضها البعض: فهناك مركَّباتٌ مركَّزةٌ من المعرفة المكتسبة (كالتحفيز والاهتمام ورغبة الإنجاز الجيِّد للعمل والرضى...) تؤثِّر بطريقة المرء في اكتساب المعلومات والمعارف والكفاءات...

وبطريقةٍ أدق يرينا الرسم السابق كيف أن مركَّبات المعرفة والمهارات المستوحاة من مصنَّف بلوم (Bloom) المعروف،وهو "التصنيف المتقدِّم للمهارات"، تكون "مدعَّمةً" بأشكالٍ أخرى للمعرفة. وبذلك يمكن للمعرفة المكتسبة أن تؤثِّر في طريقة المرء في تحليل موقفٍ ما، وفي تكوين وجهة النظر التي سوف يتبنَّاها، وتلك التي سوف يستبعدها على أساس تجربته الحياتيّة؛ كما أن المعرفة المرتقبة سوف تؤثِّر في تقييمه للمواقف ولنفسه على اساس

236

الأهداف، والمشروع الذي وضعه لنفسه. وسوف تظهر فرص تطبيق هاتين المعرفتين غير الظاهرتين عادةً، من خلال "طرائق" موجَّهةٍ أكثر نحو المتعلِّم، والتي سوف نكشف بعض خصائصها في الصفحات التالية.

إن التربية التي تخطِّط لتطوير هذه الأشكال الأخرى للمعرفة أيضاً غالباً ما تكون موضع نقدٍ يتعلَّق "بمادَّة المقرر الواجب معرفتها والتي سوف لن ترى". إلَّا أنَّنا نرى أن هذا "التأخير" سوف يجري التعويض عنه زمنيّاً بسبب أن المعرفة المكتسبة المعرفة المرتقبة سوف تشكِّلان بسرعةٍ عوامل مسهِّلةً للتعلُّم. وهذا يعني أن التعلُّم لا ينتج عن آليَّةٍ اللحظة بل يحتاج إلى عامل الوقت.

إنّ أنماط المعرفة المعتمدة هنا سوف تمكِّننا من قراءةٍ بنائية أكثر، لبعض "الخطابات" التي تبنَّيناها حول التربية.

4. 2 ما قيل ... عن أهداف التربية

4. 2. 1 الجامعات

بالإضافة إلى ما ورد في مؤلَّف "التصنيف العالي للمهارات" السَّابق الذِّكر، يُشجِّع السَّيِّد كروشيه (M. Crochet) وهو رئيس جامعة لوفان الكاثوليكيَّة (UCL)، أشكالاً أكثر تقدُّماً من المعرفة تكون مرتبطةً بالتَّحليل وإعادة الصّياغة والتّقييم، التي ترتبط بدورها بشدَّة بمركَّبات المعرفة المكتسبة والمعرفة المرتقبة[4]، وذلك دون إهمال أهميّة المعارف والمعلومات والكفاءات:

(4) خطابٌ بمناسبة دخول رئيس جامعة لوفان الكاثوليكيَّة UCL، السَّيّد م. كروشيه (1995): نحن نرى ما نأمله. كما أنَّ رؤيتنا تكون بقدر رجائنا. لوفان، 62، ص 32-37.

"..."

- يجب أن يكون الطَّالب الجامعيّ قادراً على التَّفكير والكتابة بوضوح ودقَّة، ومتمرّناً على التَّفكير النَّقدي؛

- يمتلك حسًّا نقديّا تّجاه المعرفة وفهمنا للكون والمجتمع ولأنفسنا، بالإضافة إلى مقاربة المسائل المعنويّة والأخلاقيّة؛

- يلمّ بعمق بحقول المعرفة وقد تعلَّم كيف يتعلَّم، الأمر الذي سوف يمكّنه من مواكبة كلٍّ جديد بعد عشر سنوات ندما يصبح نصف المعلومات المكتسبة في الجامعة قديماً... "

كما أنَّ مجموعةً من الاختصاصيين قد بدأت العمل على جامعة المستقبل الجديدة بناءً على طلب الـ UCL. ولقد فكَّرت مجموعة الـ UCL 575 (سوف يصبح عمر هذه الجامعة 575 عاماً سنة 2000) من جهتها بمواصفات الإنسان المثقَّف في الألفيَّة الثَّالثة. وهنا أيضاً تثار مسألة الكفاءات ذات المستوى العاليّ؛ إنَّ خاصّيَّة نشاط الشَّخص الذي يكون في طور التَّعلّم، أي الشَّخص الذي يبني نفسه بالتَّعلُّم وبالتَّفاعل مع الوسط والآخرين، هذه الخاصيَّة يجري إبرازها بطريقةٍ مميَّزة[5].

"بدل صورة الفرد "المنتظم" بالآليّات التّربوية تأتي اليوم صوره الشَّحص المشاركْ ـ أو الدي يرغُب المشاركة ـ بنشاط في بناء هويَّته الشَّخصيّة ("إنّي تاريخٌ يجدر بناؤه")، وهي خطوةٌ يتوجَّب على الجامعة أن تقوم بها ضمن مشروعٍ للمجتمع. فالتَّعلّم

---

(5) تقرير مجموعة "UCL 575"، جامعة لوفان الكاثوليكيَّة، حزيران 1995.

يكون في قلب عمليّة تفاعلٍ فعّالٍ بين مختلف فئات العناصر الفاعلة، "معلّمين" و"متعلّمين"، الذين يتعلّمون أو يتملّكون معرفةً ما ويتواصلون ويجرون التّبادل، كلّهم على طريقتهم وفي مستوياتٍ مختلفة. "

4. 2. 2 الصّناعات

كما انكبَّ صناعيّون ورؤوساء جامعاتٍ، هم أيضاً، على مواصفات مواطني الغد. ونستطيع أن نجد في تقريرهم "التّحوُّل نحو مجتمعٍ يتعلَّم مهاراتٍ مستخلصةً من "المعرفة المرتقبة" (استباق الأمور، إبداع...) و"المعرفة المكتسبة" (العمل في مجموعات...)، والتأكيد على أهميّة الحسّ النّقديّ والتّواصل(6). وإليكم بعضاً من هذه الخصائص:

"...

- انفتاحٌ واهتمامٌ بتعقيدات الوسط التّقنيّ، والاقتصاديّ والاجتماعيّ السياسيّ؛
- حسُّ التقييم النّقديّ والقدرة على إدارة التّناقضات بطريقةٍ متوازنة؛
- حسُّ استباق الأمور، والإبداع والتّجديد بالإضافة إلى أسلوب تفكيرٍ "ملحدٍ" (هكذا)؛
- طواعيّة وفكرٌ متكيّف؛
- استعدادٌ لاتّخاذ القرار ولتحريك الأمور ودفعها حتى النّهاية؛

---

(6) The European Round Table of Industrialists (1995). Une éducation européenne. Vers une société qui apprend. Bruxelles: Publications ERT, p. 8.

- احترافٌ وامتيازٌ وجانب تنافسيٌّ زائد؛
- معرفة الغير، وأسلوبٌ طبيعيٌّ في التّصرّف، وقدرة جيّدة للأعصاب على الإحتمال؛
- انجذابٌ نحو التّواصل (بما فيها اللغات) ونحو العمل في مجموعات (وهم يقدّمون "عمل الشّبكات" كمفهومٍ أكثر انفتاحًا).

...

لا تكمن الكفاءة فقط في المهارات التقنيّة أو في المعارف. فهي تتضمّن أيضاً أوجهاً تمسّ السّلوك... "

4. 2. 3 المجموعة الأوروبيّة

وفي مجالٍ أوسع فقد أعلن ممثّلون عن المجموعة الأوروبيّة موقفهم حول خصائص التّربية والتّعلّم للأزمنة المقبلة. وقد كشفت هنا أيضاً التّوجّهات نفسها.

"إحدى المواصفات الأساسيّة للتّغيير تكمن في انفتاح آليّات وأهداف التّربية نحو أشكالٍ تتميّز بالحوار والمشاركة الفاعلة والمصادر الآتية من خارج المدرسة.

مدرسةٌ منغلقةٌ على نفسها، ودرسٌ يلقيه المعلّم، واكتساب معارف بدلاً من كفاءات، وكثافة موادٍ تعليميّة بدل توازنٍ صحيّ بيئة تعلّمٍ يرتكز على نشاطين وتطويرٍ للشّخصيّة وكفاءاتها، تلك هي نظم ومثاليَّات مدارس كثيرةٍ في أوروبا."[7]

(7) Jones, H.C. (1992). Education in a changing Europe. Educational Review, 44, (3), pp. 237-253.

وأيضاً :

"... تتطلّب طرق تنظيم العمل الجديدة من يعمل على مواقف يمكن وصفها بمفردات الاستقلال والمرونة والقدرة على التّكيُّف وحسّ المسؤوليّة والمبادرة والتّوقُّع، وأخيراً بمفردات الفكر النّاقد: [استقلال التّفكير وإطلاق الأحكام]. . .، [والقدرة على التّواصل]. . .، والقدرة على العمل في مجموعات والتّموضع مقارنةً ببنىً وآليّات معقّدةٍ، وتحليل المشكلات وحلّها.

إذا استكمل هذا الدّمج للكفاءات والمواقف بتقييم مثل التّسامح والعدالة والإنصاف واحترام الآخرين، والتّضامن، نحصل على مواصفات مواطنٍ مسؤول في مجتمعٍ حديثٍ ومنفتح."[(8)]

4. 2. 4 السّيـــاســـة

يمكن أن نجد كلاماً آخر في التّربية المستقبلية، على المستوى السّياسيّ؛ وعلى سبيل المثال يُحدِّد تقرير أوليش Aulich المنظَّم في حزيران 1990 بطلبٍ من مجلس الشّيوخ الأوستراليّ، الخصائص التّالية لطلّاب الصّفوف النّهائيّة[(9)]:

"...

1. عليهم أن يكونوا كفوئين جدّاً في العلوم والفنون الموجودة في خلفيّة ممارسة لمهنتهم؛
2. عليهم أن يملكوا معرفةً عميقةً بالمجتمع الذي سوف يزاولون مهنتهم فيه...

(8) Entretien avec J. Delors: Allier Connaissance et savoir-faire. Le magazine, 1994, p. 2.

(9) Aulich, T. (1990). Priorities for Reform in Higher Education. A report by the Senate Standing Committee on Employment, Education and Training, Canberra: Australian Government Printing Service.

3. عليهم أن يملكوا القدرة على فحص مسألةٍ ما من خلال عددٍ كبيرٍ من وجهات نّظرٍ مختلفةٍ، وتحليلها، ومناقشتها، وإعادة صياغتها؛ وأن يكونوا مفكّرين مرنين ومبدعين؛
4. عليهم أن يطوّروا قدرتهم على التّعلّم طيلة الحياة بشكلٍ يستطيعون معه مواكبة التّغيرات السّريعة في العالم الذي يعملون فيه؛
5. كما عليهم أن يكونوا تواصليين مرموقين سواءً على مستوى التّعبير الشّفهي أو الكتابيّ."

4. 2. 5 الطّـــــــــلاب

سوف نصل، في بحثنا عن نقاط التّلاقي في مقالاتنا عن التّربية، إلى توصيفٍ لطلبات الطّلاب في مواجهة التّعليم الجامعيّ. أمّا النّص الذي نرجع إليه فهو تصريحٌ لطلاب جامعة لوفان الكاثوليكيّة، بعد لقاءٍ جمعهم في بداية عام 1995، ضمن حوارٍ شاملٍ حول التّوقّعات المتعلّقة بمواجهة التّعليم الجامعيّ[10].

وقد شمل هذا التصريح ثلاثة أجزاءٍ وهي:

- الجزء الأوّل "الطّالب: تفتّحٌ أو إغماء"، وقد جرى تنظيمه حول نقاطٍ ثلاث: (1) مسألة **الانتقال الدّقيق** نحو مجموعةٍ جديدةٍ (أي الجامعة)، وبنيةٍ أوسع وأكثر انفتاحاً، وثقافةٍ تختلف عمّا يسمّونه "الثّقافة الشّابة"؛ (2) **موقع الشّخص** كما

(10) Assises générales de l'Enseignement, Communauté Française de Belgique, Déclaration de la cellule Agora de l'UCL, février 1995.

هو، وكما لم يجده الطّلاب، لا في الأساتذة ولا في زملائهم بالإضافة إلى غياب الأمكنة التي يمكن للحوار أن ينشأ فيها؛ (3) وبعد ذلك، صعوبة البحث عن المعنى بالنّسبة للطّلاب في **بناء مشروعهم للحياة**، من أجل تناغم مشاريعهم الشّخصيّة الاجتماعيّة والمهنيّة حول الدّراسة.

تبرز من العناصر الثّلاثة المفصّلة في هذا الجزء رابطةٌ أساسيّةٌ وهي صعوبة الدّخول بطريقةٍ مفاجئة نسبيّاً في بيئةٍ جديدةٍ وإطارٍ جديدٍ، يصعب على الطّالب فيه أن يتعرّف على ذاته أوّلاً، وأن يتطوّر بعد ذلك بطريقةٍ متناغمةٍ. وإذا صادفنا بداية الحلّ في المعلومة (على نسق عباراتٍ مثل "قاعات استقبال الطّلّاب")، فهي لن تكون كافيةً؛ إذ أنَّ هناك ضرورةً لإيجاد أماكن للحوار، محلّيّةً أكثر (بين المعلّم والطّلاب) كي يصبح من الممكن دعم المشروع الشّخصيّ بالتّغذية المستمرّة، من خلال الإطار.

- أمّا الجزء الثّاني "المعرفة تعليمٌ وبيئةٌ"، الذي يشكِّل موضوعه بطريقةٍ ما الحديقة التي يفكِّر طلّابنا المواطنون بتغذية مشاريعهم فيها، فهو مُكوَّن من أربع نقاط. توصلنا الأولى للتّفكير في طبيعة المعرفة ذاتها كمعرفةٍ مثبتةٍ، غير محصورةٍ في إطارٍ، لا شخصيّةٍ، وغير محدّدةٍ في الزّمان كما يقول الطّلاب غالباً عند اطّلاعهم عليها؛ **(1) تجاوز الدّوغماتيّة** أو التّعصّب الفكريّ هو موضوع النّقطة الأولى. وكنتيجةٍ طبيعيّة يقترح الطّلاب أن يفسحوا مجالاً للحسّ النّقديّ في التّعليم (ألا يتعلّق الأمر بتلك العودة إلى الوراء التي تسمح للمعرفة بالاستمرار والنّمو؟) وبالتّالي لتقديم الفرص من أجل (2)

تنمية الحسّ النّقديّ في التّعلّم ذاته. ويتغذّى هذا الحسّ على الحوار والمواجهة، إنّما خوفاً من الغوص في النّسبيّة والذّاتيّة، يجب (3) **بناء المشاركة** واكتساب ما يسمّى (4) **بالفكر الباحث.**

هناك خطٌّ مشتركٌ في هذا الجزء: هو أن يصبح المرء حرّاً ومسؤولاً تّجاه معارفه وسلوكيّاته ومواقفه. إنّها صورةٌ ديناميكيّةٌ يقترحها الطّلاب من أجل أن يحسنوا تمييز وضبط مجالات التردد التي يجب استيعابها جيّداً وإدارتها والتي لا يوجد عليها أجوبةٌ بعد، ضمن بناء الثّوابت (التي لا تزال غالباً موضع شكٍّ متزايد).

● كان محور الجزأين الأوّلين بناء إنسانٍ يتطوّر من خلال استخدام معارفه الواسعة وغير الضيِّقة. وبعد طرحنا لأسئلةٍ من نوع "من" و"ماذا" و"كيف"، فإنّنا نتوجّه نحو الجزء الثالث وهو "المجتمع: إتّباع الطلب وتأمين التغيير"، وهو موضوع لقاء (أغورا) لطلّاب جامعة لوفان الكاثوليكيّة الذي سوف يصبُّ أكثر في الأهداف النهائيَّة، أي "من أجل ماذا".

وكما يبنى مفهوم المواطنيَّة بين ماضٍ على طريق الانهيار ومستقبلٍ في طور البناء، وعلى غرار مفهوم التربية الممتدِّ من المعارف الأسِّيَّة إلى صيرورةٍ غير مؤكَّدةٍ، فعنوان هذا الفصل يكشف حالتي الصعوبة والغموض اللتين تلفَّان الجامعة والطلاب إزاء ما يطلبه المجتمع. ثلاثة محاور تتوزَّع هذا الجزء: التوتُّرات العالميَّة التي تعكسها المواطنيَّة الجديدة، والتوجه نحو التربية استكمالاً للإعداد، ومخاطر التكنولوجيا وإمكاناتها، يضاف إلى كلِّ ما سبق مجالاتٌ متزايدةٌ لحدود "الممكن". ويؤكِّد الطلاب أن هذا الأمر يتعلَّق بهم وبمسؤوليَّتهم المباشرة. لكن (1) **أين نتعلَّم**

المسؤوليَّة؟، ومن توكيلٍ لآخر فقد امَّحت لدى المواطن هذه المسؤوليَّة. هل تبشِّر عودة المواطنين إلى إمساك "قضايا" الوطن بأنفسهم، **(2) بالتماسك أو التنافس؟** وعندها، نتساءل عن ماهيّة **(3) إمكانات المواطن المنفتح على العالم؟**

لقد تناول الجزء الأخير الذي بدا متماسكاً مع سابقيه، عن المواطن بصفته شخصاً لاينقصه شيء، ومسؤولاً ومتضامناً ومستقلاً وكفوءاً ومنفتحاً على العالم. وعلى الجامعة ألّا تبقى ذات دورٍ هامشيٍّ في بناء الصفات الإنسانيَّة لدى الطالب والمواطن. إن إضعاف هذه الخصائص وعلى بعد امتارٍ من الهدف ربما يؤدي بالشخص إلى الاختناق.

4. 3 خلاصة الأفكار المطروحة إلى الآن

الأفكار المطروحة حتى الآن عديدةٌ ومتنوِّعة المصادر. غير أننا نرغب في إبراز بعض النقاط الموجودة عند تقاطع المواضيع التالية: أهمّيَّة إطار المعلومات والوصول اليها ومعالجتها، وأهمِّيَّة العوامل المرتبطة بالتواصل وبالمشروع المفترض بناؤه. هي نقاطٌ سوف نصادفها عند دراسة العوامل الأساسيَّة في التعلُّم النوعي وشروط الاستخدام الفاعل للتكنولوجيَّات.

سوف نستعيد كمثالٍ، الصورة السابقة التي تبرز مقتطفاتٍ من مؤتمر الطاولة المستديرة للصناعيين ورؤساء الجامعات (بالخط العريض الغامق)، ولممثّلي المجموعة الأوروبيّة (بالخط المائل) وبعض عناصر تقرير أوليش Aulich.

تسامح، عدالة، إنصاف، احترام الغير إرادة التكيّف مع التغيير مسؤوليات قدرة على التعلّم، مدى الحياة استباق، خلق، تجديد آراء «بدعيّة». قدرة على العمل ضمن المجموعة وعلى التواصل يجب أن يحسنوا التواصل الخطّي والشهفي قدرة على العمل ضمن المجموعة وعلى التبادل مع الآخرين فهم المجتمع الذي سيمارسون فيه مهنتهم استيعاب العوامل الاقتصادية والاجتماعية المتعلّقة بسوق العمل	الاستقلاليّة الشخصيّة الفكر النقدي الاستقلال في التفكير والحكم التموضع بالنسبة إلى تركيبات ومسارات معقّدة إرادة استخدام وتكيف وتطوير التكنولوجيّات القدرة على مقاربة المشاكل، على التحليل، على توخّي الوضوح، على الاستنتاج... القدرة على حلّ المشاكل كفاءة هامة في الفنون والعلوم تؤدّي إلى التطبيقات	كريير تقرير أوليش المجموعة الأوروبية

المعرفة المرتقبة	المعرفة المكتسبة	المهارفة	المعرفة

الصورة 2 خلاصة ما قيل حول أهداف التربية

سوف نقوم باختيار بعض الآراء مما سبق، والتي سوف تبرز أهمِّيتها عند الكلام عن تطابقها مع بعض نماذج التعلم وما يمكن أن تقدمه التكنولوجيا:

- أهمِّيَّة **الإطار العام** (الاقتصادي والاجتماعي والسياسي...) الذي سوف يتموضع فيه التعلم: إنه إطارٌ يشكِّل مصدراً للتحدِّي، ومرآةً للكفاءات المكتسبة حتى تاريخه، وكاشفاً لتلك التي يجب تحققها، في ذات الوقت. هذا الإطار هو مصدرٌ هامٌ **للتحفيز** الذي لن يبدو التعلم بدونه سوى لصقةٍ لا نفع منها؛ كما نضيف إلى ما سبق تطوير بعض "الخصائص" المرتبطة بشخص المتعلِّم وهي: الاستقلالية وبذات الوقت المسؤولية والإنصاف...

- أهمِّيَّة **المعلومة** الصحيحة (ومعرفة كشفها) **ومعالجتها وتحليلها وتقييمها**: فالقدرة على معالجة المشكلات، والتي تتكرر

في مواقع عديدة، مذهلة. ألم نتعلَّم جميعنا على حل المشكلات؟ نحن نعتقد أن المقصود هنا ليس الحل بعينه بقدر ما هو فن طرح المشكلة أو المسألة انطلاقاً من موقفٍ معقَّد... صحيحٌ أنهم يعلموننا طرح المسائل لكن أين يمكننا تعلُّم طرح الأسئلة الصائبة؟

- أهمِّيَّة العوامل المتعلِّقة بالتواصل، وبالعمل ضمن مجموعات، أي باختصار أهميَّة **التَّفاعل**؛

- وأخيراً أهميَّة **بناء شيءٍ شخصيٍّ**، وإعداد الذات للشّروع في العمل، والخلق وتقييم العمل أو الموقف، وقبول التَّغيير وإدخاله...

هكذا نستطيع أن نتخيَّل بسهولة دور التّكنولوجيّات بالنّسبة للنّقاط التّالية المختلفة وهي: الوصول إلى معلوماتٍ عديدةٍ ومتنوِّعةٍ، والتَّحكّم بها، واكتشاف مواقف جديدةٍ للتّحليل، والتّفاعل مع آخرين، والإنتاج... هذه كلُّها بالتَّأكيد نشاطاتٌ تتطلَّب نواقل تشكِّل أرضاً صالحةً للتّطوير المفترض.

5. لكن ما معنى التّعلُّم؟

5. 1 مقارباتٌ في التّعلُّم

لا نقصد في خطابنا هنا أن نحلِّل بطريقةٍ شاملةٍ جميع مظاهر فعل التّعلُّم. لقد أردنا ببساطةٍ إبراز عوامل أساسيَّة من خلال تقاطع وجهات نظرٍ متنوّعةٍ حوله. إنَّنا نريد أن نبيّن إلى أي مدىً تشكِّل الرّغبات المعبَّر عنها في القسم السّابق (أي تنمية الحسّ النَّقديّ والتّفاعل والمشاركة بنشاط وبناء الشّخصيَّة...) **في الواقع شروطاً** لتعلُّمٍ نوعيٍّ ولتعلّمٍ في العمق، ثمَّ أخيراً لتعلُّمٍ يدوم مدى الحياة.

نقترح هنا، دفعةً واحدةً، تعريفاً مأخوذاً من مقالٍ لر. ب.

كوزمان (R. B. Kozman) (1991) التّعلّم مع وسائل الإعلام[11]. لقد اخترنا هذا التّعريف لأنّه يعرض في أسطرٍ قليلةٍ أوجهاً عديدةً سوف نتوسّع بها لاحقاً.

"يمكن النّظر إلى التّعلّم كآليّةٍ ناشطةٍ وبنّاءةٍ، يقلّب المتعلّم من خلالها بطريقةٍ تخطيطيّة، المصادر المعرفيّة المتوافرة بحيث يخلق معارف جديدةٍ عن طريق استخراج المعلومة من البيئة وإدخالها في بنيته المعلوماتية الحاضرة في ذاكرته."

ونقترح في انطلاقتنا، تعريفاً "موازياً" لفعل التعلُّم؛ وهو يحتوي على تضميناتٍ عديدةٍ للمعنى مرتبطةٍ مع التّصريحات الموجودة في القسم السّابق[12]، وقد أُخذ من كتاب ج. براون (G. Brown) وم. أتكينز (M. Atkins) (1988)، التّعليم الفاعل في التّربية الرّاقية *Effective teaching in higher education*:

"يمكن النّظر إلى التّعليم كعمليّةٍ، يوضع فيها الطالب في ظروفٍ تساعده على التّعلّم. هي آليّةٌ تبادليّة النّشاط ونشاطٌ مقصود. ويمكن للأهداف... أن تكون ربحاً في المعلومات وتعميقاً للفهم وتطويراً للكفاءات في مجال "حلّ المسائل" كما يمكن أن تكون تغييراتٍ في الرّؤية والمواقف والقيم والسّلوك."

وينطبع هذان التّعريفان بقوّةٍ، بواقع كون الطّالب نفسه هو سيّد تعلّمه والذي يقوم ببناء ذاته من خلال بناء معارفه، ويكتسب هذه المعارف من خلال هذه العمليّة.

---

(11) Kozman, R.B (1991). Learning with media. Review of Educational Research, 61, pp. 179-211.

(12) Brown, G. & Atkins, M. (1988). Effective teaching in higher Education, Routledge (London).

وبصورةٍ أدقّ فإنّه يبدو لنا من الأهميّة بمكان أن نحلِّل نموذجاً في التّعلّم، وهو هنا البنائية consructivisme، وإبراز بعض أوجهه.

وتعتمد طريقة البنائية على فكرة أن المتعلّم يمتلك معلوماتٍ (أي مفاهيم) وكفاءاتٍ سوف يقدم بواسطتها ببناء معارف جديدةٍ من أجل حلّ المسائل التي تطرحها عليه البيئة. إنَّ دور الجماعة - أي الطلّاب الآخرين والمعلّم - يكمن في تأمين الجهاز، وتوضيح صعوبة المشكلة ودعم الطلاب في عمليّة البناء الشّخصيّ التي يقوم بها. ولا شكَّ أنَّ بعض الخصائص(13) تستحقُّ أن تُسجَّل؛ وهي تبدو لنا على علاقةٍ قويّةٍ مع بعض النّقاط الخاصّة التي أبرزناها أعلاه:

- دور المعارف السّابقة؛
- دور الإطار والتّجربة الحسيّة؛
- خاصِّيّتا تبادل النّشاط والتّعاون المميِّزتان للتّعلّم؛
- أهميّة التّغيير المفاهيميّ الذي يُفترض أن يلعب دوره وذلك من أجل أن يتمَّ لدينا تعلّمٌ فاعل: مثل وعي المسألة، وعدم الرِّضى أو الإخلال في التّوازن إزاء المفاهيم السّابقة وإعادة التَّوازن والصِّياغة الجديدة للمعارف بحيث تكون أكثر عملانيّةً وأكثر تعميماً أو فعاليّةً؛
- الأدوار الجديدة المعطاة للمعلِّم والطّلاب؛

(12) Anderson, R.D., Anderson, B.L., Varanka-Martin, M.A., Romagnano, L., Bielenberg, J., Flory, M., Mieras B. & Whitworth, J. (1994). Issues of Curriculum Reform in Science, Mathematics and Higher Order Thinking Across the Disciplines. Studies of Education Reform Program, US Department of Education, Office of Educational Research and Improvement, Office of Research, Washington, DC.

- وأهميّة أن يفكِّر الطّالب بالآليّة التي اعتمدها : إنَّه تفكيرٌ في "ما هو أبعد"، الذي سوف يعزِّز بدوره كفاءة "التّعلّم على التّعلّم".

لقد حاولنا أثناء بحثنا عن "نموذجٍ" حيويٍّ للتّعلُّم، أن ننظِّم في الجدول التّالي رؤىً مختلفةً ومؤلّفين مختلفين(14) (أنظر الجدول التالي).

(14) Combs, A.W. (1976). Fostering maximum development of the individual In W. Van Til & K.J. Rehage (Eds.). Issues in secondary education. (NSSE Yearbook, 1976). Chicago: National Society for the Study of Education; Saljo, R. (1979). Learning in the learner's perpective. Some common-sense conceptions, Reports from the Institute of Education, University of Gothenburg, 76: Biggs, J.B. & Telfer, R. (1987). The Process of Learning. (Second Edition), Prentice-Hall (Sydney); Savoie, J.M. & Hughes, A.S. (1994). Problem-based learning as classrom solution. Educational Leadership, 52(3), pp. 54-57.

(COMBS, A. W.) (1976). Fostering maximum development of the individual. In W. Van Til & K. I. Rehage (Eds.). Issues in secondary education. (NSSE Yearbook, 1976). Chicago: National Society for the Study of Education.

SALJO R. (1979) Learning in the learner's perspective. Some common-sense conceptions, Reports from the Institute of Education, University of Gothenbeurg, p. 76

BIGGS, J. B. and TELFER, R. (1987) The Process of Learning, (Second Edition), Prentice-Hall (Sydney).

SAVOIE, J. M., & HUGHES, A. S. (1994). Problem-Based learning as classroom solution. Educational Leadershī 52(3), pp. 54-57.

المعلومات

التّعلّم كنموٍّ كميّ للمعارف. التّعلّم بصفته عمليّة حفظ؛ التّعلّم هو عمليّة تخزين للمعلومات التي يمكن إستعادتها.

التحفيــز

التّعرّف على مسألة ملائمة للطّلاب

إطارٌ مشوّق وملائم

ربط المشكلة بإطارٍ معروفٍ بالنّسبة للطّالب كي يؤمّن فرصةً حقيقيّةً للتعلّم

يفترض بالبيئة تسهيل اكتشاف المعارف. كما يجب أن تشجّع على تعلّق الطّالب بالموضوع، وتفاعله والتّأقلم الاجتماعي، بالإضافة إلى مقاربةٍ للعمل تؤمّن تطبيقاً جيّداً

التّعلّم باعتباره اكتساباً للمعارف والكفاءات والطّرائق التي يحافظ عليها جاهزةً وقابلةً للاستخدام بحسب الضّرورة

قاعدة معلوماتٍ منظّمةٍ بشكلٍ ملائمٍ

"التّحليل"

يجب تأمين فرص متكرّرة للمتعلّم كي يستطيع مقابلة المعلومات الجديدة والتّجارب في مجال البحث عن المعنى

تنظيم التّعليم حول المسألة العامّة والكفاءات الواجب اكتسابها وليس فقط حول المادّة

إعطاء الطّلاب مسؤوليّة تحديد خبرتهم التّعلّميّة وتطبيق خطوتهم الشّخصيّة في حلّ المسائل

نشاطاتٌ تعلّميّةٌ ذات مستوىً عالٍ

التّعلّم بصفته بحثاً عن المعنى والتّجريد. يتطلّب التّعلّم ربط الأجزاء المختلفة للمادّة وربطها كلّها بالعالم الحقيقيّ

التّعلّم بصفته خطوةً لتحليل وفهم الواقع من خلال مقارباتٍ متنوّعة التّعلّم هي خطوةٌ لفهم الواقع من خلال تحليلٍ جديدٍ للمعارف

التّفاعل

تشجيع التّعاون بين مختلف الشّركاء وذلك من خلال إيجاد مجموعاتٍ من المتعلّمين المبتدئين

تفاعلٌ نوعيٌّ مع "الآخرين" : كالمعلّمين والطّلاب...

تحديد إثبات صحّة نتائج التّعلّم من خلال إنتاجٍ ما أو عرضٍ على أساس أنّه هدفٌ للطّلاب

الإنتاج

الطّرائق المستخدمة للتّشجيع على اكتشافٍ شخصيٍّ من هذا النّوع تنظّم بطريقةٍ فرديّةٍ جدّاً ومتمايزةٍ؛ وهي تتكيّف مع أسلوب وسرعة تعلّم كلّ فرد.

إنَّ مسار التّنظيم الذي اخترناه لبناء مركّبات (بواسطة التّفاعل) التّعلّم التي اقتُرحت علينا، هو ذاك المتعلّق بحوارٍ ممكنٍ خاصٍّ بالخطوات الواجب تعلّمها. وهكذا فإذا كان من النّافع أن تكون معلوماتٌ ما موضعةً بالتّصرّف (سالجو Saljo)، فمن المهمّ أن يتمّ الدّخول في مرحلة التّعلّم ضمن إطارٍ حقيقيٍّ (يقرب من المواقف المعاشة أو تلك التي نصادفها في الحياة الاجتماعيّة أو المهنيّة)، وتحفيزيٍّ (بيغز Biggs وتالفر Telfer). عندئذٍ يمكن التّطرّق لنشاطاتٍ معرفيّةٍ من مستوىً عالٍ (كالتّجريد والتّحليل والتّركيب)[15]، وهي تلك التي يؤدّي إليها تبادل النّشاط في الموقف التّربويّ (سافوي Savoie وهوغ Hughes) وتقود إلى إعادة تملّكٍ للمضامين والطّرائق من قبل الشّخص الذي يتعلّم ويبني الآخرين ويبني ذاته.

5. 2 نمـوذجٌ تركيـبيٌّ من خمسة عناصر

في محاولتنا تقريب بعض خصائص آليَّة تبادل النشاط بين التعليم والتعلم تبيَّن لنا إمكانيَّة وجود خمس "فئات" كبرى وهي:

- **التّحفيز** وهو متعلِّقٌ بالإطار العام و**بالمهمَّة** وبالوسط التعليمي.
- و**الإعلام** وهو متعلِّقٌ **بالمعلومات** وحاملاتها المختلفة وبوسائل الإعلام.
- "**والتحليل**" وهو متعلِّقٌ **بكفاءاتٍ** من أعلى مستوى (تحليل، وتركيب، وفكر نقدي...).
- **والتفاعل** وهو متعلِّقٌ باللجوء إلى **التفاعل** مع مختلف المصادر

(15) في الطبعة الأولى من هذا الكتاب كان القطب الثالث من "نموذجي" التعليمي يسمى "حلَّل" (باعتبار التعليم مهارة ذات مستوى عال، بحسب بلوم). أما في الكتب اللاحقة فلقد فضَّلت أن أسمِّيه "نشَّط" (الكاتب).

وخصوصاً المصادر البشريَّة المتوافرة (دعمٌ، وأثر رجعيٌ، وتقييمٌ...).

- **والإنتاجَ** وهو متعلِّقٌ **بالبناء** الشخصي (عقلي أو مادي) أو "بالإنتاج".

وسوف نشرع في هذه المرحلة بتحليل أكثر تفصيلاً لهذه الفئات الخمس:

1. يبدأ التعلُّم عند الالتقاء بموقفٍ جديدٍ، أي موقفٍ غنيٍ بما يكفي من العناصر الجديدة بحيث يسمح بإحداث تغيير مفاهيمي. هذا المسح الأوَّلي وهو عامل تحفيز(16)، يجب أن يسمح للمتعلِّم بأن يجد نفسه في الوسط المقترح، وأن يقيس حجم معلوماته الشخصيَّة وكفاءاته (وتشمل المكتسبة منها وغير المكتسبة بعد)، وأن يعطي "قيمةً" للمهمَّة التي سوف تطلب منه من خلال التعلُّق بعناصر وأحداثٍ وعمليَّاتٍ تكون ذات معنىً (مترسِّخةً) واتِّجاهٍ (نحو مشروع) بالنسبة إليه. ويتعلَّق الأمر بالتمكين من فكِّ رموز الموقف الجديد في مرحلةٍ أولى، يقوم به المتعلِّم بالاستعانة بشبكةٍ للقراءة تكون جاهزة للاستعمال مثل: "يذكِّرني هذا الأمر بـ...، وكأن الأمر،...". ويتجاوز هذا الموقف من بعيد التمرين المعتاد، وذلك من خلال قدرته على الإيحاء، وإمكانيَّة توسيعه. إنَّه على تماسٍ مباشرٍ مع الواقع المعاش، والطلبات، والحاجات، بحيث تؤدِّي إلى تحمُّل المتعلِّم للمسؤوليَّة وللإمساك بزمام الأمور، وجعل محاولة الفهم عمليَّةً ممكنةً وذات أثرٍ، والتحضير لمراحل المواجهة اللاحقة، ومرحلة الشك والتكيُّف. **التغيير المفاهيمي ينشأ من شرط الوضوح**.

---

(16) Viau, R. (1994). La motivation en contexte scolaire. Pédagogies en développement./ De Boeck Université (Bruxelles).

2. إذا كان الموقف غنياً بعناصر سبقت رؤيتها وعناصر جديدةٍ ومعلوماتٍ جديدةٍ، فإن وجهات النظر المتوافرة حول الموقف بشموليَّته يجب أن تكون بذات التنوُّع. وتكون ناتجةً عن مضمون الموقف عينه (الملف التوثيقي)، أو عن الطلَّاب الآخرين، أو عن مصادر المعلومات الخارجيَّة (كالكتب والمجلَّات والاتصالات المعلوماتية). ويمكن أن يبدو الأمر غير ذي قيمةٍ غير أننا بعيدون عن التطبيق الذي يتم من قبل النظريَّة المعتمدة في حينه، وهي تدور حول ذاتها، مستهلةً الكلام ومعطيةً وجهة نظرها. وتشكِّل هذه التقدمات ذات المقدار من الأسئلة والأجوبة إزاء االمسألة التي يواجهها الطالب، كما سوف يجري التشبث بها بصورةٍ مختلفةٍ بحسب درجة معقوليَّتها وبحسب النمط المعرفي للطالب.

يبدو أن هاتين المرحلتين تتقاطعان عند رغبات الطلَّاب في لقائهم (النقطة 4. 2) من أجل إيلاء المزيد من العناية بشخص المتعلِّم، ومن أجل انسجام أفضل بين مشروعه الشخصي ومشاريعه الدراسيَّة والمهنيَّة، ومن أجل انفتاح أكبر على العالم وتعقيداته، ومن أجل تنوُّع أكبر بمواجهة تصلُّب النماذج والنظريَّات. أما في ما يتعلَّق بالهدف الأساسي لهذا النموذج (الوصول إلى تكنولوجيا في خدمة التربية) فيمكن القول إن المساهمة الحاليّة لتكنولوجيا المعلومات تبدو واعدةً بالنسبة لاجتيازهاتين المرحلتين اللتين تتعلَّقان أيضاً (بضرورة) تأطير التعلُّم الذي يعتبر سبباً أساسياً لتحفيز المتعلِّمين.

3. المرحلة الثالثة تبدو حسَّاسةً! فأمام تأمين الممكن والحالات الخاصَّة والمصادفات النوعيَّة الحاصلة في المرحلة السابقة فإن الخطر كبيرٌ في الواقع بأن نرى المتعلِّم الضائع دون

مرشد، يسقط في نسبيَّة "الكلُّ في الكلِّ وبالعكس" ، و"كلُّ الحلول تتساوى" ، ليغرق بعدها في الاستلاب. إن أخطار "الركمجة السطحيَّة" ليست ببعيدة. في هذه المرحلة يجب أن يتجلَّى برأينا دور التربية أمام التعقيدات، وأمام ثقل المعلومات على كاهل الطالب. ولا شكَّ أن الأولويَّة يجب أن تكون لتعليم الطلَّاب تدريجيَّاً كيفيَّة بناء أدوات البحث عن المعلومات، والبناء، والمقارنة، والتصنيف، والمواجهة، والمحاكاة. . . بحيث تسمح لهم باختبار الفرضيَّات، وتمثيل المعطيات بصورٍ مختلفةٍ، وتحليلها، وتفسيرها.

4. غير أننا نعتقد أن التعلُّم بصفته تحوُّلاً في البنية المعرفيَّة، يحتاج إلى أكثر من المعلومات وأدواتها التحليليَّة. حتى بوجود بيئةٍ غنيَّةٍ ومتطوِّرةٍ فالطالب يميل إلى الاكتفاء بمقاربةٍ سريعةٍ وسطحيَّةٍ للمسائل، أي بالتغيير الأقل كلفةً لناحية الوقت والجهد. لذلك فهو يحتاج من وقتٍ لآخر إلى حثٍّ من قبل معلِّمه أو رفاقه في المجموعة من خلال طرائق هادفة ومحدَّدةٍ بعنايةٍ: إذ ما الفائدة من عمل المجموعات إذا ما توقَّف الأمر عند تغييرٍ شكليٍّ في ترتيب المقاعد والطاولات؟ نحن نرى بالأحرى في ذلك فرصةً لممارسة مواصفات المتعلِّم التي تكلَّمنا عنها عدَّة مرَّاتٍ والتي أوصلتنا إليها تحليلاتنا السابقة: مسؤوليَّة عن الذات وعن الآخرين، وتعاونٌ مرتكزٌ على العقد، وممارسة الحسِّ النقدي، وتقديمٌ وتطويرٌ لكفاءاته وكفاءات الآخرين. إن عمل المجموعات، والعمل ضمنها يهدفان أيضاً إلى خلق **الشعور وتغذيته بعدم الرضى إزاء تمثُّلاته الأساسية.**

لقد أظهرت هاتان المرحلتان الأخيرتان دور التفاعل

الاجتماعي والصراع الاجتماعي المعرفي في عمليّة التعلُّم [١٧].
كما يتعلَّق الأمر أيضاً بتجاوز مفهوم الطرائق التربويّة بالمعنى
الشائع للكلمة - أي الوصفة، أو طريقة عمل المعلِّم، أو
طريقة عرض المعرفة - من أجل الوصول إلى جعل المعرفة
الأساس الحقيقي للتعلُّم ونتيجة لآليَّته. كما أنَّه تحوُّلٌ في
الرؤية أيضاً من اكتساب المعارف المزيَّنة ببعض قواعد آداب
التصرُّف المـحـدَّدة سلفاً، إلى تعلُّم اتّخاذ المـواقـف
والسلوكيَّات التي يجري ترسيخها من خلال ممارسة معارف
ملائمة. وربّما يتعلَّق الأمر بثوابت هامّة لكنها مهملةٌ جدّاً في
مجتمع المعلومات. وتعود بنا هذه المراحل المتعلّقة أيضاً
بإنتاج النّماذج و" النّظريات" إن أمكن، إلى إخراج عمليّات
التعلُّم من الإطار المحدَّد (والضّروريّ) كي تصبح قابلةً للنّقل
إلى مواقف أخرى سوف يصادفها المتعلّم.

5. أخيراً وكاستكمالٍ للمرحلة الرّابعة فإنَّه من المهمّ أن نلحظ
أنّ التّعلّم الذي هو في طور النّمو (وهل يمكنه أن "ينتهي"
أبداً؟) يجب أن يترافق ولمصلحته بتحقيق تدريجيٍّ لمشروعٍ،
أو لمنتجٍ يسوقه ويميّزه في الوقت نفسه. إنّه يتحقّق ويتقيّم
بالتّفسير والإقرار الواضح بالخطوة المتحقّقة كما بالإنتاج (مثل
رسالةٍ أوملخّصٍ أو وسيلة إعلام متعدّدة) الذي يجسّده.
وبالنّسبة إلينا فإنّ الأمر يتعلّقٌ بمرحلةٍ (ضروريّةٍ) من إعادة

---

(17) Monteil, J.-M. (1989). Éduquer et former. PUG (Grenoble); Perret-Cler-
mont. A.-N. & Nicolet, M. (1988). Interagir et connaître. Del Val (Fri-
bourg); Viganò, R. & Lebrun, M. (1995). Interazione e autonomia nelle
situazioni pedagogiche all'università, Pedagogia e Vita, 3, pp. 79-102.

التأطير يقوم المتعلّم فيها ببناء "شيءٍ ما شخصيٍّ" بالاستعانة بالتّوجّهات والنّماذج والنّظريّات المبنيّة سابقاً ومن خلال تطبيق معلوماته الحديثة من خلال مسائل جديدة.

تبدو لنا المراحل الخمس التي سبق عرضها منسجمةً مع نماذج تنحو باتّجاه ربط المراحل التي يمرّ بها الفرد عندما يودُّ التّعلّم، مراحل تشكّل خلفيّةً للتّعلّم. لقد قمنا من جهةٍ أخرى باستعارة المفردات المستخدمة من اثنين من هذه النّماذج:

- يلخّص د. بروكس[18] (D. Proulx) بكلماتٍ ثلاث (التّأطير والإخراج من الإطار وإعادة التّأطير) ما يسمّيه ج. تارديف[19] "المراحل الثّلاث للتّعليم الاستراتيجيّ". تكمن الأولى في عمليّة التّحضير للتّعلّم : "يضع المعلّم الطّالب في الإطار الذي يرغب تفعيل معارفه فيه، إنّها بمثابة نقطة ترسيخ". والمرحلة الثّانية هي عرضٌ للمضمون الواجب تعلّمه والذي يسمح بمعالجة المعلومة الجديدة، وتكامل المعارف واستيعابها. أمّا المرحلة الثّالثة فهي مرحلة تطبيق المعلومات وتحويلها. لقد سبق وقاربنا هذه المفردة عندما قمنا بإجراء مقابلاتٍ بين المسار العلميّ من جهة واكتساب المعارف العلميّة في الفصل الأوّل؛
- تُظهر بعض الأعمال الدّائرة حول خصائص التّعلّم الذي يشجّع على تغييرٍ مفاهيميٍّ مستديمٍ (بالنّسبة للمعارف كما بالنّسبة

(18) Proulx, D. (1997). Formation par compétences au baccalauréat d'ingénierie mécanique à l'université de Sherbrooke. Conférence organisée par l'institut de pédagogie universitaire et des multimédias de l'Université Catholique de Louvain. (Louvain-la-Neuve).

(19) Tardif, J. (1992). Pour un enseignement stratégique. L'apport de la psychologie cognitive, Editions Logiques. (Montréal).

للتمثُّل المشترك للتّعلّم المحصور بمرحلةٍ معيّنةٍ من الحياة) أنّ هذا التّعلّم يستند إلى شروط الوضوح، وإمكانيّة التّصديق وعدم الرّضى والإنتاجيّة[20].

يُلخّص الجدول أدناه كلامنا دون أن يعطي رؤيةً نهائيّة لإيقاعٍ ما للتّعلّم. ربّما يتعلّق الأمر بالأحرى بإيجاد إطارٍ لعملٍ لاحقٍ، ومركّباتٍ محتملةٍ لأداةٍ تكنولوجيَّةٍ تكون في خدمة التّعلّم:

هل الوسط الموجود محفّز؟ وهل يمكن أن نرى عمّا يدور الكلام؟ وهل باستطاعة المعلومة أن تسمح بتكوين رأيٍ ما؟ وهل توافرت أدواتٌ لتحليل هذه المعلومة؟ وهل نحن مندهشون من قناعاتنا؟ وهل باستطاعتنا أن نؤدّي شيئاً ما بواسطتها؟ وهل باستطاعتنا أخيراً أن نختبر معلوماتنا الجديدة في موقفٍ جديدٍ؟

التّحفيز	الإعلام	التّحليل	التّفاعل	الإنتاج
الوضوح	إمكانيّة التّصديق	عدم الرّضى	الإنتاجيّة	
التّأطير	الإخراج من الإطار	إعادة التّاطير		

الاستيعاب	التكيُّف

كما أنّنا نلاحظ أنّ هذه المركّبات الخمسة ترتبط بعلاقةٍ محكمةٍ مع العناصر الموجودة عند تقاطع "الكلام" في النّقطة السّابقة وهي: المعلومات والإطار، وتحليل المعلومات والتّفاعلات، وبناء المسار، وأخيراً المنتج والمشروع.

(20) Pintrich, P.L. et al. (1993). Beyond cold conceptual change: The role of motivational beliefs and classroom contextual factors in the process of conceptual change. Review of Educational Research, 63, 2, pp. 167-199.

تستعيد الصّورة 3 أدناه هذه الفئات الخمس عن طريق جمعها حول المثلّث التّعليميّ الذي يُفترض بها تفعيله: تميّز الجهتان اليسرى واليمنى، خصوصاً، الأدوار المسيطرة للمعلّم (حول الموقف، مسهّل ومساعد للتّحفيز والتّفاعل) وللطّالب (الذي يمارس كفاءاتٍ ذات مستوىً عالٍ ويبني ذاته). إذا ما استعدنا عناصر الخطّ الذي سمح لنا ببناء الكلام الذي جرى تحليله في النّقطة 4 (من المعارف وصولاً إلى المعرفة المرتقبة)؛ فإنّنا سوف نجده مجدّداً بصورةٍ متماسكة وغير قابلةٍ للفصل "حول" الصّورة: فإذا كانت المعارف تشغل الجزء العلويّ من الصّورة فإنّ المهارة تشغل الجّهة اليمنى (التّحليل والإنتاج). أمّا المعرفة المكتسبة فهي تشغل الجزء الأيسر (التّحفيز ـ الذّاتي ـ، والتّفاعل) وأخيراً فإنّ البناء بكامله يستقرّ على المعرفة المرتقبة التي تلامس عن قرب الطّريقة التي يُدخل بها الطّالب مشروعه وبناءه ضمن الإطار العامّ.

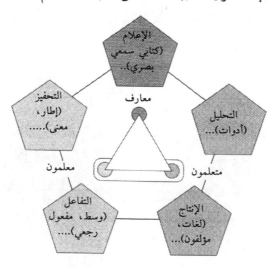

الصورة 3 نماذج تعليميَّةٌ من خمسة مركَّبات

لقد جرى كذلك تحديد موقع بعض الأدوات التكنولجيَّة التي يفترض بها تعزيز الفعاليَّة الخاصَّة التي أردنا التعبير عنها في الصورة. فإذا كانت الناقلات السمعيَّة البصريَّة، عند بداية العمليَّة التعليميَّة مثلاً، قادرةً على تأمين عناصر تحفيزيَّةٍ (عندما يمهِّد فيلمٌ ما لدراسة حالةٍ، على سبيل المثال) فإنَّ الناقلات العامَّة (السمعيَّة ـ الكتابيَّة ـ البصريَّة)، وبنوك البيانات، وأدوات البحث عن المعلومات على شبكة الإنترنت تشكِّل كلُّها حاملات لمعلوماتٍ غنيَّةٍ وواسعة. وبالإمكان إيجاد أدوات بَنْيَنَة structuration وتحليل وتركيبٍ في برامجيَّاتٍ مختلفة: يمكن مثلاً لمنظِّم لوائح أن يكون أداةً فعَّالةً لبناء النماذج والمحاكاة عند التحضير لدراسةٍ أكثر عمقاً أو عند البحث عن الخصائص المشتركة أو المتنافرة لظواهر متعدِّدة. وتعتبر البرامجيَّات المكتبيَّة المعتادة (ناشري النصوص، وأدوات تركيب الصفحات...) وسائل مساعدةً ثمينةً لتحضير مستنداتٍ مرتبَةٍ أو موجَّهةٍ أو حتى فعَّالة. وأخيراً فإنَّ الاتصالات المعلوماتية ومتمماتها (كالبريد الإلكتروني، والمنتدى...) بإمكانها إذا ما أحسن استخدامها أن تتحوَّل إلى أدواتٍ هامَّةٍ لخرق المجموعات الكبيرة وجماهير المستمعين الحاشدة.

تبرز الصورة أدناه رؤيةً حيَّةً لمقاربتنا الساخرة والعمليَّة في الوقت ذاته لآليَّة التعلُّم[21].

المستطيلات المتتابعة تظهر نموذجاً تعلُّمياً ذا طابع بنائيٍّ: فالمعارف السابقة، والمعطيات، والمعلومات، والحالات،

---

(21) منذ صدور كتاب المؤلِّف "نظريَّاتٌ وطرائق تربويَّةٌ من أجل التعليم والتعلُّم" في العام 2002، أصبح يشار إلى القطب "تحليل" بكلمة "نشاطات".

والمسائل... تتحوَّل (نشاطات) من قبل المتعلِّم كي تصبح معارف جديدةً (مترجمةً مثلاً بصورة تقريرٍ، أو مشروعٍ، أو تحليل حالةٍ، ألخ.)؛ وتقوم عوامل التحفيز والتفاعل بتوجيه ودعم وتحقيق وتأكيد صحَّة هذا التحوُّل. ويكون لكلٍّ واحدٍ منها مركَّبٌ خارجيٌّ (التحفيز الخارجي من جهة ودور الجماعة من جهةٍ أخرى) وآخر داخليٌّ (التحفيز الداخلي من جهة، ودور ومسؤوليَّة المتعلِّم من جهةٍ أخرى). نموذج التعلُّم هذا صالحٌ لتطوير أو تقييم جهازٍ تعليميٍّ (مع TIC أو بدونه) يفترض فيه ... أن يساعد على التعلُّم.

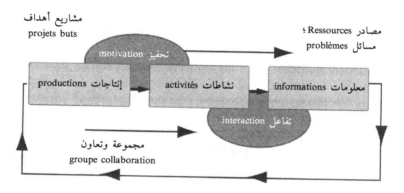

الصورة 4 رؤية ديناميكيَّة لآليَّة التعلم

وكما تشير إلى ذلك الكلمات الأساسيَّة الظاهرة في الصورة أعلاه، فإنَّ الطرائق التربويَّة المبهمة والتي أدَّت إلى إيجاد الأجهزة التربويَّة الملائمة ترتبط به بسهولة: فهناك التعلُّم من خلال المسائل والمشاريع، والتعلُّم التعاوني، ألخ. ثمَّ إن الحركة الارتداديَّة ملفتةٌ بوجهٍ خاص: فنرى كيف أن إنتاج الطالب، ومعارفه الجديدة، كما كفاءاته الجديدة سوف تصبُّ في "المعلومات" الموجودة عند خطِّ البداية... فالمعلومات المكتسبة سابقاً سوف تغذِّي حلقات التعلُّم الجديدة.

وينسجم هذا النموذج مع "المبادىء الأوَّليَّة الخمسة" التي أدخلها م. د. ميريل (M. D. Merrill) (2000)، والتي أسَّسته ودعَّمته بصورةٍ أفضل[22].

يعتبر التعليم مسهَّلاً عندما:

1. يدخل الطالب في حلِّ مسائل حقيقيَّةٍ (معلوماتٌ وتحفيز)؛
2. تستغلُّ المعلومات السابقة كأساسٍ لاكتساب معارف جديدة (معلومات، تحفيز)؛
3. تعرض المعارف الواجب اكتسابها، وتبرَّر، وتثبت (معلومات، نشاطات)؛
4. تمارس المعلومات الجديدة (نشاطاتٌ، إنتاجات)؛
5. تنقل المعارف الجديدة إلى أطرٍ معروفةٍ لدى الطالب (إنتاجات).

وكما نرى فقد قدَّم ميريل نموذجاً تعلُّمياً يتقاطع إلى حدٍّ بعيدٍ نسبيّاً مع مركَّباتنا ما خلا جزء "التفاعلات" الذي يضعنا أكثر في إطار الاجتماعي-البنائي. ويستخدم ميريل هذه المبادىء التعلُّميَّة في منشوراته من أجل تطوير أجهزةٍ تربويَّةٍ مناسبة (5 star instructional design rating)...

5. 3 ملخَّص ما قيل حول التعلُّم ومركَّباته

سوف نلخِّص في ما يلي المراحل الخمس التي سبق أن اقترحناها كي نصف بأوسع وأفضل ما يمكن آليَّة التعلُّم. سوف نبدأ

(22) Merrill, M.D. (2000), First principles of instruction, Paper presented at the Association for Educational Communications and Technology (AECT). Denver, Colorado.

(في العمود الأوّل) باستعادتها، ثمّ نجري تحليلاً لها (في العمود الثاني) من خلال مقاربةٍ حديثةٍ للتعلُّم في الجامعة قام بها د. لوريار[23].

التحفيز الذاتي	**إدراك البنية الشاملة** (إعطاء الوسائل) لفهم البنية من أجل الوصول إلى المعنى يستخرج المعنى من خلال البنية	أهمـيَّـة اعـتـبـار الإطار، وتحسس كفاءاته الحاليَّة والمستقبليَّة، و"القيمة" المعطاة للمهمَّة (ودور كلِّ هذا في التحفيز)
الإعلام الذاتي	**تكامل الأجزاء** (هي، انطلاقاً من الإطار، عمليَّة جمع) وجهات نظرٍ وتمثُّلاتٍ مختلفة *Mapping between world and formalism*	أهمِّيَّة الوصول إلى المعلومات وجمعها في حقولٍ (بحسب المواد أو غير ذلك) ذات طبيعةٍ متنوِّعة
"التحليل"	تقليب عالم الموصوفات وإقامة العلاقة بين التمثُّلات *Relating and manipulating the various forms of representation*	أهمِّيَّة معالجة المعلومات بصورةٍ صحيحةٍ، وطرح الأسئلة على الذات، وإبراز المسائل وحلّها
التفاعل	استخدام أسلوب "العودة إلى الوراء" التي تشكِّل جزءاً من الفعل، أو خارجيَّةً بالنسبة للتمثُّلات *Action without feedback is unproductive for a learner*	أهميَّة العوامل المتعلِّقة بالتواصل وعمل المجموعات

(23) Laurillard, D. (1993) Rethinkig University Teaching: a Framework for the effective use of educational technology, Routledge (London).

الإنتاج	التفكير بالأهداف ، والفعل، والتقييم اعتبار مجموع المسار والآليَّة *Reflection not confind to the goal but as an aspect of the (whole) learning process*	أهميَّة الإنتاج الشخصي، والنشاط الإبداعي، ودور التقييم (الذاتي)، وتنمية التغيير

سوف نعرض في الجدول التالي استخداماً ممكناً لنموذجنا التعليمي[24]: كان الأمر يقتضي تحديد مواصفات التربية الناشطة، مقارنةً بالأشكال التعليميَّة الأكثر تقليديَّةً. ولا شكَّ أن المحاولة المقترحة تبدو هزليَّةً لكنَّنا مع ذلك نجد فيها بعض عناصر صيغ التعليم وقد جرى توضيحها. كما أنَّنا أضفنا إليها أشكالاً نموذجيَّةً للتعليم بعد أن تنظَّمت جيِّداً إلى حدٍّ ما (كدراسة الحالات، وخطوات حلِّ المسائل...): فكلُّها تساهم في إنتاج جهاز تربيةٍ ناشطةٍ. والتعليم الجيِّد، في نظرنا، لا يرتكز فقط على صيغةٍ وحيدة؛ فتنوُّع المقاربات غالباً ما يعتبر ضماناً للنجاح.

(24) لقد استفاد هذا العمل كثيراً من تقديمات وخبرات الكثير من زملائنا في الـUCL مثل الأساتذة أ. لالو (A. Lalou) و إ. ميلغروم (E. Milgrom) و س. فان دير بورغت (C. Van Der Borget).

	على مستوى المهمَّة (مع بعض العناصر المرتبطة بالتحفيز)	على مستوى المعلومات	على مستوى النشاطات العقليَّة المطبَّقة	على مستوى التفاعل	على مستوى انتاج الطالب وتقييمه
عناصر تربية "تقليديَّة" بعد عرضها بصورةٍ شاملةٍ في الخانات الخمس، إلى اليسار، بدت التربية هزليَّةً، وقد شكَّل مجموع الخانات ما يسمَّى "التربية التقليديَّة"	المهمَّة أي التمرين الواجب حلُّه يتمُّ إعطاؤه من قبل المعلِّم، الذي يقوم أيضاً بطرح الأسئلة هدفه يكمن في اقتراح أمثلةٍ حيث تكون النظريَّة المطبَّقة التي تسير جيِّداً وأثبتت فائدتها، قد جرى تبريرها	يقدِّم المعلِّم مصادره الخاصَّة: وهي عرضه وكتابه المرجعي ولا تصدر المعلومة الأساسيَّة سوى من قبل المعلِّم. لقد عمل وسعه لتنقية العناصر البنيوية لمحاضرته الخاصَّة: فتكون المعلومة قد أصبحت نقيَّةً. ونادراً ما يجري اقتراحِ كتبٍ ينصح بها وأحياناً المكتبة	ويجري حلُّ التمارين المقترحة (كما يجب ذلك) بوسائل بسيطةٍ. ويكون الجواب صحيحاً إذا جرى تطبيق النظريَّة جيِّداً. التطبيق هو هنا الكفاءة الرئيسيَّة. وغالباً ما تكون البدائل محدودةً: إذ أن الإجابة تكون فرديَّةً. التفاعلات محدودةٌ في غرفة الصف كما في حصَّة التطبيقات.	يكون التفاعل المميَّز بين المعلِّم والطالب، لكن من الصعب تنفيذها. ويحملِ التفاعل معه أسئلةً وأجوبةً. وتدور الأسئلة حول ما لم يفهمه الطالب في العرض. كما يكون التواصل باتِّجاهٍ واحدٍ يكمن الإنتاج الرئيسيُّ للطالب في الإمتحان النهائي؛ هناك يبرز ما يعرفه وما اكتسبه.	يطلب أحياناً عملٌ شخصيٌ؛ كما يجري تقييم العمل اليومي (أي الذي ينفَّذ في المختبرات والتمارين والندوات)

عناصر تربيةٍ "ناشطةٍ" تجعل كلُّ خانةٍ التربية أكثر نشاطاً بقليل... ويشكّل المجموع ما يمكننا وصفه بـ"التربية الناشطة"	يقوم الطالب بتحديد المسألة كما يبيّن ألأسئلة ضمن إطار الحياة اليوميّة والاجتماعيّة والمهنيّة. ويكون لمهمّة معنىً بالنسبة للطالب. وتكون المهمّة متكيّفةً مع كفاءات الطالب مع شيءٍ من التحدّي له. يبحث الطالب عن الحلول وأحياناً يقوم هو ببنائها، ويجري الاستفادة من "النظريّات" التفسيريّة، ومن مفاهيمه كما توضع بصورة تحدٍّ أمامه. ويتمُّ إثبات قوّة وحدود النظريّات المطروحة.	يضع المعلّم مجموعةً من الموارد بالتصرُّف (بدءاً من الكتاب ووصولاً إلى الفيديو): كتباً مقالاتٍ ومستنداتٍ تشكّل حقيبةً للقراءة. تكون المعلومة مؤطّرةً. مراكز الموارد تصبح مراكز للّقاءات. كما يحدث من وقتٍ لآخر عرضٌ ما أو لقاء.	يجري اقتراح أدواتٍ على الطلّاب من أجل حلّ المسألة: مثل شبكات تحليلٍ أو تقييمٍ ، وأدواتٌ مخبريّةٌ... ويتمُّ اختبار النماذج مقارنةً بالموقف: والجواب الصحيح هو الذي يقدّم حلاً للمسألة. الكفاءات المطلوبة هي : التحليل والفكر النقدي، والتركيبي. ويكون لمعرفة ما وراء الأشياء استخدامٌ منهجيٌ. ونصادف غالباً بدائل تحتاج إلى تقييم. المسار العلمي يكون بالأحرى استقرائيّاً.	يعمل الطلّاب غالباً في مجموعاتٍ تعاونيّةٍ ، حول محاور متنوّعة أو مسائل. ويدور نشاط التفاعلات حول كيفيّة تقدُّم المسألة. ويستكمل العمل بالعودة إلى الوراء (للأشخاص البارزين وللمعلّم)، مما يسمح للطالب بأن يحدد موقعه. يجري اختبار الكفاءات الاجتماعيّة (مثل إدارة المجموعات). ينسّق المعلّم مع المجموعة والدليل. التواصل يسير في الاتّجاهين.	على الرغم من العمل التعاوني هناك جزءٌ شخصيٌ متوقَّع (التركيب). يُثبت هذا العمل ما يستطيع الطّالب تنفيذه؛ يُفضَّل التّفكير بمختلف مراحل العمل. "أشكال المنتج" عديدةٌ: من الملف إلى المشاركة بندوةٍ صغيرةٍ وصولاً إلى نشرٍ على موقعٍ إلكترونيّ أو غيره. هذا "النّشر" أو "الإنتاج" يقيَّم أحياناً من قبل المسؤولين (النّدوة الصّغيرة والمعرض والملصقات...)

أشكالٌ نموذجيّةٌ	تعلّمٌ مؤطّر	بحثٌ توثيقيٌّ ودراسة حالة	خطوات حلّ المسائل	تعلّمٌ تعاونيٌّ أو تشاركيٌّ	التّربية بالمشاريع
أدوارٌ ممكنةٌ للتكنولوجيّات	ترسيخٌ في الحياة اليوميّة بواسطة أفلام الفيديو والمقابلات... رؤيةٌ أفضل للمهمّة المطلوبة. انفتاحٌ على الخارج (كالشّبكات) حيث تصبح التّمارين المدرسيّة مسائل حياتيّة.	تكولوجيّات البيانات. قواعد المعطيات. موارد متّصلة يمكن بلوغها من قبل عددٍ كبيرٍ من الطّلاب في اللحظة عينها. أشكالٌ متنوّعةٌ (نصوصٌ وأفلامٌ وتسجيلاتٌ صوتيّة...).	الأدوات التّكنولوجيّة عديدةٌ: من برامجيّات المحاكاة إلى أدوات تشكيل النّماذج. غالبا ما يقترح استخدام برامجيّاتٍ أكثر انفتاحاً (مثل منظّمي الجدوال وقواعد البيانات).	تكنولوجيّات التّواصل حاضرةٌ جداً: على مستوى المجموعة أوّلاً فوسط المتعلّمين وأخيراً بين المعلّم والمتعلّم. البريد الإلكتروني وقائمةٌ بالنّقاشات.	تدعم الأدوات التّكنولوجيّة "الأشكال" المعروضة أعلاه: بدءاً من الـPAO وصولاً إلى تنفيذ الشّفافيّات...

وهكذا تشكّل المركّبات الخمسة التي سبق عرضها عناصر هامّةً في **الأجهزة التّربويّة** المستخدمة من قبل المعلّم؛ مثلاً:

- هل أنَّ الإطار (على مستوى المضمون والجهاز) موضّحٌ كفايةً بحيث نحصل على تعلّمٍ نوعيٍّ وكي يكون للمعارف المعروضة أو المكتشفة معنىً بالنّسبة للمتعلّم؟
- وما قضيّة المعلومة المقترحة كأساسٍ للتّعلّم؟ هل أنَّ مصدرنا يكمن فقط في خطاب المعلم، أم أنَّ الباب مفتوحٌ للمعلومات الواردة من الطّالب الذي يعود إلى المجلّات والكتب والموسوعات...والذي يجري بنفسه أبحاثاً في المكتبة وفي زوايا الأقراص المدمجة؟
- ما هي الأدوات (شبكات التّحليل، والمسارات التّطبيقيّة، وقواعد التّقييم...) الموضوعة بتصرّف الطّالب كي يستطيع بناء معارف جديدة قابلة للنّقل ولإثبات صحّتها؟
- هل أنَّ "أوقات" الجهاز موزّعةٌ بصورةٍ متوازنةٍ بين فترات العمل الجماعيّ والفرديّ والتّركيب، من قبل المعلّم؟ وهل يمكن أن نعرف أخيراً إلى ما يجب أن نصل، وماذا يفترض بنا أن ننتج، وفي أيّة ظروف؟

هنالك طرقٌ موجودةٌ تثبتُ حقيقية بعض أو كلٍّ (مع شيءٍ من التّوسّع) هذه المركّبات: مثل العمل في النّدوات، ودراسة الحالة، والتّربية للمشروع أو بواسطة المشروع، والتّعليم التّعاونيّ، والتّعلّم عن طريق حلّ المسائل...والقائمة تطول؛ هذه الطّرائق تميل إلى جعل المتعلّم سيّداً لعملية تعلُّمه(25) . هذه الطّرائق التي تنسجم بشكلٍ خاصّ مع التكنولوجيات عن طريق ما تعطيه لها من قيمةٍ

(25) Prégent, R. (1990). La préparation d'un cours. Editions de l'école polytechnique de Montréal. Diffusé en Europe par Lavoisier (Paris).

مضافةٍ، جرى وصفها في كتابنا للعام 2002: نظريّاتٌ وطرائق تربويّة من أجل التّعليم والتّعلّم (لوبرون، 2002). وهي تبقى قليلة الاستعمال في تعليم لايزال "تلقينيّاً" بصورةٍ أساسيّةٍ.

كما أنّنا نُثبتُ حقيقية كون المركّبات الخمسة المنتقاة هنا، تُشكّل أيضاً معايير هامّةً لأجل تصوّر وتقييم أدواتٍ تكنولوجيّةٍ ذات غاياتٍ تربويّةٍ: فهل أنّ الإطار المتوافر مثلاً بواسطة وسائل الإعلام المتعدّدة يُعدُّ شيّقاً؟ وماذا بشأن جودة المعلومات؟ وهل يؤمّن هذا الإطار أدوات تمثيل وتحليلٍ متنوّعة لهذه المعلومات؟ وماذا بشأن التّفاعل أيضاً (وصورته الأليفة)؟ وهل بالإمكان أن نبني شيئاً ما (أو على الأقل التّحكّم به)؟

وكي نستطيع التّقدّم قليلاً في بحثنا عن تقاطعٍ بين الحاجات المعبّر عنها بواسطة العناصر الفاعلة في المجتمع، والخصائص المميّزة لتعلّم "تامٍّ" ونوعيٍّ وشروط تكامل التّكنولوجيّات في التّعليم كما سنرى ذلك بعد قليلٍ، فلقد أوردنا في العمود الثّالث من الجدول الأخير العناصر المبيّنة في نهاية تحليلنا للجزء المتعلّق بحاجات التّربية وأهدافها (النّقطة 4).

6. تقديمات التّكنولوجيّات الجديدة في إشكاليّتنا

6. 1 بعض الأبحاث في تكنولوجيّا التّربية.

لقد كانت هنالك تكنولوجيّاتٌ "جديدةٌ" قبل التّكنولوجيّات الجديدة الحاليّة، كما أشرنا إلى ذلك في المقدّمة. هل نستطيع أن نقرأ في الماضي القريب شروطاً لأجل تكاملها، ضمن آليّة التّعليم والتّعلّم، بهدف تأمين الحاجات المعبَّر عنها أعلاه؟

أُطلقت منذ بداية الثّمانينيات أبحاثٌ حول التأثير المحتمل للتّكنولوجيّات في التّعلّم [26] (وعلى الأخصّ التّعليم بواسطة الحاسوب)؛ ويمكن لنا أن نقارنها على أساس ارتكازها على طريقة ما قبل الاختبار، والمجموعة التّطبيقيّة والمستخدمة كشاهد، وطريقة ما بعد الاختبار، بما أسميناه دراسات "سباق الخيول" (horse-race studies). وعليه فقد أظهرت الأبحاث الواسعة لكوليك (Kulik)، وكوليك وكوهين (Cohen) بسرعةٍ كبيرةٍ أثراً إيجابيّاً بسيطاً لعمل مجموعةٍ تطبيقيّةٍ حيث كان الأستاذ يستخدم بعض التّكنولوجيّات في تعليمه. ولقد برزت بسرعة أمورٌ هامّةٌ قلّما جرى تحليلها، وهي على سبيل المثال: إذا كان المعلّم نفسه مكلّفاً بالإشراف على عمل مجموعة المراقبة ومجموعة التّطبيق الوقت نفسه، فإنّ التّباعد كان محصوراً؛ لكنّ ذلك لم يكن يعني شيئاً حول عدم فعاليّة التّكنولوجيّات في التّعلّم. لقد شكَّ بعضهم في الواقع بوجود تأثير "جون-هنري" (John-Henry) الذي يبدو من خلال تصرُّف المعلّم "الملزم" بإدخال التّكنولوجيا في تعليمه دون أن يُؤمن بها كثيراً، فتراه ينساق، دون أن يريد ذلك حقّاً، في تأثيرات الآليّات الجديدة. وعلى عكس ذلك كان المعلّم المهتم بالطّرق التّقليديّة غير المحتاجة لأدواتٍ تكنولوجيّةٍ، وقد شعر بشيءٍ من الانزعاج، يُحفّز طلّابه كي يث... أنّه ي... طيع الرص... راك إلى ما يريا ا. ازلها

---

(26) Kulik, J.A., C.C. & Cohen, P.A. (1980). Effectiveness of computer based college teaching: a meta-analysis of findings. Review of Educational Research, 50, pp. 525-544; Kulik, J.A., Bangert, R.L. & Williams, G.W. (1983). Effects of Computer-Based Teaching on Secondary School Students. Journal of Educational Psychology, 75, pp. 19-26.

لقد أظهر "كلارك"[27] (Clark) بصورةٍ عامّةٍ أكثر أنّه عندما أُبقيت الطّريقة (بأفضل ما يمكن) بشكلٍ متساوٍ في المجموعة التّطبيقيّة وفي المجموعة الشّاهد، فإنّ تأثيراتها كانت تضمحلُّ بصورةٍ متساويةٍ أيضاً؛ كما أظهر بشكلٍ خاصّ أنّ هذا النّقص في الخلاصة كان يمكن أن ينتج عن أن المضامين والطّرائق المستخدمة في المجموعة التّطبيقيّة كانت بكلّ بساطةٍ "منسوخةً" بطريقةٍ رقميّةٍ في ذاكرة الحاسوب *(simply computerized methods of programmed instructions)*. كما تساءل عن ملاءمة الاختبارات المسبقة واللاحقة (التي لم تكن تختبر في جزءٍ كبيرٍ منها سوى المعلومات) بطرحه السّؤال عمّا إذا كانت قد حُضّرت من أجل قياس ما يُفترض بها قياسه، وعمّا إذا كانت مؤهّلةً لقياس التّأثيرات الحقيقيّة لاستخدام الأدوات التّكنولوجيّة.

لدينا بعض الاستشهادات التي تبدو لنا كافيةً للحكم على مستوى تفكير ذلك العصر بالنّسبة لتأثير التّكنولوجيّات المحتمل في التّربية:

"ليست وسائل الإعلام التي تتضمّن تقنيّة القرص السّينمائيّ videodisque ... هي العوامل المؤثّرة في التّعلّم: أمّا الإيجابيّات التي (يُحتمل أنّها) سُجّلت أثناء الدّراسات...ومن الممكن جدّاً أن تكون ناتجةً عن طرائق التّربية."[28]

(27) Clark, R.E. (1983). Reconsidering Research on Learning from Media. Review of Educational Research, 4, pp. 445-459.

(28) Clark, R & Craig, T. (1992). Research and theory on multi-media learning effects. In M. Giardina (Ed), Interactive multimedia learning environment: Human factors and technical considerations on design issues. Springer-Verlag (Berlin), pp. 19-30.

"التّربية الجيّدة عن بعد (وإذا تجرّأنا أن نضيف، التّربية الجيّدة بواسطة التّكنولوجيا) هي بكلّ بساطة تربيةٌ جيّدةٌ؛ فلا يوجد مبادىء خاصّة داخلةٌ في موضوع التّربية عن بعد غير معتبرةٍ كعوامل مؤثّرة في مفهوم التّربية نفسه."(29)

"لم تعد الحواسيب تقدّم للتّعلّم أكثر مما تفعل شاحنةٌ عندما تنقل موادَ غذائيَّة لمحلّات السّمانة فلا تستطيع أن تُحسّن من تغذية المجتمع. فشراء شاحنةٍ لا يحسِّن مستوى التغذية أكثر مما يفعل شراء الحاسوب بإتمام بناء المتعلِّم. فنوعيَّة التغذية تنتج عن ملاءمة الأطعمة المقدَّمة مع الحاجات. وبالمقارنة فإنَّ نوعيَّة التعلُّم تنتج عن موازنةٍ دقيقةٍ بين طرائق التعليم وحاجات الطّلّاب."(30)

وبذات النهج الفكري تدعونا الصفحة الأخيرة من كتاب حديثٍ لـــ م. غـــراب (M. Grabe) وك. غـــراب (C. Grabe) "*Integrating technology for meaningful learning*" إلى تذكُّر التالي:

Cité dans Alexander, S. (1995). Teaching and Learning on the World Wide Web.
http://ausweb.scu.edu.au/aw95/education 2/alexander/

(29) Sewart, D. (1987). Staff development needs in distance educational and campus based education: are they so different? In P. Smith, M. Kelly (Eds.), Distance education and the mainstream: are they so different? In P. Smith, M. Kelly (Eds.), Distance education and the mainstream: convergence in education, Cromm Helm (London), p. 103.

(30) Clark, R.E. & Leonard, S. (1985). Computer Research Confounding, Document présenté à: the Annual Meeting of the American Educational Research Association. Chicago, Illinois, p. 15.

تذكّروا ذلك: أنَّ التعليم الفعَّال مع التكنولوجيا هو في أغلب الحالات تعليمٌ فعَّالٌ بأي أسلوب كان.

"*Just remember: in most cases, effective teaching with technology is effective teaching by any means.*[31]

ربَّما أمكننا عند هذا المستوى استنتاج ضعف تأثير الأدوات التكنولوجيَّة، مقارنةً بالتأثير الأكثر أهمِّيةً على ما يبدو للطرائق المعتمدة من قبل المعلِّم. غير أن بعض الأبحاث أظهرت وجود تأثيراتٍ مضبوطةٍ، أكثر أهمِّيةً، عندما كان الجهاز التطبيقي يمتدُّ إلى فتراتٍ أطول، أو يستند على إصلاحاتٍ أكثر عمقاً للبرامج التعليميَّة.

أمَّا في التسعينيات، فقد استنتج المعنيُّون أيضاً أن الاختبارات المستخدمة كانت تدور اساساً حول معارف ومعلوماتٍ كما قلنا سابقاً؛ من ناحيةٍ أخرى، وباستخدام أشكالٍ مختلفةٍ من المعرفة (مثل تلك التي وصفناها سابقاً بالمعرفة المكتسبة والمعرفة المرتقبة اللتين تمسَّان أكثر السلوكيَّات والمواقف والقيم) كمرجع لتقييم الأجهزة فلقد بدا أن البحث عن التأثيرات كان ينبغي أن يتمَّ في ذلك "الموقع الآخر". وعليه فقد وصف بيالو (Bialo) وسيفان (Sivin) التأثيرات التالية: الطّلاب هم أكثر تحفُّزاً ومتعلّقون أكثر بالمهمَّة *(remain on-task)*؛ مواقفهم من المدرسة هي أكثر إيجابيّةً بوضوحٍ؛ وهم أكثر قدرةً على تقدير عملهم، كما تحسّن تقييمهم

(31) «Souvenez-vous de ceci: dans la plupart des cas, un enseignement efficace avec le concours des technologies est d'abord un enseignement efficace quelque soit le moyen utilisé». Grabe, M. & Grabe, C. (1996). Integrating technology for meaningful learning. Houghton Mifflin Company. Boston.

لأنفسهم *(self-esteem)*[32]. يصف لنا كوليك أيضاً في العام 1994 التّأثيرات التّالية[33]:

- الطّلاب يتعلمون أكثر في الصّف؛
- ويستطيعون تملُّك المعارف في وقتٍ أقل؛
- وصاروا أكثر حبّاً للذّهاب إلى المدرسة والتّعلّم؛
- وقد طوَّروا مواقف إيجابيّةً إزاء عملهم.

لقد تمَّ القيام بخطوةٍ انتقالية من الكمّ إلى النّوع، كما جرى إثبات الدّور الحاسم للبيئة التّربويّة. ويمكن تلخيص ذلك كما يلي:

يظهر التّأثير الأساسيّ للتّكنولوجيّات في الرّابطة الثّنائيّة بين التّعليم والتّعلّم، من خلال بيئاتٍ تربويّةٍ جديدةٍ هي أكثر قرباً من أسلوب الطّالب في التّعلّم.

إنّها أيضاً خلاصة دراسةٍ حديثةٍ (1996) قامت بها المجموعة الأوروبيّة ضمن إطار القوّة المنضّمة تحت قيادةٍ متّحدةٍ *(task force)* "برامجيّاتٌ تربويّةٌ ووسائل إعلام متعدّدة":

> "لقد أثبتت وسيلة الإعلام المتعدّدة فعاليّتها التّربويّة من خلال عدّة تجاربٍ رائدةٍ. لكنّ تكاملها من خلال التّطبيق لا يمكنه أن يتحقّق دون أن تجد المقاربات التّربويّة المجدّدة صدىً أفضل على المستويين المؤسّساتي

(32) Bialo, E. & Sivin, J. (1990). Report on the Effectiveness of Microcomputers in Schools. Washington, DC: Software Publishers Association.

(33) Kulik, J.A. (1994). Meta-analytic studies of findings on computer-based instruction. In E.L. Baker & H.F. O'Neil (Eds). Technology assessment in education and training. Hillsdale, NJ: Lawrence, Erlbaum. Voir aussi http://caret.iste.org/

والاجتماعي. بهذه الطّريقة سوف تجد مكاناً لها ضمن الإطار العامّ لتحوّل الأنظمة التّربويّة.»[34]

لقد أظهرت أبحاثٌ حديثةٌ، من ناحيةٍ أخرى، تحرّك إمكانات التّكنولوجيا في مواقف تربويّةٍ أكثر اتّساعاً بالنّظر إلى أوجه التّعلّم المقصود: كما أنّه يمكن النّظر إلى "التّحرّكات" المسجّلة على أنها ظروفٌ ملائمةٌ لتعميق انغراس التّكنولوجيّات[35]. وغالبا ما تكون النّتائج والظّروف متداخلةً جدّاً ضمن آليّاتٍ توازي في تعقيدها تلك التي نحن بصدد معالجتها.

وإليكم بعضاً من النّتائج أو الظّروف التي أشرنا إليها :

● **تحوّل التّعليم من مجموعاتٍ كبيرةٍ إلى عمل مجموعاتٍ أقلّ عدداً ؛**

إنّه حدثٌ واقعيّ: يعرف أولئك الـذيـن اخـتـبـروا أدوات المعلوماتيّة في صفوفهم، خارج إطار الضّرورة التي تفرضها قلّة أعداد الحواسيب، بوجود "تجمّعات" تتشكّل سريعاً حول الآلات، كنايةً عن الطّلاب الذين يتحلّقون حول حالةٍ معيّنةٍ تهمّهم، يتبادلون معلوماتهم حولها ويقارنونها في ما بينها؛

● **تحوّل الدّرس أو المحاضرة نحو أشكالٍ تعليميّةٍ تستند أكثر إلى الموارد والمرافقة؛**

ومع بقاء بعض الفواصل المعروضة بطريقةٍ تلقينيّةٍ وذلك من أجل إدخال محورٍ ما، أو طرح مسألةٍ، أو إعطاء تعليماتٍ

---

(34) Commission Européenne (1966). Rapport de la Task force «Logiciels éducatifs et Mutlimédia». Document de travail des services de la Commission. Document SEC (96), 1426.

(35) Bagley, C. & Hunter, B. (1992). Restructuring, Construtctivism, and technology: forging a new relationship. Educational Technology, 7.

وشرح بعض خصائص الآلة أوالبرامجيّة، فالمعلّم يكون أكثر استعداداً للإجابة عن أسئلةٍ (دقيقةٍ أكثر) أو من أجل إطلاق بحثٍ متعثّرٍ، أو للمساعدة على اكتشاف بعض الموارد أو الإمكانات الجديدة؛

- **تحوّلٌ من عملٍ لا يصيب إلّا أفضل التّلاميذ، نحو عملٍ يتمّ تقاسمه ضمن مجموعةٍ من الطّلاب (حيث يكون لكلٍّ منهم كفاءاته الخاصّة)؛**

لقد أثبتت بعض الأبحاث هذا الأمر: إنَّ طلّاباً غير نشيطين وغير ميّالين إلى توظيف قدراتهم في إطار تعليم منظَّم، رأوا طاقاتهم تتفتّح في طرائق أكثر انفتاحاً. فالطّالبُ الذي كان صامتاً حتى اللحظة، أو كان يحاول الاختباء عند طرح أيٍّ سؤالٍ، أو كان يُنظر إليه أحياناً على أنّه كسولٌ، أصبح "قائداً" جديراً بالاحترام عندما أصبح يعمل ضمن مجموعة: هكذا استطاعت إمكاناته الموثوقة أن تظهر إلى العلن وأن يعترف بها؛

- **تحوّلٌ من صفٍّ "خدرٍ" إلى صفٍّ مفعمٍ بالنّشاط وملتزمٍ بالمهمّة؛**

إنّ عوامل التّحفيز والتّحضير للدّخول في جوّ المادّة، التي أشرنا إليها أعلاه، تبرز في التزامٍ أكبر للطّلاب إزاء المهمّة المقترحة عليهم؛

- **تحوّلٌ من تقييمٍ يرتكز على ملاحظة ما حفظه المتعلّم من معارف، نحو تقييمٍ أكثر اهتماماً بالتّطوّر وبالآليّات وبالإنتاجات المحقّقة؛**

تشكّل الأعمال المنجزة من قبل الطّلاب مؤشّراتٍ قيّمةً بالنّسبة للمسار الذي اجتازوه: ويمكن لتقييمٍ تكوينيٍّ حقيقيٍّ أن يأخذ

مكانه هنا. هذا الأمر لا يستثني في شيء الأشكال الإثباتيّة التي غالباً ما تكون ضروريّةً، لكنّه يُقدِّم توسيعاتٍ تسمح بالاهتمام بالتّقدّم المحقَّق؛

- **تحوّلٌ من بنيةٍ اجتماعيّةٍ تنافسيّةٍ إلى بنيةٍ أكثر تعاوناً ومشاركةً.**

هو التّحوّل من النّمط الذي يعتبر "الطّالب الذي يسبق غيره هو صاحب الإجابة الصّحيحة"، إلى نمطٍ بنيويٍّ حيث الطّلاب يتشاركون المهمّة نفسها أو يتقاسمون العمل الواجب إنجازه. تلك هي الأساليب الجديدة التي تجعلها الأدوات التكنولوجيّة ممكنة التّحقيق؛

- **تحوُّلٌ من نظامٍ يتلقى فيه الطّلاب المعلومات نفسها إلى نظامٍ متمايزٍ يستطيع فيه كلُّ طالبٍ تعلّم أشياء مختلفة؛**

يطرح هذا الاستنتاج غالباً، بعض المشكلات على المعلّمين. بالنّسبة للتّعليم التّلقينيّ حيث يعتقد هؤلاء أنّ كلَّ الطّلاب يتعلّمون الأمر عينه (فإن كانوا من النّاحية السّمعيّة يتلقّون بلا شكّ الأمر ذاته، فإنّ الحقيقة تبدو مختلفةً على المستوى المعرفيّ، وذلك بوجود التّجارب الشّخصيّة السّابقة لكلٍّ منهم) فإنّ الطرق الحديثة تلعب ورقة التّمايز عندما تسمح لكلّ طالبٍ باكتساب المعارف وتنمية الكفاءات المتنوّعة؛

- **تحوّلٌ من أنماط تعبيرٍ وتواصلٍ تتمحور بصورةٍ مطلقة حول التّعبير الشّفهيّ أو الخطّي، إلى أنماطٍ تتبنّى تقنيّات تعبيرٍ مختلفةٍ** (بصريّة، وبيانيّة...)؛

بالفعل فإنّ استخدام الأدوات السّمعيّة البصريّة والمعلوماتيّة، تؤمِّن تنوُّعاً واسعاً في طرق التّعبير: كالمخططات البيانية لإثبات مفهوم ما، أو عرض معطيات، وإحياءاتٍ (animations) تُظهر تطّور النظام...

ويركّز مؤلّفون آخرون (بيك Peck، ودوريكو Dorricot، 94) على بعض الفرص المؤاتية التي توفّرها التّكنولوجيّات والتي تذكّرنا ببعض الاهتمامات التي تشغل الجزأين السّابقين (النّقطة 4): حاجات المجتمع، والنّقطة 5: مركّبات التّعلّم).

وهكذا نرى أنّ التكنولوجيّات تسمح لكلّ طالبٍ[36]:

- بتعلّم وتطوير إيقاعه الشّخصيّ؛
- بالوصول إلى المعلومات وتقييمها ونقلها للآخرين؛
- بدعم وزيادة نوعيّة وكميّة تفكيره وكتاباته؛
- بحلّ مسائل معقّدة؛
- بتطوير أشكال تعبيرٍ متنوّعةٍ بما فيها الفنّيّة؛
- بالانتباه إلى الموارد الموجودة خارج المدرسة واكتساب القدرة على استخدامها؛
- بأخذ وضعيّة الاستعداد لإنجاز عملٍ ذي معنى؛
- بزيادة الإنتاجيّة والفعاليّة.
- بالوصول إلى تعليم ذي مستوى رفيع؛

"باستطاعة الطّرائق التّربويّة المرتكزة على التّكنولوجيّات، كما يتوجّب عليها، تحرير المعلّم كي يستطيع تكريس نفسه لعملٍ هامٍّ يقوم على التّفاعلات بين الأشخاص والتّقييم المستمر وتحسين بيئة التّعلّم."

(36) Peck, K. & Dorricott, D. (1994). Why Use Technology? Educational Leadership, 51, pp. 11-14. Voir aussi: http://www.cln.org/lists/nuggets/EdTech_report.html

6. 2 طرائق لتمثّل التكنولوجيّات...

تسمح الشّروط والنّتائج التي سبق عرضها بإنتاج أو دعم طرائق متنوّعةٍ جدّاً. ويبدو من المهمّ لنا القول عند هذا الحدّ أنّ الموقف التّربويّ الغنيّ بالتّطوّر بالنّسبة للمتعلّم والذي يستجيب بأفضل صورةٍ للحاجات المعبّر عنها في النّقطة 4، يجب أن يرتكز على "طرائق" مختلفة. سوف نستعيد على سبيل المثال مصطلحات د. لوكلير (.D Leclercq) وب. دوني (B. Denis) [37].

<table>
<tr><td>

1. طرح أسئلة
2. **اكتشاف**
3. "دعني أتجوّل"
4. معطيات يمكن مراجعتها
5. المتحف، المكتبة انسيكـلـوبيـديا MM وWEB

</td><td>

1. اكتشافٌ (جديدٌ)
2. **إبداع**
3. "دعني ابني"
4. عناصر للبناء

</td><td rowspan="2">

1. تجارب وأخطاء
2. **اختبار**
3. "دعني أنظم"
4. أدوات تحكم

</td></tr>
<tr><td rowspan="2">

1. التدريب
2. **التمرين**
3. "صحّح لي"
4. العودة إلى الوراء
5. الملعب المدرج
دريل وبراكتس
Dril & Practice

</td><td>

1. موقفٌ تربويٌّ
2. **آليّات**
3. "وجهة نظر المتعلّم"
4. تقديمات المعلّم الأساسيّة
5. المكان النّموذجي

</td></tr>
<tr><td>

1. إدخال
2. **محاكاة**
3. "بيّن لي"
4. نماذج ومواقف
5. الشّارع والتلفاز السمعي البصري

</td><td>

1. تعليم
2. **نقل**
3. "قل لي"
4. رسائل إعلامية
5. المدرسة
6. برامجيّات تعليميّة

</td></tr>
</table>

الصّورة 5 ستّ طرائق من أجل التّعلّم | التّعليم.

---

(37) Leclercq. D. & Denis, B. (1994). The fundamental I.D.'s and their associated problems, In J. Lowijck & J. Elen (Eds), Modelling I.D. research (Actes du colloque EARLI), pp. 67-85; Leclercq, D. (1988). Pour une pédagogie universitaire de qualité. Mardaga. Liège.

وتُصنّف الطّرائق فيها بحسب كونها:

متمحورةً حول المعلّم: نقلٌ، ومحاكاةٌ، وتمرين.

أو متمحورةً حول المتعلّم: اختبارٌ، وإبداعٌ، واكتشاف.

يستعيد الجدول أعلاه النّماذج التّعلّميّة/التّعليميَّة السّتّة لهذين المؤلّفين؛ توجد الكلمات المفاتيح في الوسط وتشمل النّواحي التّالية: الموقف التّربويّ، والآليّات المعتبرة، ووجهة نظر المتعلّم وتقديمات المعلّم الرّئيسيّة وأخيراً المكان النّموذجي. وقد أضفنا إليها في كلّ مرّة نموذجاً من البرامجيّات الخاصّة يمكنه التّكامل مع الموقف المقصود.

تبدو هذه المصطلحات التي لا تُفصح كثيراً عن تمايز الأدوار التي يلعبها الطّالب والمعلّم وعن الدّور المركزيّ للمهمّة التي بوشر بها، بحاجةٍ لأن تستكمل تشكيلتها ببعض الخصائص التي سجّلها مينس (Means) وأولسون (Olson) في العام 1994. وربّما يمكننا الكلام عن خصائص منهجيّة أكثر انفتاحاً على الدّور الفعليّ للتّكنولوجيّات.

لقد أثبت هؤلاء المؤلّفون وجود العناصر التّالية[38]:

- الوسيط الفعّال لهذا الموقف التّعليمي المنفتح هو مهمّةٌ موثوقٌ بها وذات معنىً، كما أنّها تحمل شيئاً من التحدي؛
- تعقيد الكفاءات التي مارسها وتلقّنها المتعلّمون من خلال تنوّعٍ كبيرٍ في المجالات (المعرفيّة والاجتماعية، والتّقنيّة...)؛

(38) Means, B. & Olson, K. (1994). The Link Between Technology and Authentic Learning. Educational Leadership, 51: Means, B. et al. (1993). Using technology to support education reform, Office of research, U.S. department of education, Washington, DC. http://www.ed.gov/pubs/EdREformStudies/techReforms/title.html

- البنية الاجتماعيّة للصّف، المشكّلة من مجموعاتٍ غير متلائمة (على مستوى الكفاءات) إنّما تتشارك العمل في ما بينها؛
- دور المعلّم كمرشدٍ للصّف؛
- حقيقة كون المهمّات المقترحة تغطّي فتراتٍ طويلة نسبياً (إذ أنّ التكنولوجيّات الجديدة لا تتكيّف كثيراً مع تنظيمٍ لوقت العمل بشكل شرائحَ زمنيّةٍ تستمرُّ كلٌّ منها بضع عشراتٍ من الدّقائق)؛

ومع أنَّ غالبيّة العناصر التي تشكّل مهمّةً موثوقاً بها وذات معنى وتحمل شيئاً من التحدي، قد جرى بحثها ضمن إطار التّحوّلات التي تكلّمنا عنها قبل قليلٍ، إلّا أنّه يبدو من الأهميّة بمكان أن نعرض الصّورة التّالية التي تقدّم إيضاحاً كافياً لها.

وكمثالٍ على هذه الطّرائق المجدِّدة والمطلوبة كي يكون لتكنولوجيّات التّربية دور تلعبه فإنّنا نسجّل تجربة أكوت ACOT (Apple Classroom Of Tomorow) التي بدأت منذ أكثر من عشر سنوات في الولايات المتّحدة الأميريكيّة[39] 1993. لقد بنيت على "شروطٍ" عدَّةٍ سبق وأن ذكّرنا بها وهي: وجود مهمّاتٍ ذات معنىً وبعيدة المدى صُمِّمت حول موضوع التّربية القائمة على أساس المشروع، وتفاعلاتٌ يشرف عليها المعلّم، واستخدام موارد متنوّعةٍ (بما فيها الكتب والمجلّات)، والعودة المنهجيّة إلى الحاسوب للقيام بأعمال التّركيب...ونسجّل أيضاً أنَّ عدداً لا بأس به من الخصائص المثبتة هنا يُذكّر بطريقة التّعلّم عن طريق حلّ المسائل

(39) Dwyer, D.C. (1995). Changing the conversation about Teaching, Learning & Technology: a report on 10 years of ACOT research. Apple Computer, Inc (USA).

(*PBL, Problem-based-learning*) والتي لا تتطلّب حاسوباً من أجل الوصول إلى أهدافها.

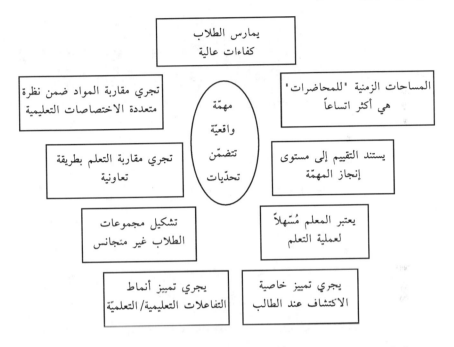

الصّورة 6 عناصر مهمّةٍ حقيقيّةٍ

يظهر الجدول التّالي نتائج اختبار الـACOT المسجّل ضمن فترةٍ زمنيّة وذلك بمقارنتها بصيغٍ تعليميّةٍ أكثر تقليديّةً.

	النّمط التّقليديّ (تعليم)	**النّمط "المتّسع" (بناء المعارف)**
نشاط	مرتكزٌ على المعلّم - تعليميّ	مرتكزٌ على ما يقوم به المتعلّم وهو تبادليّ النّشاط
دور المعلّم	"ملقنٌ" وخبير	متعاونٌ ومرشدٌ وأحياناً متعلّم
دور الطّالب	"متلقّن" ومتعلّم	مشاركٌ وأحياناً خبيرٌ
التّعلّم	للمادّة وللوقائع ولإعادة الإنتاج	تبادلٌ في العلاقات وأبحاث
المعارف	تراكم	تحوّل
حسن الأداء	كمّي	نوعيّ
التّقييم	الحفظ غيباً والرّجوع إلى نظام معتمد	معايير مرجعيّة، وسجلّات للنّشاطات
استخدامات تكنولوجيّة	"مركز أو مقرّ" العمل	أدوات تواصلٍ، وتشاركٌ، ووصولٌ إلى المعلومات، وأنماط التّعبير

نتقدّم في ما يلي بالمقترحات التّالية كخلاصةٍ لما تقدّم شرحه في هذا الجزء:

1. إنّ الإمكانات الحقيقيّة في التّربية لا يمكن أن تظهر من خلال مقاربةٍ تكنولوجيّةٍ فقط؛ كذلك فإنَّ الحاسوب بحدٍّ ذاته لا يمكنه أن يحسّن نوعيّة أو إنتاجيّة التّعليم عند إضافته إلى أشكالٍ تعليميّةٍ وتقليديّةٍ؛
2. إنّ الأرباح التي يمكن تحصيلها عن طريق التّكنولوجيّات (من

خلال طرائق متماسكةٍ ومخصَّصةٍ أكثر للحالات الفرديّة، كما أنّها تشاركيّةٌ أكثر) لا يمكن توقّعها فقط ضمن الدّائرة المعرفيّة المحصورة بالمعلومات والمعارف "التي يفترض تكرارها"؛

3. إنّ إدخال هذه التّكنولوجيّات الجديدة لن يؤدّي آليّاً إلى إدخال صيغٍ تعليميّةٍ وتعلُّميّةٍ جديدةٍ. هناك خطواتٌ مستوحاتٌ من الـ*(problem learning-based)* PBL تلتقي مع تطور المواقف والكفاءات التي تكلّمنا عنها، وتكون قابلةً للتّنفيذ بوجود "مكتبةٍ جيّدةٍ". كيف يمكن إذاً مع وجود الكتاب منذ زمنٍ بعيدٍ وبأشكالٍ متعدّدةٍ ألّا يكون قد تحقّق تطويرٌ أفضل لهذه الخطوات الأكثر نشاطاً والأكثر تشاركيّةً؟

نودُّ أخيراً أن ننظّم تقديمات التكنولوجيا هذه (أو شروط الاستخدام الفعّال للأدوات) حول خمسة أقطابٍ كنّا قد بيّنّا وجودها في الجزء المخصّص للتّعلّم (النّقطة 5) ألا وهي: **التّحفيز** (عوامل التّحفيز)، و**الإعلام** (دور المعلومات)، و**التّحليل** (المهمّات الواجب تنفيذها)، و**التّفاعل والإنتاج**.

خصائص الطرائق التربويَّة "حيث الأمور مقبولةٌ" بحسب مينس وأولسون (1994)	**"البدائل" shifts الستة بحسب باغلي وهنتر (1992)**	**"لائحة العشرة الأوائل" لبيك ودوريكو**
عوامل التحفيز نقطة الانطلاق تشكِّلها المهمَّة الحقيقيَّة المليئة بالتحدِّيات	نحو التزام أكبر من قبل جميع الطلَّاب ومن العمل مع أفضل الطلَّاب **نحو** العمل مع **جميع الطلَّاب**	يتعلَّم الطلَّاب وينمون **بإيقاعاتٍ مختلفة** من خلال التكنولوجيَّات ووسائل الإعلام يتوافر للطلَّاب الفرصة لتحقيِّق أعمالٍ "وافرة المعنى"
دور المعلومات	من تعلُّم للأشياء عينها وللكل، **نحو تعلُّمٍ لأشياء مختلفةٍ بحسب كلٍّ واحدٍ**	يصبح الطلَّاب ماهرين في الأبحاث، وفي تقييم **المعلومات** ونقلها الطلَّاب واعون وقادرون على استخدام موارد ذات طبيعةٍ غير "مدرسيَّةٍ" يكون الطلاب مرتاحين مع **أدوات عصر المعلومات**
المهمَّات التي يجب التمرُّن عليها يمارس الطَّلَّاب **كفاءاتٍ معقَّدةٍ** ويتمرَّنون عليها في حقولٍ متنوِّعةٍ جداً يلعب المعلِّم دور المرافق "المدرِّب"	من القراءة والإلقاء **نحو التسهيل والمساعدة** من الصف المجموعة، إلى مجموعات عملٍ صغيرة	يتعلّم الطلاب كيف يحلُّون **مسائل معقَّدةً وحقيقيَّةً** يحتاج الطلاب إلى تعليمٍ ذي مستوى وأهميَّةٍ عاليين

التفــــاعل **ينفَّذ العمل ضمن مجموعاتٍ متعاونةٍ وغير متجانسة**	من بنيةٍ اجتماعيَّةٍ تنافسيَّةٍ نحو بنيةٍ تعاونيَّة	
"الانتــاج" يمتدُّ العمل على **فتراتٍ هامَّةٍ نسبياً**	من تقييم مبنيٍّ على الأداء الأفضل في الإمتحان **نحو** تقييم يستند إلى **الإنتاج والتطوُّر** من التفكير المرتكز فقط على الكتابة والكلام **نحو إدخال أنماط تعبيرٍ كلاميَّةٍ وغير كلاميَّة**	يطوِّر الطلَّاب بواسطة التكنولوجيَّات **أنماط تفكيرهم وكتاباتهم كمَّاً ونوعاً** يطوِّر الطلَّاب بواسطة التكنولوجيَّات **"تعبيراً فنِّياً"**

كما استخدمنا نموذجنا التعليمي ذا الأقطاب الخمسة في مجالاتٍ[40] توازي في تنوُّعها مجال إعداد المعلِّمين أو اضطراد التجديد في المؤسسات. فكما أن الطلَّاب يتعلَّمون فإن المعلِّمين يتعلَّمون أيضاً، والمؤسسات كذلك.

7. تقاربات؟

لقد عرضنا في الأسطر السابقة عدَّة عناصر متلاقيةٍ جرى

(40) Lebrun, M. (2004). La formation des enseignants aux TIC: allier pédagogie et innovation. Revue Internationale des technologies en pédagogie universitaire, 1, 1. http://profetic.org/revue/

اختيارها من الحاجات التي عبَّرت عنها العناصر الفاعلة في المجتمع، ومن اعتبارات التعلُّم "الكامل" والفعَّال، ومن الشروط المفروضة لجعل الجهود المبذولة في موضوع التطوير التكنولوجي قادرةً على تحقيق هذا التعلُّم. فإذا كان ثمَّة تلاقٍ، فإننا نستطيع أن نلاحظ أيضاً بروز هذه الاعتبارات على ثلاثة مستوياتٍ واضحة وهي:

- نوع الأشخاص المطلوبين لمجتمع الغد وبالنتيجة، شكل المجتمع الذي هو في طور التحضير؛
- موقع المدرسة ودورها بالنسبة لهذا المجتمع؛ "أليست المدرسة وحيدةً من الآن فصاعداً؟"؛
- "العودة الصحيحة" للتطوُّر التكنولوجي باتجاه أشخاص المجتمع؛

بين العناصر المتلاقية المثبتة في المقاربات الثلاث يمكننا أن نعرض:

إتقان أسس المواد التعليميَّة، ومعرفة الأدوات التكنولوجيَّة، والقدرة على "حلِّ المسائل" وطرح الأسئلة، ومعرفة الإطار الذي تبرز فيه هذه المسائل، والميل نحو التقييم وممارسة الحسِّ النقدي، وموهبة العمل ضمن مجموعات، والتواصل باشكالٍ مختلفة، والفكر المنفتح، والاستعداد لتحريك الأشياء والدخول في مشاريع والوصول بالأمور إلى نهاياتها.

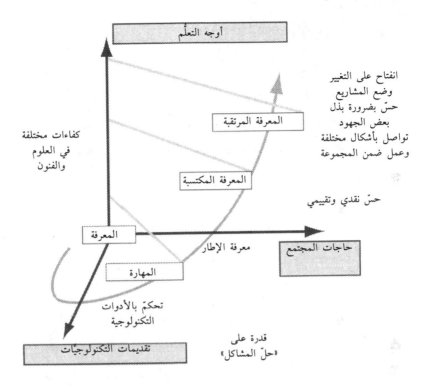

الصورة 7 التقاء المقاربات الثلاث المقترحة

تستعيد الصورة أعلاه هذه العناصر فتنظِّمها بالنسبة للمحاور الثلاثة التي قمنا بتوسيعها وفئات المعارف التي عرضناها في بداية الفصل.

8. دراسة حالة: التعلُّم على الإنترنت

8. 1 كلارولين، منصّــة التـعلُّم الإلكتـروني المـطوَّرة في الـ UCL

كلارولين[41]، هو اختصارٌ لعبارة "classroom on line" أي (غرفة الصف من خلال الشبكة الإلكترونيَّة). هي برامجيَّات إدارة التعلُّم على الشبكة بعد تطويرها بلغة (PHP / MySQL) المعدَّلة خصِّيصاً لمعالجة قواعد البيانات على الإنترنت. هذه البرامجيَّات هي في أساس الـiCampus[42]، أي منصَّة (أو خدمة) الدَّعم، ومواكبة وإدارة الإعداد (من خلال الشبكة) في جامعة لوفان الكاثوليكيَّة (UCL) الـواقعـة في لـوفان-لا-نـوف (Neuve-la-Louvain). لـقـد أبصرت هذه البرامجيَّات، الموزَّعة مجَّاناً على الشبكة، النُّور في المؤسسة الجامعيَّة للتربية ووسائل الإعلام المتعدِّدة (IPM) (l'Institut de Pédagogie universitaire et des Multimédias) قـبـيـل العام 2000 من أجل إهداء روَّاد ذلك العصر الأدوات الضروريَّة لاختباراتهم التربويَّة على الشبكة. وقد استمرَّت هذه البرامجيَّات منذ ذلك الحين، انطلاقاً من حاجات المعلِّمين، بالتطوُّر مع المحافظة على بساطتها الأسطوريَّة. وبفضل الدَّعم الذي تلقَّته من ECAM، وهي "المعهد الصناعي العالي في مدرسة ليونار دو فنشي العالية" (l'Institut supérieur industriel de la Haute Ecole Léonard de

---

(41) يستطيع القارىء المهتم مراجعة الموقع التالي http://www.claroline.net

(42) الـمخيَّم (الـعنوان) الإفتـراضي لـجامعـة لـوفان الكـاثوليكيَّة //:http www.iCampus.ucl.ac.be

Vinci)، فقد نقلت المجموعة الأساسيَّة الصغيرة كلارولين إلى الساحة الدَّوليَّة: ولدينا في الوقت الحالي أكثر من 600 مؤسسة تبنَّتها وساهمت بجعلها متعدِّدة اللغات بشكلٍ كبيرٍ... وكما نرى فإن البرامجيَّات تحوَّلت إلى أكثر من ثلاثين لغةً.

8. 1. 1 مفـــــتاح النجـــــاح

بخلاف الإتجاه الجامح لعشرات الأدوات المتوافرة مجّانيّاً أو تجاريّاً، لزيادة عدد الوظائف العمليَّة فقد انطلقت برامجيَّات كلارولين من حاجات المعلِّمين المتكرِّرة. "إكفاء 95% من حاجات 95% من المعلِّمين" مقترحةً خمس وظائف أساسيَّة: (1) نشر موارد، (2) إيصال التعليمات والاستحقاقات للطلَّاب، (3) اقتراح تمارين تقييم ذاتيٍّ عليهم، (4) دعم التفاعلات بأدوات التواصل، (5) والترخيص للطلَّاب بنشر أعمالهم. يستطيع القارىء أن يجد بسهولةٍ مفاتيحنا الخمسة للتعلُّم (وهي الإعلام والتحفيز والتفعيل والتفاعل والإنتاج) التي عرضت في النقطة 5. 2 من هذا الفصل. وهي تستخدم هنا منذ تصوُّر الأدوات التكنولوجيَّة.

وهكذا مع الوقت تقدَّمت كلارولين بعشر أدواتٍ صمِّمت كلُّها لخدمة هذه الأهداف. إنَّه تناقضٌ شهيرٌ مع المنصَّات التي تسمح "بالقيام بكلِّ شيءٍ"... إنَّما بتحويل الأمور البسيطة (مثل نشر مستند) إلى عمليَّاتٍ معقَّدة عند التنفيذ. لقد تجاوز عدد مستخدمي كلارولين في الـــUCL العشرين ألفاً...مع القليل من الإعداد أو بدونه للانطلاق في المغامرة؛ وهناك تناقضٌ أيضاً بوجود الحاجة إلى عشرات الساعات الضروريَّة لاستخدام هذه الوحوش التجاريَّة المليئة بالأزرار، بطريقةٍ مستقلَّةٍ إلى حدٍّ ما.

8. 1. 2 مغـــامرةٌ تكنـــولوجيـــــــة

ألا يمكن أن يكون هذا التطوُّر التكنولوجي إشارةً إلى غنج مميَّزٍ لدى المعلِّمين تدفعهم إليه أوهام "عالمٍ رقميٍ بالكامل"؟ نحن لا نعتقد ذلك. فإذا كانت هذه الحالات قد صدرت عن بعض المتحمِّسين في الألفيَّة السابقة، فإنَّ التطوُّر الراهن يشترك اليوم مع الحاجة إلى وجود مجتمع المعرفة، والتعلُّم المستمرِّ ما دامت الحياة، والمرونة المطلوبة في الأنظمة التعليميَّة الجديدة التي وضعت موضع التنفيذ ضمن إطار آليَّات بولونيا.

ومن ناحيةٍ أخرى فإن تزويد المعلِّمين بأدوات (تفاعلٍ وتشجيعٍ على اعتماد طرائق تربويَّةٍ أكثر حياةً) يستطيعون معها بسهولةٍ اكتشاف آفاقٍ تربويَّةٍ جديدةٍ واختبارها قد جعل من كلارولين وسيطاً إيجابياً لجهود المؤسَسة التربويَّة. وإذا كان المعلِّمون قد بدأوا أولاً باستخدام أدوات النشر (1) بكثافةٍ كي يعملوا بهذه الأدوات قبل كلِّ شيءٍ ما كانوا يفعلونه بها سابقاً، فلقد اتَّجهوا بعد ذلك طبيعيّاً نحو طرائق تربويَّةٍ أكثر حياةً: مثل التعلُّم التعاوني، والتعلّم عن طريق المسائل والخطط ... أي برنامجٌ كاملٌ من الإمكانات التربويَّة المتاحة حتى للمجموعات الهامَّة عن بعد.

8. 2 في المحسوس: تحفيز على التعلُّم فـــوق منصَّـــة

سوف نستعيد هنا بطريقةٍ مفصَّلةٍ العناصر الخمسة (النقطة 5. 2 من هذا الفصل) المكوِّنة لكلِّ جهازٍ تربويٍ، بعد ملاءمتها بما يتوافق مع التّعلّم الإلكترونيّ *(eLearning)* بشكلٍ خاصّ.

8. 2. 1 الإعــــــــلام

بصورةٍ عامّةٍ، عندما نتكلّم عن "المعرفة" فإنّنا نتخيّل غالباً موسوعةً ممتلئةً جدّاً. والمعرفة بالمعنى الواسع للكلمة سرعان ما تتحوّل، وعلى الرّغم من قوانين التّصنيف، إلى علمٍ والعلم إلى معلومات. وهكذا يتحولّ مجتمع المعلومات بسرعةٍ إلى مجتمع علم، ومجتمع العلم يتمثّل بسرعةٍ بالتّعلّم السّهل والمعمّم... وذلك بفضل التّعلّم "الكهربائيّ"، أي الإلكترونيّ. ومع ذلك فقد سبق لمونتانيُ (Montaigne)، أن قال بأنّ الطّالب ليس مجرّد وعاءٍ نملؤه بل هو نارٌ علينا أن نسعّرها.

- بل يجب أن نضع كلَّ المضمون على صفحات الموقع الإلكترونيّ.
- أن نُعلم الآخرين أيضاً عن الجهاز.
- أن نعطي كذلك الأهداف والمعايير.
- أن نثبت الإطار.
- أن نشير إلى الطّريق الواجب إكماله في منطقة النّمو الأقرب.
- أن نقدّم أدواتٍ للتّعرّف على الكفاءات (الذّاتيّة).
- أن نكرّس حيّزاً مميّزاً صغيراً "للمستندات".
- أن نرشد إلى مراجع على المواقع الإلكترونيّة أيضاً، لكن ليس أكثر من اللازم.

8. 2. 2 التّحفــــــــيز

سوف نختار بين عوامل التّحفيز المقترحة من قبل فيو (Viau) (1994)، تلك التي تتعلّق بالمعنى الذي يمكن للطّالب أن يعطيه للنّشاطات المقترحة عليه، مثل: أهميّة المهمّة، والكفاءات الواجب تنميتها عند تنفيذ المهمّة والإشراف الذي يمكن أن يقوم به على

سير النّشاط. المقصود أيضاً هو تأطير عمليّة التّعلّم، أي جعلها أكثر قرباً من وقائع الحياة اليوميّة والمهنيّة. ومن ناحية أخرى يحتاج الطّالب عندما يكون متّصلاً بالشّبكة لأن يشعر بالاطمئنان كي يستطيع أن يتعلّم : فتحديد مجال التّحرّك، ووضوح التّعليمات، ودقّة التّعبير عن الكفاءات الواجب بلوغها، والتّحدّيات التي يجب الانتصار عليها...كلّها عناصر هامّةٌ في التّعليم والتّعلّم على الشّبكات.

- إبراز العلوم والكفاءات السّابقة.
- تحديد الأهداف (المضامين والطّرق).
- تحديد العلوم والكفاءات الواجب بلوغها.
- وصف الإطار.
- تحديد التّعليمات بدقّة وجدول الأعمال.
- إظهار أهميّة المهمّة وقيمها.
- تحديد عناصر النّشاط التي يمكن إدارتها بدقّة.
- الإعلان عن عناصر الدّعم والتّفاعل.

8. 2. 3 التّنشيط[43]

لا يمكن بناء تعلّم نوعيٍّ بمجرّد نقلٍ بسيطٍ للمادّة المطلوب تعلّمها بل عن طريق عملية بناءٍ شخصيٍّ يقوم بها المتعلّم. وحتى لو أنّ هذه الملاحظة تؤذي علماء التّكنولوجيا، فالمرء لا يستطيع التّعلّم من خلال الشّبكة! فالتّعلّم يتمُّ "في الذّات". إنّ الجزء

(43) في الطّبعة الأولى من هذا الكتاب كان القطب الثّالث للنّموذج التّعلّمي الذي أقترحه يُسمّى "التّحليل" (إذ إنّ التّحليل يشكّل إحدى الكفاءات العالية بحسب بلوم (Bloom) أمّا في الكتب اللاحقة فقد اخترت أن أسمّي هذا القطب "التّنشيط".

الرّئيسيّ من هذا النّشاط لا تطاله الأداة التّكنولوجيّة، ويشكّل جزءاً من الجهاز الذي يستخدمه المعلّم: فقرار عمل الطّلاب ضمن مجموعات يعود إليه، وكذلك جعلهم ينكبّون على مسألةٍ ما، ويلتزمون بالمـخـطّط الشّخصيّ أو الجماعيّ... أو إعطاؤهم "محاضرةً" على الطّريقة التّقليديّة ولو من خلال وسائل الإعلام الجديدة.

- تقديم النّشاطات والمراحل بشكلٍ حواريٍّ
- استخدام المعلومات لأجل معالجتها
- تقديم أدوات "عجن" المعلومات
- إقتراح نشاطاتٍ من خارج المنصّة أيضاً
- العمل على تماسك الأهداف والنّشاطات والتّقييم
- تحضيرٌ مسبق لنشاطات التّعرّف على المكتسبات
- إجراء التّناوب بين التّطبيقات والتّمارين والمسائل والحالات...
- إعطاء أهداف للإنتاج
- الطّلب إلى الآخرين القيام بالتّعلّم التّشاركيّ.

8. 2. 4 التّفـــــــــــــاعل

يستعيد بورجوا (Bourgeois) ونيزيه (Nizet) (1997) في مؤلّفٍ حديثٍ كرّس لتعلّم البالغين وإعدادهم، تعريف كوهين للتّعلّم التّعاونيّ.

فالمقصود هو "جعل المتعلّمين يعملون في مجموعات محصورةٍ بصورةٍ كافيةٍ بحيث يستطيع كلٌّ منهم أن يشارك في مهمّةٍ جماعيّةٍ سبق تحديدها بوضوح. كما أنّه يفترض بالمتعلّمين تنفيذ المهمّة دون الحاجة إلى إشراف المعلّم المباشر والفوريّ."

يَفترض التّعلّم التّعاونيّ إذن، العمل ضمن مجموعات، لكن ليس كلّ عملٍ في مجموعات يعني بالضّرورة تعلّماً تعاونياً. وكي

نستطيع الكلام عن مهمّة تعاونيّة، يجب أن تكون صياغتها بطريقةٍ لا تسمح للطّالب أن يحلّها بمفرده، أي أن تحتاج إلى تعاونٍ حقيقيّ بين أعضاء المجموعة. وبطريقةٍ ما يفترض أن يكون هناك نوعٌ من "التّرابط" ما بين الطّلاب. كما يجب على المعلّم أن يطلب بوضوح ويشجّع على التّعاون بين الطّلاب. وبصورةٍ عامّةٍ أكثر، نستطيع الكلام عن وجود تعاونٍ عندما يتوافر لدينا "ارتباطٌ إيجابيٌّ متبادل بين الأهداف" (أي أن يقوم الآخرون بتحقيق أهدافنا إذا ما قمنا نحن بتحقيق أهدافهم أيضاً)؛ هنا يمكن الكلام عن وجود تنافسٍ عندما يكون "ترابط الأهداف المتبادل سلبيّاً" (أي أن نقوم بتحقيق أهدافنا إذا لم يستطع الآخرون تحقيقها)؛ يعني ذلك الكلام عن عملٍ فرديّ إن لم يكن هنالك ترابطٌ متبادل.

- اختيار المهمّات الملائمة.
- تقوية الترابط المتبادل.
- ألتشجيع على إبراز وجهات النظر المختلفة.
- توفير الفرص لممارسة الفكر النقدي.
- ألتحضير المسبق للعودة إلى الوراء لمصلحة الطلّاب.
- التفكير بصيغٍ مختلفةٍ للوصاية.
- الموازنة الصحيحة بين العناصر الشخصيَّة والجماعيَّة.
- الانتقال بخفَّةٍ بين المرونة والإكراه.
- الاستفادة من المرور بالكتابة.
- التشجيع على التفكير المختلف والتركيب.

8. 2. 5 الإنتـــــاج

يعتبر الحاسوب قبل كلِّ شيءٍ أداةً، أي أداة إنتاجٍ. هو أداةٌ للتعليم، وأداةٌ للتعلُّم، لكنَّه أيضاً أداةٌ تمكِّن الطالب من بناء آثار

تعلّمٍ جرى بالفعل. في العصور الوسطى كان الطالب المبتدىء يبني تحفته، أي الأثر الذي كان يبرز مهارته. أمّا العامل الهام المحفِّز للطلّاب في بداية الألفيَّة الثالثة للتعلُّم على الأنترنت فهو "القيام بإنجازٍ ما في إطارٍ عمومي".

- إنتاج علومٍ جديدةٍ...
- إنتاج غرضٍ ما، أو عملٍ، أو "إشارةٍ ما".
- التشجيع على الغرض والتواصل والمشاركة.
- مقابلة الأثر بالمعايير.
- تقديم أدواتٍ للتعرُّف على المعارف والكفاءات المكتسبة.
- طرح الأسئلة الجديدة.
- إطلاق تعلُّمٍ جديدٍ.

لا ينظر إلى هذا النموذج التعلُّميّ المرتكز على التربية والمدعَّم بأدوات التعلُّم الإلكتروني سوى كهيكلٍ أجوفٍ. ولسوف يغنى بتجارب ومشاكل وحاجات مختلف العناصر الفاعلة ضمن إطار الجهاز التربوي الذي تكلّمنا عنه أعلاه. وأيُّ جهازٍ؟ هل المقصود خطط ميدان المعارك، أو مصيدة الفئران، أو نظامٌ يسمح لنا بإطالة نشاطنا أو بجعله فعّالاً؟ نحن نميل في الواقع للأخذ بالاحتمالين الأخيرين. وعليه فإننا نقصد بالجهاز كلّاً متماسكاً من الموارد والخطط والطرائق والعناصر المؤثِّرة التي تتفاعل في ما بينها ضمن إطارٍ محدَّدٍ، من أجل تحقيق هدفٍ معيَّن. والغاية من الجهاز التربوي هي أن نجعل أحداً ما يتعلَّم شيئاً ما، أو بالأحرى (وهل بالإمكان أن نجعل أحداً ما يتعلَّم؟) أن نسمح "لأحدٍ ما" أن يتعلَّم "شيئاً ما". ومع الأدوات التكنولوجيَّة نضيف "في مكانٍ ما" و" في أيِّ وقتٍ كان": *anybody*، *anything*، *anywhere*، *anytimes*. . .، فالطموح كبير.

لكن كيف السبيل إلى ذلك؟ هوذا السؤال المتبقّي لنا ... لكن ليس كيفما كان! *But not anyhow*.

هل يتطلّب الأمر إيجاد جهازٍ لا يخطىء، ومحدَّدٍ سلفاً، أو طريقةٍ يهمُّنا أن نكشف مراحلها المختلفة؟ وهل المطلوب أن نميِّز أو نضع علاماتٍ وأماكن وأوقاتٍ للتوقُّف والتفكير، حيث ينصح بالالتفات إلى الوراء وتأمُّل الطريق وتقدير المسافة التي اجتزناها؟ أم اتِّباع "دليل المسافر" الذي يقترح ويبرز الجمالات التي لا يجب تفويتها والمخاطر التي يجب تحاشيها والاستماع إلى نصائح الاختصاصيين؟

أما الإجابة فهي تشتمل على "القليل من كلِّ شيءٍ" : طريقٌ *(odos)* يهمُّنا أن نتعرَّف عليه بسرعة *(meta)*، من أجل بناء الطريقة *(meta-odos)*، كي لا نتخلَّف عن الرحلة. "إن امتلاك أهداف محدَّدة لا يجوز أن يحرمنا من البقاء منفتحين على تلقِّي إشاراتٍ أخرى ودعواتٍ أخرى" كما كان يقول الرئيس الجديد لجامعة الـUCL، السيِّد برنار كولي (Bernard Coulie) في معرض خطابه الافتتاحي ، أيلول 2004.

لقد فصَّلنا الكلام عن العناصر المؤدِّية لبناء الأجهزة في كتابنا الجديد[44] التعلُّم الإلكتروني في خدمة التعليم والتعلُّم (لو برون Lebrun، 2005). وسوف نجد فيه تطبيقاتٍ هامَّةٍ لنموذجنا في إعداد المعلِّمين وتطوير المؤسسات وتجديدها.

لقد أصبح بديهيّاً القول بأن التكنولوجيّات تعدُّ مساعداً على التجديد التربويِّ. فهي في الواقع تطيل وتوسِّع العمل التربوي. والتوسيع يكون بالاتِّجاهين: الإيجابيِّ والسلبي... أمَّا مع

(44) Lebrun, M. (2005). eLearning pour enseigner et apprendre: allier pédagogie et technologie. Academia-Bruylant (Louvain-la-Neuve).

التكنولوجيّات فقد أصبحت أخطاء الجهاز ملفتةً أكثر وثقيلة النتائج. ووفق زميلنا جاك تارديف (Jacques Tardif) من جامعة شيربروك، فالتربية الصارمة لا يمكن الالتفاف عليها.

8. 3 لرن-نت (Learn-Nett): التعــلُّم على الشبكات

تشكِّل تكنولوجيا المعلومات والتواصل (TIC, Technologies de l'Information et de la Communication) معيناً قيِّماً في إصلاح التعليم الذي يهدف إلى تطوير الكفاءات الجيّدة التي تقدَّم بها جميع العناصر الفاعلة في المجتمع (كالسلطات، والعالم الصناعي، والباحثون التربويُّون؛ راجع النقطة 2.4). لقد أثبت باحثو تكنولوجيا التربية أن الـTIC لاتظهر إمكاناتها إلَّا إذا كانت في خدمة أجهزةٍ تربويَّةٍ مجدِّدةٍ تنمِّي مواهب المتعلِّمين في مجال حلِّ المسائل المعقَّدة، وفي تحليلٍ وتقييم نقديٍّ للمستندات والوقائع والأحداث أو الاختبارات العلميَّة، وفي العمل ضمن مجموعات وذلك من خلال مختلف أوجه التواصل.

ومن ناحيةٍ أخرى، تقترب هذه الأدوات التكنولوجيَّة من الطريقة التي يتعلَّم بها المرء: فإذا كان نقل المعلومات واستعادتها واستخدامها في مواقف متنوِّعةٍ لا يزال يعتبر هامَّاً فقد اثبتت نظريَّات التعلُّم وجود عوامل تُمَحْورُ مسؤوليَّة التعلُّم ومركزيته حول الشخص الذي تتقاطع عنده جهود المعلِّمين والعناصر الأساسيّة للأجهزة، ألا وهو المتعلِّم. وكما أشرنا أعلاه، فإنَّه من الأهمِّيَّة بمكان أن تأخذ المواقف التربويَّة المدعَّمة (أو لا) بالأدوات التكنولوجيّة بالاعتبار العوامل النوعيَّة في التعلُّم[45]. وانسجاماً مع

---

(45) عديدةٌ هي المقاربات "النوعيَّة" للتعليم والتعلُّم والتي لا تتخذ لها نموذجاً تعلُّمياً (الكاتب).

النموذج التعلُّميّ الذي اقترحناه فإننا نختار في ما يلي خمسةً منها:

- يتطلَّب الشروع في التعلُّم إطاراً محفِّزاً، ونسجِّل هنا أهميّة المهمَّة المطلوبة من المتعلِّمين: مهمَّةٌ يمكن تحقيقها لكنها مليئةٌ بالتحدِّيات وبالمعاني؛
- يشكِّل غنى الموارد التي يوفِّرها الوسط عنصراً هاماً، تستطيع الـTIC أن تقدِّم له دعمها: هذه الموارد تؤدِّي إلى تأطير التعلُّم؛
- يكون تنوُّع وعمق الكفاءات الواجب ممارستها على موعدٍ وهي: التحليل والتركيب والتقييم والفكر النقدي والتأمُّلات حول التعلُّم المنفَّذ (أي ما وراء المعرفة).
- تعدُّ الصفة التشاركيَّة في التعلُّم ناحيةً يمكن للTIC أن تسهِّلها وتنمِّيها: فالتعلُّم لا يتم إفراديّاً بل بالمقابلة مع الاخرين.
- ضرورة التعرف الصريح على إنتاج شيءٍ جديدٍ: كالعلوم الجديدة، أو أداتٍ تقنيَّةٍ، أو عملٍ يقدَّم في نهاية الدراسة، أو شيءٍ من الذات لا يشبهها.

تشكِّل هذه العناصر الخمسة خصائص هامَّةً لأجل بناء أو تقييم جهازٍ أو أداةٍ تكنولوجيَّةٍ؛ كما أننا سوف نعتمد عليها عند وصفنا لتجربة "لورن-نت".

لقد بدأت هذه التجربة في أواسط التسعينيات إثر لقاء أساتذة تكنولوجيا التربية في خمس جامعاتٍ تقع ضمن المجموعة الفرنسيَّة في بلجيكا: حينئذٍ أنشىء فريقٌ من خلال تنسيق جهود الكلِّيات الجامعيَّة في سيِّدة السلام في نامور (Notre Dame de la Paix à Namur)، وقد وضع هؤلاء الأساتذة نصب أعينهم تقاسم مواردهم وكفاءاتهم، وأن يجعلوا من طلَّابهم قائمين فعلياً بعمليَّة تعلُّمهم. وتضع لورن-نت، الشبكة التعليميَّة للأساتذة (*LEARNing*

NETwork for Teachers)، هدفاً عامّاً لها يقضي بتحضير الأساتذة والمدرِّبين لاستخدام واعٍ لتكنولوجيا المعلومات والتواصل في خدمة مهمّاتهم التربويّة أو الإعداديّة كما في سبيل تطوُّرهم الشخصي. وتكمن الفكرة الرئيسيّة هنا في جعل طلّابٍ ذوي آفاقٍ مختلفةٍ، يعملون معاً على محاور ترتبط بتمثُّل الـTIC ، وذلك عن طريق الاستخدام الحسِّيِّ للأدوات الجديدة. وقد اشترك المؤلِّف ومساعدته فرانسواز دوك (Françoise Docq) في جامعة UCL في ذلك من خلال إشرافهم على دراسات شهادة الأستاذيّة والتي تدور حول الحاملات التكنولوجيّة واستخدامها في التعليم والتعلُّم. ولقد كانت الفرصة مؤاتيةً لأن يقترحوا على الطلّاب، بكونهم أساتذة المستقبل، بناء معارفهم في هذا المجال باستخدامها ضمن إطار تشاركيٍّ: التعلُّم بالعمل من خلال شبكة التعلُّم *Learning by doing in a learning network*، ، فأطلقت الكلمات وبدأت المغامرة (شارلييه وبرايا Charlier & Peraya 2003).

يقوم الطّلاب باختيار محورٍ معيّن ومهمّةٍ محدّدةٍ بواسطة البريد الإلكترونيّ والمنتديات الفوروم (forums) بعد أن يكونوا قد قدّموا أنفسهم من خلال نشر صفحةٍ شخصيّةٍ على الشّاشة (Toile) وحدّدوا أهدافهم وتشاطروا العمل بينهم. وتبادر المجموعات المشكّلة من طلّابٍ من مختلف الجامعات المشتركة بالتّوثق عن طريق المعلومات التي يجدونها في المصادر التي يضعها أساتذتهم على صفحة الإنترنت، وفي المواقع المكتشفة بعد استخدامٍ واعٍ لمحرِّكات الأبحاث.

ويطوّر الطّلاب تحت إشراف أساتذةٍ وأوصياء عليهم من خلال الشّبكة (يخصّص وصيٌّ واحدٌ لكلّ مجموعة):

- خبرتهم التّقنية (وهم يستشعرون مثلاً ضرورة التّواصل المتزامن بما يسمّى le *chat*)،
- معارفهم من خلال المحور المختار،
- كفاءاتهم في إدارة وتحليل وتقييم المعلومات، كما في المقاربة النّقديّة للأجهزة التّكنولوجيّة من أجل التّعليم والتّعلّم...

بعد أن يصبحوا معلّمين بدورهم سوف يكونون على الأرجح أكثر قدرةً على تقييم ملاءمة الأدوات التّكنولوجيّة على أساس الأهداف والطّرائق المستخدمة في صفوفهم والكفاءات التي يرغبون تحقيقها لدى طلّابهم.

وتشكّل أوقات التّفاعل حول المهمّات التّشاركيّة التي يساهمون بها، دائماً أوقاتاً مميّزةً في لورن-نت. وتفتح النّزاعات الاجتماعيّة المعرفيّة التي تكشفها وسائل المعلوماتيّة، رؤىً جديدةً بالنّسبة للتّعليم التّقليديّ ذي الوجهة الواحدة: متى يكون اللجوء إلى البريد، والمنتدى والتواصل المتزامن وحتى اللقاء؟ لقد أصبح هذا من الثّوابت التي ترسّخت منذ أن جمع اللورن-نت، إثر تحوّله إلى مشروعٍ أوروبيٍّ بدعم سقراط (Socrates)، جامعاتٍ مختلفة مثل ليون وبرشلونة ولانكاستر وجنيف.

أخيراً وبعد مضيّ بضعة أسابيع، ينشر الطّلاب نتائج أعمالهم على الإنترنت كي تتعرّف عليها المجموعات الأخرى... وفي بعض الحالات يكون التّقييم ثلاثيّاً: للعمل المنجز أوّلاً، وعند التّحليل الشّخصيّ لعمل مجموعةٍ أخرى، وأخيراً عند إعادة التّفكير في التّعلّم الذّاتيّ المُنجز من خلال الشّبكات.

هكذا يتحقّق هدف تعلّم تكنولوجيّات التّربية من خلال استخدام الأدوات في إطار جهازٍ تربويٍّ مدعَّمٍ من هذه الأدوات.

ولا شكَّ أنّها أيضاً تجربةٌ مهمّةٌ للمعلّم الذي تحوّل من مصدرٍ مؤمّنٍ للمعلومات، إلى مواكبٍ لأعمال التّلاميذ وذاكرةٍ للأهداف ولعمل المجموعات، ولمدرّبٍ للفريق عن طريق السّماح لكلّ واحدٍ بتطوير أفكاره الشّخصيّة بعد ربطها بأفكار الفريق، ولمرآةٍ تعكس الخطوات والطّرائق المستخدمة.

إنّها مشاريعُ ترتسم فيها أدوارٌ جديدةٌ للطّلاب والمعلّمين، وأساليب حديثةٌ لمقاربة المعارف الضّروريّة، وموقعٌ جديدٌ للأدوات التي تحوّلت إلى آلاتٍ لبناء المعارف، ومكانُ لقاءٍ بين مختلف الشّركاء الذين يساهمون كلّهم بإيجاد رؤيةٍ جديدةٍ للإعداد والتّعلّم.

9. خلاصـــات

على الرّغم من الحاجات الملحّة التي عبّرت عنها العناصر الفاعلة في المجتمع، وبالرّغم من نداء علوم التّربية لأجل تعلّمٍ يغطّي بطريقةٍ أفضل مختلف أوجه التّطوّر "المتكامل" للشّخصيّة، وعلى الرّغم من جهوزيّة الأدوات، فنحن ملزمون بأن نستنتج بأنّ الالتقاء الذي اقترحناه حول المحاور الثّلاثة (وهي: ما هي الحاجات؟ وما معنى التّعلّم؟ وما هو دور التّكنولوجيّات؟) ليس ظاهراً في المدارس والثّانويّات والجامعات. ما هي إذاً العوامل التي أوصلت إلى هذه الخلاصة؟

بدايةً يجدر بنا القول، إذا ما استعدنا الاستنتاجات المتعلّقة بالمدرسة الأميركيّة والتي وردت في الصّفحات الأولى، إن المؤسسة المدرسيَّة تشكِّل بيئةً محافظةً هامةً (من خلال نقل المعارف والقيم الاجتماعيَّة)، وإنه من الصعب أن تقوم بهذا الدور وهي ترنو بنظرها إلى مستقبل ممكنٍ فقط. ثمَّ علينا أن نستنتج بأنّ

المعلّمين يتلقّون إعداداً أوّليّاً (ومستمرّاً بشكلٍ ما) يكون متمحوراً بصورةٍ اساسيّةٍ حول المادّة. كما علينا الاستنتاج أنّه كلّما "ارتفعنا" في سلسلة التّربية (من المدرسة الابتدائيّة إلى الجامعة)، كلّما أصبح إعداد الأساتذة غير ذي أهميّة؛ وأن المعارف الملّقّنة أخيراً، تبتعد أكثر فأكثر عن الإطار الذي تحاول وصفه (فإذا كان التّمكن من التّفكير الشّكلي يعدُّ أحد الأهداف الواجب بلوغها، فلا يعني ذلك أنّه على الوسائل المستخدمة للوصول إليه أن تتحدّى الاعتبارات الحسّيّة والبيئيّة التي تأخذ معناها من خلالها).

ونحن نعتقد أيضاً، على مستوىً آخر أن التّغييرات المتوقّعة لا يمكن اعتمادها دون عمليّة "إصلاح" واسعةٍ، تمتدّ في الزّمن، ومن الممكن أن تمسّ مجمل السّلسلة التّربويّة وأن تتطلّب مراجعةً كاملةً للبرامج التّعليميّة؛ هذا من شروط تحديث قدرات التّكنولوجيا كما رأينا سابقاً. ونلاحظ غالباً بعض المخاوف التي يُعبّر عنها من أنّ الطّلاب "لن يتمكّنوا من الاطّلاع على كلّ المادّة المقرّرة"، على الرّغم من نموّ المعارف المتزايد. ومن العبث الاعتقاد بأن التّعليم يمكن أن يستمرّ بكونه شاملاً على هذا الصّعيد، هذا من ناحية؛ ومن ناحيةٍ أخرى فقد لاحظنا في الطّرائق والأجهزة التي اعتمدناها (المرتكزة أكثر على الكفاءات المضاعفة، والمواقف وبناء الخطط...) بأنّ "التّأخير" الذي يمكن استنتاجه في المراحل الأولى يضمحلُّ بسرعةٍ مع مرور الوقت... كما تتحوّل الكفاءات المستخدمة، والمعرفة المكتسبة وتلك المرتقبة اللتين بُنيتا على مهلٍ، إلى عوامل مساعدة قيّمة في عمليّة البحث هذه عن المعرفة. إنّها أحد استنتاجات التّعليم (الخاصّة بالمقرّرات) المستندة إلى آليّة (التّعلّم المرتكز على المسائل)، والذي يدخل بصورةٍ مثاليّةٍ في مجموع المقرَّر الجامعيّ.

وهناك عنصرٌ هامٌّ، عرضنا له في الأسطر السّابقة يتعلّق بالوقت الذي تتطلّبه هذه الإصلاحات في العمق. وقد أظهرت التّجربة أنّ هذه التّغييرات الحاصلة من نمطٍ تقليديٍّ إلى نمطٍ جديدٍ، سواء دعّمت أم لا بالأدوات التّكنولوجيّة، تمرُّ بمراحل مختلفة، وهي: مرحلة "الاستيعاب"، حيث تستخدم الأدوات الجديدة "مثل" القديمة (يبدو الحاسوب مثلاً كآلةٍ طابعةٍ، وبدايات السّينما عرضت أفلاماً لم تكن سوى مسرحٍ مصوّرٍ...)؛ ومرحلة "التّكيُّف" حيث تجد الأدوات الجديدة حيّزاً خاصّاً، كذلك الذي وصفناه عندما عرضنا الأنماط التّربويّة الجديدة. ويحصل الأمر عينه أيضاً بالنّسبة للطّريقة التي يسخدم فيها الأساتذة الأدوات الجديدة: لقد أظهرت أبحاث ACOT أنّها كانت تمرُّ بمراحل مختلفة، من الدّراسة الكاملة للكتاب، إلى استخدام معالجة النّصوص لتدوين محاضراتهم، وصولاً إلى إعطاء الطّلاب أدواتٍ لتصميم النّماذج والمحاكاة، وحتى إلى خلق مواقف تربويّة يستطيع معها الطّلاب أن يتعلّموا ويطوّروا الكفاءات التي أثبتنا وجودها... وكلُّ هذا يحتاج إلى الوقت والجهد. إنّ جهوزيّة الأدوات والظّروف الملائمة كتلك التي وصفناها هنا، لن تؤدّي بصورةٍ آليّةٍ إلى الإصلاحات التي تكلّمنا عنها.

بعض الأفكـــار الرّئيسـيّة في الفصـــل 5

من الصّعب رسم الصّورة المستقبليّة "للرّجل المستقيم"، في عالمٍ متغيّرٍ باستمرار؛ ومع ذلك فما زالت خطابات العناصر الفاعلة في المجتمع معبّرةً في هذا الموضوع. وتقودنا الخطابات إلى خارج حدود عالم المعرفة الوحيد باتّجاه "عالمٍ آخرٍ"، دون التّقليل من أهميّة المعارف، وذلك من أجل الوصول إلى آفاقٍ غنيّةٍ بالكفاءات، والسّلوكيّات، والمواقف، ومأهولةٍ بشخصيّات تتميّز بموهبة الحرّية الشّخصيّة، وبالإحساس بالمسؤوليّة، وبالقدرة على التّواصل، ومهتمّةٍ بالاستفسار عن الإطار الذي يعطي معنىً لتلك المعارف، ومتحفّزةٍ للاكتساب كي تكون مؤهّلةً للتّعلّم على التّعلّم ما دامت الحياة.

ولا ينبغي أن نعتقد هنا أنّه ربّما يكفي أن نضيف إلى برامجنا المثقلة كثيراً حتى الآن، بعض المحاضرات حول "تنمية الموارد البشرية". إذ لا يمكن منح الشّخصيّة القويّة لأحد... ويكون علينا بالتّالي أن نبحث عن التّطوير المنتَظر في طرائق تربويّة أكثر انفتاحاً، وشخصانيّةً، ومليئةً بالنّشاط بحيث تسمح لشخص المتعلّم أن يلعب دوره. من هنا تلتقي الحاجات المعبّر عنها أعلاه ببدايات تعلّمٍ نوعيٍّ كما تراه علوم التّربية، والتّشجيع على التّعلّم الذّاتيّ والحرّ، وتطوير خططٍ شخصيّةٍ، والوصول إلى استخراج المعلومات من خلال إطارٍ معقّدٍ، والتّحفيز على التّنازع المعرفيّ عن طريق عملٍ ينتظم في مجموعاتٍ وأشكال تواصلٍ متنوّعةٍ، كلُّ هذا يشكّل بعض ثوابت الطّرائق القادرة مع الوقت على تحسين نوعيّة التّعلّم وتشجيع الفرد على اختياره.

أمّا بخصوص الأدوات التّكنولوجية فقد أظهرت أبحاثٌ في علوم تكنولوجيا التّربية امتدّت على عدّة عقودٍ أنّ تأثيرها الحقيقيّ لم يكن بأيجاد الخصائص التّقليديّة للتّعليم من خلال أشكالٍ كانت تظهر على الشّاشة. ولا شكّ أنّنا نرى إمكانيّات التأجيل، والقدرة على نقل محاضرات من خلال شريط فيديو، وتزامن إجابة برامجيّات دريل وبراكتس، كلّها أمامنا: وبالحدّ الأدنى نستطيع أن نقول بأنّها لا تفسد أداء الطّالب. إلّا أنّنا نضيف مرّة أخرى بأنّ الفوائد الحقيقيّة يجب البحث عنها في الخارج، في ذاك "البعيد" الذي تكلّمنا عنه. وبصورةٍ أكثر عموميّة نستطيع التأكيد بأنّ تأثير التّكنولوجيّات كان أكبر عندما كانت تُدخل ضمن طرائق مفتوحةٍ وناشطةٍ سبق أن رسمنا خصائصها، وتساعد في تحضير الشّخصيّات "القويّة" التي يطالب بها المجتمع.

إذاً، وقبل تخيّل الحاملات التّكنولوجيّة أو أثناء ذلك، بالنّسبة لما نقوم بتعليمه، يجب علينا أن نطرح على أنفسنا السّؤال حول "من أجل ماذا" نستخدم هذه الأداة وكيف وحول الطّريقة التي سوف تستفيد من إمكانات الأداة بالنّسبة للمتعلّم. وتستطيع التكنولوجيّات أن تكون أفضل الأشياء أو أسوأها؛ ويعود لنا أن نختار الأفضل بينها ونذكّر بقول سقراط إنّ التّربية الصّارمة لا يمكن التّملّص منها...

الجزء الثّالث

تقنيـــاتٌ
وتكنولوجيّاتٌ
في خدمـــة التّربـــية

الفصل السّادس

مقاربةٌ تقنيّة
لوسائل الإعلام المتعدّدة

1. ما هي وسيلة الإعلام المتعدّدة؟

2. لغة وسيلة الإعلام المتعدّدة
   2. 1. الصّوت وعلم الأصوات
   2. 2. اللون والصّورة
   2. 3. الفيديو (حامل الصور)
   2. 4. في الخلاصة...

3. حاملات وسيلة الإعلام المتعدّدة

4. برامجيّات تركيب وسيلة الإعلام المتعدّدة
   4. 1. المرتكزة على تتابع الوقت (time-based)
   4. 2. المرتكزة على التّفاعل بين الشّاشات (card-based)
   4. 3. المرتكزة على الرموز (icon-based)
   4. 4. مقارباتٌ مختلطة ...

5. الشّبكـــــــــات

5. 1. حاملات المعلومات على الشّبكات

5. 2. ماذا بعد أدوات المعلومات... هل هي أدوات التّواصل؟

5. 3. ماذا يمكن أن نجد بالضّبط على الإنترنت؟

5. 3. 1. الوب (الشبكة العنكبوتية) كمعلّم

5. 3. 2. الوب كدارٍ للنّشر

5. 3. 3. الوب كمنتدى للقاء

نودُّ في هذا الفصل مقاربة بعض العناصر التقنيّة للأدوات المتداولة في التّعليم؛ سوف نحاول تعريف وسائل الإعلام المتعدّدة، (المعروفة محليّاً بشكلٍ أساسيٍّ بصورة س د- روم CD-ROM)، وتحليل العناصر المشكّلة لها (كالصّوت، والصّورة...)، ووصف الأدوات التي تسمح بصناعتها. كما أننا سنصف بعض المركّبات التي تسمح لنا بالاستفادة من التّسهيلات المتوافرة من خلال شبكات الاتّصال المعلوماتيّة، ويصبح الفرق بين أغراض وسائل الإعلام المتعدّدة المتوفّرة محليّاً من خلال الـ س د-روم وتلك الموجودة على الإنترنت دقيقاً أكثر فأكثر؛ كذلك الأمر بين أدوات الإنتاج العائدة لها: فأداة خلق صفحات الوب يمكن أن تتحوّل إلى منصَّةٍ ممتازةٍ لتصميم وسائل إعلامٍ متعدّدةٍ ذات منحىً محليٍّ.

1. ما هي وسيلة الإعلام المتعدّدة؟

إنّ التّعريف الأكثر شيوعاً هو التّالي: تتكوَّن وسيلة الإعلام المتعدّدة عن طريق إدخال بيانات ذات طبيعةٍ مختلفةٍ (كالنصوص، والأصوات، والصّور الثّابتة أو المحرّكة)، أو حتّى برامج معلوماتيّة

ذات مهمّة محدّدة (على سبيل المثال كلمة "*appelet*" مكتوبة بلغة جافا (Java)، على ذات الحامل (وهو قرصٌ مدمجٌ محليٌّ أو مزوِّدٌ يمكن استشارته عن بعد).

سوف نكمل تعريفنا هذا بإعطاء وسائل الإعلام المتعدّدة بعض المواصفات التي غالباً ما ترافقها. التّعريف التّالي المبيَّن أدناه مأخوذٌ من كتابٍ لت. فوغان[1] (T. Vaughan):

إنّ وسيلة الإعلام المتعدّدة هي نسيجٌ من النّصوص، والرّسوم، والأصوات، والحركات وعناصر من الرّسم التّلفزيونيّ. حتّى الآن ليس هناك من جديدٍ كما أن الصّورة أدناه توضح ما قيل:

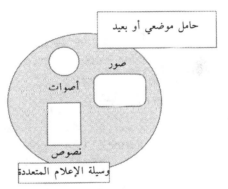

حامل موضعي أو بعيد
صور
أصوات
نصوص
وسيلة الإعلام المتعددة

الصّورة 1 وسائل الإعلام المتعدّدة

ولنتابع قراءتنا للتّعريف المقترح: عندما تسمح لمستخدمٍ نهائيٍّ - داك الذي يقوم بفحص وسيلة الإعلام المتعدّدة - باختيار العناصر التي يرغب الوصول إليها والوقت الذي يرغب بمعرفته، نكون في هذه الحال أمام وسيلة إعلامٍ متعدّدةٍ تبادليّة النّشاط. إنّ مفهوم تبادل

(1) Vaughan, T. (1994). Multimedia, Making it work. Osbome (Berkeley), pp. 5-6.

النّشاط مرتبطٌ جدّاً بعمل مستخدمٍ خارجيّ بالنّسبة للحامل عينه. تظهر الصّورة أدناه فكرتنا عن وسيلةٍ الإعلام المتعدّدة.

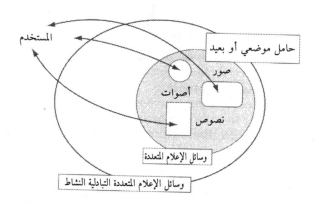

الصّورة 2 وسائل الأعلام المتعدّدة التبادليّة النّشاط

بوضوح أكبر نقول، عندما تسمح بنيّةٌ مكوّنةٌ من عناصر مترابطةٍ في ما بينها للمستخدم بأن ينتقل (أي يبحر) من عنصرٍ لآخر، عندها تصبح وسيلة الإعلام المتعدّدة التّبادليّة النّشاط، وسيلة إعلامٍ فائقة. ونلاحظ هنا وجود القسم "فائق أو (hyper)" الذي غالباً ماً يكون مقترناً في هذا المجال مع تركيبةٍ من الرّوابط تجمع بين مختلف العناصر أو تكون موجودةً داخل عنصرٍ معيّنٍ: وهكذا نرى أن النصَّ، فوق العادة، يسمح بالقفز من فقرة لأخرى أو من كلمةٍ ما إلى تعريفها، ألخ.

إنّ الصّورة التي لدينا حول "وسيلة الإعلام المتعدّدة الفائقة، التّبادليّة النّشاط" تكتمل إذاً كما يلي:

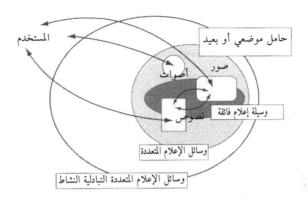

الصّورة 3 وسيلة الإعلام المتعدّدة الفائقة التّبادليّة النّشاط

ولتسهيل الأمر يمكننا أن نطلق على "وسيلة الإعلام المتعدّدة الفائقة التّبادليّة النّشاط" تسمية وسيلة الإعلام المتعدّدة، دون أن ننسى أنها تغطّي سلسلةً من المواصفات: فما قولك بتبادل النّشاط مع المستخدم؟ وهل يعرف هذا أين ينقر بإصبعه؟ ومن أجل إحداث أيّ أثر؟ وما قولك ببنية تنظيم العناصر؟

نقترح على القارىء تعريفاً آخر، باستطاعته أن يسمح لنا بالرّبط بما سوف يلي، وهو يتميّز بتقديم تعريفٍ على صورة التّقاطع (ما هو الشّيء المشترك بين كلِّ التّسهيلات المقدّمة، وكلّ العناصر المقترحة؟)، أو بالأحرى بصورة الاتساع (ما هي جميع الصّيغ أو الأشكال الممكنة لعبارة "وسيلة الإعلام المتعدّدة" ؟). نحن نقترحها كالتالي:

تتكوّن وسيلة الإعلام المتعدّدة من مجموعةٍ من العناصر والبنى المقترنة ببعضها البعض، والتي تسجَّل على حاملٍ معيَّنٍ وبلغةٍ معيّنةٍ ألا وهي اللغة الثّنائيّة.

314

2. لغة وسيلة الإعلام المتعدّدة.

هل تصدِّقون ذلك؟ لقد أصبح تقدّم المعلوماتيّة وأشكال اتّصالاتها ممكناً بسبب اكتشاف عنصرٍ صغيرٍ يشكّل الخليّة العصبيّة الحقيقيّة في أنظمة المعلوماتيّة: ألا وهو الترانزيستور. ودون الدخول في تفاصيل كثيرة التّعقيد نستطيع القول بأنّ هذا العنصر يعمل كمفتاحٍ صغيرٍ يسمح بمرور التّيّار الكهربائيّ أو يمنعه. ونحن نجد هذه البِنية بشكل "كلّ شيء أو لا شيء" في أنظمة الحاسوب المحيطيّة والمتعدّدة، وبشكلٍ أدقّ في المعالج الميكرويّ الذي ينظّم ويحدّد ويؤكّد مختلف النّشاطات التي يقوم بها الحاسوب. كما يكون كلُّ عنصرٍ في الذّاكرة، إمّا ناشطاً أو غير ناشطٍ، وكلّ نقطةٍ في الشّاشة مضاءةً أو غير مضاءةٍ وكلُّ خليّةٍ ميكرويّةٍ في الشّريط المغناطيسيّ موجّهةً أو غير موجّهةٍ...

يرمز إلى هاتين الحالتين - "مضاء" أو "مطفأ" - بأبجديّة من "حرفين" : "الصّفر" لحالة الغياب أو الإطفاء، و"1" لحالة الحضور أو الإضاءة. هذان الحرفان أو هاتان الحالتان تشكّلان اللغة المشتركة لنصوص، وصور، وأصوات وسيلة الإعلام المتعدّدة كما لأفعال المستخدم الذي يدير هذه الوسيلة (أي عندما ينقر بإصبعه أو لا ينقر).

لكن كيف يمكن متابعة أو إدخال هذا التّنوّع الواسع للعناصر من خلال حرفين أو رمزين؟ هذا ما سوف نحاول تفسيره أدناه.

مع مفتاحٍ واحدٍ (أي ترانزيستور واحد) هنالك حالتان ممكنتان أو أيضاً بطاقتان متوافرتان للدّلالة على شيءٍ واحدٍ: أسود أو أبيض، مطفأٌ أومضاءٌ، أي موقفان يُرمز إليهما إمّا "بالصّفر" أو بالـ" 1 ".

ومع مفتاحين متزاوجين يكون الموقف أكثر تعقيداً بقليل:

المفتاحان مطفآن
المفتاح الأوّل مطفأ والثّاني مضاء
المفتاح الأوّل مضاء والثّاني مطفأ
المفتاحان مضاءان

0	0
1	0
0	1
1	1

نلاحظ مباشرةً وجود أربع حالاتٍ ممكنةٍ، وأنّ أربع بطاقاتٍ (00، 10، 01، 11) متوافرةٌ للدّلالة عل عنصرٍ، أو سعة الصّوت amplitude أو خليّة صورة pixel.

ومع ثلاثة مفاتيح، يتعقّد الموقف أيضاً لكن لا يجوز الارتباك؛ فالجدول المقابل يحسب الحالات الممكنة بدءاً من المفاتيح الثّلاثة المطفأة (0 0 0 ، في الحالة الأولى) وصولاً إلى المفاتيح الثّلاثة المضاءة (1 1 1، في الحالة الخامسة). نلاحظ هنا وجود ثماني حالاتٍ ممكنةٍ، وثماني بطاقاتٍ للدّلاله على ثمانيه أعراضٍ مختلفةٍ.

0	0	0
1	0	0
0	1	0
1	1	0
0	0	1
1	0	1
0	1	1
1	1	1

يمكن متابعة التّمرين مع أربعة مفاتيح أو خمسة مفاتيح...
لكنّه يصبح من غير المجدي أن نعدّ كلّ التّصوّرات الممكنة.

فلنحاول الآن إيجاد طريقةٍ لتعميم الآليّة التي مررنا بها أعلاه: مع مفتاحٍ واحدٍ، حالتان ممكنتان؛ مع مفتاحين أربع حالاتٍ

ممكنةٍ، أي 2×2 حالة ممكنة ؛ مع ثلاثة مفاتيح، ثماني حالاتٍ ممكنةٍ أي 2×2×2× حالة ممكنة...

لنجرّب التّمرين التّالي: مع ثمانية مفاتيح، 2×2×2×2×2×2×2×2 أي 256 حالةً ممكنةً، و256 بطاقةً، و256 غرضاً يمكن تحديدها.

لنستخدم بعض المفردات الآن: بدل أن نقول مفتاحاً سوف نتكلّم عمّا يمثّله، أي "البِت" bit، (هو رقمٌ ثنائيّ، أو رمزٌ ثنائيٌّ بحالتين). مع 8 بِت (الحزمة من 8 بِت تسمّى بايت Byte بالإنجليزيّة أو ثمانيّة octet بالفرنسيّة)، ومع بايت واحد نستطيع إذاً أن نمثّل 256 شكلاً مختلفاً من 0 0 0 0 0 0 0 0 إلى 1 1 1 1 1 1 1 1 (بالنّسبة لعلماء الرياضيّات: 256 = 2 ^ 8 - أي إثنان بالأُسّ ثمانية).

مع 16 بِت (أي 2 بايت) نستطيع أن نحدّد الرّقم 2 ^ 16 ب 65536 حالة ممكنة؛ ومع 24 بِت (أي 3 بايت)، يكون لدينا 2 ^ 24 أي 16777216 غرضاً مختلفاً يمكن أن نمثّلها؛ مثلاً ألوان مختلفة، ورموز مختلفة، وسعات مختلفة للصّوت...

عدد البِت	عدد البايت	عدد الحالات الممكنة
8	1	2 ^ 8 = 256
16	2	162 =65536 ويمكن أن نقول "آلاف" الحالات
24	3	2 ^ 24= 16777216 ويمكن أن نقول "ملايين" الحالات

ويعني ذلك أنّ نظاماً من 42 بِت قادرٌ على الدّلالة على عنصرٍ

معيّنٍ أو على شكلٍ معيّنٍ ضمن مجموعةٍ (كحالة الألوان بالنّسبة للرّسام) بحوالى 16 مليون عنصر .

وتعمل الحواسيب الحاليّة بأنظمة تمثيل مكوّنة من واحد أو اثنين أو ثلاثة أو أربعة بايت. فإذا أخذنا نظام تمثيلٍ من بايت واحد، يكون المعالج الميكرويّ قادراً على أن يشير إلى لونٍ معيّنٍ ضمن جدولٍ من 256 لوناً وحرفٍ من بين 256 حرفاً مختلفاً؛ كما بإمكانه "أن يرسل" صوتاً بحدّةٍ intensité خاصّةٍ من بين 256 حدّةٍ مختلفة.

ينتج عن كلّ هذا خاصيّةٌ هامّةٌ وهي : إنّ إمكانيّة تحويل المعلومة إلى رقميٍّ digitalisation (أي تمثيلها بنظامٍ ثنائيّ) تقود إلى انفصال المعلومة. لنتخيّل اللون الأحمر الفاتح الذي يتلاءم مع الشّكل 17 (أي الحالة السّابعة عشرة من بين 256، ضمن نظامٍ من بايت 1)، واللون الأحمر القاتم ذي الشّكل 18: إنّه لَمن المستحيل أن نحصل في هذا النّظام على لونٍ أحمر وسطيٍّ. فإذا أردنا تلطيف تشكيلة الألوان المتوافرة لدى الرسَّام، يجدر بنا الانتقال إلى نظامٍ من 2 بايت: فالأحمر الفاتح يمكن أن يتحوّل إلى الشّكل 4352 (ضمن مجموعةٍ موسّعةٍ من 65536 لوناً محتملاً) والأحمر القاتم إلى الشّكل 4608. بهذه الطريقة يمكن أن نحصلٍ بين الاثنين على تشكيلةٍ واسعةٍ من اللون الأحمر.

وبخصوص هذه السّيئة البسيطة المرتبطة بعمليّة التّفريق نشير إلى وجود حسناتٍ عديدةٍ للتّمثيل الثّنائي:

- إمكانيّة التّحكّم السّهل بالمعلومات:

لنبدأ بمثالٍ مستوحىً من حالةٍ وهميّةٍ أشير إليها أعلاه، فإذا أردنا أن نستبدل في صورةٍ ما (أو منطقةٍ منها)، اللون الأحمر

الفاتح بالأحمر الغامق، يكفينا أن نستبدل الشّكل 17 (أي 000 1 000 1) بالشّكل 18 (أي 000 1 00 1 0).
ومثالٌ آخر يتعلّق بالنّص: فإذا نسينا بضع كلماتٍ من نصٍ مكتوبٍ، من الصّعب أن نحشر العبارة النّاقصة داخله؛ وحتّى أفضل جهاز محوٍ لن يستطيع معه شيئاً. أمّا في نصٍّ مبنيٍّ بفواصلٍ على أساس اللغة الثّنائيّة، فإنّ حشر بضع كلماتٍ أو حتّى فقرةٍ لا يطرح أيّة مشكلة ... وما يلي موقع الحشر سوف يتراجع دون صعوبات (شرط أن يتكفّل برنامجٌ معلوماتيٌّ بتأخير ما يلي هذا الموقع)؛

- **مطابقة النّسخة المنفّذة لعنصرٍ معيّنٍ:**
إنّ نسخ جدولَ معلّمٍ يطرح عدّة مشاكلٍ من أجل إيجاد اللون المستخدم الصّحيح؛ إنّ اللوحة المستخدمة، حاملة الألوان، لا حدود لها تقريباً. والخاصّيّة المحدودة لحاملة ألوان الحاسوب، وترقيم مختلف الألوان بالأشكال الثّنائيّة التي تكلّمنا عنها توفّر إمكانيّة الحصول على نسخةٍ مطابقةٍ؛

- **تخزين واستعادة العناصر المخزَّنة في عمليّةٍ سهلةٍ للغاية:**
في نظام ترميزٍ متواصلٍ (لنأخذ مثال التّسجيل الصّوتيّ) : يكون من الصّعب أن نلاحظ الفرق بين صوتٍ بسعة 0.81 وصوتٍ آخر بسعة 0.82. إنّ التّرميز بشكل "كلّ شيء أو لا شيء" (أي أن تكون الإشارة "1" أو "0") يسهل كشفه كثيراً. هذه هي أفضليّة النّظام الرّقمي بالنّسبة للتّناظري analogique.

سوف نصف الآن بالتّفصيل الطّريقة التي يتصرّف بها الحاسوب عند ترميز رموز الصّوت والصّورة وفكّها، ونلفت النّظر أيضاً إلى أنّ الأدوات المعروضة تمتلك قيمةً تربويّةً أكيدةً على

مستوى التأطير وتمثيل العناصر (الصّوت، واللون...) التي يصعب تخيّلها بطريقةٍ أخرى.

2. 1 الصّوت وعلم الأصوات

يبدو الصّوت ذا أهميّةٍ خاصّةٍ بين جميع العناصر المكوّنة لوسيلة الإعلام المتعدّدة: فإذا ما كانت شاشة الحاسوب قدّ عوّدتنا منذ زمنٍ بعيدٍ على الصّورة التي تحملها، فإنّ قناة إدراكٍ جديدةٍ تنفتح اليوم مع التّحليل الصّوتيّ ومع الموسيقى المرافقة ومع الغرض، كما يمكن أن نسمعه.

وما يبدو مميّزاً بشكلٍ خاصٍّ هو إمكانيّة رؤية الصّوت والتّحكّم به بواسطة أداة معالجة الأصوات.

وقبل أن نصف الطّريقة التي يمثّل الحاسوب الصوت بواسطتها، من الملائم أن نلفت الانتباه إلى بعدَي الصّوت. فهو يتضخَّم مع الوقت بطريقةٍ مستمرّةٍ وكذلك تكون حدّته. لقد رأينا أنّ الحاسوب يتكيّف بصعوبة مع الاستمراريّة المطلقة وأن هذه الاستمراريّة لا يمكنها إلّا أن تتقارب عن طريق مضاعفة عدد التمثيلات الشكليَّة configurations (وهي الحالات المتقطّعة الساكنة) وهنا يتطلّب الأمر القيام بتفريقٍ مزدوجٍ. بدايةً خلال الوقت: فالحاسوب لا يستطيع تحليل الصّوت في كلّ حين؛ هذا التّحليل يستغرق وقتاً بالتأكيد وبالتّالي فالحاسوب لا يستطيع تصنيف العيّنات من ضمن موجات الصّوت المتدفّقة إلّا بأجزاءٍ محدّدةٍ من ألفٍ من الثّانية. ثمّ إنّ حدّة الصّوت يجب أن تتمثّل (بالنّسبة لكلّ

عيّنةٍ) في نظامٍ من بايت واحدٍ (أي 256 مستوىً محتملاً) أو من اثنين بايت (أي من 65536 مستوىً محتملاً). وتسمّى عمليّتا التّفريق هذه تحديد العيّنات (بعد عددٍ معيّنٍ من ألفٍ من الثّانية، وهوالتّفريق في الوقت)، والتحويل إلى الرقمي (وهو تفريقٌ في الحدّة).

ماذا يحصل بالضّبط؟

تجري معايرة الإشارة الكهربائيّة المستمرّة الصّادرة عن مِذياع، أي يجري فحصها عدّة مرّات في الثّانية، وهكذا فإنّ معايرةً من 14 كيلو هيرتز تعني أنّ الصّوت قد جرى فحصه وتحليله 14000 مرّةً في الثّانية. كما يجري قياس (أي تحويل إلى رقمي) سعة (أي كِبَر) الصّوت لكل عيّنة، على مقياس من 256 مستوىً (8 بِت - 1 بايت - تكون ضروريّة) أو من 65536 مستوىً (16 بِت - 2 بايت - تكون ضروريّة).

ولتسهيل الفهم تظهر الصّورة أدناه صوتاً جرت معايرته على 10 هيـرتز (أي 10 مـرّات في الثّـانـيـة) وترقيـمـه بـ3 بِت (أي 8 مستويات، من صفر حتّى 7). الصّوت المتمثّل في الصّورة سوف يسجّل كالتّالي: 1- 4- 7- 7- 5- 2- 0- 2- 4- 6 أو 100- 001- 111- 111- 101- 010- 000- 010- 001- 011 أيضاً في تعاقبٍ زمنيٍّ.

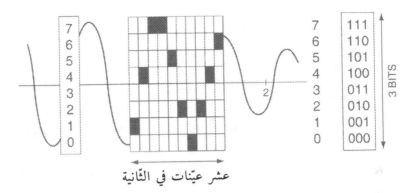

عشر عيّنات في الثّانية

الصّورة 4 معايرة الصّوت وترقيمه

يبيّن المستطيل الوسطيّ في الصّورة الصّفة الخشنة للنّتيجة المحصّلة: وانتبهوا لآذانكم. لحسن الحظّ أنّ بطاقات الحصول على الصّوت لا تعمل على عشرة هيرتز، بل تعمل نموذجيًا على 11000 هيرتز (11 كيلو هيرتز)، أو على 22 كيلو هيرتز أو على حوالى 44 كيلو هيرتز أيضاً، مما يتناسب ونوعيّة الـ:س د الصّوتيّ (نشير أنّ الأذن البشريّة تتأثّر بالموجات المحصورة بين 20 هيرتز و20 كيلو هيرتز). وهي لا تعمل أيضاً على 3 بِت بل بالأحرى على بايت واحد (أي 8 بِت) أو على 2 بايت (وهي الـ16 بِت الخاصّة بقارىء الـ:س د الصّوتي).

إذا افترضنا عمليّة معايرة على 44 كيلو هيرتز (أي 44000 مرّة في الثّانية) وعمليَّة تحويل إلى رقمي على 2 بايت، فإنّ مدّة ثانية صوتيّة تتطلّب إذاً:

44000 عيّنة في الثّانية، لكلٍّ منها 2 بايت، اي: 88000 بايت في الثّانية.

إذا أردنا التّسجيل بنظام تجسيم الصوت، ستيريو stereo (أي وجود الصّوت إلى اليسار وإلى اليمين في الوقت عينه) فتحتاج الثّانية الواحدة لـ176000 بايت وتحتاج السّاعة (3600 ثانية) من

نوع صوت ستيريو إذاً، إلى حجمٍ يوازي 176000 بايت في الثّانية الواحدة مضروبة بـ3600 ثانية، ممّا يساوي 634000000 بايت أي تقريباً 640 م ب (أي ميغا بايت : mega Byte م= ميغا أي مليون وب= بايت). سوف نعود إلى إبراز أهميّة هذه القيمة لاحقاً (النّقطة 3 من هذا الفصل).

تظهر لنا الصّورة التّالية علامة "ال دّو، do "الموسيقيّة تؤدّيها آلة المزمار بعد تحليلها بواسطة برامجيّات معالجة الصّوت "المؤثّرات الصّوتيّة، Sound effects" ، والتي تمّ اختيارها من بين تشكيلةٍ واسعةٍ لدى هاوٍ، منها عددٌ لا بأس به بطريقة المشاركة *wareshare* (وهي برامجيّة متشاركة يمكن الحصول عليها مقابل رسمٍ بسيطٍ) أو حتّى بطريقةٍ حرّةٍ *warefree* (برامجيّة مجّانيّة).

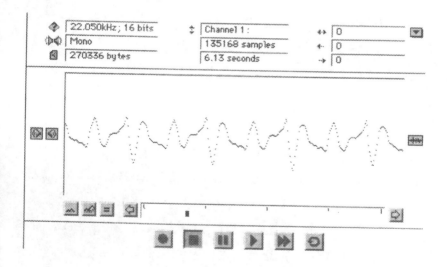

الصّورة 5 برامجيّة المؤثّرات الصّوتيّة

لنحلّل قليلاً الصّورة السّابقة: جرت معايرة الصّوت على 22.050 KHz كيلو هيرتز مع 16 بِت؛ واستمرّ 6.14 ثانية واحتاج

ذلك 22050 عيّنة في الثّانية خلال 6.13 ثانية أي تقريباً 135000 عيّنة. واحتاجت كل عيّنة منها إلى 2 بايت أي ما مجموعه تقريباً 270000 بايت. أليس هذا سهلاً؟ ولنلاحظ أيضاً طبيعة الصّوت الدورية: إذ أنّ العنصر ذاته يتكرّر... أي الـ"دو"؛ وكذلك الطّريقة المستخدمة في لوحة الأجهزة: فالأزرار "تشغيل، play" و"إلى الأمام، "forward، و"تسجيل، record" في مسجّلتك تجدها أمامك على الشّاشة.

انطلاقاً مما تقدّم يمكن إجراء نشاطات تربويّة. وإليكم ببساطة بعض الأسئلة:

- ما هي الإشارة الدورية؟
- ماذا تساوي الدّورة (أي وقت العنصر الذي تكلّمنا عنه)؟
- ما الذي يميّز الـ"دو" عن الـ"ري"؟
- ما الذي يميّز الـ"دو" في مجموعة وحدات موسيقيّة octave عن "دو" أخرى في المجموعة التي نقلوها مباشرةً؟
- ما الذي يميّز الـ"دو" الصّادرة من مزمار، عن تلك الصّادرة من بيانو؟
- ...

إنّ إمكانيّة **رؤية الصّوت** يمكنها أن تجعل تعلّم هذا القسم من الفيزياء (علم الأصوات)، حسيّاً أكثر، وحيّاً أكثر ويمكن تلقّيه وفهمه بصورةٍ أفضل.

وماذا بشأن دمج الأقراص؟ لقد سبق ورأينا ذلك: إن تخزين موسيقى متنوّعةٍ لحوالى ثلاث دقائق يأخذ (في 44 كيلهرتز 16 بت) 44000 (عيِّنةٍ) × 2 ب (16 بت و 2 بايت) × 2 (ستيريو) × 180 (ثانية) أي حوالى 32م ب (ميغا بايت).

تخفض تقنيَّات الدمج كمِّية المعلومات الواجب تخزينها (مثلاً، بعزل الترددات التي لا تسمعها الأذن البشريَّة). ويمكن أن تصل

نسبة الدمج إلى العامل 10، ما يعني أن موسيقانا لن تساوي أكثر من 2 م ب وأنَّه بدلاً من تخزين 20 قطعةً على الـ:س د نستطيع تخزين 200. وكمثالٍ على هذه التقنيَّة سوف نقدِّم "الـ م ب3، MP3 (MPEG Audio Layer 3).

2 . 2 اللَّـــــون والصُّـــــورة

نحن نعلم أن الصورة المعروضة على شاشة الحاسوب تتكوَّن من عددٍ معيَّنٍ من النقاط (بيكسل أو خليَّة صورة)، أفقيَّاً (نموذجيّاً 640 نقطةً)، وعاموديَّاً (نموذجيَّاً 480 نقطةً). فالصورة التي تشغل ربع الشاشة تتكوَّن إذاً من 320 × 240 نقطةً أي 76800 نقطةً.

هذه الصورة تحتاج ، بالأبيض والأسود، إلى 1 بت فقط لكلّ نقطةٍ (مضاءةٍ أو مطفأة)، أي 76800 بت، بما يساوي أيضاً لتبسيط الأمر 9600 بايت أو 9.6 كيلوبايت (1 بايت يساوي 8 بت).

وعلى أساس 256 لوناً، فالصورة تحتاج إلى 8 بت (1 بايت) لكلِّ نقطةٍ؛ وبالنسبة لصورةٍ تشغل ربع الشاشة ، يتكوَّن لدينا مجموعٌ من 76800 بايت، أو أيضاً 76.8 كيلوبايت.

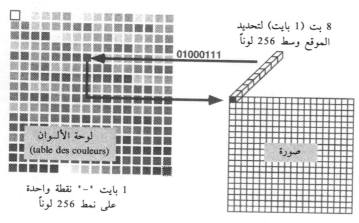

الصورة 6 لوحة ألوان الحاسوب

كما سوف تحتاج الصورة المركَّبة من "آلاف الألوان" (65536 لوناً بالتحديد) إلى 2 بايت من كلِّ نقطةٍ، أي ما يساوي بالنسبة للصورة التي تشغل ربع الشاشة مجموعاً من 153.6 كيلوبايت. والانتقال من 256 لوناً إلى 65536 لوناً سوف لن يؤدِّي سوى إلى مضاعفة الحيِّز الضروري للتخزين.

أمَّا الصورة التي تغطِّي الشاشة (640 × 480 نقطةً، والمكوَّنة من ملايين الألوان فهي تحتاج إلى: 640 × 480 (نقطةً) × 3 (بايت لكلِّ نقطةٍ) ≈ 900 كيلوبايت.

الصورة 7 صورةٌ رقميَّةٌ تغطِّي ربع الشاشة تقريباً.

تساوي الصورة أعلاه 384 × 256 نقطة؛ وبما أنّها سجِّلت بملايين الألوان فهي تحتاج إلى 300 كيلوبايت تقريباً مقابل 100 كيلوبايت للـ 256 لوناً.

إن دراسة الإحصائيَّات العائدة للصورة المعروضة أعلاه يؤكِّد معلوماتنا ويبيِّن لنا أن تخزين الصُورة يمكن، في حال جرى دمجه

بـألـغـوريـتم حـسـابـيٍّ يـسـمَّى (Join Photographic Expert JPEG
Group)، أن يشغل حيِّزاً أصغر بكثيرٍ (30 كيلوبايت من ملايين
الألوان). وتسمح طريقة JPEG بعد حذف المعلومات المتكرِّرة
بالوصول إلى عوامل دمج بمستوى 10.

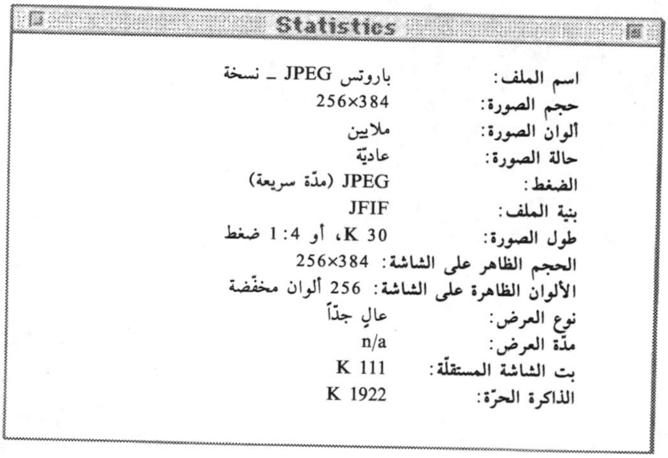

	Statistics	
اسم الملف:	باروتس JPEG – نسخة	
حجم الصورة:	256×384	
ألوان الصورة:	ملايين	
حالة الصورة:	عاديّة	
الضغط:	JPEG (مدّة سريعة)	
بنية الملف:	JFIF	
طول الصورة:	K 30، أو 1:4 ضغط	
الحجم الظاهر على الشاشة: 256×384		
الألوان الظاهرة على الشاشة: 256 ألوان مخفضة		
نوع العرض:	عالٍ جدّاً	
مدّة العرض:	n/a	
بث الشاشة المستقلّة:	K 111	
الذاكرة الحرّة:	K 1922	

الصورة 8 خصائص الصورة المعروضة في الصورة 7

تتطلَّب الصُّور المقدَّمة بملايين الألوان إلى 3 بايت لكلِّ نقطةٍ
من الصورة. وغالباً ما تبنى هذه اللوحة الهائلة من الألوان من ثلاثة
مركَّباتٍ تمثِّل كمِّية الأحمر (1 بايت)، والأخضر (1 بايت)،
والأزرق (1 بايت): عندئذٍ يكون الترميز بطريقة RVB. إن نقطةً
معيَّنةً "زرقاء" من الصورة تنتج عن دمج هذه الألوان الثلاثة حيث
يسيطر اللون الأزرق.

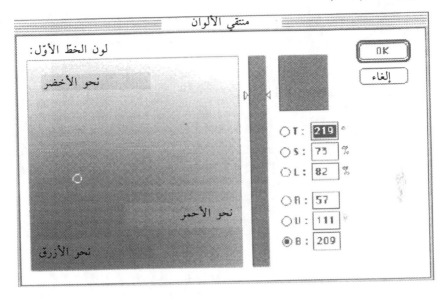

الصورة 9 عالم ألوان RVB

من أجل خلق هذا النَّوع من اللون الأزرق، كما نلاحظ، فإن المركَّب الغالب هو الأزرق (بحدَّة 209)، يضاف إليه قليلٌ من الأخضر (111)، والأحمر (57). يتمُّ تحديد درجة حدَّة أحد هذه الألوان الأساسيَّة (الأحمر أو الأخضر أو الأزرق) برقمٍ محصورٍ بين 0 و255، مما يستلزم 1 بايت لكلٍّ من الألوان الأساسيَّة.

المـزيج (أحمـر = 0؛ أخضـر = 0؛ أزرق = 0، أي حـالة "اللالون") يتناسب مع اللون الأسود؛ تكون النقطة المقابلة على الشاشة غير مضاءةٍ.

أمَّا المزيج (أحمر = 255؛ أخضر = 255؛ أزرق = 255، ما يعني وجود حزمات الضوء الثلاث) فهو يتناسب مع الأبيض؛ وتكون النقطة المقابلة على الشاشة مضاءةً (بالأبيض). وإذا أزيل المركَّبان الأخضر والأزرق فيمكن رؤية النقطة المقابلة بالأحمر. أمَّا

328

إذا أزيل المركَّب الأزرق فسنرى النقطة بالأصفر. هذا ما يسمَّى بالتركيب " الطَّرحي" للألوان.

يرينا الجدول التالي بعضاً من أنواع المزيج:

اللــــون	الأحمر	الأخضر	الأزرق
أبيض	255	255	255
أصفر	255	255	0
ماجنتا (أحمر مزرق)	255	0	255
سيان (ازرقاق)	0	255	255
أحمر	255	0	0
أخضر	0	255	0
أزرق	0	0	255
أسود	0	0	0

لقد قاربنا في الجدول أعلاه مسألة تخزين الصّورة (أي المكان الموجود في الذاكرة الذي يستوعب صورةً معيّنةً). هنالك أيضاً نواحٍ أخرى مثل التّبيّن résolution (وهو عدد النّقاط المتوافرة) وعمق (أي عدد الألوان) جهاز العرض المحيطي: في المثال أعلاه تكون أخيراً الصّورة المخزّنة بملايين الألوان معروضةً ب256 لوناً. وفي ما يتعلّق بالتّبيّن فشاشة الحاسوب لا تستطيع أن تعرض (لأسبابٍ تقنيّة أكثر من 72 نقطة في البوصة (نقول بلغة المعلوماتيّة 72 dpi أي *dot per inch*). وهكذا تبدو الصّورة ذات القياس المحدّد بـ300 dpi على الشّاشة أكبر بأربع مرّات مقارنةً بقياسها الحقيقيّ.

جرى تسجيل الصّورة أدناه[2] بواسطة ماسحٍ scanner بعد تعييره على 72 dpi. لذلك سوف نراها بالقياس الحقيقيّ على شاشة الحاسوب.

الصّورة 10 وضوح الصّورة مع وسائل إعلامٍ متعدّدة من 72 dpi

ولقد حوّلناها بمساعدة برامجيّات PHOTOSHOP (وهي برامجيّات متخصّصة بمعالجة الصّور)، إلى صورةٍ من (300dpi لقد كثّفنا عدد النّقاط في وحدة الطّول). إليكم خصائص الصّورة بعد التّحول المشار إليه:

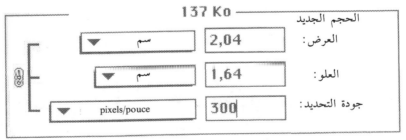

الصّورة 11 زيادة تبيُّن الصّورة

(2) Serdu (1995). Quand rien ne va plus. Rubrique Multimédias, Le Vif-L'Express, 20 octobre 1995, p. 135.

ومع هذا فإنّ القياس الظّاهر للصّورة على شاشة الحاسوب سوف لن يتغيّر: لا تستطيع الشّاشة أن تمثّل أكثر من 72 نقطةً في البوصة لذلك فهي سوف تقوم ببسط الصّورة من جديد. ونضيف بأن رؤية الصّورة على جهازٍ محيطيٍّ قادرٍ على تمثيل 300 نقطة في البوصة (كطابعة اللايزر مثلاً)، سوف تعطينا صورةً تنطبق أبعادها على المعطيات أعلاه (2.04 سم × 1.64 سم). وإليكم نتائج هذا التّحوُّل.

الصّورة 12 الصّورة 10 بدرجة 300 dpi

2. 3 الفيديو (حامل الصّور)

إنّ عمليّة تخزين الفيديو على حامل معلوماتي تعني تخزين سلسلةٍ من الصّور التي يجب أن تعرض على المستخدم بأفضل حال، وبإيقاعٍ كافٍ (25 صورة في الثّانية). وهكذا فإنّ ثانيةً من عرض فيديو، والتي تبدو من خلال عمليّة تحريك لربع الشّاشة تقريباً وبإيقاع 25 صورة في الثّانية، تستلزم تقريباً 100 كيلو بايت x 25 أي 2.5 م ب (أي ملايين البايت). ينتج عن ذلك صعوباتٌ في التّخزين (دقيقة واحدة من عرض فيديو كانت لبضع سنواتٍ خلت لتَشغلَ قرصاً صلباً بأكمله، أي بما يساوي 100 مب)؛ كما توجد صعوباتٌ في ما يتعلّق بمعدّل تدفّق المعلومات على الشّاشة: فالحاسوب ليس قادراً على متابعة عرض 25 صورة كلّ بضع ثوانٍ.

إنّ نسبة التّدفّق النّموذجيّة حاليّاً في أجهزة المعلوماتيّة المنزليّة تقع بالأحرى بين 5 و15 صورة في الثّانية لذلك فإنَّ الحالة الأخيرة تحتاج إلى حاسوبٍ متطوّرٍ جدّاً.

وعلى مستوى التّخزين فلقد أصبحت لدينا تقنيّاتٌ لضغط الأقراص وإزالة الانضغاط؛ وهي لا تحذف فقط التّكرار الحاصل في كل صورة بل أنّها تخزّن في سلسلةٍ معيّنةٍ ما يتغيّر فقط من صورةٍ لأخرى، وهكذا يصبح بالإمكان تأمين معدّلات انضغاط لبضع عشراتٍ بعامل 100. إنّها تكنولوجيا الـMPEG (*Movie Picture Expert Group*).

2. 4 في الخلاصة...

يعرض الجدول أدناه القياس الضّروريّ لمختلف عناصر وسائل الإعلام المتعدّدة في الوحدة (ما تشغله في الذّاكرة صورةٌ من ملايين الألوان تملأ الشّاشة، على سبيل المثال) بالإضافة إلى عدد العناصر التي يمكن تخزينها على قرصٍ صلبٍ من 100 م ب (100 مليون بايت).

	في الوحدة	قرص صلب من 100 م ب
نصٌ خام	صفحة واحدة A4 = 3 ك ب	100 000 000 حـرف . 33000 صفحة
نصٌ مع أسلوب خاص	صفحة واحدة A4 = 10 ك ب	10 000 صفحة
نصٌ مع جدول ومخطط بياني	صفحة واحدة A4 = 26 ك ب	3800 صفحة
صورة ملء الشّاشة 640 N/B x480	صـورة واحـدة = 38 ك ب	2600 صورة
صورة مـلء الشّـاشة640 x480 ملايين الألوان	صـورة واحـدة = 900 ك ب	110 صورة
المادّة نفسها السّابقة مضغوطة عشر مرّات بنظام JPEG	صورة واحدة = 90 ك ب	1100 صورة
صوت ستيريو (22 كيلو هيرتز، 16 بِت)	ثانية واحدة = 88 ك ب	19 دقيقة
فيديو غير مضغوط ملء الشّاشة 256 لوناً.	ثانـية واحـدة = (25 صورة/ثا) = 7680 ك ب	13 ثانية
المادّة السّابقة نفسها مضغوطة 100 مرّة بنظام MPEG		21 دقيقة

333

3. حاملات وسائل الإعلام المتعدّدة

سوف نتكلّم هنا عن الحامل الموضعيّ الذي يشكّله القرص الصّلب. كثيرةٌ هي الأقراص الصّلبة المتوافرة حاليّاً بدءاً من (القرص الصّلب) الـ س د السّمعيّ CD-Audio مروراً بالـ س د إي CD-i (من فيليبس Philips) وصولاً إلى الـ س د-روم CD-ROM، والـ س د- صورة CD-Photo (الذي يسمح بتوثيق الصّور)، والفيديو- س د vidéo-CD (الذي يسمح بتخزين فيلم فيديو بتقنيّة MPEG).

لكلّ الأقراص المظهر عينه: قرصٌ قطره 12 سم ووزنه 15 غ. مما يتكوّن؟ هو حاملٌ من مادّة البوليكاربونات polycarbonate، تغطّيه طبقةٌ رقيقةٌ قادرةٌ على عكس شعاع لايزر تصل دقّته إلى 1 ميكرومتر (أي واحد من مليون من المتر، 1 µm). وتغطّي هذه الطّبقة ثقوبٌ صغيرةٌ تفسد انعكاس النّور؛ وبعبارةٍ أخرى فإننا نصادف على طول ثلمٍ دائريٍّ سلسلةً متواليةً من ثقوبٍ ضعيفة القدرة على عكس النّور، وهي الحفر (les *pits*) وأجزاءً غير مصابةٍ وهي المسطّحات (les *lands*) التي تعكس النّور جيّداً. مع الإشارة إلى أنّ الثّلم الذي نتكلّم عنه له شكلٌ مستمرٌ وحلزونيٌّ يمتدّ داخل منطقةٌ صالحةٌ للاستعمال (أي التي كتبت عليها المعلومات).

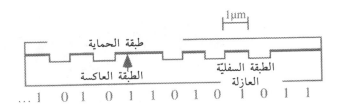

الصّورة 13 رؤية مقطعية لـ: س د- روم

يستطيع ثلمٌ بشعاع وسطيٍّ يساوي 3.5 سم (أي بطولٍ يساوي 22.0 م) أن يتّسع لـ220000 وحدة معلومات (بِت "1" أو "0"، مسطّحات أو حُفر) تشغل كلٌّ منها 1 ميكرومتر تقريباً. وإذا علمنا أن هذه الأثلام تتباعد عن بعضها بعضاً مسافة 1.6 ميكرومتر وأن المساحة القابلة للاستخدام هي بعرض 3.5 سم تقريباً نستطيع عندها أن نقدّر عدد الأثلام بـ22000 ثلم تقريباً، ما يعطينا مجموعاً تقريبيّاً يساوي 22000 × 220000 بِت = 4.8 مليار بِت، أي حوالي 600 000 000 مليون بايت.

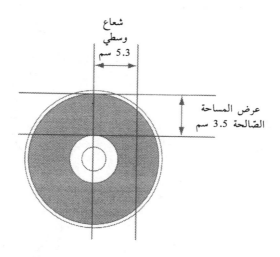

شعاع
وسطيّ
5.3 سم

عرض المساحة
الصّالحة 3.5 سم

الصّورة 14 رؤية س د - روم من فوق

لا ترينا هذه الحسابات سوى مقدارٍ واحدٍ، لكنّه قريبٌ من الواقع. والقرص الواحد، أيّاً كان، يمكنه أن يتّسع لـ640 مب تقريباً (640 000 000 بايت). وسوف نرى (لاحقاً في القسم المتعلّق بالصّوت وعلم الأصوات) أنّ هذا القياس يوازي ساعةً من موسيقى الستيريو بنوعيّة CD تقريباً. لقد بالغنا في الحقيقة بتبسيط

وصف الأقراص [3]. فكتابة البيانات وآليّة كشف واستعادة الأخطاء (ما العمل في حال تبيّن نقصٌ في عدد البِت مثلاً؟) يخضعان لقواعد دقيقةٍ جدّاً (لنتذكّر الكتب الحمراء والصّفراء الشّهيرة). وهكذا فإنّ س - د - سمعيّ، أو س د - إي باقنيّة فيليبس، أو س د - صورة من كوداك، أو س د - روم ، أو فيديو - س د (وهو قرصٌ حفر عليه فيلم فيديو بتقنيّة ضغطٍ خاصّة) تنضوي كلّها تحت أنماطٍ معياريّةٍ محدّدةٍ ولا يمكن قراءتها بأيّة آلةٍ متوافرةٍ (فهناك سلسلة الهاي فاي HIFI وقارىء الـ س د - روم الموصول بالحاسوب أو قارىء الـ س د - إي أو الـ س د - صورة الموصول إلى تلفاز). وهكذا يمكن أن نقرأ س د - سمعي على أيّ جهازٍ كان؛ كما يمكن قراءة س د - صورة على حاسوب أو تلفاز بعد تأمين القارىء الملائم.

وبالإمكان قراءة فيديو - س د على حاسوب يتضمّن برامجيّةً أو بطاقةً إلكترونيّة لإزالة الضّغط بنظام MPEG (بصفةٍ اختياريّة)؛ كما يمكن قراءته بقارىء س د - إي فيليبس شرط احتواء هذا الأخير على خرطوشة فيديو كامل الحركة (FMV, Full-motion Video (بصفة اختياريّة).

يلخّص الجدول التّالي خصائص الـ س د و"قرّاءها".

---

(3)   نستطيع أن نجد على صفحات الوب موسوعاتٍ ممتازة في المعلوماتيّة، وهكذا يمكن لأداة البحث الموسوعي "كيف تسير الأمور" أن تحمل كثيراً من التفاصيل حول مركّبات وعناصر الحاسوب.

http://www.commenticamarche.net/encyclopedie/

		قـــــارىء			
		س د - سمعيّ	س د - روم	س د - إي	س د - صورة
		HIFI	حاسوب	تلفـــــاز	
قرص	س د - سمعيّ	*	*	*	*
	س د - روم		*		
	س د - إي			*	
	س د - صورة		*	*	*
	فيديو - س د		**	***	
			مع بطاقة MPEG	مع خرطوشة FMV	

نستطيع زيادة كميّة المعلومات المخزّنة في القرص بتقليص حجم الحفر (أي الأبعاد المحدِّدة لحزمة اللايزر). عندئذٍ يصبح الـ س د، د ف د DVD، مع إمكانيّة تخزين من 4.7 جب أي حوالى ساعتي عرض فيلم (1 جب أو 1 جيغا بايت= ألف مب، أي 1 مليار بايت). وبتغيير حدّة (أو قوّة) اللايزر نتوصّل إلى أن نكتب على طبقتين متميّزتين في سماكة القرص: ويتم الانتقال من "طبقةٍ بسيطةٍ" إلى "طبقةٍ مزدوجةٍ"، ومن إمكانيّة تخزين 4.7 جب إلى إمكانيّة تخزين 8.5 جب. ويمكن قراءة الـ:د ف د على منضدة

في غرفة الاستقبال أو بواسطة حاسوبٍ مجهّزٍ بصورةٍ ملائمةٍ (المعدِّل).

لقد تنوّعت وسائل التّخزين الملائمة للتّصوير الرّقميّ، في السّنوات الأخيرة. فهناك ذاكرة الفلاش Flash، وهي ذاكرةٌ بنصف موصلاتٍ، وغير زائلةٍ، وقابلةٌ لإعادة الكتابة عليها، أي ذاكرةٌ تمتلك خصائص الذّاكرة الحيّة مع إمكانيّة عدم اختفاء محتوياتها عند فصلها عن التّيّار. بهذه الطّريقة تقوم الفلاش بتخزين ثنائيات البيانات (أي البِت) في خلايا الذّاكرة؛ إلّا أنّ هذه البيانات لا تمّحي بل تبقى مخزّنةً عندما تنقطع تغذية الفلاش بالتّيّار الكهربائيّ. وهناك أحجام تخزين بين 32 مب و 2 جب تميّز أغراضاً بقياس طابعٍ بريديٍّ صغيرٍ.

4. برامجيّات تركيب وسيلة الإعلام المتعدّدة

كما قلنا سابقاً فإنّ أدوات تكنولوجيا المعلومات قادرةٌ على أن تغرقنا بكميّةٍ مذهلةٍ من المعلومات. وكي نستطيع الاستفادة منها نقترح ثلاثة حلول. أدواتُ بحثٍ وتركيبٍ داخلةٌ في الحامل عينه (مثل دفتر ملاحظاتٍ متكاملٍ أو جهوزيّة دلالةٍ في كتاب أو وصلةٍ مع معالجٍ للنّصوص أيضاً أو قاعدة بيانات...)، أو موقفٌ تعليميٌّ يحيط بوسيلة الإعلام المتعددة ويعطيها معنىً، عن طريق توجيه المتعلّم المستخدم نحو الأهداف والمنتجات التي يقترحها الجهار التربوي من خلال التّعليمات والمهمّات الواجب تنفيذها...

ويهدف الحلّ الثّالث إلى إعطاء المستخدم المتعلّم نفسه أدوات بناء وسائل إعلامٍ متعدّدةٍ تمكّنه من القيام بتمرينه الشّخصيّ في التعبير بواسطة وسائل الإعلام المتعدّدة، وفي حفظ مساره الشّخصيّ

بين أسرار عالم المعلومات الدّقيقة، كي يتوصّل لاحقاً إلى عرض ما أنجزه من "أثرٍ" على المتعلّمين الآخرين وعلى المعلّم. نذكّر هنا بمنهجيّة عمل كرياديم CREADIM، التي سبق عرضها في الفصل 3 النّقطة 7.

النّموذج الأبسط هو حال وسيلة الإعلام المتعدّدة (المسجّل على س د - روم) المرتبط مباشرةً باستخدام معالج نصوصٍ عاديٍّ. وهكذا فإنّ موسوعة إنكارتا Encarta تسمح للمستخدم بـ"نسخٍ" مباشرٍ للمعلومات التي يجدها ناقصةً وبـ"لصقها" من خلال معالج نصوصٍ مختار. ويكون هذا المعالج قد قام بدور الذّاكرة بالنّسبة للطّالب التي سوف تسمح له بأن يخزّن المعلومات بسهولة وأن يبنيها على طريقته.

ويذهب معلّمون آخرون أبعد من ذلك: فهم يوفّرون لطلّابهم إمكانيّة استخدام برامجيّة وسيلة إعلامٍ متعدّدةٍ أي برامجيّة تسمح للمحترفين بتحقيق وسائل الإعلام المتعدّدة التي تكلّمنا عنها. لقد كانت الخطوة الأولى المشار إليها محيطةً بالضرورة بالمعلومة الموجودة ضمن الموسوعة، الأمر الذي لا يشكّل في الحقيقة حصراً كمّيّاً (لأن المعلومات الموجودة ضمن الـ:س د - روم هائلةٌ)، لكنّه يمثّل أحياناً حصراً نوعيّاً (تعكس الموسوعة الأميركيّة ثقافة بلادها وتكون أحياناً أقلّ كلاماً عن ثقافة قارّةٍ أخرى). وتبقى خطوة البناء التي تكلّمنا عنها هنا، جاهزةً لاستقبال المعلومة الحاليّة ومتكيّفةً مع بيئة وثقافة المستخدمين؛ وهي منفتحةٌ أيضاً على حاملاتٍ أخرى (كالكتب والمجلّات والجرائد والإعلانات...) يستطيع المستخدم إدخالها في وسيلته الإعلاميّة المتعدّدة.

ومع ذلك فالسّؤال المطروح يبقى التّالي: هل يسمح استخدام أدوات البناء باكتساب كفاءات البناء؟ وعن أيّة عمليّة بناءٍ نتكلّم؟

وهل توجد حتّى الآن معاييرُ لعمليّة بناءٍ جيّدةٍ تلائم إنتاجاً سمعيّاً وكتابيّاً وبصريّاً في آن.

يظهر فحص مختلف الأدوات المتوافرة أنّه لا توجد طريقةٌ واحدةٌ لبناء خطابٍ متعدّد وسائل الإعلام، بل توجد عدّة طرقٍ بتصرّف المستخدم. سوف نعرض في ما يلي بعض برامجيّات إنتاج وسائل الإعلام المتعدّدة.

4. 1 المرتكزةُ على تتابع الوقت (Time-based)

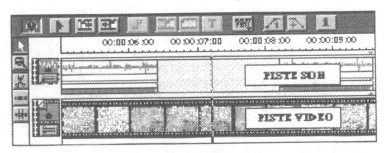

الصّورة 15 برامجيّة تركيب فيديو شوب Video-shop

يبدو هذا النّوع من البرامجيّات (المقصود هنا الفيديو شوب) كجدول تركيبٍ لمختلف العناصر (بصورةٍ رئيسيّةٍ الأصوات والصّور؛ ويمكن إضافة عناوين). ويستطيع الحاسوب المجهّز ببطاقة استقبال فيديو (Vidéo-in) وببطاقة استقبال الصّوت وبكاميرا صغيرةٍ، أن يسجل صوراً يتمّ تركيبها بواسطة البرامجيّات (أي أن تُقطع وتُنظّم وتُرتّب بمفاصل متنوّعةٍ، وتزخرف بعناوين...). ونستطيع بذلك أن نصنع "فيلماً صغيراً ملائماً" بالمعنى الشّائع للكلمة، لكنّ مستوى تبادل نشاط المنتج الجاهز يبقى بدائيّاً: فليس لدينا من إمكاناتٍ فعليّةٍ سوى تجميد الصّورة والعودة إلى الوراء. لنسجّل هنا أهمّية تجميد الصورة التي تمكّن المستخدمين من تسجيل ثوابت متنوّعة:

يرينا المثال أدناه صورةً مجمّدةً لقطارٍ كهربائيٍّ صغيرٍ يمرّ أمام شريط قياسٍ؛ ويمكن إجراء تمارين حركيّة جميلة...

لقد تحوّل الحاسوب إلى آلة تسجيل الصّورة مغناطيسيّاً، (فتقنية تجميد الصّورة أفضل بكثير من عمل آلة التّصوير)، وإلى أداة قياس مختلف الظّواهر، كما سبق وأشير إلى هذا الأمر عند الكلام عن برامجيّات تحويل الصوت إلى رقمي.

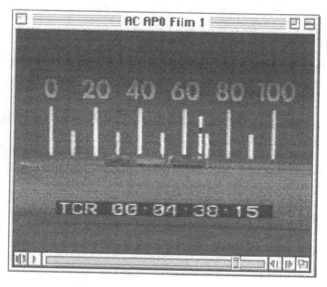

الصّورة 16 تطبيقاتٌ في علم الحركة مع الفيديو الرقميّة

4. 2 المرتكزة على التّفاعل بين الشّاشات (Card-based)

النّموذج الأصلي لهذا النّوع من البرامجيّات هو **هايبر كارد** Hypercard والذي تكلّمنا عنه في فصولٍ سابقة (كما يمكننا أن نذكّر ببرامجيّة **هايبر ستوديو** Hyperstudio التي تعمل بطريقةٍ مشابهةٍ). ويحمل العنصر الأساسيّ فيها، أي البطاقة، كما يمكن أن نقول الشّاشة، معلوماتٍ مختلفةً (كالنّصوص والصّور والأصوات)

341

وأزراراً مختلفةً يمكن تفعيلها من أجل الوصول إلى معلومةٍ أخرى (ومن فصلٍ لآخر)، أو لمعلومةٍ مكمّلةٍ (أي من الكلمة إلى تعريفها مثلاً)، أو إلى تفسيرٍ (على شكل مخطّطٍ بيانيٍّ مثلاً). ويمكن أن يرافق البطاقة نفسها برنامجٌ صغيرٌ (على صورة نصٍّ) يحدّد بدقّةٍ الوظائف التي يجب أن يجريها الحاسوب عندما نصل إلى هذه البطاقة أو عندما نغادرها.

يرافق الأشياء المرتّبة على الشّاشة (كالنّصوص والصّور والأزرار المختلفة الأنواع) توصيفاتٌ شكليّةٌ مختلفةٌ (تتعلّق بالحجم واللون والمظهر...) وأفعالٌ أيضاً (عمّا يجب على المستخدم أن يفعله إذا نقر بإصبعه عليها). وهكذا يمكن أن يعطى كلُّ زرٍّ قدرة تحكّمٍ واحدةً أو مجموعة قدراتٍ (مع نصٍّ مكتوبٍ) تحدد ما يجب عمله في حال تشغيله. إذا كانت غالبيّة أوامر التحكم الشّائعة يمكن أن تُختار ضمن قائمةٍ فإنّ أوامر تحكّمٍ أكثر تطوّراً سوف تُصاغ بلغةٍ خاصّةٍ للبرمجة (هايبرتوك Hypertalk في حال استخدام هايبر كارد). مثالٌ بسيطٌ حول برمجة الأزرار:

- في حال "النّقر" على الزّر.
- توجّه إلى البطاقة التّالية.
- إنتهى الأمر.

وهكذا يمكن برمجة الانتقال من معلومةٍ لأخرى والأخذ بالحسبان الإطار الذي نكون فيه (أضف ملاحظةً إلى عدّاد، **إذا** كان المستخدم قد قام بذلك سابقاً، قُم إذاً بتنفيذ الأمر التّالي **وإلّا** توجّه إلى البطاقة كذا...)؛ ترينا الصّورة التّالية حواراً يمكن أن يبرمج بواسطة هايبر كارد.

هناك عدّة أنواعٍ متوافرةٌ من الأزرار: زرٌّ (على شكل منزلٍ صغير) يتيح العودة إلى البطاقة الأساسيّة (أو *home-card*) يحتوي

عادةً على القائمة الأساسيّة، وزرٌّ آخر يسمح بالانتقال إلى البطاقة التّالية في الكومة (وهي مجموع البطاقات في فصلٍ محدّد)، وزرٌّ آخر يتيح الرّجوع إلى البطاقة التي غادرناها أخيراً (عند قفز مجموعة بطاقاتٍ، مثل الانتقال إلى بطاقة المفردات، فالبطاقة التي كنّا فيها، لا تعتبر في التّسلسل البطاقة السّابقة لبطاقة المفردات: هناك انقطاعٌ في السّلسلة، وعلى الحاسوب أن يحفظ رقم البطاقة التي كنّا فيها، أي أن يحدّدها)...

في هذا المثال يبرز تبادل النشاط بصورةٍ أساسيَّةٍ من خلال البطاقة، وفي جميع الأحوال بواسطة الأزرار، أو بصورةٍ عامَّةٍ أكثر بواسطة الأغراض التي تحملها. ويتيح هذا الأمر بشكلٍ خاصٍ ترتيب مختلف البطاقات بجانب بعضها (الشاشات أو الصفحات) بعدَّة تركيباتٍ منطقيَّةٍ (تجمُّعاتٌ منطقيَّةٌ صغيرةٌ) تشبه في حدودٍ معيّنةٍ ما يحصل في مختلف فصول أيِّ كتاب . ويكون الوصول إلى البطاقات متميِّزاً (من بطاقةٍ إلى أخرى) مهما كان الرابط بين عناصر البطاقة الواحدة ممكناً (يكفي مثلاً أن نغطّي كلمةً في النصّ بزرٍ معيَّنٍ ليردَّنا ذلك إلى بطاقة تفسير هذه الكلمة).

لقد عرضنا في الفصل 3 (النقطة 3 التي تدور حول تصميم سطحٍ منحنٍ) برامجيَّةً تعليميَّةً لم تكن تتكوّن إلّا من بطاقةٍ واحدةٍ: وكان تبادل النشاط يتمُّ بين الأزرار والحقول التي حفظت فيها معلومات المستخدم. وما جرى اختباره هو مدى تماسك مختلف أنواع هذه المعلومات.

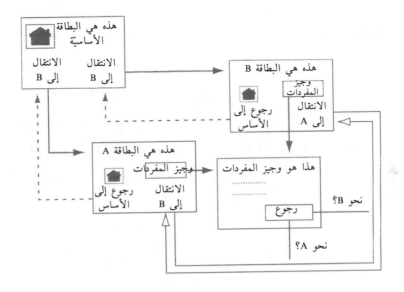

الصورة 17 مخطَّطٌ أوّليّ لتنظيم البطاقات

تتمّ برمجة مجموع البناء بواسطة أجزاء شيفرةٍ مختلفة (بكتاباتٍ مدوّنةٍ بلغةٍ ملائمةٍ (مثل تأشير عدّادٍ عند كلّ مرورٍ على بطاقةٍ ما من نوعٍ معيّن، أو البقاء على البطاقة نفسها إلى أن يصحّح المستخدم اختياره).

4. 3 المرتكزة على الرموز (icon-based)

كان خطأ الأداة السّابقة الأكبر يكمن في البرمجة اللازمة لإيجاد وسيلة إعلامٍ متعدّدةٍ فعّالة. عندها طرحت فكرة السّماح للمستخدم بتوفير إمكانات تبادلٍ للنّشاط بطريقةٍ مرئيّةٍ بالكامل (دون الحاجة مبدئيّاً إلى طباعة سطرٍ واحدٍ من الشيفرة المعتمدة في أيّة لغةٍ كانت). فالنّقر على غرضٍ معين نراه يفتح نافذةً تمكّن المستخدم من اختيار المواصفات المختلفة والنّشاط المرتبط بهذا الغرض من بين مجموعة خياراتٍ أخرى. وهذه الأغراض (الأزرار

والشّاشات...) ترتبط في ما بينها بطريقةٍ بيانيّةٍ بعد رسم خطٍّ بين تمثّلاتها: لدينا مثالان لإثبات ما قلنا:

يسمح **آبل ميديا تول** Apple Media Tool (أي AMT) (يمكن أن نتكلّم هنا إلى حدٍّ بعيدٍ عن برامجيّة **كليكوركس** Clickworks) بإدارةٍ مباشرةٍ لمختلف عناصر شاشةٍ معيّنةٍ وذلك بإعطائها توصيفاتٍ مختلفة أو بتخصيصها بمهامٍ مختلفة: عندما يمر مؤشّر الفأرة مثلاً على هذا العنصر أو ذاك يجب أن يسمع المستخدم تحليلاً معيّناً أو أن يرى بداية مقطعٍ مصوّر.

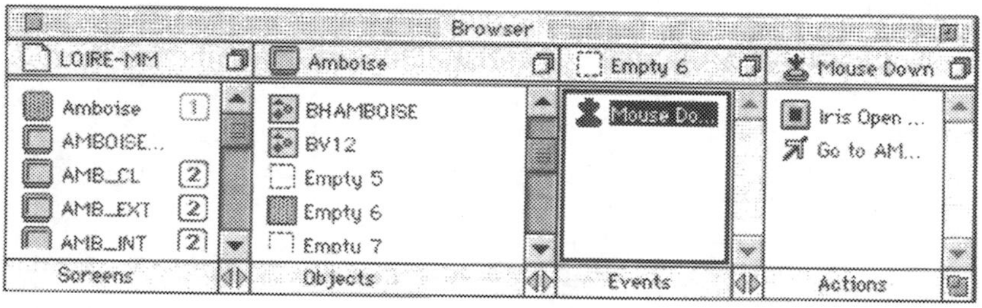

الصّورة 18 برامجيّة آبل ميديا تول (١)

يكمن الفرق مع الحالة السّابقة في أنّه لم يعد من الضّروريّ أن نعمل مباشرةً على البطاقة أو الشّاشة: فلقد جرى جمع العناصر المكوّنة للشّاشة في ملف (أومبواز Amboise مثلاً)، وكلّ عنصرٍ فيه *(objects)* يمكن أن يستجيب لحركةٍ *(events)* معيّنةٍ (يستجيب الزّر الشّفّاف "Empty 6" لنقرةٍ على الفأرة: *Mouse Down*) وسوف يقوم عندها بأفعالٍ *(actions)* محدّدةٍ (إقفال الشّاشة بانتقال "*Iris open*" والتّوجّه إلى "بطاقة" أخرى: *Go to*).

وبطريقةٍ ما فإنّ الشّاشة لم تعد بالضّرورة مجهّزةً مسبقاً (كما في حال البطاقات) بل يجري تركيبها على مراحل بحسب رغبات

العامل عليها وحاجاته. لقد استبدل مفهوم البطاقة هنا بحاويات عناصر المعلومات، المرفقة بمواصفاتها الخّاصّة والتي تظهر إمكانّيات الرّبط لديها من خلال الرّسم البيانيّ التّالي.

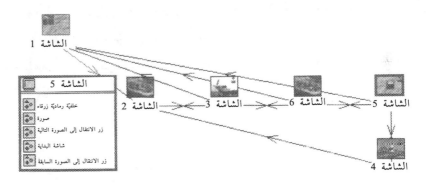

الصّورة 19 برامجيّة آبل ميديا تول (2)

على سبيل المثال، تحتوي الشّاشة 5 على خلفيّة (*Gray-blue Ma*...)، وصورةٍ (*Rolin bitmap*)، وزرٍّ يمكّنها من الانتقال إلى الصّورة التّالية أو إلى الصّورة السّابقة أو من العودة إلى الشّاشة الأساسيّة، شاشة البداية (Bouton *quit*). إنّ عمليّة رسم خطّ بيانيٍّ (السّهم الموجود على المخطّط البيانيّ) بين الشّاشة 5 والشّاشة 6 يفتح صندوق خياراتٍ يسمح باختيار مواصفات الانتقال.

برامجيّة أوثورور Authorware

أبعد من ذلك في عمليّة البرمجة البيانيّة المرئيّة: نرى تراكيب التّكرار المعتادة (تكرار السّؤال إلى أن تكون الإجابة...) وتراكيب الاشتراط (إذا قام المستخدم بفعل هذا الشّيء إذاً... وإلّا) مرتسمةً مباشرةً على الشّاشة. ويستكمل مفهوم الأشياء البسيطة (كرسم أو جزء من نصّ أو صورة...) بأشياء معقّدة مظهرةً تركيب برمجةٍ

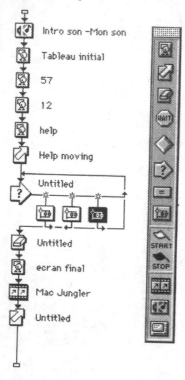

معيّنة: فالبرمجة المرئيّة تبلغ هنا كلّ مداها. وهنا أيضاً يمكن لكلّ العناصر (البيانيّة والنّصوص...)، وكلّ الأفعال التي ينفّذها المستخدم أن ترفق بتوصيفاتٍ مختلفةٍ (انتقال، عدّاد الوقت...).

وبخصوص الشّاشة المعروضة أعلاه نستطيع الاستنتاج بأنّ أفعال المستخدم تقود إلى شاشاتٍ جديدةٍ تردّنا بدورها إلى دفق الشّاشة الأساسيّة (a) أو إلى تكرار الطّلبات الملحّة التي سبق إرسالها إلى المستخدم (b).

الصّورة 20 برامجيّة اوتورویر (مخطّط عامّ)

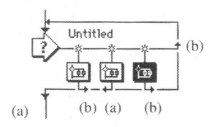

الصّورة 21 برامجيّة اوتورویر (مخطّط التّفاعلات)

4 .4 مقاربـاتٌ مختلطة

لقد مزجت بعض البرامجيّات، المقاربات المختلفة: فـ **دايراكتور** Director قد جرى تصميمه من مجموعة أعمدةٍ (des *frames*) **تحتوي** على عناصر تمثّل مختلف الأشياء التي سوف تظهر على شاشةٍ معيّنةٍ

في ذات الوقت. الإيقاع يمكن اختياره، وهو يعني عدد الأعمدة في الثّانية. حتّى الآن لا تختلف البنية كثيراً عمّا شاهدناه بخصوص **الفيديو شوب** Video-shop (حركة الأعمدة في وقتٍ معيّن). ومن ناحيةٍ أخرى فإنّ الأشياء التي أودعناها عموداً معيّناً (العمود س) يمكن أن تكون على سبيل المثال أزراراً تتيح للمستخدم العودة إلى الوراء (أي القفز نحو العامود س-3) ، أو القفز عدّة أعمدة إلى الأمام (س+7). وهكذا نرى أنّ البنية التّسلسليّة يمكن أن تنقطع في أيّ وقت.

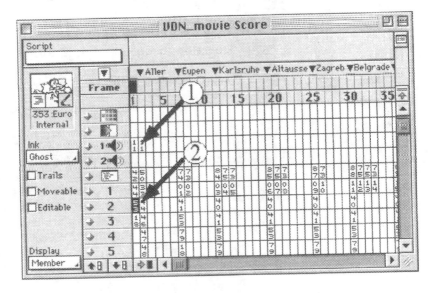

الصّورة 22 برامجيّة ديركتور (جدول التّركيب)

لندرس العمود الأوّل: العنصر 11 (المشار إليه بسهم مع دائرةٍ تحمل الرّقم 1) يتضمّن قطعةً موسيقيّةً قصيرةً لاستقبال المستخدم؛ العنصر 42 هو عبارة عن نصٍّ مكتوبٍ وضع لوقف التتابع الطّبيعي للأعمدة (أي الإنتقال من عمودٍ لآخر) ولانتظار تعليمات المستخدم. العنصر 44 (في السّطر الأوّل من العمود الأوّل) يرمز إلى خلفيّة

348

الشّاشة التي سوف تنفتح؛ العنصر 53 (المشار إليه بسهم مع دائرةٍ تحمل رقم 2) هو في الواقع زرٌّ (أي صورةٌ صغيرةٌ مركونةٌ في خلفيّة الشّاشة وتحمل خاصيّة فعلٍ معيّنٍ) مضافٌ إليه نص: فإذا نقر المستخدم على هذا الغرض عندها يجب الانتقال أو القفز مباشرةً إلى العمود الذي يحمل الرّقم أو الاسم المحدّد (كما نرى، فبعض الأعمدة المخصّصة للدّخول تحمل اسماً معيّناً، كاسم المدينة التي نرغب زيارتها مثلاً).

يستطيع القارىء المعنيّ بمعرفة المزيد عن الموضوع والرّاغب باختبار هذه البرامجيّات العودة إلى كتب ج.م. هيريلليه (J.-M. Herellier) (بالفرنسيّة)[4] أو ت. فوغان (T. Vaughan) (بالإنكليزيّة)[5]، المرفقة بـ:س د- روم يقدّم للمستخدم صيغاً مختلفةً لإثبات طرق عمل البرامجيّات التي تكلّمنا عنها.

5 الشّبكات

5. 1 حاملات المعلومات على الشّبكات

إنّ العمل على الحاملات الموضعيّة التي أشرنا إليها سابقاً ("ذاكرةٌ" متمركزةٌ في حاسوب المستخدم - قرصٌ صلبٌ أو س د - روم) هو حق ذو طبيعةٍ فرديّةٍ. وبالاستطاعة، دون شكٍّ، تطوير عملٍ جماعيٍّ حول الحاسوب (لنتذكّر هنا منهجيّة كريادِيم CREADIM) لكنّه غالباً ما يكون، نوعاً ما، خارجاً عن الحاسوب ذاته: وهو يفعّل بالطّريقة التّربويّة التي اعتمدها الأستاذ وقام الطّلاب بتطويرها حول مشروعٍ مشتركٍ.

(4) Herellier, J.-M. Le multimédia, Sybex (Paris).

(5) Vaughan, T. (2003). Multimedia, Making it work. Osbonne (Berkeley).

غير أنّه يمكن توسيع رقعة استخدام حاملات وسائل الإعلام المتعدّدة التي يستطيع المستخدم الوصول إليها، كي تصل إلى حواسيب متباعدة، يمكن العمل عليها من قبل مستخدمين آخرين. وتتصل هذه الحواسيب ببعضها بعضاً عن طريق شبكاتٍ (وهي توسعٌ للخطّ الذي يربط الحاسوب بطابعته) أخذت بدورها بالانتشار حتّى غطّت سطح الكوكب كلّه. ومن جديد نرى موجاتٍ من الـ"0" والـ"1" تنتقل بين الحواسيب. فيقوم حاسوب (الزّبون) بطلب المعلومات من حاسوب آخر (المزوِّد) الذي يرسلها بدوره إليه. ويمتلك الحاسوبان بطاقاتٍ إلكترونيّةً خاصّةً، داخليّةً (بطاقة إترنت Ethernet، مثلاً) أو خارجيّة (المعدِّل أوالمودم MODEM المعروف مثلاً) تمكّنهما من التّواصل عن طريق خطٍّ هاتفيٍّ؛ ويكون لدينا هنا نظامُ سطحٍ بينيٍّ أو مترجمٌ ما بين الإشارات المرسلة من قبل الحاسوب (البِت) وتلك المستخدمة على طول الخطّ الهاتفيّ (تيّارات كهربائيّة متغيرة).

التعديل أو التّضمين MODulation	من الحاسوب نحو الخطّ الهاتفيّ الإرسال
إلغاء التعديل أو التّضمين DEModulation	من الخطّ الهاتفيّ نحو الحاسوب الإستقبال
يقوم المعدِّل بالوظيفتين أي المودم MODEM	

ويكون الحاسبان كذلك مجهّزين ببرامجيّاتٍ نوعيّةٍ (برامجيّة "الزّبون"، مثل الـ نت سكيب Netscape التي تسمح له بالوصول إلى الإنترنت، وبرامجيّة "المزوِّد" التي تمكّن المستخدم من وضع ملفٍّ موجودٍ على قرصٍ صلبٍ لديه، بتصرّف الجماعة).

350

هناك مستويات مختلفة من "التّواصل"، ترافقها برامجيّات مختلفة أيضاً (ترتكز الأمثلة التّالية كلّها على الإنترنت، كما أنّ الحواسيب جميعها موصولة في ما بينها):

- تبادل الملفّات fichiers: يتمّ نسخ نصٍّ أو صورةٍ أو ملفٍ ما من حاسوبٍ إلى آخر (دون التّعرّف إلى مضمونه مثل الرّسالة التي تنتقل ضمن مغلّفٍ لا يحمل سوى عنوان المرسل والمرسَل إليه. هذا ما نسمّيه هنا نظام "نقل الملفّات" File) FTP- (Transfert Protocol. وتكون أنظمة ترميز المعلومات وفكّ الرّموز عند طرفي الخطّ الذي يربط الحاسوبين، كما أنظمة ضغط المعلومات، (من أجل تسريع عمليّة النّقل) ذات أهميّةٍ مميّزةٍ. ونشير هنا إلى وجود برامجيّةٍ خاصّةٍ هي فتش FETCH على ماكنتوش Macintosh أو وس- ف ت ب WS- FTP على ب س PC.

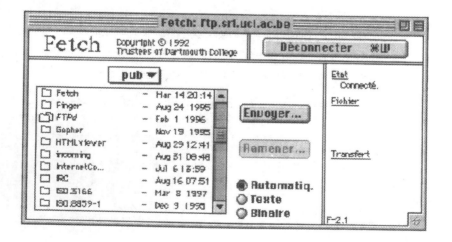

الصّورة 23 برامـــجيّة فـــتش (نقـــل الملفّـات)

- التّوجيه عن بعد: يرسل المستخدم أوامر إلى حاسوبٍ بعيدٍ

انطلاقاً من لوحة المفاتيح ويتلقّى منه المعلومات التي طلبها. بهذه الطّريقة يجيز بلوغ بنك البيانات عن بعد (كالمكتبات): يرسل المستخدم انطلاقاً من لوحة المفاتيح خاصّته، رموزاً (مثل: ق للحصول على قائمة، ب لإجراء بحثٍ ما، م للمقالات، > للانتقال إلى المعلومة التّالية...) إلى الحاسوب البعيد (ونسمّيه هنا المزوِّد) الذي يعيد إليه المعلومة المطلوبة. يدار هذا النّظام بواسطة برامجيّة "الزّبون" الذي يؤمّن الوصول إلى "المزوِّد" بأسلوبٍ يدعى "مضاهاة الطّرف". وتوجد برامجيّة خاصّة بهذه المقاربة تدعى تلنت TELNET.

نظام البحث في المكتبات

L ـ لائحة الملّفات السهلة البلوغ
C ـ لائحة بمكتبات الـ UCL
R ـ مقالات من الصحف
R ـ البحث عن المرجع
X

▓ اضغط على اللون الذي تختاره

الصّورة 24 برامـــــــجيّة تـــلنت (الوصول إلى المكتبات)

- **الوصول إلى ملفّات بعيدة:** هو توسّعٌ في النّمط الأوّل الذي جرى وصفه أعلاه، وهو يسمح للمستخدم بأن يرى مضمون الملف (أكان نصّاً أو صورةً ...) قبل القيام بنسخه على حاسوبه الشّخصيّ إذا رغب بذلك. وهناك توجيهاتٌ أو أوامر بسيطة تسمح بفتح ملفّات متعاقّبةٍ من أجل الوصول في النّهاية إلى ملفٍّ والدّخول إليه. وهو لا يسمح بإضافة أيّة معلومةٍ إلى الملفّ الذي جرى فتحه ولا بتغيير مضمونه بل فقط برؤية ما

بداخله دون أيّ تغيير. لدينا مثالٌ خاصٌّ لهذه التّكنولوجيّة: جوفر GOPHER [6].

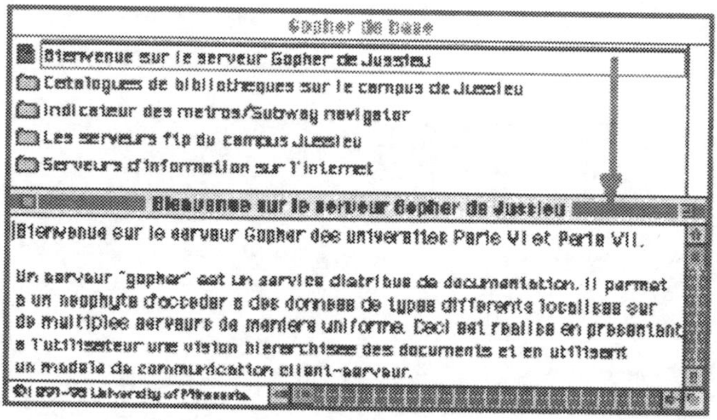

الصّورة 25 برامجيّة جوفر (الإطّلاع علـى الملـفّات)

- **الوصول بطريقة هايبر تكست:**

بعد التّوسّع في الحالة السّابقة، نستطيع هنا الوصول إلى ملفّاتٍ (ولنقل إلى نص) يجيز تفعيل بعض عناصرها (كلماتٍ مثلاً) بحيث تتيح هذه العناصر القفز إلى نصٍّ آخرٍ، أو صورٍ، أو ملفٍّ آخر. فالشّاشة التي بين أيدينا، جرت برمجتها بطريقةٍ تستجيب لطلبات المستخدم. اللغة الأساسيّة في هذه البرمجة هي الـ HTML، (HyperText Markup Language) هـذه الـطـريـقـة فـي الوصول تشمل بالتّأكيد كلّ الطرق الأخرى: وهكذا فإنّ فعلاً معيّناً نقوم به على كلمةٍ في الشّاشة بإمكانه أن يخلق نسخةً عن ملفٍّ بعيدٍ داخل حاسوب المستخدم، ويسمح بالبحث عن معلومةٍ (كاملةٍ رئيسيّةٍ) ندخلها عبر نافذةٍ مفتوحةٍ، وبقراءة نبذةٍ من مقالٍ أو الإطّلاع على توقيت قطارات السكك الحديديّة. الطّريقة المستخدمة هـنـا تـدعـى (HyperText Transfert Protocol) HTTP كـمـا تـدعـى

---

(6) التّكنولوجيا التي كان يحملها جوفر اختفت اليوم تقريباً، واستبدلت بطريقة هايبر تكست.

353

البرامجيّات التي تساعد على هذه الطّريقة من التّواصل "زبائن الوب أو الشبكة العنكبوتية WWW-World Wide Web "لدينا أمثلةٌ خاصّةٌ حـول ذلـك هـي فـيـرفـوكس Firefox وسـافـاري Safari وإنتـرنت إكسبلورور Internet Explorer . . .

الصّورة 26 برامجيّة نت سكيب وصفحة HTML.

محاضرةٌ في علم الأنسجة العام س. هومون (S. Haumont) وج. ف. دنف (J.-F. Denef)

نذكر خاصيّةً هامّةً من برامجيّات زبائن الوب تتضمّن كما سبق وذكرنا كلّ الخدمات الأخرى: إنّ الوصول إلى مزوِّدين من نوع FTP أو تل نت أو جوفر يصبح ممكناً من خلال السّطح البينيّ ونظام HTTP للعنونة.

يتمّ الوصول إلى مزوِّد الوب عن طريق الإتّصال بعنوان يبدأ بالعبارة المتكرّرة ...//http؛ . أمّا من أجل الوصول إلى مزوّد FTP فيمكن التوجه إلى ...//ftp

ولنذكر بأن الوصول إلى مختلف هذه الخدمات يتمّ عموماً بـواسطة الـمـعـدِّ لـمـودم (MODEM (Modulation- DEModulation موصولٍ بحاسوبٍ يستخدم خطّاً هاتفيّاً عاديّاً من أجل "الصّعود" إلى الإنترنت.

الخدمات لا تحصى وهي تشمل غالبيّة النّشاطات الإنسانيّة.

وإيجاد المعلومة التي تنتج عنها يحتاج إلى معرفة عنوان المزوِّد المناسب (وهو توسّعٌ للرّقم الهاتفيّ القديم مثلاً. وفي ما يخصّ مؤسسة المؤلّف الحاليّة فهي http://www.ipm.ucl.ac.be) أو بالوصل على مزوِّدٍ بنيويّ (قائمةٌ افتراضيّةٌ بالمحتويات أو مزوِّد مزوِّدين على سبيل المثال) يتيح إجراء بحثٍ في مجالاتٍ مختلفةٍ بمساعدة كلماتٍ أساسيّةٍ أو معادلاتٍ بحثيّةٍ (كلمة أساسيّة 1 و كلمة أساسيّة 2؛ كلمة أساسيّة 1 أو كلمة أساسيّة 2...). لدينا أدناه مثالٌ على مزوِّدٍ - قائمة محتويات من هذا النّوع؛ ويحمل هذا المزوِّد العنوان التّالي: http://www.yahoo.com .

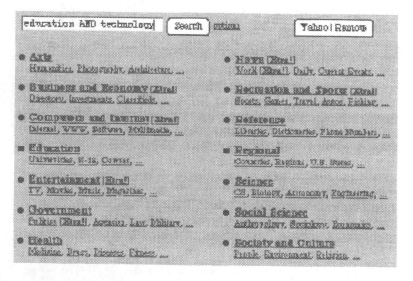

الصّورة 27 برامجيّة نت سكيب وأداة البحث المستندي ياهو YAHOO

لا شكّ انّ الأدوات المشار إليها أعلاه هي موجّهاتٌ ضخمةٌ نحو البحث عن المعلومات؛ وهي تبرّر لوحدها استخدام كلمات NTI أي التقنيّات الجديدة للمعلومات Nouvelles Technologies de l'Information .

لكنّ كلمتيّ معلومة وإعداد لا تتناغمان معاً؛ ولا حتّى مع كلمة تعلّم. يجب أن تحاط هذه الأدوات بمشاريع تربويّةٍ أو تعليميّةٍ كي يستفاد من إمكاناتها كما ينبغي. وليست هذه بمسألةٍ سهلةٍ: إذ لا يمكن ارتجال مهنة الموثّق والمراسل. ويجب استثمار الكفاءات المتنوّعة لجعل هذه الأدوات فاعلةً ومثمرةً...

لدينا بعض الأسئلة الموضحة لتطوير الكفاءات، وسوف نطرحها في ما يلي:

- بأيّة كلماتٍ يجب أن نطرح السّؤال؟
- وما هو المصدر الذي يجب أن نعوِّل عليه؟ وما هي مواصفاته النّوعيّة؟
- أيّ مصدرٍ يجب التّخليّ عنه؟ وما هي العلامات الدّالّة عليه؟
- كيف يجب أن نصيغ السّؤال؟ ومن هم المشغِّلون؟
- كيف نحلّل الإجابات على الأسئلة المطروحة؟
- كيق نقرأ رموز الرّسائل المتلقّاة ونفكّها؟
- كيف نحفظ المعلومة وفي أيّة صورة؟
- كيف ندمج المعلومات الجديدة المجموعة من تلك التي كانت متوافرةً ونعيد صياغتها؟
- كيق نكتشف وجود الابتكار ونفضح السّرقات الأدبيّة؟
- كيف نستفيد من المعلومات بفعاليّة؟
- كيف تُدوَّن الملاحظات؟
- كيف نفهم الأشكال المختلفة لعرض المعلومات ونستخدمها؟

ما يجب أن نلاحظه أيضاً هو ما تقدّمه هذه الأدوات. وهو توسّعٌ كبيرٌ وسط إحدى أولى مراحل عملية التّعلّم (فالمعلومة ضروريّةٌ لكنّها لا تكفي لوحدها؛ وسوف نتطرّق لذلك في الفصل التّالي). وتؤدّي زيادة كميّة المعلومات إلى زيادة عدد المداخل إلى

الموضوع أو المشروع الذي يقرّر المتعلّم الدّخول فيه والتّعرّف عليه: ولن يستطيع الحاسوب لوحده إشباع الحاجة إلى تصنيف المعلومات، ومقابلتها وإعادة صياغتها... هل يفترض إيجاد طرائق نجهّز بها الطّالب الباحث في الحاسوب عندما يبدأ تقصّيه عن المعلومات؟ ومع أنّنا لا نودّ إساءة تقدير ضرورة توفير العناصر الأساسيّة المكوّنة لهذه الكفاءات (الجديدة)، إلّا أنّه يبدو لنا أنّ مقاربة الموضوع من زاوية "التّعلّم بالتّطبيق" يمكن أن يكون أكثر فعاليّةً، خصوصاً إذا ما أردنا أن تكون هذه الكفاءات قابلةً لنقلها إلى مواقف أخرى، مختلفةٍ عن الموقف التّعليميّ المدرسيّ: كما سوف يرتبط هذا التّعلّم بدوره بغنى الموقف التّعلّميّ الذي أوجده المعلّم بمساعدة المتعلّمين؛ ومع أنّ اللجوء إلى الكتاب أمرٌ بديهيٌّ فإننا نجد اليوم طلّاباً في نهاية المرحلة الجامعيّة غير قادرين على استخدام المصادر التّقليديّة للمعلومات. هل نستطيع القول بأنّ الأمر سوف يكون أفضل لأنّ حاملات المعلومات أصبحت رقميّةً أو كهربائيّةً؟

5. 2 ماذا بعد أدوات المعلومات... هل هي أدوات التّواصل؟

لقد أكملت برامجيّات التّواصل بين الأشخاص، بصفتها ثمار البرامجيّات المختلفة التي سبق تصنيفها (في النّقطة 4 من الفصل 4)، مجموعة الأدوات المتوافرة على الشّبكات.

نحن نعرف حتّى الآن بصورةٍ مقبولةٍ ما يسمّى بالبريد الإلكترونيّ (e-mail)، الذي نرى نموذجه الأكثر شيوعاً، في مركز البريد. فنحن نرسل رسالةً إلى شخصٍ (أو مجموعة أشخاصٍ) فتصل

هذه الرّسالة إلى صندوق البريد العائد له (أو لهم) حيث سوف يجدها المستخدم عندما يرغب في الاطّلاع على بريده.

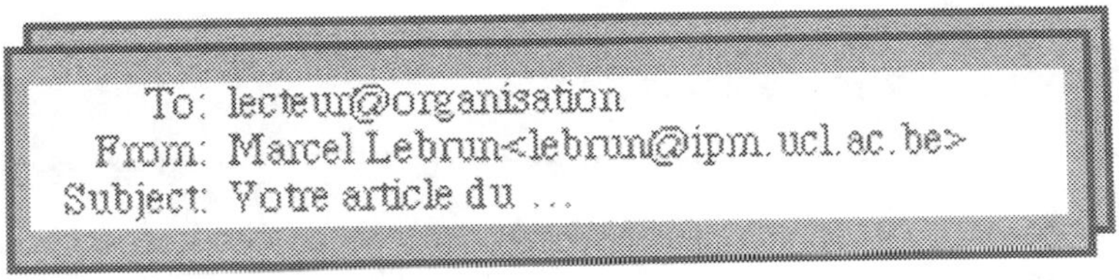

To: lecteur@organisation
Subject: Votre article du ...

الصّورة 28 صُدَرية البريد الإلكترونيّ

يكمن الاحتمال الآخر في توجيه رسالةٍ إلى **منتدى حوارٍ** (أو مجموعة الأخبار- newsgroup)؛ ويجري تخزيبها في ملفٍّ يستطيع "الزّبون" زيارته عندما يرغب (هناك آلاف القوائم من منصّات الحوار : ولكلّ قائمةٍ ميزةٌ خاصّةٌ ترتبط بمادّةٍ أو محورٍ معيّنٍ، بدءاً من دراسة التركيبة الوراثيَّة وصولاً إلى مجموعات السّيارات المصغّرة...). الصّورة المستخدمة هي لصمّامات) valves لوحة الإعلانات): يجري عرض الرّسالة على الجدول حيث يستطيع كلّ مستخدمٍ الاطّلاع على القائمة وتوجيه رسالته الخاصّة أو كتابة إجاباتٍ عن الأسئلة المطروحة.

والاحتمال الثّالث، وهو توسّعٌ في الاحتمال السّابق، يقضي بالاشتراك في **قائمة حوارٍ** كي يستطيع الزّبون أن يستقبل في صندوقه الرّسائل التي تصل إليه. ويتمّ ذلك بإرسال بريدٍ إلكترونيّ إلى المشرف على القائمة طالباً الاشتراك فيها. وبإمكان بعض القوائم المرغوبة أن "تولّد" عدّة مئاتٍ من الرّسائل في اليوم الواحد، مما يمتنع بالتّأكيد على قرصٍ صلبٍ هزيلٍ نسبيّاً. الصّورة المستخدمة هي لاشتراكٍ في نادٍ أو مجلّة إعلاناتٍ يوميّةٍ.

تُستخدم هذه الأنظمة حاليّاً في عالم التّربية. وعليه، يمكن فتح مجموعة (أو قائمة) حوارٍ من قبل الأستاذ وتدخل في درسٍ ما. فيقوم طالبٌ بطرح سؤالٍ على جميع زملائه وعلى الأستاذ. ويردُّ طالبٌ آخر على السّؤال، فيكمله ويعيد تشكيله، ووضعه من جديدٍ بتصرّف زملائه كلِّهم؛ كما يستطيع المدرّس بعد الاطّلاع على "الصّمامات" أن يقيس "حرارة" درسه، فيتثبّت من المعارف التي لم ينقلها جيّداً إلى طلّابه أو النّقاط التي لم تكن واضحةً في منهجه. ويستطيع المعلّم أن يوجّه إلى مجموع طلّابه رسائل أو معلوماتٍ تكميليّةً.

يقال أحياناً إنّ الحاسوب يزيد من وحدة مستخدمه؛ لكنّ الوحدة توجد أيضاً في قاعات الدّروس الممتلئة بطلّاب السّنوات الأولى. كما نجدها لدى الطّالب الذي لا يعرف أين يذهب للحصول على إيضاحاتٍ أو اقتراحاتٍ أو إجاباتٍ عن أسئلته. لذلك فإنّ الاستخدام الواعي لأدوات التّواصل التي تكلّمنا عنها يمكن أن يحلّ جزءاً من هذه المشكلات وذلك عندما يمكّن الطّالب من التّواصل مع الجماعة كلّها.

5. 3 ماذا يمكن أن نجد بالضّبط على الإنترنت؟

لقد لاحظنا، عند عرضنا لبرامجيّات "الزّبائن" HTTP، المروحة الواسعة من القطاعات الممثّلة على الإنترنت: كالوصول إلى متاحف افتراضيّة، ومزوِّدين في مواضيع الجغرافيا، والتّاريخ، والأدب...، وإلى مكتباتٍ، ومخازن حيث يمكن القيام بعمليّات شراءٍ (لبرامجيّاتٍ وكتبٍ...) مقابل تبادل رقم بطاقة الاعتماد وإلى محاضراتٍ على الإنترنت (فبعض المؤلّفين لم يتردّدوا بنشر كتبهم

على الشّبكة)، وإلى ما يمكن أن نجده فيها وننجزه في مجال التّربية. ومن ناحيةٍ أخرى فنحن نرى موارد المتعلّم والمعلّم متداخلةً إلى حدٍّ كبيرٍ: المثال على كثرة المحاور والمواد في نطاق العلوم نـــجـــده فـــي مـــزوّد NSTA أي *(National Science Teachers Association)* على العنوان التالي: http://www.nsta.org.

نستعيد في ما يلي بعض التطبيقات التي صادفناها في تجوالنا على الشّبكة الدّوليّة العملاقة.

5. 3. 1 الـــوب (الشبكة العنكبوتيّة) كمعـــلّم

نجد على الوب محاضرات ونشاطاتٍ عمليّة وقد وضعت بتصرّف الطّلاب (جماعة الإنترنت) من قبل الأساتذة. وقد شاهدنا في صورةٍ سابقةٍ (رقم 26) نبذةً من محاضرةٍ في علم الأنسجة للأستاذين س. هومون وج. ف. دنف من كليّة الطّب في الـ UCL[7]. ويعتبر ذلك محاضرةً سمعيّةً بصريةً في علم الأنسجة العام المخصّص لطلاب التّرشيح الثّاني في الصّيدلة أو الإجازة في تكنولوجيا الطّب الإحيائيّ. ترتبط كل المفردات التي تحتها خطّ بالصّور أو الرّسوم البيانيّة أو بجزءٍ آخرٍ من المحاضرات أيضاً. فالطّالب قادرٌ بمجرّد النقر على الصّورة المصغّرة المحشورة في النّص، أو على المفردات التي تحتها خطّ، أن يظهر صورةً بقياسٍ أكبر، المفردات بالأسود العريض تمثل المفاهيم الهامّة التي استعيدت من خلال التّعريفات وحالات التّعداد. وربّما نستطيع، مع التّطوّر اللاحق، أن نتثبّت من صحّة المعلومات المكتسبة.

---

(7) Cours d'histologie générale: S. Haumont et J.-F. Denef. http://www.md.ucl.ac.be/isto/intro.html.

كما توجد أمثلةٌ أخرى على تعلّم اللغات: إذ تقوم مجموعة كومينيوس (Comenius) شهريّاً بتقديم خرافةٍ جديدةٍ كي يصار إلى استغلالها بصورةٍ موسّعةٍ في تمارين اللغة الإنكليزيّة[8].

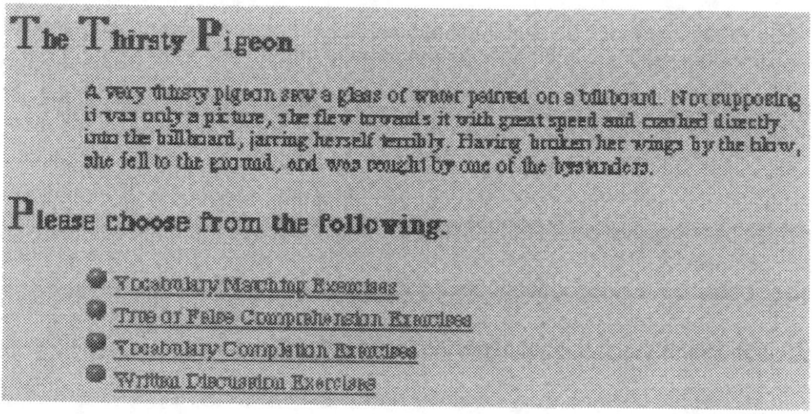

The Thirsty Pigeon

A very thirsty pigeon saw a glass of water painted on a billboard. Not supposing it was only a picture, she flew towards it with great speed and crashed directly into the billboard, jarring herself terribly. Having broken her wings by the blow, she fell to the ground, and was caught by one of the bystanders.

Please choose from the following:

- Vocabulary Matching Exercises
- True or False Comprehension Exercises
- Vocabulary Completion Exercises
- Written Discussion Exercises

الصّورة 29 موقع مجموعة كومينوس

وهناك مزوِّدون آخرون يعرضـون مقارباتٍ مـجدّدةً في مجال تعليم العلوم[9]، واختباراتٍ للتّطبيق في الفيزياء أو يقترحون إجراء

---

(8) لقد تمّ تأسيس مجموعة كومينيوس (Comenius) ومركز تعليم اللغة الإنكليزية النظريّة (The Virtual English Language Center) في نيسان من سنة 1995، وذلك لتأمين الخدمات والمنتجات والتجهيزات لطلاب وأساتذة اللغة الإنكليزيّة حول العالـم. إنّ استخدام الوب العالـمي حول العلم (World Wide Web)، يطوّر التطبيقات التبادلية المتعدّدة الخاصّة بتعليم اللغة (بمساعدة الكمبيوتر)، بما فيها التعابير الأسبوعية، ووصلة KeyPal الخاصّة بالبريد الإلكتروني، والسهولة عبر الأمثال. وتجذب بادرته التعليميّة عن بعد آلاف الزائرين في الأسبوع.
http:/www/comenrius.com/fables

(9) الحاسوب بمثابة شريك في التعليم، إنّ مشروع الحاسوب كشريك في التعليم (Computer as Learning Partner CLP)، هو مجهود في الأبحاث التربويّة قيد

361

تشريحٍ لضفدعة[10] (هنا نقترب من التّدريب على المهارة savoir faire).

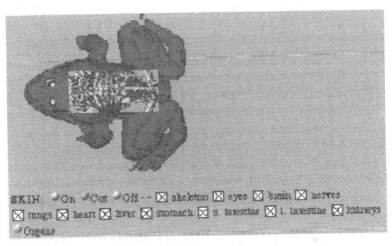

الصّورة 30 موقع " الضّفدعة الافتراضيّة"

إضافةً إلى الفوائد التي يقدّمها هايبرتكست لصفحات الوب، فإنّ بعضاً منها يتيح للمتعلّمين المستخدمين توجيه أسئلتهم إلى الأساتذة المؤلّفين (بواسطة البريد الإلكترونيّ المتكامل) ونقل ملاحظاتٍ حول تأملاتهم وتحليلاتهم وعطاءاتهم الشّخصيّة: هل نحن على طريق أعطاء دروسٍ على الشّبكة؟ إذا ما أضفنا إلى ذلك إمكانات قوائم أو مجموعات الحوار "حول المحاضرة" بين

الإنجاز في جامعة كاليفورنيا في بيركلي، يهدف إلى تطوير التعليم في مدارس العلوم المتوسّطة. إنّه مدعوم من المؤسسة الوطنية للعلوم ومنتسب إلى برنامج التكنولوجيا التربويّة. يشمل المشروع شراكة جماعيّة طوال عقد بأكمله حول الأبحاث التربوية والمعرفيّة، حول العلماء الطبيعيّين، وأساتذة المدارس المتوسطة، وخبراء التكنولوجيا. http://www.clp.berkeley.edu/CLP.html.

(10) Virtual Frog Dissection Kit: Lawrence Berkeley National Laboratory. http://froggy.lbl.gov/virtual/

المتعلّمين، وبينهم وبين المتعلّمين، تتكوّن لدينا تسهيلاتٌ ربّما تمكّن يوماً ما من إخراج التّعليم من إطاره الجامد (في الزّمان والمكان) وحلّ بعض المسائل المتعلّقة بالصّعوبات النّاشئة عن قيام تعليمٍ نوعيٍّ للمجموعات الكبيرة.

5. 3. 2 الـوب كدارٍ للنّشـر

ليس لدى الطّلاب والمعلّمين فقط إمكانيّة خلق بيئاتهم التّعلميّة والتّعليميّة بطريقةٍ غنيّةٍ أكثر؛ بل لديهم أيضاً إمكانيّة "نشر" تجاربهم وإنجازاتهم وإطلاع أشخاصٍ مهتمّين عليها. وهكذا يمكن أن تعرض بعض المطبوعات قبل نشرها، على المجموعة (وهم الطّلاب الآخرون المشاركون في المحاضرة وأساتذةٌ آخرون وبحّاثون آخرون...) وتصبح بالتالي أكثر غنىً من خلال التّحليلات والأفكار التي سوف يتلقّاها المؤلّف المتعلّم أو المعلّم.

دروسٌ كثيرةٌ يمكن أن تنشر على صفحات الإنترنت؛ فبعض الكتب يمكن ألا تطبع (لأسباب تتعلّق بالنّشر أو بالكلفة) بسبب اتّساع حجم الصّور وغناها: إذ ذاك يمكن نشر دروس مستقلّة "*paraprints*" على مزوِّدي الوب.

كما يمكن للمستندات النّادرة التي لن تنشر، أن تستعيد حيويّتها: ونشير هنا إلى مفهوم "ما بعد الطّباعة *postprints*"(11) . . .

إنّ الأدوات التي تسمح بتحويل نصٍّ تقليديّ إلى صفحةٍ على الوب مبنيّةٍ بطريقةٍ متقدّمة جدّاً، موجودةٌ لدينا، ويمكن لغير المطّلع أن يتعرّف عليها: وسوف لن يكون الموضوع سوى كتابٍ مدعَّمٍ

(11) O'Dornell, J.J. New tools for teaching, Universty of Pennsylvania. http://ccat.sas.upenn.edu/jod/teachdemo/teachdemo.html

بالتّكنولوجيا الجديدة: لقد أصدر مارشال ماك لوهان (Marshall Mc Luhan) قانوناً مهمّاً يقول: " يوجد دائماً داخل كلّ أداةٍ جديدةٍ أداةٌ قديمةٌ *the content of a new medium is always an old medium* "... (عند بدايات السّينما مثلاً كان يتمّ تصوير أعمالٍ مسرحيّة).

لكن من الممكن أيضاً تطوير الغرض الذي حصلنا عليه بإضافة روابط تجمعه مع مستنداتٍ، ومقالاتٍ، ومراجع، وصورٍ جديدةٍ... (تنتمي إلى مزوِّدٍ آخر بعيد). لقد رُكِّب نسيجٌ جديدٌ من المعارف فوق النّسيج العالميّ، فصار لدينا مستندات ومعارف فوق العادة في طور التّكوين.

هذه المقاربة التي يمكنها أن تدعم تربيةً تعتمد على تطوير الخطط والمشاريع ربّما تتسبّب بمشاكل كبيرةٍ في مدرسة اليوم:

- البرامج المقرّرة تدفع أكثر باتّجاه مقاربةٍ سريعةٍ للمواد أكثر مما تسمح بالتّعمّق وأخذ الوقت الكافي لها. وهناك مقارباتٌ تعلّميّة مجدّدة عن طريق حلّ المسائل (APP-PBL)، *problem-based learning*) تذهب في هذا الإتّجاه لكنها لا تزال خجولةً جدّاً؛
- التّقييم المرتكز هنا على المشاريع الشّخصيّة لا يتكيّف بسهولةٍ مع التّقييم التّقليديّ للطّلاب، المستند إلى قالب جامدٍ أو نظام مقونن انطلق من إنجازات "الطّالب المتوسّط".

لقد أصبحت المقاربة على أساس "الحقيبة *portfolio*" (سواء أكان ملفاً أو بنية مدعّمة بالوب) عمليّة "تدرّجٍ ملفيٍّ *processfolio*"، تترجم أكثر المسار الذي يسلكه الطالب في تقصّيه عن الموضوع (تحليلاته، واعتراضاته، ومشكلاته، والحلول التي طرحها في كلّ

مرحلةٍ) من الحصول على نتيجةٍ معيّنةٍ، أو على منتج نهائيّ: لذلك يجب بالتّأكيد إحداث تطوير على مستوى تقييم الخطوات كما على مستوى المنتجات.

5. 3. 3 الوب كمنتدى للقـــاء

يعتبر استخدام مزوِّدي الوب (التي تدخل كما رأينا، تقنيّات تحويل الملفّات، والاطّلاع على ملفّات بعيدةٍ، واستخدام البريد الإلكترونيّ من خلال الشّبكة، وقوائم الحوار) منتدىً لتبادل الأفكار الجديدة وتطويرها وتعميقها: فيصبح النّسيج المادّي للوب نسيجاً معرفيّاً حقيقيّاً حيكَ لدعم التّعلّم.

إنّ أعمال الطّلاب (من خلال الحقائب المنظّمة أو التّدرّج الملفّي) يمكن إخضاعها لتقدير الأشخاص المسؤولين والمختصّين: وتصبح المواهب، كتلك التي تبرز من خلال التّعبير عن الرّأي والاستماع إلى آراءٍ متنوّعةٍ أو متناقضةٍ أو ناقدةٍ (مروراً بمرحلةٍ كتابيّةٍ تلزم المتعلّم أكثر بتنظيم أفكاره واعتماد البرهان في الحوار) قادرةٍ على التّطوّر أكثر مما يمكن أن يحصل في أجواء الصّمت أو الجمود الصّفّي.

وسوف يكتشف طلّابٌ لم يكونوا لينبسوا ببنتِ شفة في بيئة الصّف التّقليديّ، أنّهم أصحاب مواهب حقيقيّةٍ في الهجاء أو المحاماة أو الدّفاع عن القضايا المحقّة... إنّها طريقٌ مهمّةٌ للطّالب الأكثر ضعفاً وانطواءً وللمراهقين...

نجد في مكانٍ ما أنّ الجميع غير "متمايزين" على الشّبكة. والآراء لا يجري فرزها وتصنيفها على أساس اللون أو العرق أو الجنس أو الجنسيّة أو الطّبقة الاجتماعيّة... هل هذا أمرٌ جيّدٌ أم سيّءٌ؟ باب النّقاش لا يزال مفتوحاً على مصراعيه.

يفسّر هذا بلا شكّ كيف أن إدخال التّكنولوجيا في التّربية غالباً ما يكون متلازماً، في الولايات المتّحدة الأميركيّة، مع فكرة "إصلاح" المناهج والأنظمة التّربويّة، ومهام ومواصفات الأساتذة... إنّ كلمات الإصلاح المدرسيّ "*school reform*" وإعادة البناء "*restructuring*" . . . هي كلماتٌ نصادفها في معظم الأحيان في المقالات التي تبحث في تكنولوجيا التّربية[12]. نتقدّم من القارىء بهذا النّص، بصيغته الأساسيّة[13] كي يلخّص ما سبق بيانه:

(12) Voir par exemple: Carvin, A. (1997). Exploring Technology and School Reform; EDWEB. http://www.edwebproject/org/

(13) http://www.edwebproect.org/edref.connection.html

إذا ما استحضرنا اتّجاهات الإصلاح (التّربويّ) الحديثة، كيف نفهم دور التّكنولوجيّات من خلال الرّسوم البيانيّة لهذه التّربية التي تعيش حالة ثورةٍ حاليّاً؟ لنقل بكلّ بساطة أنّ الحواسيب تؤمّن مساعدةً هامّةً في تحقيق الأهداف الإصلاحيّة. تخلق الحواسيب العاملة على الشّبكات، من وجهة نظرٍ بنيويّةٍ، روابط بين المعلّمين، كما بين المسؤولين الإداريين، بصورةٍ لم تجد لها مثيلاً في تاريخ التّربية حتّى الآن. فنحن نرى، تقليديّاً، أنّ كلّ صفٍّ يعتبر جزيرةً صغيرةً حيث يقوم المعلّم بتعليم وتقييم ومساعدة الطّلاب، في تماسٍ محدودٍ مع المعلّمين الآخرين وذلك ضمن المدرسة الواحدة. أمّا العمل على الشّبكات فهو يتيح للأساتذة تبادل خطط الدّروس ومناقشتها وتبادل الآراء حول تكنولوجيّات التّربية مع زملاء لهم في الطّرف الآخر من الإعلام، وكلّ ذلك ضمن مدى لوحة المفاتيح. وبدل انتظار نتائج الندوات السّنويّة المتعلّقة بالتّربية، فهم يستطيعون مقارنة أعمالهم بسهولة، ودراسة التّباين بينها، في نفس اللحظة. لقد قامت الإنترنت إلكترونيّاً إلى حدٍّ ما بتأسيس علاقة أخوّةٍ بين كلّ رجالات التّربية.

أمّا على مستوى التّعليم الحاليّ، **فلقد أصبحت الحواسيب أدواتٍ قيّمةً للتّعلّم في أشكالها النّاشطة والتّعاونيّة.** وبينما تسمح معالجة النّصوص للطّلاب بأن يصبحوا ناشرين لأفكارهم وآرائهم، فالبريد الإلكترونيّ يمكّن القيّمين من

= الإستفادة من التّسهيلات في موضوع تّقييم ونّشر المجموعات. ومن ناحيةٍ أخرى، تقوم برامجيّات وسائل إعلامٍ متعدّدةٍ متطوّرةٍ، بتوفير إمكاناتٍ للتّعلّم المستند على البحث حيث يستطيع الطّلاب بناء حلولهم وإثباتها أمام المشاكل المطروحة ضمن صفٍّ عريضٍ من المشاريع.

لسنا هنا بصدد القول أنّ الحواسيب يمكن استخدامها في عمليّة إصلاحٍ بهدف إستبدال المعلّم؛ إذ يمكن لهذا أن يقود إلى نتائج غير مرغوبةٍ ومتعذّرة التّطبيق. يجب اعتبار الحاسوب بالأحرى كأداة تعليم فعّالةٍ توضع في خدمة المربّي. وتسمح البرامجيّات للمتعلّم أن ينشىء تعلّماً فرديّاً بحيث يستطيع التّطوّر حسب إيقاعه الخاصّ في المادّة، بينما يستطيع آخرون، في وضعٍ متعثّرٍ، تلقّي العناية اللازمة من خلال حوارٍ مع المعلّم. **يسمح الحاسوب بتحرير المعلّم كي يتمكّن من التّركيز على هذه المهمّات ذات الطبيعة التّبادليّة والفرديّة.**

بطريقةٍ ما، وبعد أن أثبت الحاسوب فعاليّته وسط المربين وداخل المدارس التي تشارك في الإصلاح، أصبح ذا دورٍ كاملٍ في العمليّة الإصلاحيّة ذاتها.

بعض الأفكار الرّئيسيّة في الفصل 6

يهدف هذا الفصل إلى وضع قواعد اللغة التّقنيّة المحيطة بوسيلة الإعلام المتعدّدة.

وانطلاقاً من بعض التّعريفات الشّائعة والشّموليّة لوسيلة الإعلام المتعدّدة فإننا نتقدّم باقتراح تعريفٍ يرتكز على العناصر المشتركة بين العناصر المشكّلة لهذه الوسيلة: وتكامل هذه العناصر (الصوت والنّص والصّورة...) أصبح ممكناً، لكونها "تكتب" بلغة مشتركةٍ وهي اللغة الثّنائيّة.

هذه الوسيلة هي أيضاً وراء وجود مفردات وتقنيّات تسمح بمقاربة التّنوّع اللامحدود للأصوات والألوان بمجموعةٍ محدودةٍ من عمليّات دمج للرّقمين "1" و "0". كما أصبحت بعض المفاهيم على غرار "أنظر الصّوت" و"استمع إلى النّص"... واقعيةً.

ثمَّ إنّنا نعرض الحاملات المختلفة لوسيلة الإعلام المتعدّدة، ونثبت أنّه يمكن "لقرصٍ صلبٍ، س د " أن يخفي غيره لذلك نجد الحاجة لقرّاء متنوّعين.

عدّة أنماطٍ من برامجيّات خلق وسيلة الإعلام المتعدّدة موجودةٌ أيضاً: ترتكز جميعها على حقيقة أنّ الأشياء (أي الصّور والأصوات...وحتّى القوائم والأزرار) مرفقةٌ بمواصفاتٍ تحدّد شكلها الظّاهري (القياس واللون...) والعمليات التي يجب القيام بها عندما يتمّ تفعيلها بواسطة "نقر" الفأرة.

وعلى العكس من ذلك تجري طريقة ترتيب أو تخزين هذه الأشياء إذ يمكنها أن:

- تكون موضوعةً مباشرةً على شاشةٍ معيّنةٍ (أي بطاقة)، تشكّل جزءاً من كومة،

- يعبّر عنها عن طريق رصف صورٍ تمثيليّةٍ ترتبط في ما بينها بعلاقةٍ منطقيّةٍ، أو أيضاً

- توضع على "سكّةٍ" زمنيّةٍ تحدّد وقت ظهورها (تسلسلٌ زمنيٌّ يمكن أن يقطعه المستخدم).

تحدّد الطّرق الثّلاث هذه لرصف أو تخزين المعلومات، الخصائص الأساسيّة لهذه البرامجيّات: المستندة إلى البطاقة، والمستندة إلى الرمز، والمستندة إلى الوقت.

بعد وصفنا لبعض هذه الحاملات الموضعيّة، نستعيد الإمكانات التي توفّرها الشّبكات: مثل تبادل الملفّات، والعمليّات المنجزة عن بعد على الملفّات، والاطّلاع على ملفّاتٍ بعيدةٍ، والتّجوّل بين مجموعاتٍ مترابطةٍ من الملفّات، ألخ.

ونطرح بعد ذلك مسألة الموارد المتوافرة على الإنترنت والشّروط المطلوبة كي تصبح أدوات المعلومات والتّواصل هذه وسائل تعليميّة وتربويّة حقيقيّة؛ على هذا الأساس نفهم الوب المعلّم أو النّاشر أو المنتدى أيضاً.

المراجع

Atkins, M. J. (1993). Evaluating Interactive Technologies for Learning. Journal of Curriculum Studies, 25.

Aulich, T. (1990). Priorities for Reform in Higher Education. A report by the Senate Standing Committee on employement Education and training Camberra: Australian Government Printing Service.

Bagley, C. & Hunter, B. (1992). Restructuring, constructivism, and technology: forging a new relationship. Educational Technology, 7.

Barbier, J.-M & Lesne, M. (1986). L'analyse des besoins en formation, R. Jauze (Paris).

Bialo, E. & Sivin, J. (1990). Report on the Effectivenes of Microcomputers in Schools. Software Publishers Association (Washington, DC).

Teffer, R. (1987). The process of Learning, (Second Edition), Prentice-Hall (Sydney).

Bloom, R. (1987). L'ame désarmée. Essai sur le déclin de la culture générale, Guérin littérature (Montréal).

Biggs, J.B. & Bourgeois E. & Nizet, J. (1997). Apprentissage et formation des adultes, PUF (Paris).

Brousseau, G. (1986). Fondements et méthodes de la didactique des mathématiques; Recherches en didactique des mathématiques, La pensée sauvage (Grenoble).

Brown, G. & Atkins, M. (1988). Effective teaching in higher Education, Routledge (London).

Charlier, B. & Peraya, D. (2003). Technologie et innovation en pédagogie. De Boeck (Bruxelles-Paris).

Chevallard, Y. (1985). La transposition didactique: du savoir savant au savoir enseigné, La pensée sauvage (Grenoble).

Clark, R. E. (1983). Reconsidering Research on Learning from Media. Review of Educational Research, 4, pp. 445-459.

Clark, R. E. & Leonard, S. (1985). Computer Research Confounding. Document présenté à: the Annual Meeting of the American Educational Research Association. Chicago, Illinois.

Clark, R. E. & Craig, T. (1992). Research and theory on multimedia learning effects. In M. Giardina (Ed.), Interactive multimedia learning environment: human factors and technical considerations on design issues. Springer-Verlag (Berlin), pp. 19-30.

Combs, A.W. (1976). Fostering maximum development of the individual In W. Van Till & K.J. Rehage (Eds.). Issues in secondary education. (NSSE Yearbook, 1976). Chicago: National Society for the Study of Education.

CTGV (The Cognition and Technology Group at Vanderbilt), (1993). Anchored Instruction and Situated Cognition Revisited. Educational Technology, 3.

De Ketele, J.-M. (1986). L'évaluation du savoir-être. In J.-M. De Ketele (Ed.), L'évaluation-approche descriptive ou prescriptive? De Boeck (Bruxelles-Paris).

Delors, J. (1994). Allier connaissance et savoir-faire. Le magazine, 2.

Désilets, M., Tardif, J., Lachiver, G. & Paradis F. (1992). Pour mieux intégrer les logiciels de simulation à la pédagogie. In L. Sauvé (Ed.), La technologie éducative d'hier à demain,

Actes du VIII Colloque du Conseil interinstitutionnel pour le progrès de la technologie éducative, Québec, 1992.

Dwyer, D.C. (1995). Changing the conversation about Teaching, Learning & Technology: a report on 10 years of ACOT research. Apple Computer, Inc (USA).

Fleming, M. & Howard Levie, W. (Eds.) (1993). Instructional Message Design: Principles from the Behavioral and Cognitive Sciences, Educational Technology Publications (Englewood Cliffs, New Jersey).

Galbraith, J. K. (1979). The New Industrial State. New York: A mentor book, p. 11. La traduction de la définition est proposée par J. Lapointe, & P. Gagné (1992). Le savoir d'expérience et le savoir intuitif en technologie de l'éducation: contributions décisionnelles de savoirs négligés. In L. Sauvé (Ed.), La technologie éducative d'hier à demain. Actes du VIII Colloque du Conseil interinstitutionnel pour le progrès de la technologie éducative, Québec, 1992, pp. 275-286.

Gayeski, D.M. (Ed.) (1993). Multimedia for Learning: Development, Application, Evaluation, Educational Technology Publications (Englewood Cliffs, New Jersey).

Giordan, A. (1978). Une pédagogie pour les sciences expérimentales; Paidoguides, Le centurion (Paris).

Giordan, A. & De Vecchi, G. (1987). Les origines du savoir; Actualités pédagogiques et psychologiques, Delachaux et Niestlé (Neuchâtel).

Giordan, A. & Martinand, J-L. (1987). Modèles et simulations; Actes des journées sur l'éducation scientifique de Chamonix, Université de Paris VII (Paris).

Halbwachs, F. (1974). La pensée physique chez l'enfant et le savant; Actualités de la recherche scientifique-Zèthos, Delachaux et Niestlé. (Neuchâtel).

Herellier, J.-M. Le multimédia, Sybex (Paris).

Jones, H.C. (1992). Education in a changing Europe, Educational Review, 44, (3).

Kozman, R.B. (1991). Learning with media. Review of Educational Research, 61.

Kubota, K. (1991). Applying a Collaborative Learning Model to a Course Development Project. Document présenté à: the Annual Convention of the Association for Educational Communications and Technology. Orlando, Florida.

Kulik, J., Kulik, C. & Cohen, P. (1980). Effectiveness of Computer-based College Teaching: A Meta-analysis of Findings. Review of Educational Research, 50, pp. 525-544.

Kulik, J.-A, Bangert, R.L. & Williams, G.W (1983). Effects of Computer-Based Teaching on Secondary School Students. Journal of Educational Psychology, 75, pp. 19-26.

Kulik, J.A. (1994). Meta-analytic studies of findings on computer-based instruction. In E.L. Baker & H.F. O'Neil (Eds.), Technology assessment in education and training Hillsdale, NJ: Lawrence, Erlbaum.

Laurillard, D. (1993). Rethinking university teaching: a framework for the effective use of educational technology, Routledge (Londres).

Lebrun, M. (1989). An experimental approach of relativity in physics teaching; Higher education and new technologies, Pergamon press (Oxford).

Lebrun, M. (1991). Possibilités et méthodologies d'intégration d'outils informatiques dans l'apprentissage des sciences. Recherche en éducation: Théorie et pratique, 7.

Lebrun, M. & Lega, J. (1991). Recherches de capacités cognitives de base déterminantes pour la réussite d'une première année universitaire en sciences, Colloque International de

l'AIPU-Association Internationale de Pédagogie Universi-
taire, Actes du colloque, Laval (Québec).

Lebrun, M. & Viganò, R. (1994). Interazione e autonomia nelle
situazioni pedagogiche all'università, Pedagogia & Vita
(Milan).

Lebrun, M. & Viganò, R. (1994). Quality in higher education:
toward a future harmony, Document interne du départe-
ment des sciences de l'éducation, UCL.

Lebrun, M. & Viaganó, R. (1995). De L'«Educational Technol-
ogy» à la technologie pour l'éducation. Les cahiers de la
recherche en éducation. Sherbrooke (Canada), 2, 2.

Lebrun, M., & Viganò, R. (1995). Des multimédias pour l'édu-
cation: de l'interactivité fonctionnelle à l'interactivité rela-
tionnelle. Les cahiers de la recherche en éducation.
Sherbrooke (Canada), 2, 3.

Lebrun, M. (2002). Théories et méthodes pédagogiques pour en-
seigner et apprendre. Quelle place pour les TIC dans l'édu-
cation? De Boeck (Bruxelles-Paris).

Lebrun, M. (2004). La formation des enseignants aux TIC: al-
lier pédagogie et innovation. Revue Internationale des tech-
nologies en pédagogie universitaire, 1,-1.

Lebrun, M. (2005). eLearning pour enseigner et apprendre: al-
lier pédagogie et technologie. Academia-Bruylant (Louvain-
la-Neuve).

Leclercq, D. & Denis, B. (1994). The fundamental I.D.'s and
their associated problems. In J. Lowijck & J. Elen (Eds),
Modelling I.D. research (Actes du colloque EARLI).

Leclercq, D. (1998). Pour une pédagogie universitaire de qua-
lité. Mardaga (Liège).

Lesne, M. (1977). Travail pédagogique et formation d'adultes,
PUF (Paris).

Lévy, P. (1990). Les technologies de l'intelligence. L'avenir de la pensée à l'ère informatique, Seuil (Paris).

Levi-Strauss, C. (1955). Tristes Tropiques, Cité par J. Neirynck (1990). Le huitième jour de la création: Introduction à l'entropologie, Presses polytechniques et universitaires romandes (Lausanne).

Martimand, J-L. (1986). Connaître et transformer la matière, Peter Lang (Berne).

Marton, Ph. (1992). La formation et le perfectionnement des maîtres aux nouvelles technologies de l'information et de la communication. In L. Sauvé (Ed.), La technologie éducative d'hier à demain. Actes du VIII Colloque du Conseil interinstitutionnel pour le progrès de la technologie éducative, Québec.

Means, B. et al. (1993). Using technology to support education reform, Office of research, U.S. department of education, Washington, DC.

Means, B. & Olson, K. (1994). The Link Between Technology and Authentic Learning. Educational Leadership, 51.

Merrill, M.D., Tennyson, R.D. & Posey, L.O. (1992). Teaching Concepts: An Instructional Design Guide (2nd ed.), Educational Technologiy Publications (Englewood Cliffs, New Jersey).

Merrill, M.D. (2000). First principles of instruction. Paper presented at the Association for Educational Communications and Technology (AECT). Denver, Colorado.

Monteil, J.-M. (1989). Éduquer et former. PUG (Grenoble).

Morin, E. (1990). Science avec Conscience, Editions du Seuil (Paris).

Mugny, G. & Carugati, F. (1991). Théorie du conflit socio-cognitif, in Mugny, G., Psychologie sociale du développement cognitif, Peter Lang (Berne).

Neirynck, J. (1990). Le huitième jour de la création: Introduction à l'entropologie, Presses polytechniques et universitaires romandes (Lausanne).

Nietzche, F. (1973). Sur l'avenir de nos établissements d'enseignement, Gallimard (Paris).

Pallrand, G.J. (1988). Knowledge Representation in Novice Physics Problen Solvers. Document présenté à: The Annual Meeting of the National Association for Research in Science Teaching. St. Louis, Missouri.

Peck, K. & Dorricott, D. (1994). Why Use Technology? Educational Leadership, 51, pp. 11-14.

Perret-Clermont, A.-N. & Nicolet, M. (1988). Interagir et connaître. Del Val (Fribourg).

Pintrich, P.L. et al. (1993). Beyond cold conceptual change: The role of motivational beliefs and classroom contextual factors in the process of conceptual change. Review of Educational Research, 63, 2.

Prégent, R. (1990). La préparation d'un cours, Editions de l'école polytechnique de Montréal. Diffusé en Europe par Lavoisier (Paris).

Prigogine, I. & Stengers, (1986). La nouvelle alliance, Gallimard (Paris).

Viennot, L. (1979). Le raisonnement spontané en dynamique élémentaire; Formation des enseignants et formation continue, Hermann (Paris)

Saljo, R. (1979). Learning in the learner's perpective. Some common-sense conceptions, Reports from the Institute of Education, University of Gothenburg, 76.

Savoie, J. M. & Hughes, A. S. (1994). Problem-based learning as classroom solution. Educational Leadership, 52(3).

Schwier, R.A. & Misanchuk, E. R. (1993). Interactive Multime-

dia Instruction, Educational Technology Publications (Englewood Cliffs, New Jersey).

Schwier, R. A. & Misanchuk, E. R. (1993). Interactive Multimedia Instruction, Educational Tchnology Publications (Englewood Cliffs, New Jersey).

Serres, M. (1991). Le Tiers-Instruit, François Bourin (Paris).

Sewart, D. (1987). Staff development needs in distance educational and campus based education: are they so different? In P. Smith, M. Kelly (Eds.), Distance education and the mainstream: convergence in education, Cromm Helm (London), p. 103.

Tardif, J. (1992). Pour un enseignement stratégique. L'apport de la psychologie cognitive, Editions Logiques, (Montréal).

Tardif, J. (1996). Une condition incontournable aux promesses des NTIC en apprentissage: une pédagogie rigoureuse. Conférence d'ouverture au colloque de l'AQUOPS (Association québécoise des utilisateurs de l'ordinateur au primaire et au secondaire).

The European Round Table of Industrialists (1995). Une éducation européenne. Vers une société qui apprend. Publications ERT (Bruxelles).

Vaughan, T. (2003). Multimedia, Making it work. Osborne (Berkeley).

Viau, R. (1994). La motivation en contexte scolaire. Pédagogies en développement. De Boeck Université (Bruxelles).

Viganò, R. (1991). Psicologia ed educazione in Lawrence Kohlberg: Un'etica per la società complessa, Vita & Pensiero (Milano).

Woods, D.R. (1987). How Might I Teach Problem Solving? New Directions for Teaching and Learning, 30.

المحتويات

الجزء الأوَّل

طرائق تدريس العلوم

وتكنولوجيَّاتٌ في خدمة التربية

الفصل الأوّل: إمكانيّات ووسائل إدخال أدوات المعلوماتية

الجزء الثاني

علوم التَّربية وتكنولوجيات في خدمة التَّربية

4. من التّكنولوجيا 113
5. . . . إلى التّربية 120

الجزء الثّالث
تقنيّاتٌ وتكنولوجيّاتٌ
في خدمة التّربية

Printed in the United States
By Bookmasters